Das Geld in der modernen Wirtschaft

Campus Forschung
Band 930

Hanno Pahl, Dr. phil., ist seit 2007 Forschungsassistent am Universitären Forschungsschwerpunkt Ethik an der Universität Zürich.

Hanno Pahl

Das Geld in der modernen Wirtschaft

Marx und Luhmann im Vergleich

Campus Verlag
Frankfurt/New York

Kinder der Liebe,

nachts sitze ich auf dem Dach des Mercedes-Hochhauses
in einem Campingsessel und beobachte St.Pauli.
Ich kneife das linke Auge zu und halte mir ein
entzündetes Sturmfeuerzeug vor das offene rechte.
Durch die Flamme sehe ich die Reeperbahn und fühle mich wie Nero
der das brennende Rom besingt.
Ich glaube, Nero liebte Rom. – Ich liebe Euch.
Ihr solltet versuchen, IN die Dinge zu kommen,
denn das heißt, WIRKLICH cool zu sein.

Flammend… Rocko Schamoni

Bibliografische Information der Deutschen Nationalbibliothek
Die Deutsche Nationalbibliothek verzeichnet diese Publikation in der Deutschen Nationalbibliografie; detaillierte bibliografische Daten sind im Internet unter http://dnb.d-nb.de abrufbar.
ISBN 978-3-593-38607-2

Printed in Germany

Besuchen Sie uns im Internet: www.campus.de

Inhalt

Dank

Dank an: Dirk Baecker (Friedrichshafen), Oliver Barth (Bremen), Jörg Bergmann (Bielefeld), Michael Danner (Bremen), Gaby Delgado (Berlin), Fritz Fiehler (Hamburg), Heiner Ganßmann (Berlin), Michael Heinrich (Berlin), Achim Helmedach (Bremen), Petra Höschele (Zürich), Michael Krätke (Amsterdam), Matthias Leanza (Bielefeld), Stefan Marter (Hamburg), Ulf Ortmann (Bielefeld), Gisela Pahl (Scheessel), Otto Pahl (Scheessel), Nina Pahl (Hamburg), Elfriede Rabbing (Scheessel), Helmut Reichelt (Bremen), Melanie Rippe (Bremen), Susanne Schöling (Hamburg), Helmut Willke (Bielefeld). Und ganz besonders an Alexandra Hessling (Bielefeld) fürs Dasein und für große Unterstützung in der Endphase der Dissertation und an Lars Meyer (Bremen) für Freundschaft und Theoriesalven.

Finanziell ermöglicht wurde das Abfassen dieser Arbeit durch ein Promotionsstipendium der Deutschen Forschungsgemeinschaft (DFG) im Rahmen des Graduiertenkollegs »Weltbegriffe und globale Strukturmuster« an der Universität Bielefeld. Auch dafür: Danke.

Einleitung: Zur soziologischen Analyse der Eigenlogik des Geldes

Jede Theorie arbeitet mit ihrem eigenen Beobachtungsinstrumentarium und sieht demgemäß das, was sie sehen kann. Aufklärung setzt dagegen voraus, diese Bedingungen des Beobachtens zu erkennen und Vorsorge dafür zu tragen, dass der Gegenstand der Beobachtung nicht nur zur Sprache, sondern selbst zum Sprechen kommt. Welche Geschichte würden die Funktionssysteme, um die es geht, selbst erzählen?

Helmut Willke

Diese Arbeit handelt von der Wirtschaft der modernen Gesellschaft und der Emergenz ihrer monetären Strukturzusammenhänge. Gerade in jüngster Zeit sind es die rasanten und augenscheinlichen Entwicklungsdynamiken der internationalen Finanzmärkte, die der sozialwissenschaftlichen Reflexion Anlass zur Thematisierung monetärer Phänomena geben. Viele Beiträge gehen allerdings kaum über eine bloß phänomenologisch deskriptive Ebene hinaus und stellen kaum mehr als eine Artikulation der Erfahrung der ›posthermeneutischen‹ Undurchdringlichkeit der globalen Finanzsphäre dar.[1] Das maßgebliche Anliegen dieser Arbeit ist es, *theoriegeleitete Betrachtungsweisen* der Wirtschaft der modernen Gesellschaft und ihrer Finanzsphäre auszuloten und aufzubereiten, die in Vielem quer stehen zu gängigen Lehrmeinungen und Grundannahmen sowohl in Wirtschaftswissenschaften wie in Wirtschaftssoziologie, die aber in der Lage sind, jene empirisch unschwer zu erfahrene Eigenlogizität des Geldes stärker *begrifflich* einzuholen. Mit Baecker (2003: 475, Herv. H.P.) teilen wir die Auffassung, wonach die Soziologie »an ihrer Absicht einer *Gesellschaftstheorie der Wirtschaft* festhalten und sich darum bemühen [sollte], mit einer von den Wirtschaftswissenschaften abweichenden Grundbegrifflichkeit ihren Gegenstand zu konstruieren und ihre Problemstellung zu definieren«. In dieser Einleitung wollen wir in einem ersten Schritt (1.) einen Blick auf die ›Geldvergessenheit‹ in Neoklassik und Wirtschaftssoziologie werfen, der zu-

1 So etwa die vielfach in der zeitdiagnostischen Soziologie geäußerten Befunde einer sogenannte Entkopplung der internationalen Finanzmärkte.

gleich dazu dienen soll, in unser Verständnis des Objektbereichs einzuführen. Daran anschließend (2.) soll der methodische Zugriff umrissen werden, der in einer theorievergleichenden Untersuchung zur Emergenz des Monetären besteht, wie sie in den Theorien von Marx und Luhmann vorliegt. Abschließend (3.) erfolgt ein skizzenhafter Gang durch die Argumentationsstruktur der drei Kapitel der vorliegenden Studie.

1. Die Geldvergessenheit in Neoklassik und Wirtschaftssoziologie

Der Forderung nach einer Gesellschaftstheorie der Wirtschaft und des Geldes kommen traditionelle wirtschaftssoziologische Forschungsprogramme in aller Regel nicht oder nur sehr eingeschränkt nach. Ganßmann (1996: 21) sprach von »Oppenheimers Fluch«[2], um die problematische disziplinäre Parzellierung des ökonomischen Gegenstandsbereichs auf den Punkt zu bringen, der zufolge »die Soziologie von ›Mensch-Mensch‹, die Ökonomik aber von ›Mensch-Ding-Beziehungen‹« handeln würde. Tatsächlich scheinen weite Teile der Forschungslandschaft dieses Paradigma in nahezu idealtypischer Form zu repräsentieren: Die neoklassisch geprägte Schulökonomie rekurriert auf einen – und sei es auch nur methodologisch verstandenen – homo oeconomicus, der, polemisch gesprochen, »seit dem Faustkeil des Neandertalers immer auf dieselbe Weise angetrieben worden sei« (Heinsohn, Steiger 2002: 10). Die Wirtschaftssoziologie betätigt sich als »Resteverwerter« (Saurwein 1994: 47) und bearbeitet den von der Ökonomik weithin ausgeblendeten ›Datenkranz‹, das heißt etwa die soziale Eingebettetheit ökonomischen Handelns.[3] Es ist aber eine grundsätzliche

2 Ganßmann (ebd.) zufolge geht diese Unterscheidung ursprünglich auf Oppenheimer zurück und war »so schlicht und ergreifend […], dass sie sogar von seinem […] Antipoden Leopold von Wiese übernommen wurde«. Mit Blick auf die heutige Forschungslandschaft führt Ganßmann (ebd.: 23) aus, dass man sich zwar vordergründig von einer Grenzziehung entlang von Erkenntnis*gegenständen* in Richtung auf eine Unterscheidung entlang von Erkenntnis*mitteln* umgestellt habe (in diesem Falle auf die Differenz der Handlungstypen von Zweckrationalität und Wertrationalität). Aber noch im Rahmen solcher epistemologischer Umbaumaßnahmen sei die Ausgangsdichotomie nicht überwunden sondern nochmals zementiert.

3 Zu diesem traditionellen wirtschaftssoziologischen Paradigma heißt es bei Saurwein (ebd.): »Man entdeckte das Feld der zwischenmenschlichen Beziehungen, die Bedeutung

Frage, ob sich aus der bloßen Addition beider Forschungsperspektiven ein ›ganzheitliches‹ Bild der Entwicklungsdynamik der modernen Wirtschaft gewinnen lässt, oder ob das Resultat nicht vielmehr in einer *doppelten Halbheit* besteht. So fragt denn auch Kaube (2000: 257) mit provokativem Unterton: »Aber folgen die Banken der ökonomischen Theorie des Geldes und die Hausfrauen der soziologischen?« Es scheint uns evident, dass es sich sowohl beim robinsonadenhaft vorgestellten homo oeconomicus wie beim normengeleiteten homo sociologicus um jeweils – wenn auch sich zueinander komplementär verhaltende – *einseitige Abstraktionen* handelt. Was aber wäre, wenn das eigentlich Ökonomische der modernen Gesellschaft derart verfasst ist, dass es durch die entlang von ›Mensch-Mensch‹- bzw. ›Mensch-Ding‹-Beziehungen justierten Raster dieser Begriffsstrategien einfach hindurchfällt?

In dieser Arbeit wird die These vertreten, dass die Entwicklungsdynamik der modernen Ökonomie – und dies schließt die oben genannten evolutionären Prozesse auf den heutigen internationalen Finanzmärkten ein – sich weder durch einen Bezug auf Handlungsrationalität noch auf dem Wege einer allgemeinen Theorie materieller Reproduktion entschlüsseln lässt, sondern nur qua Analyse des *Zusammenhangs ihrer rekursiv aufeinander verweisenden monetären Formen* (etwa Preis, Geldfunktionen, Kapital, Profit, Zins etc.).[4] Denn es sind diese Formen – so die zweifellos auf den ersten Blick befremdlich anmutende Überlegung –, die in der Sphäre des Ökonomischen Subjekt und Objekt vermitteln und beide Pole – das rational handelnde Individuum und die Wirtschaft als opakes Ding-an-sich – erst wechselseitig konstituieren, bzw. einer systemtheoretischen Lesart nach, die von Luhmann abstrakt konzipierte Konditionierung der Systemelemente – also Handlungen bzw. Kommunikationen – durch das System konkret bestimmen. Damit wird eine Gegenposition zu den vorherrschenden Annahmen einer *Neutralität des Geldes* eingenommen und der Blick auf

informeller Gruppen […]. Man konnte nun jedes beliebige Thema aufgreifen, ohne sich dem Verdacht der ökonomischen Inkompetenz auszusetzen – ging es doch stets um die ›weichen Themen‹ […]. Eine Wirtschaftssoziologie, die davon lebt, was die anderen ›vergessen‹ haben, kann auf Dauer kein Profil gewinnen«.

4 Den Begriff der *monetären Formen* verwenden wir in Anlehnung an Marx' Begriff der ökonomischen Kategorien (vgl. exemplarisch MEW42: 159), der im Verlaufe dieser Arbeit erläutert wird und der darauf verweist, dass es sich bei diesen Formen nicht allein oder primär um *begriffliche Abstraktionen im Kontext wirtschaftswissenschaftlicher Theoriebildung* handelt, sondern um soziale Artefakte, *die in der Wirtschaft selbst* generiert werden (vgl. dazu auch Brentel 1989).

die Performativität der ökonomischen Kategorien selbst gelenkt, auf das Geld als eigensinnige soziale Tatsache (Ganßmann 2000) bzw. als emergentes soziales Konstrukt (Deutschmann 1995). Bereits der Philosoph Liebrucks (1972a: 281) hatte das moderne Geld in einer solchen Weise charakterisiert, als »ein starres, festes, von uns unabhängiges System [...], als das harte Gesetz, das über unseren Tausch verhängt ist, an dessen Spielregeln wir uns zu halten haben, zu denen, um einen Ausdruck Wittgensteins zu gebrauchen, wir ›abgerichtet‹ werden«. Bei Willke (2003a: 168f.) finden wir heute die weniger prätentiös vorgetragene, inhaltlich aber ähnliche Aussage, nach der die »Marktlogik« zu entschlüsseln sei als eine »spezifische Grammatik ökonomisch möglicher Kommunikationen«, welche das Handeln der Subjekte in einer Weise konditioniere, »wie sie sich beim Sprechen der Grammatik und Pragmatik ihrer Sprache unterwerfen müssen«.

Zu solch einem, um die *Emergenz und Strukturprägekraft des monetären Nexus* herum zentrierten Forschungsprogramm können aber – wie im Folgenden kurz skizziert werden soll – weder die neoklassische Schulökonomie noch die traditionelle Wirtschaftssoziologie sonderlich viel beitragen. Hier sei zunächst nur daran erinnert, dass von den verschiedensten Seiten bereits seit langem der Einwand geäußert wird, dass gerade die mathematisch beindruckend weit fortgeschrittene neoklassische Schulökonomie in kategorialer Hinsicht unfähig sei, eine adäquate Theorie des Geldes zu entwerfen. Nach Riese (2000: 489, Herv. H.P.) – um eine der kritischen Stimmen herauszugreifen[5] – ist das Geld deshalb ein »Rätsel für die Nationalökonomie« geblieben, »weil es dieser bis zum heutigen Tage nicht gelungen ist, eine eigenständige, *sich aus der Funktion des Geldes im Wirtschaftsprozess ergebende Geldtheorie* abzuleiten«. Stattdessen wird das Geld gemeinhin »als Addendum einer auch ohne dieses faßbaren Theorie betrachtet«. Die neoklassische Ökonomie begreift das Geld – und hierin schreibt sie die klassische politische Ökonomie fort – als neutrales Medium bzw. als Schleier über einer Ebene realen Gütertauschs. Deshalb spricht Spahn (2002: 51f.) zutreffend von der »Norm eines geldlosen Wirtschaftens i.S. einer Disposition über reale Ressourcen«, die seit dem Beginn der neoklassischen Ära um 1870 die Forschungslandschaft beherrsche. In der Neoklassik wird behauptet, dass die wesentlichen ökonomischen Beziehungen auch *ohne Geld* modelliert werden können. Heinrich (2001: 75) vertritt in

5 Ähnliche Vorwürfe finden sich auch bei Heinsohn/Steiger 2002, Backhaus 1985, Brodbeck 1991.

diesem Zusammenhang gar die These eines Rückfalls der Neoklassik hinter die klassische politische Ökonomie:

»Daß die neoklassische Gleichgewichtstheorie in den meisten ihrer Modellwelten keinen realistischen, zum Gleichgewicht führenden *Prozeß* angeben kann, zeigt, daß sie nicht in der Lage ist zu formulieren, was den *gesellschaftlichen Zusammenhang* der individuellen Markthandlungen überhaupt herstellen soll. Das Problembewusstsein, das sich bei den Klassikern hinter ihrer Metapher von der ›invisible hand‹ verbarg, wurde von der Neoklassik erfolgreich verdrängt«.[6]

Dies manifestiert sich exemplarisch in der neoklassischen Annahme, dass »für das Wesen des Geldes [...] allein die Eigenschaft bzw. Funktion als transaktionsdominierendes Tauschmittel [konstitutiv] sei«, welche »den Marktteilnehmern die Einsparung von Transaktionskosten sowie von Informationskosten über die Marktmöglichkeiten« erlaube (Gabler-Wirtschaftslexikon 2000: 1199). Diese *mikroökonomische Bestimmung* kennt als ihr Bezugssystem allein einzelne Wirtschaftsteilnehmer und gibt deren Binnenperspektive einen wissenschaftlichen Ausdruck: Das Geld erscheint hier als intentional hervorgebrachtes, rein technisches Mittel zur marktseitigen Koordination subjektiver Nutzenvorstellungen. Eine davon abweichende gesellschaftliche Funktion des Geldes wird nicht mehr in Betracht gezogen.

Auch auf dem Feld der *Makroökonomik* täuscht der hohe Grad an Formalisierung und Mathematisierung über gravierende epistemologische Unklarheiten hinweg. Insgesamt kann für diese Disziplin ein mangelndes Problembewusstsein bezüglich der *qualitativen Seinsweise ihrer quantitativen Größen* diagnostiziert werden, was vor allem Backhaus in zahlreichen Studien immer wieder minutiös herausgearbeitet hat (vgl. Backhaus 1985, 1987, 1996, 1997, 2002), und das – höchst selten – auch von Vertretern des Fachs selbst kritisch angemerkt wird. So heißt es bei Struck (2001: 155): »Missverständnisse gibt es allerdings immer wieder darum, was denn genau die volkswirtschaftlichen Gesamtrechnungen messen und ob die dahinterstehende Kreislaufvorstellung das Geld, die Physis oder beides meint«.

6 Aus systemtheoretischer Perspektive finden wir einen ähnlichen Hinweis bei Baecker (1988: 23f.): »Alle Anzeichen deuten demnach darauf hin: der Markt kann nur vorausgesetzt werden. Die Annahmen postulieren, was erklärt werden müßte. Markt und Gleichgewicht, Effizienz und Rationalität der Wirtschaft werden modelltheoretisch abgeleitet, ohne daß deutlich würde, welche soziale Dynamik all dem zugrunde liegt«.

Anders ausgedrückt: *Was ist die Einheit der makroökonomischen Quantitäten*?[7] Die Physis scheidet aus, denn die konkreten Güter sind nicht kommensurabel/dimensionsgleich, sondern heterogen verfasst.[8] Aber auch beim Geld gibt es Probleme, weil es als Verkörperung subjektiver Tauschwerte vorgestellt wird, die auf individuellen Nutzen verweisen. Dies hat der Philosoph Hartmann (1970: 269) kritisch angemerkt: »Wäre der Tauschwert der einzig ökonomische Wertbegriff, so gälte für ihn, dass er nur ein relationaler Begriff, vermittelnde Kategorie, wäre für Austauschakte. Man könnte dann solche Tauschwerte nicht addieren, auch keinen Gesamtwert berechnen«. Aber genau eine solche Addition einander logisch aufhebender relativer Werte liegt jeder makroökonomischen Kategorie zugrunde! Was heute eine Selbstverständlichkeit ist, hat ehedem noch Anlass zum Räsonieren geboten, so etwa im Umfeld des Vereins für Sozialpolitik, der nach seiner Tagung von 1926 zu dem Schluss kam, dass fortan »wohl der letzte Rest von Hochachtung gegenüber Versuchen, eine einfache Summe für Volkseinkommen und Volksvermögen zu nennen, verschwunden sein« werde (Diehl, zit. nach Struck 2001: 174).[9] Ohne an dieser Stelle in die Details gehen zu müssen, scheint es insgesamt doch evident zu sein, dass eine *Gesellschaftstheorie des Geldes* sich nicht zu scheuen braucht, eigenständige, anders gelagerte Wege einzuschlagen, um die ›Black Box‹ des Monetären zu öffnen.

---

7 Denn *dass* auf diese Frage eine Antwort gefunden werden muss, geht aus der epistemologischen Differenz der Gegenstandsbereiche von reiner Mathematik und Volkswirtschaftslehre hervor. Der über die Rezeption des Neukantianismus erkenntnistheoretisch geschulte Ökonom Amonn (1927: 124) hatte die Qualitätsvergessenheit seiner Disziplin mit dem Hinweis kommentiert, es handele sich bei den aggregierten Größen der Volkswirtschaftslehre »nicht um *reine* Quantitätsverhältnisse [...] oder *rein* mathematische Größenbeziehungen«, »sondern um Beziehungen zwischen realen, empirischen Größen, und da muss man sich beim mathematischen Ausdruck immer fragen: *Was* wird ausgedrückt?«.

8 Die Wirtschaftswissenschaften kennen verschiedene Konzeptionen, von Sraffas (1973) ›Standardware‹ über Walras' ›Auktionator‹ bis hin zu Schumpeters ›sozialer Buchhaltung‹, denen eine synthetisierende Funktion zugeschrieben wird, wobei aber kritisch anzumerken ist, dass es sich hierbei lediglich um rein analytische Lösungen handelt (vgl. kritisch Spahn 2002).

9 Den konkreten Anlass solcher Gesamtwertberechnungen bildeten übrigens keinesfalls wissenschaftliche Erkenntnisinteressen, sondern handfeste politische Interessen: Die Reparationsforderungen der Siegermächte des Ersten Weltkriegs an Deutschland wurden als zu hoch empfunden und eine wissenschaftlich angeleitete Berechnung der Stärke (bzw. Schwäche) der deutschen Volkswirtschaft sollte dies nachzuweisen helfen.

Genau dies lässt aber das Gros von soziologischen Beiträgen zur Wirtschaft bislang vermissen. Soziologische Konzeptualisierungen der modernen Wirtschaft haben der schulökonomischen ›Desartikulation‹ des Geldes bisher kaum Widerstand entgegengesetzt. Nach Simmels (1900) weitsichtigen Ausführungen zur Dynamik und Indifferenz des Geldes in seiner *Philosophie des Geldes* war es erst wieder Parsons, der sich – im Rahmen seines Konzepts von Interaktionsmedien – um eine eigenständige soziologische Theorie des Geldes bemühte. Allerdings sorgte der Parsonssche Begriffsvorschlag trotz seines komplexen Zuschnitts eher für eine weitere Verfestigung der traditionellen Arbeitsteilung zwischen orthodoxer Wirtschaftswissenschaft und Wirtschaftssoziologie. Denn die von Parsons in den 1930er Jahren getroffene, mit der oben kritisierten Unterscheidung der Disziplinen von Soziologie und Ökonomie übereinstimmende Einteilung findet sich auch noch im späteren AGIL-Schema wieder, und zwar in der Differenzierung von adaptivem System und Zielerreichungssystem. Diese Einteilung strukturiert die Parsonssche Gesellschaftstheorie der Wirtschaft in einer Weise vor, die abermals die Ausbildung einer soziologischen Theorie wirtschaftlicher Dynamik desavouiert. Die traditionelle Perspektive der Wirtschaftswissenschaften als Analyse der rationalen Allokation von Mitteln für die Erreichung von Zwecken finden wir im adaptiven System konserviert. Den traditionellen Gegenstandsbereich der Soziologie (normen- und wertgeleitetes Handeln) finden wir hingegen im Zielerreichungssystem wieder (vgl. dazu Beckert 1997: 261). Im als progressiv fortschreitende Verschachtelung des AGIL-Schemas konzipierten Fortgang seines Zugriffs ist Parsons zwar in der Lage, die Grenzprozesse zwischen Wirtschaft und Politik minutiös zu analysieren (vgl. insbesondere Parsons, Smelser 1956), es fehlt aber ein Begriffsinstrumentarium zur Analyse der *Konstitution und Dynamik des Wirtschaftssystems selbst* (vgl. dazu Baecker 1988: 24; Hessling, Pahl 2006). »Das analytische Handlungssystem wird«, so Beckert (1997: 216), »quasi um die neoklassische Wirtschaftstheorie herum entwickelt, die darin verortet, nicht aber kritisch betrachtet wird«. Die genauere Analyse des Geldes überlässt Parsons den Wirtschaftswissenschaften (vgl. Deutschmann 2001: 44), womit er aber unter das Verdikt der oben formulierten Kritik fällt.[10]

Über diese Reichweite geht auch die Habermassche Theorie nicht prinzipiell hinaus. Sie hat aber den Vorteil, dass sie zumindest eine in unserem

10 Siehe als kontrastierende Lesart der Parsonsschen Geldtheorie Wenzel (2001: 273ff.).

Rahmen brauchbare Formulierung des Problems enthält: Nachdem Habermas in der *Theorie des kommunikativen Handelns* zunächst handlungstheoretisch ansetzt und von systemtheoretischen Kategorien einen allein analytischen Gebrauch (›Beobachterperspektive‹) macht, stellt er fest, dass die Konzepte von System und Lebenswelt »für moderne Gesellschaften auch eine *essentialistische Konnotation* gewinnen und den Blick auf *verschieden strukturierte Bereiche der gesellschaftlichen Realität selber* freigeben« (Habermas 1986: 383, Herv. H.P.). Erstmals und alleinig in der Moderne hebe sich von

»der Ebene der einfachen Interaktionen und der noch lebensweltlich zugänglichen Organisationsform der vorkapitalistischen Arbeit und der vormodernen Herrschaft [...] nun eine *dritte Ebene autonom gewordener funktionaler Zusammenhänge ab – mediengesteuerte Subsysteme*. Erst mit dem Kapitalismus entsteht ein Wirtschaftssystem, das sich (im essentialistischen Sinne) als ein Subsystem mit eigenen Umwelten beschreiben lässt« (ebd.: 385, Herv. H.P.).[11]

Diese Einsicht bringt Habermas dazu, nicht länger, wie in früheren Publikationen, »weiterhin von Systemen zweckrationalen Handelns [zu] sprechen«, sondern er nimmt vielmehr an, dass mediengeleitete Interaktionen »eine *funktionalistische Vernunft* [...] verkörpern« (ebd.: 388, Herv.H.P.). Das Attribut ›funktionalistisch‹ soll ganz offensichtlich ein ›Mehr‹ oder eine Andersartigkeit bzw. Eigenlogizität des modernen Wirtschaftssystems als einer emergenten Einheit gegenüber der bloßen Summe zweckrationaler wirtschaftlicher Handlungen anzeigen. So weit, so gut! Eine Explikation dieses Konzepts einer subsystemspezifischen ›funktionalistischen Vernunft‹ sucht man bei Habermas allerdings vergeblich; ebenso schnell wie das Konzept in der Art eines deus ex machina in die Theorie eingeführt wurde, so verschwand es im Folgenden wieder. Man kann herauswittern, dass Habermas die emergente Qualität des modernen Wirtschaftssystems an Spezifika des modernen Geldes festgemacht wissen möchte, jedenfalls sieht er richtig, dass Geld historisch als zirkulierendes Medium auftauchte, »lange bevor es subsystembildende Effekte hat« (Habermas 1979: 88). Aber die Differenz von Geld als neben konsensueller, traditioneller oder herrschaftlich-organisierter sozialer Synthesis beiherspielendem Zirkulationsmittel einerseits und Geld als Nexus eines verselbständigten systemischen Zusammenhangs andererseits bleibt theoretisch unexpliziert. Seit

11 Die Unklarheit bezüglich dieses Verhältnisses von sich auf deduktivem Wege ergebender analytischer Differenzierung einerseits und struktureller Realdifferenzierung andererseits ist bekanntlich einer der hauptsächlichen Kritikpunkte an Parsons' Theoriedesign (vgl. Alexander 1984: 198f.; Willke 1993: 233f.).

Mitte der 1980er Jahre hat mit Blick auf diesen Problembereich keine Weiterentwicklung der neuen Kritischen Theorie mehr stattgefunden, die moderne Ökonomie bleibt auch ihr eine ›Black-Box‹ (vgl. Pahl 2004; Meyer 2005; Reichelt 1998). Summa summarum dürfte nach dem bisher Ausgeführten die Einschätzung von Deutschmann (2001: 16) kaum ganz aus der Luft gegriffen sein, wonach man das Geld durchaus als den »blinde(n) Fleck der heutigen Soziologie« bezeichnen darf (ähnliche Aussagen bei Ingham 1999; Dodd 1994; Ganßmann 2004; Paul 2004).[12]

2. Der methodische Zugriff der Arbeit: Ein Theorienvergleich von Marx und Luhmann

Obgleich die bisherige Diskussion uns keine befriedigenden Antworten zur Frage der Konzeptualisierung der Emergenz des Geldes lieferte, so hat uns doch Habermas im ›Scheitern‹ seiner Geldtheorie einige Stichworte an die Hand gegeben, die als Minimalforderungen an eine gehaltvolle soziologische Theorie der modernen Wirtschaft zu stellen wären. Der Habermasschen Theorie lässt sich erstens entnehmen, dass sie von einem *qualitativen Sprung* ausgeht, der die moderne Wirtschaft von jeglichen vormodernen Formen materieller Reproduktion in grundlegender Weise unterscheidet. Habermas spricht in diesem Kontext von dem Emergieren unterschiedlicher *Prinzipien von Vergesellschaftung* sowie von der Herausbildung einer *funktionalistischen Vernunft*. Zum zweiten konnten wir den obigen kursorischen Darlegungen entnehmen, dass Habermas davon ausgeht, dass diese qualitative Neu- und Einzigartigkeit der modernen Wirtschaft, ihr systemisch-eigenlogischer Charakter, im Zusammenhang mit dem Geld zu sehen ist, und zwar mit einer Form des Geldes, die sich in grundsätzlicher

12 Erst seit Jüngstem mehren sich die Hinweise, dass ein soziologischer respektive gesellschaftstheoretischer Blick auf wirtschaftliche Prozesse mehr und etwas grundsätzlich anderes sein könnte als eine subalterne Ergänzung orthodoxer Ökonomik. Ganz selektiv sei an dieser Stelle nur verwiesen auf die soziologische Fruchtbarmachung der Eigentumstheorie des Wirtschaftens bei Paul (2004), auf die Fortschreibung einer Systemtheorie der Wirtschaft bei Baecker (2006) und Willke (2006) sowie auf das neu entstandene Forschungsfeld der *Social Studies of Finance* (Knorr-Cetina, Preda 2004). Als besonders innovative Beiträge zur Re- und Dekonstruktion der Marxschen Kritik der politischen Ökonomie kann auf Heinrichs (2001) Arbeiten zu einer monetären Werttheorie sowie auf Reichelts (2002) Geltungstheorie des Werts verwiesen werden.

Weise von Geld als einem bloßen Zirkulationsmittel unterscheidet, wie es – in Münzform – bereits seit mindestens 400 Jahren v.u.Z. anzutreffen ist (vgl. Müller 1977). Daraus wäre zu folgern: Entgegen der neoklassischen ›Pauperisierung des Geldes‹, das heißt der Abstraktion vom Geld und der Reduktion der Wirtschaft auf eine Aggregation zweckrationaler bzw. strategischer Handlungen, ist es die Aufgabe einer Gesellschaftstheorie der modernen Wirtschaft, zur Entschlüsselung der Bewegungs- und Formierungslogik dieses monetären Nexus beizutragen.

Vor diesem Hintergrund wird es möglich, einige Worte zum in dieser Arbeit verfolgten methodischen Zugriff des *Theorienvergleichs* zu sagen. Obgleich Theorienvergleiche derzeit wieder einmal Hochkonjunktur innerhalb der theorieinteressierten Fraktion der soziologischen Disziplin haben, hat sich – wie so oft – keine gemeinsame Linie abgezeichnet, was die Aufstellung möglicher Kriterien für einen solchen betrifft (vgl. dazu Nassehi, Nollmann 2004). Der Paradigmenvielfalt theoretischer Zugriffsweisen innerhalb der Disziplin entspricht eine ebensolche Vielfalt hinsichtlich von Auffassungen über den Sinn und Zweck sowie die Durchführung von Theorienvergleichen.[13] Als gesichertes Fundament kann wohl nur die recht triviale Feststellung gelten, dass es sich bei einem Vergleich »um eine Beobachtungsoperation [handelt], die zwei Vergleichsobjekte entlang eines Vergleichsgesichtspunktes auf Identitäten und Differenzen hin befragt« (Kneer 2004: 26). Als Vergleichs*objekte*, so kann hierauf eine einfache Antwort gegeben werden, fungieren bei uns die Kritik der politischen Ökonomie von Marx sowie die Theorie sozialer Systeme von Luhmann. Den Vergleichs*gesichtspunkt* bildet die Frage, wie und mittels welcher begrifflichen Instrumentarien in beiden Theorien die Eigenlogik der modernen Ökonomie bestimmt wird. Es ist vor allem eine Hintergrundannahme, die uns zur Auswahl gerade dieser beiden Theorien veranlasst hat: Sowohl die Kritik der politischen Ökonomie wie die Theorie sozialer Systeme gehen von der These aus, dass der Stoffwechselprozess der Gattung mit der Natur, ihre Metabolik, erstlich und alleinig in der Moderne durch einen symbolischen Zusammenhang rekursiv aufeinander verweisender ökonomi-

---

13 Vgl. dazu den Bericht zur Frühjahrstagung 2005 der Sektion ›Soziologische Theorien‹ der Deutschen Gesellschaft für Soziologie zum Thema ›Vergleich der Theorienvergleiche in der deutschen Soziologie‹ unter: http://www.fischer-joachim.org/tagung_theorie.htm. Grundsätzliche Zweifel an allen gängigen Verfahren des Theorievergleichs finden sich bei Stäheli (2000).

scher Realkategorien vermittelt wird.[14] Während es allen vormodernen Formen materieller Reproduktion gemein war, dass das Wirtschaften in traditionale Bindungen oder politische Herrschaftsstrukturen eingebettet war, ›emanzipieren‹ sich im Zuge der Herausbildung der modernen Gesellschaft genuin wirtschaftliche Weltbezüge aus diesen Bahnen und entfalten sich zu einer neuartigen Sphäre sui generis.

Bevor wir weitere Überlegungen zum Theorienvergleich anstellen, ist es geboten, an dieser Stelle kurz inne zu halten und einige Seitenbemerkungen zur Marxschen Theorie einzufügen. Denn während die obige These bezüglich der Theorie sozialer Systeme kaum auf Gegenstimmen stoßen dürfte, legen die in den Sozialwissenschaften weit verbreiteten Interpretationsraster zur Marxschen Theorie mitunter ein anderes Bild nahe. Um dies zuzuspitzen: Luhmanns Theorie der Wirtschaft gilt als eine »im Vergleich zur soziologischen Tradition [...] hochentwickelte Geldtheorie«, »die explizit gegen ein Verständnis der Wirtschaft von der Arbeit her formuliert ist« (Ganßmann 1986: 7). Die Marxsche Theorie der Wirtschaft wird hingegen als ein in einer materialistischen Geschichtsphilosophie fundierter *arbeitsontologischer Zugriff* verstanden. Unter solch einem Blickwinkel mag ein Vergleich der jeweiligen Beschreibungen des Ökonomischen als willkürlich und wenig ertragreich angesehen werden, weil die Bezugstheorien als allzu heterogen erscheinen. Verrückt man allerdings den Fokus bei Marx vom historischen Materialismus der *Deutschen Ideologie* von 1845/46 hin zum ökonomiekritischen Spätwerk, das mit dem 1857/58 niedergeschriebenen Rohentwurf des *Kapital* (den sogenannten *Grundrissen*) beginnt, so fallen schon bei einer oberflächlichen Betrachtungsweise gewichtige Akzentverschiebungen ins Auge: In den *Grundrissen* rückt Marx ab von der zuvor postulierten allgemeinen Theorie sozialer Evolution, der eine stufenförmig-lineare Prozessform zugrunde lag, und rekonstruiert die kapitalistische Ökonomie als *selbstbezüglich-spiralförmigen Strukturzusammenhang ineinandergreifender Kapitalkreisläufe*. An die Stelle einer Ontologie der materiellen Reproduktion tritt nun schwerpunktmäßig eine Analyse der *spezifischen sozialen Form*, die der Stoffwechselprozess der Gesellschaften mit der Natur, ihre Metabolik, in der Moderne angenommen hat. Die kapitalistische Wirt-

14 Natürlich divergiert die jeweilige epistemologische Bestimmung dieser ökonomischen Realkategorien in beiden Ansätzen sehr stark. Der kleinste gemeinsame Nenner besteht aber nicht zuletzt in der Tatsache, dass sowohl Luhmann wie Marx mit den Konzeptionen von Kommunikation bzw. Wertgegenständlichkeit eine Seinsweise jenseits der wirtschaftswissenschaftlich gängigen Dichotomie von Physis und Psyche akzentuieren.

schaft wird in den *Grundrissen* explizit mit dem Terminus eines »organische(n) System(s)« (MEW42: 203) belegt, dessen »Entwicklung zur Totalität« darin bestünde, »alle Elemente der Gesellschaft sich unterzuordnen oder die ihm noch fehlenden Organe aus ihr heraus zu schaffen« (ebd.).

In diesem Rahmen revoziert Marx das *Schlüsselargument des historischen Materialismus*, wonach es einen Quasi-Automatismus der periodenhaften Sprengung jeweils überkommener Produktionsverhältnisse durch die sich entwickelnden Produktivkräfte gäbe. Er kehrt das Argument nahezu um, wenn er anhand der Entwicklung der Arbeitsmittel im unmittelbaren Produktionsprozess (Betrieb) nachzeichnet, wie selbige, sobald sie in den kapitalistischen Nexus integriert werden und somit die *ökonomische Formbestimmung des Capital fixe* erhalten, eine den Produktionsverhältnissen adäquate Form annehmen.[15] Hier sind es nun tendenziell die Produktionsverhältnisse, die die Produktivkräfte ›determinieren‹ (vgl. Reichelt 1983), und es gibt wohl kein Beispiel, das schlagender die Bedeutung demonstriert, die Marx fortan den historisch-spezifischen sozialen Vermittlungsformen der materiellen Reproduktion beimisst. Dies ist nicht länger der Marx, der bis zum Schluss den Bezugspunkt des realsozialistischen Weltanschauungsmarxismus bildete und dessen Programm Luhmann einmal mit beißender Ironie als »muskulöse Metaphysik des Materialismus« (Luhmann 1991a: 91) bezeichnete. Sondern es ist ein Marx, so Murray (1998: 36) »who believes in the reality and power of social forms«. Was Marx in den *Grundrissen* – eher vom hastigen Gang der Niederschrift getrieben denn intendiert – herausarbeitet, korreliert durchaus mit Luhmanns (1988: 98) nicht zuletzt gegen den innerökonomisch vorherrschenden Bezug auf einen ahistorisch gedachten homo oeconomicus gerichteten Verweis darauf, »wie viel in ein und demselben Funktionsbereich abhängt von der Ausdifferenzierung und der Eigenlogik eines darauf spezialisierten Systems«. Es ist der Systemcharakter der modernen Wirtschaft, das Prozessieren der monetären Selbstreferenz, die Luhmann (ebd.: 16) als Ursache für die »gewaltigen Veränderungen in Ressourcen, Naturgleichgewichten und Motiven« ins Feld führt,

15 Eine Kernaussage in diesem Kontext ist die folgende: »In der Maschine und noch mehr in der Maschine[rie] als einem automatischen System ist das Arbeitsmittel verwandelt seinem Gebrauchswert nach, d.h. seinem stofflichen Dasein nach in eine dem Capital fixe und dem Kapital überhaupt adäquate Existenz und die Form, in der es als unmittelbares Arbeitsmittel in den Produktionsprozeß des Kapitals aufgenommen wurde, in eine durch das Kapital selbst gesetzte und ihm entsprechende Form aufgehoben« (MEW42: 593).

die als empirische Fakten das Bild der Moderne wesentlich mitbestimmen. Aus diesem Blickwinkel ergibt sich eine weit genug gehende Übereinstimmung in der basalen Bestimmung des Objektbereichs durch beiderlei Theorien, die einen Vergleich von Konvergenzen und Divergenzen als fruchtbar und sinnvoll erscheinen lässt.

Kommen wir solchermaßen gerüstet nun wieder auf die Frage des Theorienvergleichs zurück. Grundsätzlich wäre es möglich, den Vergleich von Marx und Luhmann entlang eines kategorischen Besser/Schlechter-Schematismus durchzuführen. Obgleich keine Metatheorie zur Verfügung steht, mit deren Hilfe man in der Lage wäre, Marxsche wie Luhmannsche Begriffsentscheidungen selbst noch einmal im Lichte eines übergreifenden Theoriegebäudes zu situieren, so sind doch beide Theoriegebäude so umfassend angelegt, dass sie beanspruchen, auch noch die blinden Flecken jeweils konkurrierender Gesellschaftsbeschreibungen auf genetischem Wege miterklären zu können. Das mag im Einzelnen aufschlussreich sein, birgt aber die Gefahr, dass unter der Hand eine jeweils schon in spezifischer Weise präformierte Fassung des Objektbereichs der ›submissiven‹ Vergleichstheorie ›um die Ohren geschlagen wird‹. In der vorliegenden Arbeit ist der Theorievergleich Marx/Luhmann allerdings immer schon durch eine weitere Differenz ›überdeterminiert‹, nämlich durch die Differenz beider Theorieunternehmen zur neoklassischen Schulökonomie und zur traditionellen Wirtschaftssoziologie. Aus diesem Erkenntnisinteresse heraus lassen wir uns weniger von Leitdifferenzen à la richtig/falsch leiten, sondern der Schwerpunkt der Betrachtung liegt auf dem jeweiligen *wie* der Beschreibung der Emergenz des Monetären. Gegenüber einer im Zuge vulgär-postmodernistischer Zeitdiagnostik beliebten ›Anything goes‹-Attitude gehen wir davon aus, dass die, wie Habermas (1981: 7) es einmal formuliert hat, »Formierung von Grundbegriffen und die Beantwortung substantieller Fragen [...], gut hegelisch, einen unauflöslichen Zusammenhang« bilden und insofern »Probleme der Darstellung [...] den Sachproblemen nicht äußerlich« sind. Mit Adorno (1973: 185) ließe sich hier von einem »Vorrang des Objekts« sprechen. Und auch noch beim epistemologisch ganz anders argumentierenden Luhmann (1982: 366) finden wir die Vermutung, dass es »eine Art ›Gesetz der begrenzten Möglichkeiten‹« gibt, das dazu führt, »dass Theoriesprachen in gewissem Umfange ineinander übersetzbar sind«. Luhmann sprach in diesem Kontext einmal von jenen »Osmosen, die noch so dick ummauerte Theorien durchdringen«. Andererseits ist natürlich eine Kontingenz der Beobachtungs- und Beschreibungsmöglichkeiten in Rechnung zu stellen, die aber nicht – gut postmodernistisch – einfach vorausgesetzt werden darf, sondern die selbst wissenssoziologisch bzw. ideologiekritisch auf die moderne Gesellschaftsstruktur rückbezogen werden müsste. Geboten scheint in jedem Falle, wie Luhmann (1997: 1133) angesichts von »Situation(en) ohne Anfang und Ende« einmal vermerkt hat, »die Theoriemittel [selbst, H.P.] möglichst deutlich zu explizieren und der Beobachtung auszusetzen«. Oder nochmals in den Worten von Luhmann (1996: 158): »Die Frage ist vielmehr: Mit welchen Kategorien, Formen, Unterscheidungen beobachten wir eigentlich unser Wirtschaftssystem?«. Wir beanspruchen hier durchaus, Pionierarbeit zu leisten, denn – von ganz wenigen Ausnahmen abgesehen – hat es bis dato keine systematische Bezugnahme von Kritik der politischen Ökonomie und Systemtheorie gegeben. Offenkundig haben schulspezifische ›Dresscodes‹ einen möglichen produktiven Diskurs immer schon im Ansatz abgewürgt.

Damit ist der Punkt erreicht, an dem etwas zum Fluchtpunkt und Telos dieser Arbeit ausgesagt werden kann. Oder konkreter ausgedrückt: Wie soll mit der im Rahmen eines Theorienvergleichs explizit gemachten Theorienvielfalt umgegangen werden? Die bisherigen Ausführungen könnten zu der Schlussfolgerung verleiten, es ginge uns – im Zuge der ansatzweisen Entfaltung einer soziologischen Theorie des Monetären – um eine wie auch immer geartete Synthese Marxscher und Luhmannscher Theoriebausteine. Dies ist gerade nicht intendiert. Kneer (2004: 52) hat vor Kurzem anlässlich eines Vergleichs von Bourdieu und Luhmann vor einer »übereilten Kombination« von Theoriebausteinen heteronomen Ursprungs gewarnt, denn als Resultat ergebe sich in aller Regel ein »nur schwer verdauliche(r) Theoriemix«.[16] Was wir mit der in dieser Arbeit explizierten wechselseitigen Beobachtung von Marxscher wie Luhmannscher Theorie intendieren, ist nicht Amalgamierung, sondern Irritation und Anregung. Es scheint sinnvoll, die Systemtheorie der Wirtschaft und die Kritik der politischen

16 Als mahnendes Beispiel ließe sich abermals auf die *Theorie des kommunikativen Handelns* von Habermas verweisen: Die Leistung dieser Theorie, heterogenste klassische Theoriestränge in ein argumentatives Gesamtgebäude zu integrieren, sucht vermutlich nach wie vor ihresgleichen. Und trotzdem wird an diese Theorie, von ganz wenigen Ausnahmen abgesehen, nicht als *eigenständige Gesellschaftstheorie* angeknüpft, sondern es hat sich vielmehr das Verfahren eingebürgert, dass die Verfechter jener von Habermas integrierten klassischen soziologischen Theorien allesamt die Unzulänglichkeit der jeweiligen Interpretation kritisieren, und so – ob intendiert oder nicht – das von Habermas sorgfältig aufgeschichtete Theoriegebäude Stück für Stück ›dekonstruieren‹.

Ökonomie als komplementäre, sich wechselseitig unterstützende Theorieprogramme einzusetzen. Aber dazu ist es notwendig, zunächst einmal Grundlagen zu legen, um nicht-äußerliche Begegnungsweisen zu ermöglichen.

3. Ausblick auf den Argumentationsgang der Arbeit

Die vorliegende Studie ist um *drei Hauptthemenkomplexe* herum zentriert, denen zugleich die Abfolge der Kapitel entspricht. In Frageform ausgedrückt geht es um folgende Themen: (1.) Wie wird jeweils das Verhältnis von Wirtschaft und Gesellschaft bestimmt? (2.) Welche Konvergenzen und Divergenzen lassen sich in den jeweiligen Konzeptionen des Systemcharakters der Ökonomie bzw. der Emergenz des Monetären ausmachen? (3.) Wie wird das Verhältnis von Einheit und Differenz von Wirtschaft und Finanzsphäre begriffen? Aufgrund der sich steigernden Komplexität sowohl der *begrifflichen Instrumentarien* wie der zur Debatte stehenden *materialen Sachverhalte* werden die einzelnen Kapitel sowohl qualitativ wie quantitativ zunehmend gehaltvoller und voraussetzungsreicher. Weil sich detaillierte Ausblicke zum Argumentationsgang der einzelnen Kapitel in jeweils eigenständigen, die Kapitel einleitenden Abschnitten finden lassen, soll an dieser Stelle lediglich ein kursorischer Überblick gegeben werden. Ergebnisse und Begrifflichkeiten, die wir erst im Zuge der Arbeit schrittweise entfalten, werden an dieser Stelle bewusst zurückgehalten.

Das Thema des ersten, mit der schlagwortartigen Überschrift ›*Funktionale Differenzierung und Primat der Ökonomie*‹ gekennzeichneten Kapitels, ist mit Blick auf die Marxsche und die Luhmannsche Theorie nahezu selbsterklärend. Der dort verhandelte Fragenkomplex ist dem Thema einer Soziologie der Emergenz des Monetären vorgelagert und fragt – mehr im Sinne einer Propädeutik – nach dem Verhältnis von ›Wirtschaft und Gesellschaft‹ in der Luhmannschen Theorie sozialer Systeme und in der Marxschen Kritik der politischen Ökonomie. Bekanntlich liegt der Marxschen Analyse der kapitalistischen Wirtschaft die Überlegung zugrunde, wonach wir es bei ebendieser mit einer Art Organon der Gesamtgesellschaft zu tun haben, während Luhmann von einer funktionalen Primärdifferenzierung der modernen Gesellschaft ausgeht, innerhalb derer sich die Frage des Primats einzelner Teilsysteme gerade nicht theoretisch vorentscheiden bzw. ableiten lässt. Nachdem man sich mit Blick auf die Theoriekonjunktur in den 1980er und frühen 1990er Jahren des Eindrucks kaum erwehren konnte, dass die im Zuge der relativen Konjunktur neomarxistischer Theorieströmungen in den 1970er Jahren prominente These eines Primats der Ökonomie einfach sang und klanglos durch das Theorem funktionaler Differenzierung *ausgewechselt* wurde, zeichnen sich seit jüngstem vermehrt ernsthaftere Anstrengungen nach einer *begrifflichen Vermittlung* beider Zentraltheoreme ab (vgl. etwa Schimank 2005; Kuchler 2005). Eine Durchsicht der epistemologischen Grundlagen kommt bei uns zu dem Resultat, dass sich die These eines ›Primats der Ökonomie‹ und die These von der funktionalen Differenzierung als primärer gesellschaftlicher Differenzierungsform weit weniger diametral gegenüberstehen, als es der erste Blick vermuten lässt. Sowohl Marx wie Luhmann formulieren ihre jeweils eigenen Gesellschaftsbegriffe in Bezug auf und in Absetzung von einer Kernfigur, die in der praktischen Philosophie Hegels enthalten ist, und die ihrerseits gegen alteuropäische Gesellschaftstheorien gerichtet ist. Indem die jeweiligen Absetzungsbewegungen gegenüber Hegel skizziert werden, wird es möglich, die Prämissen Luhmanns und Marxens in einer mehr genetischen Weise zu beleuchten, anstatt sie lediglich äußerlich aufeinander zu beziehen.

Das zweite Kapitel vergleicht die Konzeptualisierungen des *Systemcharakters der modernen Ökonomie* bei Marx und Luhmann. Die Kernfragen lauten: Wie bestimmen beide Theorien das Verhältnis von ökonomischer Ausdifferenzierung bzw. Verselbständigung und dem Geld? Wie unterscheiden sie jeweils das moderne, ›reflexive‹ Geld vom vormodernen Geld als bloßem zirkulierendem Medium? Gezeigt wird, dass beide Theorien zwar schwerpunktmäßig anders, aber dennoch vergleichbar operieren: Beiderlei Begriffsstrategien – und dies scheint uns ein in der Sekundärliteratur notorisch unterbelichteter Aspekt zu sein – kulminieren darin, die spezifische Eigenlogizität des modernen Geldes festzumachen an einer Art *emergenten Einheit der drei basalen Geldfunktionen* (Maßstab der Preise, Zirkulationsmittel, Wertaufbewahrungsmittel), die allein im modernen Geldsystem zu finden ist.[17] Was divergiert ist der Schwerpunkt, auf den sich hierbei das

17 So finden wir bei Marx in den Grundrissen die Aussage: »Die dritte Bestimmung des Geldes in ihrer vollständigen Entwicklung unterstellt die beiden ersten und ist ihre Einheit« (MEW42: 145). Bei Luhmann (1972: 192) heißt es: »Geld wird zugleich zeitlich, sachlich und sozial (als Werthalter, Wertmesser und Tauschmittel) so stark generalisiert, daß es in anderen Gütern keine funktionalen Äquivalente mehr findet und in diesem

analytische Interesse jeweils richtet. Marx rekurriert, im Zuge eines reproduktionstheoretischen Zugriffs, in erster Linie auf die *innerökonomischen Bedingungen der Möglichkeit*, durch die die bereits in vormodernen Gesellschaftsformationen partikular anzutreffende Verkehrung von Geld als Mittel für außerwirtschaftliche Zwecke zu Geld als Selbstzweck in der Moderne auf Dauer gestellt werden kann. Luhmann bearbeitet seine Unterscheidung von vormodernem, als ›preadaptive advance‹ bestimmtem Geld und dem modernen, als Katalysator von Systembildung fungierendem Geld in erster Linie anhand eines Nachvollzugs des schrittweisen Indifferent-Werdens monetärer Weltbezüge gegenüber vormaligen moralischen und politischen Restriktionen sowie einer funktionsspezifischen Totalisierung wirtschaftlicher Perspektiven (in diesen Zusammenhang gehört beispielsweise die Überlegung der am Beginn der modernen Gesellschaft stehenden ›Zweitcodierung des Eigentums durch das Geld‹). Bis zu diesem Punkt lassen sich beide Begriffsstrategien u.E. durchaus als komplementär gelagerte Beschreibungen einer grundsätzlich ähnlichen These begreifen. Die Stelle, an der beide Theorien in entgegengesetzte Richtungen abzweigen, wird durch den divergierenden Bezug sowohl auf die Arbeitskategorie wie auf die Kapitalkategorie deutlich. Und dies ist denn auch der Ort, an dem die Differenzen präzise markiert werden müssen.

Das dritte Kapitel beleuchtet auf der bis dato erarbeiteten Grundlage die Frage nach *Einheit und Differenz von moderner Wirtschaft und Finanzsphäre* (vgl. zu dieser begrifflichen Fassung des Problems Willke 2006). Wir haben bereits gemutmaßt, dass es sich bei jenen im Zuge der jüngsten Globalisierungsdebatte geäußerten Befunden einer ›Entkopplung‹ bzw. ›Verselbständigung‹ der internationalen Finanzmärkte bislang eher um eine Artikulation von Erfahrung denn um eine zufriedenstellende begriffliche Durchdringung handelt. Die Marxsche wie die Luhmannsche Theorie stellen gleichermaßen ein komplexeres Begriffsarsenal zur Verfügung als es bis dato im Gros der Beiträge zum Globalisierungsdiskurs zum Einsatz kam. Und es müsste sich im Laufe von Anschlussarbeiten zeigen lassen, inwieweit sich auf Basis dieser Theoriegebäude die heutige Empirie einer sich als Weltsystem nochmals verdichtenden kapitalistischen Finanzwirtschaft präziser aufschließen ließe. Wir beschränken uns in der vorliegenden Arbeit notgedrungen auf die *kategoriale Ebene*. Eine unmittelbar empirische

Sinne den Charakter eines Gutes verliert. Es wird universell relevant in dem Sinne, daß es auf *alle* Dinge und Handlungen beziehbar ist, sofern sie wirtschaftlich beurteilt werden«.

Arbeiten anleitende soziologische Theorie der Finanzsphäre kann bestenfalls in Skizzenform gegeben werden. Im Falle der Marxschen Theorie geht es vor allem um den Fortgang der dialektischen Entwicklung ökonomischer Kategorien, wie wir ihn in den Bänden zwei und drei des *Kapital* finden. Es zeichnet weite Teile der Rezeption der Marxschen Theorie bis heute aus, dass dem Gang der kategorialen Darstellung nur bis zur Entwicklung des Geldes ›als Geld‹ gefolgt wird, womit aber zunächst einmal ›nur‹ die grundlegende Differenz von einfacher Zirkulation und Kapitalzirkulation (oder etwas popularisiert ausgedrückt: der Übergang von W-G-W zu G-W-G') begrifflich eingeholt ist.[18] Solch eine Lesart ist aber streng genommen nicht nur unvollständig, sondern, jedenfalls wenn der Abstraktionsgrad des Nachvollzugs der Darstellung nicht beachtet wird, schlichtweg falsch. Denn die Marxsche Analyse des Kreditsystems macht deutlich, wie Heinrich (2001a: 10) zutreffend heraushebt, dass »mit dem Kredit [...] eine neue Stufe in der Verselbständigung des Werts erreicht« ist. Ebenso wenig wie das Geld im Kontext des Übergangs von einfacher Zirkulation zu kapitalistischer Zirkulation eine bloße Zutat war, so ist es der Kredit auf der Ebene der kapitalistischen Zirkulation. Von der Warte des Fortgangs des kategorialen Entwicklungsgangs aus rekonfiguriert sich das Gesamtgefüge ökonomischer Formen (heute würde man ggf. von Makrodetermination sprechen), und es drängt sich gar der Eindruck auf, als behandele Marx das Kreditsystem im dritten Band des *Kapital* – im Sinne einer Hierarchie von Vermittlungsebenen – als *transintentionales Steuerungszentrum kapitalistischer Reproduktion* (vgl. dazu abermals Heinrich 2001a). Obgleich zu berücksichtigen ist, dass der fragmentarische Charakter der Marxschen Ausarbeitungen zum Kreditsystem die Fortschreibung dieser Theorietradition vor nicht unerhebliche Probleme zu stellen scheint, so ist es doch geboten, mindestens auf grundbegrifflicher Ebene analytische Sorgfalt walten zu lassen und das von Marx selbst Geleistete adäquat zu rezipieren.

Im Falle der Luhmannschen Theorie gehen wir mit der Thematisierung des Verhältnisses von moderner Wirtschaft und Finanzsphäre in Kapitel drei ein Stück weit über Luhmanns materiale Analysen hinaus. Im Zentrum von Luhmanns gesellschaftstheoretischen Arbeiten stand die Ausarbeitung der Autopoiesis-Perspektive für die primären gesellschaftlichen Teilsys-

18 Das ist in der vorliegenden Arbeit das Thema des zweiten Kapitels. Den Ausdruck ›Geld als Geld‹ verwendet Marx in den *Grundrissen* (vgl. MEW42: 133ff.) zur Kennzeichnung der dritten Funktion des Geldes, die bestimmt wird als emergente und prozessierende Einheit der ersten beiden Funktionen.

teme (vgl. dazu rückblickend Luhmann 1997: 12). Und man geht sicher nicht fehl in der Annahme, wenn man den Grad der begrifflichen Durchdringung der Funktionssysteme, wie er in den einschlägigen Monografien Luhmanns vorliegt, an diese übergeordnete Zielsetzung rückgebunden sieht. Empirisch ging es dort vor allem um den grundlegenden Wandel von der europäisch-mittelalterlichen Feudalordnung zur modernen Gesellschaft, aber weniger, wie Kneer (2004: 38) bemerkt hat, um »die Transformationen der Subsysteme innerhalb der Moderne«. Gerade für den Fall von Luhmanns (1988) *Wirtschaft der Gesellschaft* kann konstatiert werden, dass Aspekte der internen Differenzierung und Entwicklungsdynamik dieses Systems gegenüber dem Prozess der grundlegenden Ausdifferenzierung des Systems ›aus der Gesellschaft‹ weniger Raum erhalten. Als Beispiel hierfür kann man etwa an Luhmanns Betrachtung der Finanzsphäre denken, die immer nur in der Form von Finanz*märkten* begrifflich adressiert wurde. Die sich, besonders mit Bezug auf gegenwärtige empirische Entwicklungen, geradezu aufdrängende Frage nach einer eigenen systemischen Qualität finanzwirtschaftlicher Operationen und Beobachtungen wurde nicht nur nicht beantwortet, sondern schon als Frage nicht einmal gestellt. Unter Bezugnahme auf die post-Luhmannsche Sekundärliteratur (u.a. Baecker 1988, 2001; Schmidt 1996; Willke 1998, 2006) diskutieren wir zentrale begriffstechnische Voraussetzungen und Konsequenzen, das vermutete Emergieren eines Finanzsystems als *Wiederholung von Systembildung im Funktionssystem Wirtschaft* zu beschreiben. Mittels dieser Strategie soll die vorherrschende unfruchtbare Dichotomie unterlaufen werden, die Finanzsphäre entweder als bloßen Appendix einer vermeintlichen Realökonomie zu bestimmen, oder aber zu einer referenzlosen Sphäre der Hyperrealität zu erklären. Es muss vielmehr darum gehen, begriffliche Formen für das komplexe Verhältnis von Einheit und Differenz von Wirtschaft und Finanzsphäre zu finden.

Im Rahmen einer Schlussbetrachtung wird schließlich die oben angesprochene Frage nach den Perspektiven einer eigenständigen Soziologie der Wirtschaft wieder aufgenommen und unter Bezugnahme auf die Erkenntnisse des angestellten Theorievergleichs erneut diskutiert. Liegt der Schwerpunkt der vorliegenden Studie auf Fragen der *Binnendynamik der Wirtschaft*, zu der alternative Erklärungsmuster und Beobachtungsperspektiven ausgetestet werden, so wäre es u.E. eine Aufgabe für zukünftige Arbeiten, *das Verhältnis von Wirtschaft und Gesellschaft auf dieser Grundlage neu zu diskutieren.* Auch hierzu können wir uns wieder vorausblickenden Überlegungen Baeckers (2003a: 16) anschließen, der die Ausarbeitung einer »Gesellschaftstheorie des Geldes« einfordert,

»die darüber Auskunft gibt, welche Rolle die drei Geldfunktionen bei der Ausdifferenzierung zum einen des Geldes und zum anderen anderer Medien der Kommunikation spielen. Wir müssen wissen, wie Einheit und Differenz von Tauschen, Rechnen und Sparen das Wirtschaften ebenso wie das Herrschen und Protestieren, Erkennen und Widerlegen, Anklagen, Verteidigen und Richten, Lieben und Abkühlen, Erziehen und Erwachsenwerden, Glauben und Bezweifeln sowie das Machen und Beurteilen von Kunst erleichtern und erschweren«.

Kapitel 1: Funktionale Differenzierung und Primat der Ökonomie

Es fehlt eine auch nur annähernd adäquate Gesellschaftstheorie, die nicht in dem Sinne modern sein sollte, daß sie schon morgen von gestern sein wird.
Niklas Luhmann

Eine vergleichende Betrachtung der Konzeptionen der Wirtschaft der modernen Gesellschaft bei Luhmann und Marx muss sich den jeweils zurundeliegenden Gesellschaftsbegriffen versichern. Gerade weil hinsichtlich der Konzeptualisierung der Ausdifferenzierung bzw. Verselbständigung von Wirtschaft und Finanzsphäre – wie in den Kapiteln zwei und drei gezeigt werden soll – teilweise erstaunliche Übereinstimmungen bzw. Ähnlichkeiten festgestellt werden können, ist es maßgeblich, sich den jeweiligen logischen Ort dieser Bestimmungen innerhalb der gesellschaftstheoretischen Gesamtgebäude klar zu machen. Etwas plakativ und vorläufig ließe sich sagen: Während die Verselbständigung der Ökonomie für Marx *das* große Ereignis war, von deren Analyse er sich eine Einsicht in das Schicksal bzw. die Entwicklungsdynamik der modernen Gesellschaft als ganzer versprach, stellte selbiges Phänomen für Luhmann lediglich *einen* von mehreren Fällen funktionsspezifischer Ausdifferenzierungen dar, weshalb eine Engführung der gesellschaftstheoretischen Analyse auf die Ökonomie strikt zurückgewiesen wurde. Zur Debatte steht in letzter Konsequenz die Frage, ob es *eine* Fundierungsrelation für alle gesellschaftlichen Sachverhalte gibt, oder ob von einer Mehrzahl solcher auszugehen ist (vgl. Görg 2002: 283), oder – dies soll gleich angemerkt werden – ob nicht ein komplexeres Begriffsarrangement gefunden werden müsste. Auch über den theorievergleichenden Zugriff hinaus ist es entscheidend, die Analyse der Eigenlogik des Monetären nicht im luftleeren Raum zu entfalten, sondern im Auge zu behalten, welche Differenz die moderne Ökonomie in der und für die moderne Gesellschaft macht.

Nachdem sowohl das differenzierungstheoretische Denken wie die Annahme eines Primats der kapitalistischen Ökonomie[19] auf eine lange Tradition im sozialwissenschaftlichen Denken zurückblicken können (vgl. zu ersterem Tyrell 1998), dürfte für die aktuelle Situation nach wie vor die von Stichweh bereits gegen Ende der 1980er Jahre geäußerte Annahme gelten, wonach die »Diagnose moderner Gesellschaften als *funktional differenzierte Sozialsysteme*« als »vielleicht allgemeinste und in der Forschung anschlußfähigste Aussage über *Gegenwartsgesellschaften*« gelten kann (Stichweh 1988: 46). Die These eines Primats der Ökonomie hat demgegenüber seit dem Niedergang der relativen Konjunktur mehr oder minder kritischer Marxismen an den westlichen Universitäten in den 1970er Jahren bis vor Kurzem stetig an Boden verloren, und zwar auch bei zahlreichen ihrer vormaligen Vertreter. So kam Berger (1999: 300) in einem *Von der Kritik der politischen Ökonomie zur soziologischen Theorie der Moderne* betitelten Aufsatz nach einem Durchgang durch die universitäre Marx-Rekonstruktion im Gefolge der sich institutionalisierenden Studentenbewegung zu dem Befund, wonach »eine empirisch gehaltvolle und an den Zentralproblemen von Gegenwartsgesellschaften interessierte soziologische Theorie der Moderne durchaus Funktionen übernehmen [könne], die einstmals von der Kritik der politischen Ökonomie erfüllt wurden«, um dann fortzufahren: »Unter ›soziologischer Theorie der Moderne‹ soll im folgenden ein Denkansatz verstanden werden, dessen zentrales Konzept das der funktionalen Differenzierung ist«. Blickt man auf die Umbaumaßnahmen, die Luhmann über die Jahre hinweg am ursprünglich primär von Parsons übernommenen differenzierungstheoretischen Begriffsapparat vorgenommen hat, so verwundert ein solches Zugeständnis nicht großartig. Lässt sich das Theorem funktionaler Differenzierung bei Parsons noch als mehr oder minder abstrakte Antithese zur Annahme eines Primats der Ökonomie auffassen, so trifft eine solche Charakterisierung nur noch bedingt auf dessen Reformulierung bei Luhmann zu. Da die epistemologischen Differenzen beider Varianten von Differenzierungstheorie in den letzten Jahren bereits hinlänglich diskutiert wurden (vgl. etwa Schimank 2000; Tyrell 1998; Willke 1993; Schwinn 1995; Türk 1995), sollen an dieser Stelle nur wenige grundsätzliche Bemerkungen angeführt werden.

---

19 Angesichts der Wirkungsmächtigkeit dieser Annahme verwundert es, dass bislang keine Arbeit vorliegt, die einen systematischen dogmengeschichtlicher Abriss zur These eines Primats der Ökonomie gibt. Siehe aber exemplarisch Jakubowski (1971) und Godelier (1990) für instruktive Teileinblicke.

Auch innerhalb des systemtheoretischen Diskurses wird mittlerweile der Abstand der eigenen, auf der Luhmannschen Theorie basierenden Position gegenüber der Differenzierungstheorie von Parsons klar artikuliert. So finden wir bei Nassehi (2003: 166) die wissenssoziologisch akzentuierte Einschätzung, nach der die Parsonssche Theorie aus heutiger Perspektive im Kern als »differenzierungstheoretische Modernisierungstheorie« und als »Reflexionstheorie des Westens« verstanden werden müsse. Die tendenziell harmonische Anlage der Theoriearchitektonik mit dem in ihr analytisch festgeschriebenen unproblematischen Wechselspiel von Differenzierung und Integration sei nicht zuletzt das Resultat der als evolutionäre Universalie aufgefassten »Integrationsfähigkeit des modernen, liberalen Staatsmodells«. Es sei, so Nassehi,

> »der moderne Nationalstaat [gewesen], der die widerstreitenden Logiken des Modernisierungsprozesses – Recht und Politik, Ökonomie und Religion, Bildung und Kunst, Massenmedien und Wissenschaft – gebündelt hat. […] Und auf dem Boden dieser historischen Erfahrung wird dann auch deutlich, dass die Selbstbeschreibung der Gesellschaft als *differenzierter Einheit* die Integrationsfunktion durch die politische Segmentierung der Welt vergleichsweise unproblematisch voraussetzen konnte« (ebd.: 164, ähnliche Argumente finden sich bei Willke 1998 und 2001).

In der Terminologie der neomarxistischen Regulationstheorie könnte man Parsons als den Theoretiker der über einen Zeitraum von mehreren Jahrzehnten äußerst stabilen fordistischen Gesellschaftsformation bezeichnen, während die Luhmannsche Theoriekonstruktion bereits in einem gesellschaftsstrukturellen Umfeld beginnt, in dem sich jene Auflösungserscheinungen zu manifestieren beginnen, die heute ex negativo mit den Begriffen Fordismuskrise und Übergang zum Postfordismus ausgeflaggt werden (vgl. Hirsch 1990; Aglietta 2000).[20] Insofern ist es nicht allein als eine *Begriffsentscheidung* zu werten, wenn Luhmann die als infinit-wiederholbare Verschachtelung des AGIL-Schemas konzipierte, starr deduktive Verfasstheit des Parsonsschen Theorieprogramms ablehnte (vgl. Luhmann 1974, 1976, 1977a) [21], sondern auch als Versuch, die Differenzierungstheorie für neu-

---

20 Eine solche Parsons-Lesart findet sich in Ansätzen bereits bei Gouldner (1974).

21 Mit Blick auf die Theoriearchitektonik heißt es bei Luhmann (1996: 192f.): »Aber wenn es eine Veränderung in meiner Theorieentwicklung gibt, dann ist es ein gewisses Verschieben von funktionaler Spezifikation als evolutionärem Mechanismus, den Vorteilen der Arbeitsteilung oder ähnlichem, in Richtung auf Codierung oder andere Formen von Unterscheidungen, die es erlauben, Kommunikationszusammenhänge zu bilden und abzugrenzen«.

artige empirische Entwicklungstendenzen zu öffnen. Retrospektiv heißt es dazu in der *Gesellschaft der Gesellschaft* mit Blick auf die materialen Implikationen des Theorems, man müsse

»die Vorstellung aufgeben, die die Modernisierungsforschung nach dem Zweiten Weltkrieg zunächst beherrscht hatte, die Vorstellung nämlich, daß die Modernisierungstrends in den einzelnen Funktionssystemen, sprich: politische Demokratie, marktorientierte Geldwirtschaft, Rechtsstaat, dogmatisch unbehinderte wissenschaftliche Forschung, unzensierte Massenmedien, Schulbesuch der gesamten Bevölkerung nach Maßgabe ihrer individuellen Fähigkeiten etc., einen Entwicklungsschub auslösen würde, in dem die Errungenschaften der einzelnen Funktionssysteme einander wechselseitig stützen und bestätigen würden. Eher ist das Gegenteil wahrscheinlich« (Luhmann 1997: 568).[22]

Nahezu alle gegenwärtig florierenden systemtheoretischen Diskurse zeichnen sich dadurch aus, dass sie an solchen und ähnlichen Annahmen ansetzen. Exemplarisch sei an dieser Stelle nur auf die Debatten um Exklusionsdynamiken (vgl. Farzin 2006), um das Verhältnis von Differenzierung und Schichtung (vgl. Schwinn 2004; Nassehi 2004a; Bommes 2001) sowie um die ungleichzeitige und ungleichartige mondiale Ausdifferenzierung von Teilsystemen (vgl.Willke 1998; Schimank 2001; Greve, Heintz 2005) verwiesen, von denen angenommen werden darf, dass sie nicht zuletzt vor dem Hintergrund der sich stetig zuspitzenden Krise der westlichen Wohlfahrtsstaaten aufgrund ihrer empirischen Evidenz zu überzeugen wissen.

Was sich im Zuge dieses Re-Arrangements der Differenzierungstheorie schon angedeutet hat, wurde in den letzten Jahren von systemtheoretischer Seite aus dann auch offensiv in der Behauptung expliziert, die Annahme funktionaler Differenzierung sei nicht als abstrakte Gegenposition zur Diagnose eines Primats der Ökonomie zu verstehen, sondern einbegreife letztere Position selbst noch in bestimmter Weise.[23] Bereits bei Luhmann (1991a: 92f.) finden wir die Auffassung, der zufolge ein »nicht marxistisch verstandener Marx« durchaus »als Ausgangspunkt« einer adäquaten Theorie der modernen Gesellschaft Verwendung finden könnte. Insbesondere

22 Es ist mittlerweile in der Sekundärliteratur verschiedentlich darauf hingewiesen worden, dass die materialen Implikationen der Luhmannschen Differenzierungstheorie weitaus mehr mit Webers Diagnose von sozialer Differenzierung als einem *Polytheismus von Wertsphären* bzw. einem *Kampf der Götter* (Weber 1988) korrelieren, denn mit den entsprechenden harmonistischen Konnotationen bei Parsons (vgl. Schimank 2002a; Schwinn 2001).

23 Ähnliche Argumente – von der Seite der Kritischen Theorie aus vorgebracht – finden sich bereits bei Breuer (1987).

der Marxsche Nachweis, wonach die »Wirtschaftsordnung des Kapitalismus [...] nicht der Natur wirtschaftlichen Handelns mit eingebautem Trend zur individuellen und kollektiven Rationalität« folge, und die Referenz der Wirtschaftswissenschaften auf die vermeintlich natürliche Rationalität der Wirtschaftssubjekte deshalb nichts anderes als eine Reifikation darstelle, sei für einen systemtheoretischen Kontext zu bewahren: »Auch wenn man alles andere aufgibt, dies sollte man beibehalten und über Marx hinausführen« (ebd.). Diesen Gedanken systemtheoretisch konsequent weiterdenkend hat Baecker (1998: 11, Herv.H.P.) in einem Nachruf auf Luhmann die Quintessenz von dessen Gesellschaftstheorie folgendermaßen bestimmt:

»Die Welt ist nicht in Systeme geordnet, sondern sie zerfällt in Systeme, die alle ihre eigene Umwelt haben. In diesen Systemen arbeiten selbstreferentielle Mechanismen, die nur eine Sorge haben: die Fortsetzung des Systems zu sichern. Mit Rationalität hat das nichts zu tun, mit Fortschritt auch nichts. *Diese Beobachtungsform überträgt die marxsche Analyse der Ökonomie auf die gesamte Gesellschaft*, korrigiert dementsprechend die Überschätzung der Ökonomie (die bei Marx, wie man inzwischen weiß, auch eine Unterschätzung war) und findet keine Ansätze mehr für die Erwartung einer Revolution«.

Und auch bei Kühl (2002: 42) wurde gefragt, ob man die Theorie funktionaler Differenzierung in ihrer Luhmannschen Variante nicht als eine »Radikalisierung von Karl Marx« lesen könne: »Die Eigensinnigkeit ausdifferenzierter gesellschaftlicher Teilbereiche wie Religion, Politik oder Liebe führt dazu, dass sich die Wirtschaft um vieles nicht mehr zu kümmern braucht. Erst unter diesen ›Entlastungsbedingungen‹ – und hier liegt die Radikalisierung – kann der Kapitalismus seine Dynamik entfalten«.[24]

Was Kühl als Radikalisierung von Marx beschreibt, ist mit Blick auf die Ökonomie allerdings gleichzeitig eine *Relativierung* von Marx: Während die Systemtheorie einerseits mit der Marxschen Theorietradition in der Diagnose einer Universalisierung monetärer Geltungsansprüche in der modernen Gesellschaft übereinstimmt, wird diese Annahme andererseits mittels eines Gedankens relativiert, der sich bei Marx so nicht finden lässt. Der

24 Auch Willke (2000: 202) sieht Luhmann als eine Art zu sich selbst gekommenen Marx, wenn er feststellt, es hätten zwar bereits »Marx für die Ökonomie, Nietzsche für die Philosophie und Freud für die Psychologie« die jeweilig spezifisch moderne Eigenlogik dieser Sphären artikuliert, es sei aber alleinig Luhmann gewesen, der ›Gesellschaft‹ konsequent als »Einheit der Differenz ihrer Funktionssysteme« begriffen hätte, und damit obige Perspektiven als Teilmomente der Bewegungsdynamik moderner Gesellschaften theoretisch konsistent miteinander vermittelt hätte.

Universalismus des Geldes geht unter den Bedingungen funktionaler Differenzierung einher mit der *Spezifikation von dessen Geltungsbereich*. Bei Luhmann (1997: 983) heißt es: »Alle Funktionssysteme erheben Universalitätsansprüche – aber nur für je ihren Bereich«, weshalb für die moderne Gesellschaft trotz der Universalitätsansprüche des Geldes von einer »De-Kommerzialisierung nichtwirtschaftlicher Funktionssysteme« (Luhmann 1988: 111) ausgegangen wird.

Es sollte allerdings nicht unterschlagen werden, dass eine solche Selbstverortung der Systemtheorie von Seiten der Kritischen Theorie aus nicht unwidersprochen geblieben ist, auch wenn die entsprechenden Positionen im derzeitigen Diskurs keine große Wirkungsmächtigkeit entfachen konnten (vgl. auch die Beiträge in Demirovic 2001). Der Stein des Anstoßes besteht vor allem in der Frage, ob es zulässig und sinnvoll ist, die Ausdifferenzierung solcher sozialer Sphären wie Kunst, Religion, Wissenschaft etc. analytisch gleichzusetzen mit der Verselbständigung der kapitalistischen Ökonomie im Marxschen Sinne. So fragt Görg (1992: 142f.) beispielsweise, »ob die These von der funktionalen Differenzierung nicht im Kern auf der Universalisierung eines sozialen Mechanismus beruht, der bei Marx im Wertbegriff konkret analysiert, dessen Ausdehnung auf andere soziale Prozesse dagegen theoretisch eine bloße Analogisierung [...] darstellt«. Ähnlich finden wir bei Reichelt (2003: 2f.) die Aussage, wonach das Marxsche Verständnis einer Verselbständigung der Ökonomie nicht gleichzusetzen sei mit der »Verselbständigung von Handlungssphären, wie dies in der soziologischen Theorie vorgestellt wird«, sondern in einem emphatischeren Sinne abstelle auf die »Selbständigkeit dieses Ganzen«, auf die kapitalistische Ökonomie als verselbständigtem Strukturzusammenhang, der allen einzelnen Subjekten immer schon als ebenso eigenlogischer wie zwanghafter Imperativ entgegentritt. Die zur Debatte stehende Differenz unterschiedlicher Grade von Opazität wird von Meyer (2005: 30) anhand eines Vergleichs von Religion und Ökonomie exemplifiziert, wie er sich aus der Perspektive einer an Marx anschließenden Theorie darstellt:

»Denn tatsächlich existiert kein ›Religionssystem der Gesellschaft‹. Weder hat das religiöse Zusammenleben der Menschen [...] eine *objektive* Eigenstruktur, noch existiert die religiöse Einheit der Individuen als *objektives*, insofern *gesellschaftliches* Vermittlungsprinzip, sondern die religiöse Entäußerung des Bewusstseins existiert nirgendwo anders als in den Köpfen der gläubigen Individuen. Alle hierbei denkbaren Herrschaftsgestalten der religiös motivierten Interaktion (auch Institutionen wie Kirche etc.) sind immer schon persönlicher und niemals *sachlicher* Natur. Es existieren hier allein Gruppenbildung und unmittelbare Integration, also keine genuine gesellschaftliche Individuierung und erst recht keine Funktionalität und Prozessualität im Sinne einer allgemeinen, sich über die Köpfe der Beteiligten durchsetzenden objektiven Strukturgesetzmäßigkeit (wie z.B. das ›Wertgesetz‹ etc.)«.

Sucht man nach der epistemologischen Grundlage dieses Dissenses, so ist zunächst darauf hinzuweisen, dass in obigen Positionen von Seiten der Kritischen Theorie ein Argument aktualisiert und präzisiert wird, das sich bereits bei Habermas in der *Theorie des kommunikativen Handelns* finden lässt: Habermas reserviert die Verwendung systemtheoretischer Begrifflichkeiten – darin anders als Luhmann optierend und in bestimmter Weise Hegel und Marx fortschreibend – allein für die spezifisch moderne Ausdifferenzierung der kapitalistischen Ökonomie und des politischen Staates (vgl. Habermas 1986; Pahl 2004).[25] Während Luhmann mit seinem Kommunikationsbegriff ein *allgemeines Konzept für die Emergenz des Sozialen* ins Feld führt (vgl. Luhmann 1984: 193ff. und 555ff. sowie Schützeichel 2003), das als solches bereits die Legitimität eines Übergangs zum systemtheoretischen Forschungsansatz verbürgen soll, ist genau dieses Argument der Kritischen Theorie fremd.[26] Sphären wie Religion, Kunst, Wissenschaft etc. sind der Kritischen Theorie zufolge grundsätzlich einer hermeneutischen Analyse zugänglich, weil der Theoretiker in diesem Falle an den Handlungs*orientierungen* der beteiligten Subjekte ansetzen kann (vgl. Habermas 1981a: 179). Motive wie Emergenz, Transintentionalität, Verselbständigung etc. kommen in der Kritischen Theorie alleinig dann ins Spiel, wenn es um solche Sphären der Sozialität geht, in denen die gesellschaftliche Integration nicht länger über die Abstimmung von Handlungs*orientierungen* stattfindet, sondern qua einer systemischen Vernetzung von Handlungs*folgen* realisiert

---

25 Um hier zu wiederholen: Habermas rekurriert im Zuge seiner Theorie sozialer Evolution auf System und Lebenswelt zunächst nur im Sinne »analytische(r) Ordnungsbegriffe«, die erst bei der Analyse moderner Gesellschaften »auch eine essentialistische Konnotation gewinnen und den Blick auf verschieden strukturierte Bereiche der gesellschaftlichen Realität selber freigeben« würden (vgl. Habermas 1986: 379ff., zur Kritik u.a. Detel 2000; Schwinn 2001; Reichelt 1998).

26 Der Luhmannsche Kommunikationsbegriff markiert zugleich eine nicht zu überwindende Scheidelinie gegenüber den handlungstheoretischen Theorietraditionen. Greshoff (2001: 209) hält den Kommunikationsbegriff schlicht für eine nicht zu begründende Setzung, der eine Einheit des Sozialen postuliere wo gar keine sei. Für Willke (2001) hingegen war die Ausarbeitung eines Kommunikationsbegriffs, der das traditionelle Sender-Empfänger-Modell überwindet und Kommunikation als Ebene sui generis zu begreifen erlaubt, einer der entscheidenden Fortschritte Luhmanns.

wird (vgl. dazu auch die Bemerkungen zu Habermas in der Einleitung).[27] Ein Resultat dieser unterschiedlichen Zuschnitte des Objektbereichs besteht darin, dass sich Vertreter von Systemtheorie und Kritischer Theorie wechselseitig den Vorwurf der *Übergeneralisierung* machen können. Die Perspektive der Kritischen Theorie haben wir oben schon skizziert: Hier erscheinen die Luhmannschen Begriffsoptionen als problematische Verallgemeinerungen des Prozesses der Verselbständigung der modernen kapitalistischen Ökonomie auf andere Sphären. Aus der Perspektive der Systemtheorie hingegen stellt sich die Sache genau entgegengesetzt dar: Es fehle, so Luhmann (1991a: 94), bei Marx durch die Engführung der Analyse auf die Ökonomie »ein ausreichendes Verständnis für Parallelerscheinungen in anderen Funktionsbereichen und damit eine Grundlage für Systemvergleiche und für das Herausdestillieren abstrakterer Merkmale von Modernität, die sich – mehr oder weniger – in allen Funktionssystemen finden«.

Argumentationsgang dieses Kapitels: Das vorliegende Kapitel orientiert sich bei der Verhältnisbestimmung von funktionaler Differenzierung und Primat der Ökonomie einerseits am Paradigma des Theorienvergleichs, andererseits aber auch an der oben schon genannten allgemeineren Frage, welche Differenz die moderne Ökonomie in der und für die moderne Gesellschaft macht. Diesen Prämissen nachgehend erfolgt die Analyse auf *zwei Abstraktionsebenen.* Zunächst begeben wir uns auf die grundbegrifflichen Ebenen bei Luhmann und Marx und gehen strikt vergleichend vor. In einem ersten Schritt (1.) wird Luhmanns wissenssoziologische Interpretation des differenzierungstheoretischen Gehalts der Hegelschen praktischen Philosophie skizziert, um den seitens der Systemtheorie geltend gemachten Anspruch begrifflich zu explizieren, wonach die Theorie funktionaler Differenzierung in ihrer Luhmannschen Variante die These eines Primats der

27 Präzise verorten lassen sich diese unterschiedlichen Zuschnitte in der Konzeptualisierung des Objektbereichs der Theorie, wenn man sich die Diskussion der Parsonsschen Medientheorie bei Habermas noch einmal vergegenwärtigt: Besteht das Luhmannsche Verfahren en gros in einer Ausweitung und Generalierung des Medienbegriffs, so argumentiert Habermas genau anders herum: Er stellt fest, dass im Zuge »der Verallgemeinerung des Medienkonzepts vom Geld bis zur Wertbindung, von den Medien der Gesellschaft zu denen des Handlungssystems im allgemeinen, und von hier zu den Medien auf den Ebenen des Verhaltenssystems, der Person und der Kultur [...] die strukturellen Analogien zum Geldmedium undeutlicher, die begrifflichen Bestimmungen nicht nur abstrakter, sondern auch unpräziser und am Ende gar metaphorisch werden« (Habermas 1979: 69). Daraus leitet er den Vorwurf einer »Übergeneralisierung eines Modells, das die Gesamtkonstruktion nicht tragen kann« ab.

Ökonomie einbegreifen würde. In einem zweiten Schritt werden hierzu kontrastierend Kernaspekte der Marxschen Konzeptualisierung eines Primats der Ökonomie rekonstruiert und die möglichen Bruchstellen benannt, die sich gegenüber der Luhmannschen Interpretation ergeben. Ein Schlüsselcharakter kommt in beiden Unterkapiteln der von Hegel in der *Rechtsphilosophie* artikulierten Differenzierung der modernen Gesellschaft in politischen Staat und bürgerliche Gesellschaft zu, weil sowohl Luhmann wie Marx ihre jeweils eigenen Gesellschaftsbegriffe in Auseinandersetzung mit der Hegelschen Position entfalten. Ziel dieser Auseinandersetzung ist nicht die vorschnelle Amalgamierung jeweiliger Theoriebausteine, sondern das möglichst präzise Markieren der basalen Begriffsentscheidungen. Auch wenn ein solches Unterfangen gelingt, ist es noch nicht identisch mit dem Fundament einer materialen Theorie, die mit Blick auf gegenwärtige empirische Tendenzen das Verhältnis von funktionaler Differenzierung und Primat der Ökonomie bestimmen könnte. Aus diesem Grunde wird der bis dato erfolgte Zugriffsrahmen in einem letzten Schritt erweitert (3.). Es wird in pragmatischer Weise an aktuelle Theoriediskussionen angeschlossen, die auf Basis eines differenzierungstheoretischen Begriffsarrangements die Frage einer besonderen Prominenz der kapitalistischen Ökonomie auszubuchstabieren bestrebt sind. Dies betrifft ebenso sehr Fragen der ungleichzeitigen und ungleichartigen mondialen Ausdifferenzierung von Funktionssystemen, wie man sie etwa innerhalb des Globalisierungsdiskurses finden kann, wie auch Überlegungen zur Rolle der Ökonomie bei Exklusionsdynamiken. Während die grundlegende Frage, in welchem Verhältnis die Verselbständigung der kapitalistischen Ökonomie zur Differenzierungs*form* der modernen Gesellschaft selbst steht, nur andiskutiert werden kann, konzentrieren wir uns in diesem letzten Kapitelteil auf die Suche nach strukturellen Momenten innerhalb des Arrangements moderner Differenzierung, die eine Präponderanz der kapitalistischen Ökonomie auch jenseits der Ebene bloßer empirischer Evidenzen aufzeigen können, ohne dass dafür aber kausalistisch argumentiert werden müsste.

1. Verdopplung *als* Differenzierung: Luhmanns wissenssoziologische Interpretation der Hegelschen praktischen Philosophie

Über das Luhmannsche Werk verstreut erhalten Hegel und Marx immer wieder kurze Gastauftritte, mittels derer Luhmann sein Verhältnis zu beiden klassischen Theoretikern der Moderne bestimmt. Eine punktuelle Systematisierung der dort vorliegenden Äußerungen zum differenzierungstheoretischen Gehalt insbesondere der praktischen Philosophie Hegels erlaubt es, sich dem Theorem funktionaler Differenzierung von einer anderen Seite zu nähern als gemeinhin üblich. Anstatt selbiges entweder in Auseinandersetzung mit dem Parsonsschen Theorieapparat oder strikt theorieimmanent zu entfalten, ermöglicht der Umweg über Luhmanns Hegel-Interpretation eine mikrologische Differenzbestimmung basaler Theorieentscheidungen bei Marx und Luhmann. Luhmann (2000a) schließt sich in seiner Auseinandersetzung mit Hegel zunächst den gängigen Interpretationsmustern der *Rechtsphilosophie* an, die übereinstimmend die Artikulation einer spezifisch neuzeitlichen Trennung von bürgerlicher Gesellschaft und politischem Staat als innovatives Kernmotiv dieses Werkes bestimmen (vgl. etwa Riedel 1969). Bezugspunkt dieser Lesarten ist vor allem der in der *Rechtsphilosophie* enthaltene Abschnitt über die bürgerliche Gesellschaft: Hegel (1972: 169) bestimmt im Zusatz zum Paragraphen 182 die bürgerliche Gesellschaft als jene »Differenz, welche zwischen die Familie und den Staat tritt« und hält unmissverständlich fest, dass die »Schöpfung der bürgerlichen Gesellschaft [...] der modernen Welt an[gehört]«. Obgleich der Gesamtanlage der *Rechtsphilosophie* eine idealistische Geschichtskonstruktion zugrunde liegt, die den Wandel gesellschaftlicher Institutionen als schrittweise Verkörperung eines absoluten Geistes begreift und den modernen Rechtsstaat innerhalb dieses Arrangements als eine Art Kulminationspunkt verstanden wissen möchte, arbeitet Hegel im Abschnitt über die bürgerliche Gesellschaft das Emergieren einer eigenlogisch operierenden Sphäre des Ökonomischen heraus, die nicht mehr unmittelbar mit dem Staat zur Deckung gebracht werden kann. Hat Hegel in seinen Frühschriften noch umstandslos am antiken Ideal der Sittlichkeit festgehalten, was eine unmittelbar normative Einheitsvorstellung impliziert, so tritt die dortige Konzeption in der *Rechtsphilosophie* zugunsten eines differenzierteren Arrangements zurück, das sich nicht zuletzt der Hegelschen Lektüre der frühen klassischen politischen Ökonomie verdankt haben dürfte. Die Ausführungen zur bürgerlichen Gesellschaft in der *Rechtsphilosophie* lesen sich vielfach wie eine gesellschaftstheoretische Paraphrase der ökonomischen Analysen etwa von Smith, die wir selbst noch als frühe Artikulationsversuche der Emergenz und transintentionalen Eigenlogizität der modernen kapitalistischen Ökonomie interpretieren können. So bestimmt Hegel (ebd.: 169) die bürgerliche Gesellschaft als »System allseitiger Abhängigkeit«, in dem »die Subsistenz und das Wohl des Einzelnen und sein rechtliches Dasein in die Subsistenz, das Wohl und Recht aller verflochten, darauf gegründet und nur in diesem Zusammenhange wirklich und gesichert ist«. Hegel präsentiert Gedankengänge, die ähnlich wie die Smithsche Metapher der ›unsichtbaren Hand des Marktes‹ darauf abstellen, dass die Form sozialer Synthesis im Falle der modernen Ökonomie eine andere Gestalt angenommen hat, als dies in traditionellen Vergesellschaftungsmodi der Fall war. An die Stelle konkreter hierarchischer oder traditionaler Organisationsmodi tritt ein *reflexives Vermittlungsverhältnis von Allgemeinem und Besonderem*, das Hegel wie folgt umreisst: »In der bürgerlichen Gesellschaft ist jeder sich Zweck, alles andere ist ihm nichts. Aber ohne Beziehung auf andere kann er den Umfang seiner Zwecke nicht erreichen; diese anderen sind daher Mittel zum Zweck des Besonderen. Aber der besondere Zweck gibt sich durch die Beziehung auf andere die Form der Allgemeinheit und befriedigt sich, indem er zugleich das Wohl des anderen mit befriedigt. Indem die Besonderheit an die Bedingung der Allgemeinheit gebunden ist, ist das Ganze der Boden der Vermittlung, wo alle Einzelheiten, alle Anlagen, alle Zufälligkeiten der Geburt und des Glücks sich frei machen, wo die Wellen aller Leidenschaften ausströmen, die nur durch die hineinscheinende Vernunft regiert werden. Die Besonderheit, beschränkt durch die Allgemeinheit, ist allein das Maß, wodurch jede Besonderheit ihr Wohl befördert« (Hegel 1972: 169). Hier wird von Hegel in aller Deutlichkeit expliziert, dass die moderne bürgerliche Gesellschaft einer eigenen Entwicklungslogik folgt, die historisch ohne Vorläufer ist und die sich auch von der Sphäre des modernen Staates wesentlich unterscheidet.

Nun ist es allerdings mit Blick auf die Gesamtarchitektonik der *Rechtsphilosophie* in der Sekundärliteratur bis heute ein umstrittenes Problem geblieben, wie dort die Frage des Verhältnisses von bürgerlicher Gesellschaft und politischem Staat schlussendlich beantwortet wird. Riedel (1969: 69) spricht beispielsweise von »Aporien der Vermittlung« zwischen »politischer Identität und gesellschaftliche(r) Differenz« und stellt fest, dass Hegel in der *Rechtsphilosophie* an mehreren Stellen dazu tendiert, die »Theorie einer vom Staat getrennten, mit ihm nicht zu verwechselnden ›bürgerlichen Gesellschaft‹ selber wieder rückgängig zu machen« (ebd.: 78). Insofern die dortige Beschreibung einer Differenz von bürgerlicher Gesellschaft und politischem Staat eingebettet ist in eine spekulative Entwicklung der ›Idee‹ des Staates, die Momente der klassisch-ontologischen Prinzipienlehre enthält, wird suggeriert, bei der bürgerlichen Gesellschaft würde es sich lediglich um ein unselbständiges und subalternes Moment eines sich differenzierenden und wieder integrierenden Ganzen handeln. Luhmann setzt bei diesen Ambivalenzen des Hegelschen Gesellschaftsbegriffs an und betrachtet sie aus einer konsequent differenzierungstheoretischen Perspektive. Er bezieht sich dabei gleichermaßen auf die Hegelsche Tradition eines Primats der Politik wie auf die Marxsche Tradition eines Primats der Ökonomie, wenn er mit Blick auf den jeweiligen Modus der Theoriearchitektonik festhält: »In beiden Fällen wurde die Theorie als eine *Unterscheidung* formuliert, wobei die (zunächst politische, dann wirtschaftliche) Gesellschaft als die eine Seite der Leitunterscheidung vorgesehen war« (Luhmann 2000a: 11). Innerhalb dieser Konstellation wurde aber, so merkt Luhmann kritisch an, die »*Einheit* der Unterscheidung, also der Grund der Zusammengehörigkeit des Differenten, [..] nicht problematisiert, nicht als Gegenstand besonderer Beobachtung und Beschreibung markiert« (ebd.). Die »Faszination« durch die Differenz von politischem Staat und bürgerlicher Gesellschaft habe Luhmann zufolge zugleich »die Frage nach der Einheit der Differenz« verdeckt, und so habe man schließlich »dieser Schwäche durch Dominanzbehauptungen abzuhelfen« versucht (Luhmann 1987b: 34). Auf die Hegelsche Theorie bezogen konkretisiert Luhmann seine Vorwürfe einer mangelnden Reflexion auf die Einheit der Differenz und die damit zusammenhängenden ›Dominanzbehauptungen‹ durch Verweis auf einen bei Hegel vorliegenden *doppelten Staatsbegriff*. Der Staat soll bei Hegel zugleich eine Seite der Differenz von Staat und bürgerlicher Gesellschaft sein, zum anderen diese Differenz aber selbst noch übergreifen (vgl. Luhmann 1984: 554). Anders ausgedrückt: Der Staat übergreift selbst die Differenz von sich selbst und der bürgerlichen Gesellschaft. Ein Teil ist zugleich Teil und übergreifendes Ganzes.[28] Als eine Art Fazit heißt es bei

---

28 In ähnlicher Weise hätte Luhmann auch von Marxens *doppeltem Begriff der bürgerlichen Gesellschaft* sprechen können: Zwar habe Marx ebenfalls auf die allein modernen Gesellschaften eigene Differenz von bürgerlicher Gesellschaft und politischem Staat grundsätzlich zutreffend reflektiert, diese dann aber – obgleich *inhaltlich* in diametral entgegengesetzter Form wie Hegel – in einer Art und Weise aufgelöst, die der Hegelschen Lö-

Luhmann: »Der erste Versuch, dies Nachfolgeterrain [der alteuropäischen Gesellschaftstheorien, H.P.] durch die Differenz von Staat und Gesellschaft (das heißt: politischen und ökonomischen Funktionsprimaten) zu kennzeichnen, kann als gescheitert betrachtet werden. Es gelang ihm nicht, die Einheit dieser Differenz zu formulieren« (Luhmann 1984: 554).

Verständlicher wird der Luhmannsche Vorwurf, wenn man einen Blick auf seinen eigenen Begriff der modernen Gesellschaft und die darin enthaltene Konzeption gesellschaftlicher Einheit wirft. Hier kann man einerseits feststellen, dass Luhmann als genuiner Gesellschaftstheoretiker am Begriff ›gesellschaftliche Einheit‹ selbst entschieden festhält und diesen nicht im Sinne der Weberschen Tradition oder der heutigen poststrukturalistischen Ansätze als sinnlos verwirft (vgl. dazu Tyrell 1994). Andererseits zeichnet sich die Luhmannsche Konzeption dadurch aus, dass sie jeglichen konkretistischen und adressierbaren Versionen einer Einheit der modernen Gesellschaft eine Absage erteilt. Vorstellungen wie die einer gesellschaftlichen »Totalintegration« über Normen, Werte, religiöse Weltbilder etc. in der Linie etwa Durkheims oder Parsons' werden ebenso zurückgewiesen wie das Habermassche Konstrukt von bürgerlicher Öffentlichkeit als Verkörperung kommunikativer Rationalität. All dies lehnt Luhmann mit dem Hinweis ab, dass es unter den Bedingungen der modernen Gesellschaft kein »Supermedium, das alle Kommunikationen auf eine ihnen zugrunde liegende Einheit beziehen könnte« mehr geben würde (Luhmann 1997: 359, dazu entsprechend kritisch Habermas 1985). Die Pointe der Luhmannschen Theorie besteht darin, die Einheit der Gesellschaft als *Form ihrer primären Differenzierung* zu bestimmen. Der Begriff der modernen Gesellschaft, ihre Einheit, so ließe sich etwas traditionalistisch argumentieren, besteht in nichts anderem als in ihrer *Differenzierungsform selbst.*[29] Diese Einheit besteht nicht als substantielle Entität, die neben den Teilsystemen noch einmal als Zentrum konkret und adressierbar existieren würde, sondern nur als *spezifische Differenz aller Teilsysteme*: Die »Einheit der Gesellschaft ist [...] nichts anderes als diese Differenz der Funktionssysteme; sie ist

sung *strukturell* gleiche und die deshalb ebenfalls die Kernstruktur der Moderne, ihr Prinzip, verfehle. Auch Marx habe schließlich die konstatierte polare Differenziertheit der Gesellschaft nach einer Seite der Differenz, in diesem Fall nach der Seite der Ökonomie hin, aufgelöst. Diese sei in der Marxschen Konzeption gleichzeitig eine Seite der Differenz von bürgerlicher Gesellschaft und politischem Staat, zum anderen artikuliere sie aber nach Marx auch deren Gesamtstruktur.

29 Das ›Etwas‹, das sich hier differenziert, ist der Luhmannschen Konzeption zufolge evidenterweise die gesellschaftliche Kommunikation.

nichts anderes als deren wechselseitige Autonomie und Unsubstituierbarkeit« (Luhmann 1986: 216). Dies bedeutet, dass sich die Gesamtgesellschaft »nicht mehr durch operative Kontrolle, sondern nur noch durch strukturelle Auswirkungen ihrer Differenzierungsvorgaben auf die Teilsysteme zur Geltung bringen« kann (Luhmann 1997: 42f.). Man kann diese Einheit der Gesellschaft nicht mit Händen greifen und nicht darauf zeigen, man ›sieht‹ die Einheit der Gesellschaft nur in der Differenz ihrer Teilsysteme. Und dennoch macht es für Luhmann Sinn, an diesem Begriff selbst festzuhalten, da er funktionale Differenzierung nicht als bloßes gedankliches Konstrukt ansieht, sondern als in der Gesellschaft selbst operativ wirksames Prinzip. Dazu heißt es:

»Bei aller Verschiedenheit bleiben Funktionssysteme vergleichbar. Dies kann nur dadurch erklärt werden, daß es sich um Subsysteme eines Gesellschaftssystems handelt, die durch dessen Differenzierungsform ihre eigene Form erhalten. Wir können daraus also auf eine durchgehende Eigenart der modernen Gesellschaft schließen – auch wenn, und gerade weil, diese Eigenart nur an den Funktionssystemen nachweisbar ist« (Luhmann 1991a: 101).[30]

Wie Luhmann in einem Interview klarstellte, wird dabei das eigene theoretische Unterfangen bzw. die Frage von dessen Gelingen durchaus als eine Art *Nachweis* verstanden:

»Was mir vorschwebt, ist generell in allen Funktionssystemen mit demselben Satz von Kategorien zu arbeiten und damit *Gesellschaft zu beweisen, Gesellschaft als ein Prinzip*. Ich möchte für die Moderne das tragende Argument der Nicht-Beliebigkeit der Gesellschaft bei sehr variablen Beziehungen zwischen den Funktionssystemen mit einer begrifflichen Architektur *nachweisen*. Dies würde ein Argument für einen gesellschaftlichen Zusammenhang bringen, der nicht in der Rangbeziehung liegt und nicht in der Differenz von Zentrum und Peripherie. In diesem Versuch liegt

30 Diese Konzeption ist keinesfalls unwidersprochen geblieben. Nach Schwinn (1995a: 207) bestünde in »Luhmanns neueren Arbeiten […] eine ungelöste Spannung zwischen der Behauptung einer funktionalen Autonomie der Einzelsysteme und dem gleichzeitigen Festhalten an der gesamtgesellschaftlichen Einheit, in Bezug auf die sich die Teilfunktionen überhaupt erst definieren«. Schimank (1998: 177f.) hebt hervor, dass man die »zugrundeliegende Differenzierungsform nicht länger als funktionale Differenzierung titulieren« dürfe, wenn man es als Hauptmerkmal der modernen Gesellschaft ansieht, »daß sie ein Neben- und Ineinander – oft genug auch: Durcheinander – jeweils selbstreferentiell geschlossener, weil um binäre Codes teilsystemisch ausdifferenzierter Kommunikationszusammenhänge darstellt«. Im Begriff der funktionalen Differenzierung sei eine Reminiszenz der System/Umwelt-Perspektive konserviert, tatsächlich sei der Begriff der Polykontexturalität vorzuziehen. Vgl. dazu auch die bei Tyrell (1994) rekonstruierte differenzierungstheoretische Position Webers.

auch der Anspruch, dies überall zu zeigen. Die Frage ist nur, ob einem das gelingt« (Luhmann in: Breyer, Werber 1992: 55f., Herv. H.P.).

Bei Baecker heißt es unter Bezugnahme auf eben diese Textstelle noch etwas offensiver:

»Luhmanns (inzwischen abgeschlossenes) Programm einer Gesellschaftstheorie [ist] unter vielem anderen auch ein Versuch, herauszufinden, ob man die verschiedenen sozialen Systeme der Gesellschaft (einschließlich des Sondersystems der Gesellschaft) daraufhin vergleichen kann, wie sie begrifflich bestimmte Probleme unterschiedlich, aber eben: vergleichbar, lösen. *In der Einheit der durchzuhaltenden Begriffe läge dann ein ›Beweis‹ für die Einheit der Gesellschaft*« (Baecker 1999a: 39, Herv. H.P.).

Vor diesem Hintergrund wird ferner deutlich, dass die oben referierte Luhmannsche Kritik an der defizienten Konzeptualisierung des Verhältnisses von Einheit und Differenz bei Hegel und Marx nicht als abstrakte Begriffskritik aufzufassen ist, sondern wissenssoziologisch kontextualisiert und fundiert wird. Luhmann greift hierzu auf sein Forschungsprogramm zum Verhältnis von *Sozialstruktur und Semantik* zurück, das »die Frage nach Korrelationen zwischen sozialstrukturellen und begriffs- oder ideengeschichtlichen Veränderungen« (Luhmann 1980a: 13) in allgemeiner Weise zu systematisieren versucht, und verortet die Theorien von Hegel und Marx hiernach als *Überleitungssemantiken* von der mittelalterlichen europäischen Feudalordnung zur modernen, funktional differenzierten Gesellschaft. Der Übergang zu funktionaler Differenzierung als gesellschaftlicher Primärdifferenzierung wird historisch für den Zeitraum zwischen dem 16.–18.Jahrhundert angesetzt (vgl. Luhmann 1980a: 27). Nun wird die Änderung der primären gesellschaftlichen Differenzierungsform – in diesem Falle also das »›Umkippen‹ des Formtypus der gesellschaftlichen Differenzierung von vertikaler Stratifikation in horizontale funktionale Differenzierung« (Luhmann 1987: 39f.) als *Katastrophe* begriffen (ebd.: 19). Es wird angenommen, dass es bei einem solchen Wandel in der primären Differenzierungsform einer Gesellschaft auf der Ebene gesellschaftlicher Semantiken nicht bloß zu einer »bestimmte(n) Umformungen alter Begriffe« kommt, sondern mit der »Gesamttransformation des semantischen Apparats der Kultur« (Luhmann 1980a: 32–33) zu rechnen sei. Luhmann geht von einer *Nachträglichkeit* der Semantik gegenüber sozialstrukturellen Entwicklungen aus, das heißt es kommt zu einer »konsolidierten Grundsemantik in bezug auf das, was als Sachlichkeit, Zeitlichkeit und Sozialität anzusehen und zu praktizieren ist, [...] typisch *nach* der Entwicklung einer

Differenzierungsform und für diese« (Luhmann 1980a: 39f., vgl. dazu kritisch und anstelle der mitunter linear anmutenden Luhmannschen Konzeption für eine *konstitutive Nachträglichkeit der Semantik* plädierend Stäheli 1998). In diesem Kontext gelten die Theorien von Hegel und Marx als Semantiken, in denen zwar einerseits bereits versucht wurde, die neuartigen Strukturbrüche zu konzeptualisieren, die aber aufgrund historischer Erkenntnisrestringierungen gleichsam noch in Denkschemata befangen seien, die auf die vormodernen Gesellschaften verweisen würden: Die Neigung sowohl von Hegel wie von Marx, zwar Differenzierungsvorgänge zu artikulieren, selbige aber schlussendlich wieder einzuhegen durch die Absolutsetzung eines Teils des Differenzierten bzw. durch Dominanzbehauptungen, wird von Luhmann auf die Sozialstruktur der Feudalgesellschaften bezogen: Dort sei der Monarch als Teil der ganzen Gesellschaft qua Repräsentation zugleich deren integrierendes, die Schichten und Stände übergreifendes Zentrum, also eine Form der *Einheit in der Differenz*.

2. Verdopplung *und* Differenzierung: Aspekte einer Stufenfolge sozialer Differenzierung bei Marx

Werfen wir nun einen Blick auf das Marxsche Zentraltheorem eines Primats der Ökonomie und dessen theorieimmanente Genese. Anstelle einer ausführlichen und erschöpfenden Textexegese, die den Rahmen der vorliegenden Arbeit sprengen würde und ein Thema für sich wäre, sollen exemplarisch *drei Phasen* innerhalb der Marxschen Theoriebildung punktuell beleuchtet werden: Zunächst wollen wir die Genese des Theorems betrachten, wie man sie der frühen Marxschen Auseinandersetzung mit der praktischen Philosophie Hegels in den Schriften *Zur Kritik der Hegelschen Rechtsphilosophie. Kritik des Hegelschen Staatsrechts* von 1843 sowie der wenig später entstandenen Abhandlung *Zur Kritik der Hegelschen Rechtsphilosophie. Einleitung* entnehmen kann. Im Anschluss daran soll kurz auf die Problematik der Generalisierung der Kategorie der ›bürgerlichen Gesellschaft‹ in der rezeptionsgeschichtlich außerordentlich wirkungsmächtigen Schrift *Die Deutsche Ideologie* von 1845/56 eingegangen werden, bevor abschließend differenzierungstheoretische Aspekte im ökonomiekritischen Spätwerk (die Schriften ab 1857/58) diskutiert werden. Es wird sich zeigen, dass bei Marx zwar nirgends eine ausgeführte Theorie zu finden ist, die die Diagnose eines Primats der Ökonomie systematisch einlösen würde, dass allerdings der logische Ort des Theorems doch so präzise herausgearbeitet werden kann, dass Differenzen zu Luhmanns Interpretation markiert werden können, an die mit sinnvollen Forschungsfragen angeschlossen werden kann.

In seiner frühen Auseinandersetzung mit der *Rechtsphilosophie* anerkennt Marx zunächst die von Hegel konstatierte Differenz von bürgerlicher Gesellschaft und politischem Staat als grundsätzlich adäquate Beschreibung der modernen Gesellschaftsstruktur. So wie Hegel die Genese dieser Diremtion als spezifisch neuzeitliches Phänomen begriffen hat, so finden sich auch bei Marx Aussagen wie die folgende:

»Als noch die Gliederung der bürgerlichen Gesellschaft politisch und der politische Staat die bürgerliche Gesellschaft war, war diese *Trennung*, die *Verdopplung* der Bedeutung der Stände, nicht vorhanden. Sie *bedeuteten* nicht *dieses* in der bürgerlichen und ein *anderes* in der politischen Welt. Sie erhielten keine *Bedeutung* in der politischen Welt, sondern sie *bedeuteten sich selbst*« (MEW 1:286).

Es sei nicht zuletzt die »französische Revolution« gewesen, welche laut Marx »die Verwandlung der *politischen Stände* in *soziale* [vollendete] oder [...] die *Ständeunterschiede* der bürgerlichen Gesellschaft zu nur *sozialen* Unterschieden [machte], zu Unterschieden des Privatlebens, welche in dem politischen Leben ohne Bedeutung sind. Die Trennung des politischen Lebens und der bürgerlichen Gesellschaft«, so Marx, »war damit vollendet« (ebd.: 283f.).

Bis hierhin stimmt die Marxsche Interpretation mit jenen Überlegungen überein, die wir oben bei Luhmann herausarbeiten konnten. Die Unterschiede kommen in den Blick, wenn wir uns die Art und Weise der Kritik ansehen, die Marx an der Hegelschen Konstruktion anbringt. Diese Kritik kreist um den Vorwurf einer bei Hegel systematisch vorliegenden *Subjekt-Prädikat-Verkehrung*. Bei Hegel werde – qua einer Auffassung, die den Staat als Verkörperung der absoluten Idee bzw. des ›Weltgeistes‹ behauptet – »die Idee versubjektiviert«, indem »das *wirkliche* Verhältnis von Familie und bürgerlicher Gesellschaft zum Staat« als deren »*innere imaginäre* Tätigkeit« ausgegeben werde. Damit einhergehend würden »die wirklichen Subjekte, bürgerliche Gesellschaft, Familie, ›Umstände, Willkür etc.‹« von Hegel zu »*unwirklichen*, anderes bedeutenden, objektiven Momenten der Idee« herabgesetzt (MEW1: 206).[31] Marx kritisiert also, so könnte man formulieren, den bei Hegel inaugurierten *Konstitutionszusammenhang sozialer Differenzierung*: Anstatt das Auseinandertreten von politischem Staat und bürgerlicher Gesellschaft aus den empirischen Veränderungen der Sozialstruktur im Übergang zur modernen Gesellschaft abzuleiten (in den Worten von Marx: aus den wirklichen Subjekten, der bürgerlichen Gesellschaft, der Familie, Umständen, Willkür etc.), präsentiert Hegel eine emanationslogisch gebaute Geschichtsphilosophie, die Vorgänge sozialer Evolution und Differenzierung als bloße Durchgangsstadien eines metaphysischen Makrosubjekts begreift.

Diese Kritik deutet dann auch schon die Marschrichtung der Marxschen Gegenposition an. Die Schrift *Zur Kritik der Hegelschen Rechtsphilosophie. Kritik des Hegelschen Staatsrechts* enthält zwar keinen systematisch entfalteten Gegenentwurf, aber eine ganze Reihe differenzierungstheoretisch äußerst aufschlussreicher Hinweise. So führt Marx aus, dass es die bürgerliche Gesellschaft *selbst* sei, die »innerhalb ihrer selbst das Verhältnis des Staates und der bürgerlichen Gesellschaft« bewerkstellige (MEW1: 281f.). Behauptet wird damit, dass es Gründe in der Sozialstruktur der modernen Ökonomie selbst sind, die für die neuzeitliche Differenzierung der Gesellschaft in einerseits eine abgetrennte Sphäre des Politischen, andererseits eine eigenlogische Sphäre des Ökonomischen, ursächlich sind. Marx rekurriert – in noch tastender Weise – auf eine spezifisch moderne, gedoppelte Interessenlage der Bürger: So wie bürgerliche Gesellschaft und politischer Staat getrennt sind, so »ist auch der Staatsbürger und der Bürger, das Mitglied der bürgerlichen Gesellschaft, getrennt. Er muß also eine *wesentliche Diremption* mit sich selbst vornehmen« (MEW1: 281). Es ist diese gedoppelte Interessenlage der Bürger, einerseits von Bedingungen abzuhängen, die vielen gemeinschaftlich sind und die als solche kollektiv aufrecht erhalten werden müssen (etwa die Institution des Eigentums), andererseits aber jeweils Partikularinteressen rücksichtslos zu verfolgen, um im frühkapitalistischen Konkurrenzkampf bestehen zu können, die von Marx als Grund sozialer Differenzierung geltend gemacht wird (vgl. Reichelt 1970:

31 Unter Bezug auf die Hegelsche Methodologie heißt es bei Marx: »Nicht die Rechtsphilosophie, sondern die Logik« sei Hegels »wahre(s) Interesse. Nicht daß das Denken sich in politischen Bestimmungen verkörpert, sondern daß die vorhandenen politischen Bestimmungen in abstrakte Gedanken verflüchtigt werden, ist die philosophische Arbeit. Nicht die Logik der Sache, sondern die Sache der Logik ist das philosophische Moment. Die Logik dient nicht zum Beweis des Staats, sondern der Staat dient zum Beweis der Logik« (MEW1: 216).

63f.).[32] Im Unterschied zur vormodernen Einheit von politischer Herrschaft und materieller Reproduktion erfordert die Ausdifferenzierung der Ökonomie eine neuartige Form politischer Herrschaft, und diese kristallisiert sich im modernen, von der Ökonomie abgetrennten Rechtsstaat. Natürlich handelt es sich bei dieser These einer logischen Vorgängigkeit der bürgerlichen Gesellschaft gegenüber der Differenzierung bzw. Verdopplung in Ökonomie und politischen Staat nicht um ein *empirisch-genetisches* Argument, sondern um ein *funktionalistisches.* Empirisch geht es um einen Prozess der schrittweisen Herausbildung einer autonomen Sphäre des Ökonomischen, der flankiert ist von einer Umstrukturierung der überlieferten politischen Herrschaftsformen des Feudalismus hin zu solchen, die der neuartigen Form materieller Reproduktion adäquat sind.[33]

Von der Warte der Luhmannschen Theorie läge es nahe, diese Konzeption in Analogie zum doppelten Staatsbegriff bei Hegel als *doppelten Begriff der bürgerlichen Gesellschaft* bei Marx zu charakterisieren: Die bürgerliche Gesellschaft wird sowohl als eine Seite der Differenz von politischem Staat und bürgerlicher Gesellschaft begriffen, als auch als Grund der Diremtion selbst ins Feld geführt. Dann würde der oben geäußerte Vorwurf greifen, wonach auch bei Marx der Blick auf die Einheit der Differenz verstellt sei und die Theorie sich stattdessen in Dominanzbehauptungen flüchtet. Aber ist dies im Falle der Marxschen Position wirklich stichhaltig? Auch wenn der Kategorie der bürgerlichen Gesellschaft in der Tat ein doppelter logischer Ort innerhalb dieses frühen Marxschen Begriffsarrangements zukommt, so ist doch andererseits zuzugestehen, dass Marx sehr wohl – das ist gerade das Kernargument – *auf die Einheit der Differenz von bürgerlicher Gesellschaft und politischem Staat reflektiert.* Die These eines Primats der Ökonomie bezieht sich zunächst einmal nur auf diesen funktionalen Konstitutionszusammenhang: Dass die Struktur der materiellen Reproduktion aus sich heraus zur sozialen Differenzierung treibt. Insofern ak-

32 Das hier forcierte Argument einer Vorgängigkeit der bürgerlichen Gesellschaft gegenüber der Differenzierung in bürgerliche Gesellschaft und politischen Staat ist natürlich weder als unmittelbar empirisches noch als kausales Argument zu verstehen, sondern als ein funktionalistisches. Siehe zur empirischen Entstehung bürgerlicher Staatsgewalt Gerstenberger (2006).

33 Die logisch-genetische Seite dieses Problemkomplexes wurde vor allem in der sogenannten *Staatsableitungsdebatte* der 1970er Jahre thematisiert und gegenüber der verkürzten voluntaristischen Staatstheorie des orthodoxen Marxismus zu Recht in Stellung gebracht (vgl. dazu exemplarisch Müller, Neusüss 1970 sowie retrospektiv Hirsch 2004 und Holloway 1995).

zentuiert Marx zwar ein Dominanzverhältnis, er zieht die Differenz zwischen bürgerlicher Gesellschaft und politischem Staat aber nicht mehr im Sinne einer bei Hegel begriffslogisch in Anspruch genommenen Vernunftstruktur wieder ein (vgl. dazu Behre 2004: 159), sondern konstatiert vielmehr: »Die Identität, die Hegel zwischen bürgerlicher Gesellschaft und Staat konstruiert hat, ist die Identität zweier feindlicher Heere« (MEW1: 297).

Mit Bezug auf die Frage nach dem Platz anderer Sphären der Sozialität lohnt ein Blick in die wenige Monate später geschriebene Schrift *Zur Kritik der Hegelschen Rechtsphilosophie. Einleitung.* Dort hebt der Marxsche Argumentationsgang an mit der Forderung einer Erweiterung der Feuerbachschen Religionskritik, deren Nachvollzug es uns erlaubt, weitere Gemeinsamkeiten und Unterschiede zur Position Luhmanns zu markieren. Dazu muss etwas weiter ausgeholt werden: Wir können die Religionskritik Feuerbachs bereits als krypto-soziologische Theorie der Religion verstehen, welche die Religion nicht länger als transzendente Sphäre begreift, sondern als immanentes Produkt von Sozialität. Feuerbach (1980) präsentiert im *Wesen des Christentums* eine Stufentheorie der Religionsentwicklung, in dessen Darstellungsgang die Religion als Produkt einer unbewussten Entäußerung bzw. Vergegenständlichung menschlicher Wesenskräfte beschrieben wird. Die dortige Argumentationsfolge orientiert sich an den Bewusstseinskapiteln der Hegelschen *Phänomenologie des Geistes* (Hegel 1970) und folgt deren Muster einer Dialektik von Substanz und Subjekt. Hegel stellt den erkenntnistheoretischen Fortschritt anhand einer Entwicklung verschiedener Konstellationen der Subjekt-Objekt-Relation dar. Das erkennende Subjekt macht Fortschritte dadurch, dass es vormalig als Bestimmungen der Objektwelt interpretierte Strukturen (›Substanz‹) im Zuge mehrmaliger Bewusstseinsumkehrungen als jeweils eigene kognitive Schemata entschlüsselt (›Subjekt‹).[34] Allerdings entspricht der Auflösung von Substanz in Subjekt eine jedesmalige erneute Substantialisierung: Obgleich der neue Erkenntnisgegenstand in nichts anderem als in diesen reflektierten Schemata besteht, erlebt das Bewusstsein »diesen neuen Bereich oder Typ von Gegenständen nicht so, als ob es ihn selber erschaffen bzw. *erfunden*, sondern so, als ob es ihn *entdeckt* hätte« (Kesselring 1992: 284f.). Der Kulminationspunkt der Hegelschen Darstellung besteht in einem Reflexionsgang, in dem auch noch der »ontologische Rest« der Kantischen Refle-

34 Diese Interpretation der Bewusstseinskapitel in Hegels *Phänomenologie des Geistes* folgt den Arbeiten von Liebrucks (1974).

xionsphilosophie, das Ding-an-sich, als *Denkbestimmung* erkennbar wird. In strukturanaloger Weise zu diesem Entwicklungsgang rekonstruiert Feuerbach die Entwicklungslogik der historisch einander ablösenden Typen von Religion. An die Stelle der Gegenstände der Erkenntnis treten jeweilige Typen von Religion, die – obgleich stets das Produkt von Sozialität – sich verselbständigen und die Form einer transzendenten Objektivität annehmen. So wie Hegel dem absoluten Idealismus ein Reflexionsniveau zuschreibt, qua dessen Qualität die Philosophie als Denktypus ›aufgehoben‹ wird, so erblickt Feuerbach im Christentum einen Typus von Religion, der eine Transformation der Religion als spezifischer Sphäre objektiver Geltung ankündigt. Denn, so das Feuerbachsche Argument in aller Kürze, mit der Menschwerdung Gottes durch dessen ›Verkörperung‹ in Jesus Christus verliere die Religion ihren transzendenten Charakter und stelle sich selbst dar als weltliches Produkt. Oder in anderen Worten: Religion steht an der Schwelle einer Transformation in Ethik.

Gegenüber diesem, in seiner Radikalität mittlerweile vom geschichtlichen Prozess falsifizierten Argumentationsgang Feuerbachs, findet sich bei Luhmann eine Erklärung des Strukturwandels der Religion im Übergang zur modernen Gesellschaft, die zwar ebenfalls eine Einschränkung der gesamtgesellschaftlichen Strukturprägekraft der Religion in der Moderne in Rechnung stellt, ohne aber wie bei Feuerbach eine Aufhebung der Religion *als Religion* zu behaupten. Während, so das Argument bei Luhmann (2000: 125), die Religion in vormodernen Gesellschaftsformationen »eine notwendige Vermittlungsinstanz ist, die die Beziehung aller gesellschaftlichen Aktivitäten zu einem Gesamtsinn herstellt«, muss die moderne Religion lernen, damit zu leben, dass ihre Leitdifferenz immanent/transzendent neben Leitdifferenzen wie zahlen/nicht-zahlen, wahr/unwahr etc. nur eine unter mehreren Sinnformen in der modernen Gesellschaft ist, die allesamt ein »unmittelbares Verhältnis zur Gesellschaft« haben (ebd.).[35] Die Marxsche Position zur Feuerbachschen Theorie der Religion wird man abermals kaum als ausgeführten Gegenentwurf werten können, sie ist hier aber von analytischem Interesse, weil sie einen weiteren Einblick in die Machart und das Selbstverständnis der Marxschen Differenzierungskonzeption erlaubt. In der Kritik an Feuerbach erweitert Marx sein bereits gegen Hegel ins Feld geführtes *konstitutionstheoretisches Argument*: Wurde gegen Hegel eingewandt, dass die neuzeitliche Diremtion, die Trennung von Staat und Öko-

35 Luhmann (1987b: 36) vermutet, dass die Religion (im Gegensatz zu anderen Funktionssystemen) genau damit gravierende Schwierigkeiten hat.

nomie, als funktionale Notwendigkeit der Struktur materieller Reproduktion aufzufassen ist, so wird auch die Religion als spezifische Geltungssphäre hiermit in Zusammenhang gebracht. Die Feuerbachsche Rückführung der Religion aus Theologie in Anthropologie bzw. Soziologie erscheint aus dieser Perspektive als ein Verfahren, das auf halbem Wege steckengeblieben ist, was in den *Thesen über Feuerbach* in folgender Weise festgestellt wird: »Feuerbach geht von dem Faktum der religiösen Selbstentfremdung, der Verdopplung der Welt in eine religiöse und eine weltliche aus. Seine Arbeit besteht darin, die religiöse Welt in ihre weltliche Grundlage aufzulösen. Aber daß die weltliche Grundlage sich von sich selbst abhebt und sich ein selbständiges Reich in den Wolken fixiert, ist nur aus der Selbstzerrissenheit und [dem] Sichselbstwidersprechen dieser weltlichen Grundlage zu erklären« (MEW3: 6). Marx möchte hier augenscheinlich darauf hinaus, dass der objektiv-transzendente Charakter der Religion nicht allein aufklärerisch-kritisch zu dekonstruieren wäre, sondern dass die Ausdifferenzierung einer religiösen Sinnsphäre selbst noch genetisch rückzuführen wäre auf eine empirische, weltliche Grundlage. Auch hier begegnet uns also wieder – wie fragmentarisch entfaltet auch immer – ein konstitutionstheoretisches Argument, oder anders gesprochen: eine Reflexion auf die Einheit oder Motorik sozialer Differenzierung. Exakt diese Gedanken lassen sich in der Schrift *Zur Kritik der Hegelschen Rechtsphilosophie.Einleitung* finden, wenn Marx festhält, dass, nachdem die »*Heiligengestalt* der menschlichen Selbstentfremdung« durch Feuerbach »entlarvt« sei, es in den nächsten Schritten einer kritischen Theorie der Gesellschaft darum gehen müsse, »die Selbstentfremdung in ihren *unheiligen Gestalten* zu entlarven« (MEW1: 379): »Die Kritik des Himmels verwandelt sich damit in die Kritik der Erde, die *Kritik der Religion* in die *Kritik des Rechts*, die *Kritik der Theologie* in die *Kritik der Politik*« (ebd.).

Für den Fortgang der Diskussion ist es wichtig, auf eine Ambivalenz aufmerksam zu machen, die uns auch in späteren Texten Marxens noch begegnen wird: Historisch betrachtet handelt es sich bei der Ausdifferenzierung von Religion um ein Phänomen, das der Genese der modernen Gesellschaft zeitlich weit vorausgeht. Das funktionale Argument allerdings, das Marx als Grund für die Objektivität der Religion ins Feld führt, die ›Selbstzerissenheit der weltlichen Grundlage‹, bezieht sich streng genommen auf einen spezifisch neuzeitlichen Sachverhalt. Insofern bleibt es bis dato offen, ob Marx eine genetische Erklärung der Religion im Sinn hat (für die er dann aber das Argument schuldig geblieben wäre), oder ob es ihm allein um die Frage geht, warum auch die neuzeitliche Gesellschaft weiterhin religiöse Geltungsansprüche kennt. Führen wir unseren Durchgang durch die wichtigsten Stadien Marxscher Theorieentwicklung fort und wenden uns der *Deutschen Ideologie* zu. Während es sich bei dieser umfangreichen Schrift ursprünglich um ein Manuskript handelte, welches Marx und Engels zur Selbstverständigung abgefasst hatten, das aber mangels eines Verlegers der »nagenden Kritik der Mäuse« (MEW13: 10) überantwortet wurde (sprich: auf dem Dachboden eingelagert wurde), hat dieses Werk posthum eine kaum zu überschätzende Wirkungsmächtigkeit entfaltet. Die programmatischen Ausführungen zu einer historisch-materialistischen Theorie sozialer Evolution, die diese Schrift enthält (Historischer Materialismus), galten im 20.Jahrhundert bei Freund wie Feind als *das* authentische Dokument und wissenschaftliche Fundament des Marxismus, das entweder kanonisch rezipiert oder kategorisch abgelehnt wurde. Was Marx und Engels in dieser Schrift entlang der sogenannten Dialektik von Produktivkräften und Produktionsverhältnissen entfalten, muss aber zuallererst als *skizzenhaft notierter Gegenentwurf* zu den im Dunstkreis des damaligen Deutschen Idealismus vorherrschenden idealistischen Geschichtsphilosophien verstanden werden und nicht als wissenschaftliches Fundament einer kritischen Theorie der Gesellschaft. Entgegen einer Verabsolutierung geistiger Mächte pochen Marx und Engels auf die Bedeutung der materiellen Reproduktion für Prozesse sozialer Evolution. Es ist der Stoffwechselprozess der Gattung mit der Natur, ihre Metabolik, die den blinden Fleck von jeglichem Idealismus darstellt und der analytisch Rechnung getragen werden muss. Durchleuchtet man diese Schrift nach differenzierungstheoretischen Denkfiguren, dann stößt man unter anderem auf folgende Textstelle, in der Marx und Engels ihr wissenschaftliches Programm kursorisch umreißen:

»Diese Geschichtsauffassung beruht also darauf, den wirklichen Produktionsprozeß, und zwar von der materiellen Produktion des unmittelbaren Lebens ausgehend, zu entwickeln und die mit dieser Produktionsweise zusammenhängende und von ihr erzeugte Verkehrsform, also die bürgerliche Gesellschaft in ihren verschiedenen Stufen, als Grundlage der ganzen Geschichte aufzufassen und sie sowohl in ihrer Aktion als Staat darzustellen, wie die sämtlichen verschiedenen theoretischen Erzeugnisse und Formen des Bewußtseins, Religion, Philosophie, Moral etc. etc., aus ihr zu erklären und ihren Entstehungsprozeß aus ihnen zu verfolgen, wo dann natürlich auch die Sache in ihrer Totalität (und darum auch die Wechselwirkung dieser verschiednen Seiten aufeinander) dargestellt werden kann« (MEW3: 37f.).

Abgesehen vom differenzierungstheoretischen Gehalt dieser Textstelle, der gleich gesondert betrachtet werden muss, fällt ins Auge, dass Marx und Engels in den dort enthaltenen Bestimmungen die Kategorie der bürgerlichen Gesellschaft aus ihrem Entstehungskontext herauslösen und historisch generalisieren. Wurde die Bezeichnung ›bürgerliche Gesellschaft‹ in der *Rechtsphilosophie* Hegels noch dazu verwendet, die neuzeitliche Ausdifferenzierung einer autonomen Sphäre des Wirtschaftens zu beschreiben – eine Position, der sich Marx in den Schriften von 1843/44 trotz der oben referierten Kritik am Konstitutionsprozess angeschlossen hat – so ist nun plötzlich davon die Rede, selbige »als Grundlage der ganzen Geschichte aufzufassen«. Man wird kaum fehlgehen, wenn man Marx hier eine hochproblematische *Übergeneralisierung* der Kategorie der bürgerlichen Gesellschaft attestiert, die weder empirisch gedeckt noch theoretisch sinnvoll ist.[36] Zweifelsohne wird man davon ausgehen können, dass Prozessen materieller Reproduktion in allen Gesellschaftsformationen eine gewichtige Rolle zukam. Im Rahmen einer Theorie der Bedürfnishierarchie könnte dazu beispielsweise argumentiert werden, dass das Emergieren von Hochkulturen immer auch eine bestimmte Entwicklungsstufe des Stoffwechselprozesses mit der Natur zu seiner Grundlage hat. Wenig sinnvoll scheint es allerdings zu sein, solche Phänomene gleichzusetzen mit der Prominenz der kapitalistischen Ökonomie als verselbständigter Sphäre der modernen Gesellschaft. Sowohl deren Eigenlogik (so lautete schon das Argument in der Einleitung dieser Arbeit) wie deren gesamtgesellschaftliche Strukturprägekraft wird man kaum dingfest machen können durch Verweis auf allgemeine Bedingungen materieller Reproduktion. Abstrahieren wir von den ›gattungsontologischen‹ Konnotationen obiger Textstelle und beziehen wir ihren Sinngehalt – in diesem Falle gegen Marx und Engels – allein auf die moderne Gesellschaft, dann wird immerhin deutlich, dass in ihr die

36 An dieser Stelle kann auf eine instruktive Parallele im Prozess der Theorieentwicklung bei Adorno und Horkheimer hingewiesen werden, die Habermas (1981: 489f.) herausgestellt hat. Mit Blick auf die *Dialektik der Aufklärung* hat Habermas konstatiert, dass Adorno und Horkheimer in der dortigen Schrift die aus Lukacs Analyse des modernen Kapitalismus entliehene These der *Verdinglichung* in die gesamte Gattungsgeschichte zurückprojiziert haben. Das Resultat ist ein Konzept der *instrumentellen Rationalität*, das in den Anfängen der Gattungsgeschichte verortet wird. Worauf Habermas nicht mehr zureichend reflektiert, ist die Tatsache, dass sowohl Marx wie – eingeschränkter – Adorno (im Gegensatz zu Horkheimer) in ihren späten Schriften eine Abkehr vom geschichtsphilosophischen Denken vollziehen und zurückkehren zu einer Theorie der modernen Gesellschaft.

schon erläuterte Stufenfolge sozialer Differenzierung noch einmal bestätigt bzw. präzisiert wird: Marx und Engels unterscheiden zwischen einerseits der »Aktion« der bürgerlichen Gesellschaft »*als* Staat«, die darzustellen sei, und andererseits den »sämtlichen verschiedenen theoretischen Erzeugnisse und Formen des Bewußtseins, Religion, Philosophie, Moral etc. etc.«, die »*aus ihr*« zu erklären seien. Die Verdopplung der modernen Gesellschaft in politischen Staat und bürgerliche Gesellschaft wird wiederum als eine Art Basaldifferenz betrachtet, von der alle weiteren Vorgänge sozialer Differenzierung abgesetzt werden.

Ein Blick in das ökonomiekritische Spätwerk führt mit Bezug auf das differenzierungstheoretische Arrangement nicht mehr wesentlich über den bislang erreichten Stand hinaus. Vor dem Hintergrund des in der *Deutschen Ideologie* umrissenen umfassenden Erklärungsanspruchs kann ganz nüchtern konstatiert werden, dass er nicht eingelöst wurde: »Weder findet sich«, so Reichelt (1970: 73), »eine systematische Ableitung aller ›idealistischen Superstrukturen‹ aus der Basis, noch wurde diese Basis vollständig dargestellt«. Man müsste vermutlich noch einen Schritt weiter gehen und fragen, inwieweit selbiges Programm überhaupt noch in Gänze kompatibel ist mit jenen Erkenntnissen, die Marx im Zuge seiner begrifflichen Rekonstruktion des modernen industriellen Kapitalismus zu Tage fördert.[37] Allerdings enthält das Spätwerk immerhin eine wesentliche Präzisierung der Analyse der kapitalistischen Ökonomie, die es ermöglicht, obige Differenz weiter fortzubestimmen, die programmatisch als Stufenfolge sozialer Differenzierung gekennzeichnet wurde. An dieser Stelle soll nicht auf Ergebnisse vorgegriffen werden, die in den nächsten beiden Kapiteln behandelt werden. Ein Blick auf die neuere Sekundärliteratur dürfte stattdessen genügen. Meyer (2005: 12f.) spricht mit Bezug auf den Gesellschaftsbegriff der Marxschen Spätschriften von einer »politisch-ökonomischen Doppel-

37 Es ist darauf hinzuweisen, dass es eine Reihe Marxscher Selbstverortungen in den Texten des Spätwerks gibt, die hochgradig irreführend sind. Im Vorwort der Schrift *Zur Kritik der politischen Ökonomie* beispielsweise kommt Marx auf sein in der *Deutschen Ideologie* skizziertes Forschungsprogramm einer materialistischen Theorie sozialer Evolution zu sprechen und resümiert in formelhafter Weise einige der dortigen Zentraltheoreme (Basis/Überbau, Produktivkräfte/Produktionsverhältnisse). Marx suggeriert, es würde sich bei diesen Formeln bereits um gesichertes Wissen handeln, und nicht um ein unvollendetes Forschungsprojekt. Auch schweigt sich Marx darüber aus, dass seine materialen Analysen der Entwicklungslogik des modernen Kapitalismus teilweise zu Ergebnissen führen, die mit den Zentraltheoremen des Historischen Materialismus *nicht* kompatibel sind (vgl. dazu die Bemerkungen zur Frage der Dialektik von Produktivkräften und Produktionsverhältnissen in der Einleitung).

struktur moderner Vergesellschaftung«. Er destilliert aus den materialen Argumentationsgängen bei Marx die beiden Formen der »allgemeinen Austauschbarkeit« sowie der »kodifizierten allgemeinen Anerkennung der vereinzelten Einzelnen als Rechtspersonen« als basale Gestaltungen sozialer Einheit heraus.[38] Was besagt in diesem Falle – und im Unterschied zur Luhmannschen Konzeption – der Begriff der gesellschaftlichen Einheit? Marx zufolge erscheine, so das Argument bei Meyer (ebd.), »in den Formen des Geldes und des Rechts« – und nur in diesen – »die Einheit der besonderen Einzelnen in *selbständiger* Gestalt« (ebd.). Marx verfügt, wie in der Einleitung zu diesem Kapitel schon hervorgehoben, nicht wie Luhmann über ein allgemeines Konzept für die Emergenz des Sozialen. Insofern Marx dennoch als Gesellschaftstheoretiker zu bezeichnen ist, bezieht sich sein Gesellschaftsbegriff auf das *Verhältnis aller Individuen zu ihrem gesellschaftlichen Zusammenhang*.

Das Marxsche Konzept von ›Formen gesellschaftlicher Einheit‹ lässt sich durch einen Vergleich mit jenen Sphären präzisieren, denen bei Marx dieser Status nicht zugesprochen wird. Wir haben oben gesehen, dass bei Marx das Verhältnis der Differenzierung der modernen Gesellschaft einerseits in einen politischen Staat und eine kapitalistische Ökonomie, andererseits in eine Reihe weiterer Sphären, nicht zureichend geklärt ist. Im Zuge einer provisorischen imaginären Verlängerung des Marxschen Ansatzes ließe sich aber vermuten, dass Marx das neuzeitliche Emergieren von – wie es andernorts heißt – »kulturellen Wertsphären« (Habermas 1981: 236), zurückgeführt hätte auf die politisch-rechtliche Freisetzung der Individuen in der Bürgerlichen Gesellschaft, die ihrerseits die strukturelle Grundlage dafür bildet, dass sich Wissenschaft, Technik, Moral, Kunst etc. in einer eigenlogischen Weise entfalten können, die unter vormodernen Bedingungen ausgeschlossen war (womit aber ebenfalls noch keine hinreichende Bestimmung jener Prozesse gegeben wäre). Blickt man nun aus der Marxschen Perspektive auf die Unterschiede im Verhältnis Individuum/ Gesellschaft in den jeweiligen Sphären, so ergibt sich folgendes Bild: Während es vom Standpunkt des Individuums aus (aller Individuen) in der modernen Gesellschaft die Möglichkeit gibt, sich gegenüber den Geltungs-

38 Die Lesart von Meyer schließt dabei sowohl an die Überlegungen des Marxistischen Rechtstheoretikers Paschukanis (1929) an wie an die sogenannte Staatsableitungsdebatte der 1970er Jahre (vgl. dazu Müller, Neusüss 1970 sowie retrospektiv Hirsch 2004), erweitert den dortigen Zugriff jedoch um Argumente aus dem Diskurs um die Neue-Marx-Lektüre (vgl. dazu Backhaus 1997; Reichelt 2002).

ansprüchen kultureller Wertsphären prinzipiell *indifferent* zu verhalten,[39] stellen die Formen des Rechts und des Geldes eine Art *transzendentale Bedingung der Möglichkeit der Teilhabe an Gesellschaft überhaupt* dar. In Luhmannscher Terminologie: Codes wie immanent/transzendent, schön/hässlich etc. können individuell bereits als Unterscheidungen zurückgewiesen werden, während dies im Falle der rechtlichen und ökonomischen Formen nicht möglich ist.[40] Ein weiteres Moment kommt noch hinzu, das der Marxschen Konzeption gesellschaftlicher Einheit inhärent ist, und zwar das Moment der *Selbständigkeit des Ganzen*. Bei Luhmann wird – qua Kommunikationsbegriff – der »Hiatus zur Emergenz des Sozialen« (Willke 2003: 18) verglichen mit Marx sehr niedrigschwellig angesetzt: Bereits das kommunikative Geschehen, das sich im Zuge einfacher Interaktionen (Ego/Alter) abspielt, wird als emergent gegenüber der Summe der Intentionen der Interaktionsteilnehmer begriffen. Die Validität dieser Konzeption steht hier nicht zur Debatte, es geht nur um die Differenzbestimmung zu Marx. Denn bei Marx ist mit der Selbständigkeit des Sozialen im Falle von Recht und Ökonomie noch etwas Anderes gemeint: Bezüglich der Ökonomie ist es beispielsweise – und hier muss dann doch kurz vorgegriffen werden – die *gesellschaftliche Durchschnittsprofitrate*, die, obgleich nichts anderes als das Resultat der Konkurrenz aller Einzelkapitalien aufeinander, eine Art *existierendes Allgemeines*, ein *selbständiges Ganzes*, darstellt. *Allgemein* ist diese Form, weil sie das Resultat der Konkurrenz aller Einzelkapitalien aufeinander ist. Als *existierend* kann diese Form insofern gelten, als dass sie jedem Einzelkapital als zwanghafter Imperativ und Repräsentant gesellschaftlicher Einheit entgegentritt, die über dessen ökonomischen Fortbestand entscheidet. Empirisch macht sich die gesellschaftliche Durchschnittsprofitrate auf unterschiedlichem Wege geltend, heute besonders eindrucksvoll in den finanzmarktlich generierten Standards von Kapitalverwertung überhaupt (etwa: ›shareholder value‹), in denen die Weltformel des Kapitalismus (G-W-G') größenmäßig determiniert wird. Von der

39 Der Grad solcher Indifferenz wäre eine jeweils historisch-spezifisch zu ermittelnde empirische Frage.

40 Marx sprach für den Fall der Ökonomie (die Rechtstheorie ist nicht ausgearbeitet) davon, dass man mit dem Geld »seinen Zusammenhang mit der Gesellschaft in der Tasche mit sich« herum trage (MEW42: 90). Während in vormodernen Gesellschaftsformationen die »Bande […] als politische, religiöse etc. organisiert sein« müssen, bestimmt Marx das Geld in der modernen Gesellschaft als den »nexus rerum et hominum« (ebd.: 850).

Warte der Marxschen Theorie aus sind dies Qualitäten, die kulturellen Wertsphären so nicht zugeschrieben werden können.[41]

3. Überlegungen zu einer Präponderanz der Ökonomie in der funktional differenzierten Gesellschaft

In diesem Abschnitt wollen wir es unternehmen, die Ebene des reinen Theorienvergleichs zu verlassen und versuchen, einige Ausgangspunkte zu gewinnen für die Frage, welche Differenz die Verselbständigung der kapitalistischen Ökonomie in der und für die moderne Gesellschaft macht. Vorab bietet es sich an, die Ergebnisse des bisherigen Argumentationsgangs kurz zu resümieren: Die einleitenden Bemerkungen endeten mit einem Hinweis auf die unterschiedliche epistemologische Konzeptualisierung des Objektbereichs ›Gesellschaft‹ in der Systemtheorie und in der Kritischen Theorie. Während Luhmann mit dem Kommunikationsbegriff über ein allgemeines Konzept verfügt, das die Emergenz des Sozialen akzentuiert, liegt in der Tradition der Kritischen Theorie eine Art Zweiteilung des Objektbereichs vor, in der die Verselbständigung der kapitalistischen Ökonomie, die sich darstellt als Einheit der Differenz von bürgerlicher Gesellschaft und politischem Staat, analytisch abgehoben wird von jeglichen anderen Sphären der Sozialität. In den anschließenden Unterkapiteln sind wir der gleichen Unterscheidung auf anderem Wege wiederbegegnet. Unter der Prämisse, über ein allgemeines Konzept des Sozialen zu verfügen, fiel es Luhmann leicht, die bei Hegel artikulierte Differenz von politischem Staat und bürgerlicher Gesellschaft als lediglich einen von mehreren ähnlich gelagerten Differenzierungsprozessen zu bestimmen, mit der Pointe, dass sich der Fokus der Systemtheorie auf die Frage der gesellschaftlichen Differenzierungs*form* richtete. Auch wenn Luhmanns wissenssoziologische Interpretation des differenzierungstheoretischen Gehalts der Hegelschen wie Marxschen Gesellschaftstheorien einer Plausibilität nicht entbehren kann, wurde zu zeigen versucht, dass in den Marxschen Gedan-

41 Zur Frage der rechtlichen Einheit vergleiche die genannte Schrift von Meyer (2005). Mit Bezug auf die gegenwärtigen Debatten um die Wissensgesellschaft wäre es angebracht, das Marxsche Konzept des *General intellect* (vgl. MEW42: 602) auf seine möglichen Qualitäten als *Form der gesellschaftlichen Einheit des Wissens* hin zu durchleuchten. Aber dort gibt es Fallstricke.

kengängen sehr wohl eine Reflexion auf die Einheit der modernen, differenzierten Gesellschaft zu finden ist. Unter Bezug auf neuere Sekundärliteratur zur Marxschen Gesellschaftskonzeption konnte daraufhin die Architektonik seines Konzepts gesellschaftlicher Einheit einigermaßen hinreichend verdeutlicht werden, so dass mindestens expliziert werden konnte, *warum* Marx und Luhmann unterschiedlich vorgehen. Andererseits wurde aber auch gezeigt, dass sich aus den Marxschen Texten über die Skizze einer Art Stufentheorie sozialer Differenzierung hinausgehend kaum eine positive Bestimmung von Sphären wie Religion, Kunst, Wissenschaft etc. abdestillieren ließ.

Diesen Strang mit Blick auf Marx und Luhmann konsequent weiterzuverfolgen, würde ein Forschungsprogramm von nicht unerheblichen Dimensionen erfordern, zu dem bis dato kaum Vorarbeiten vorliegen. Während Luhmann jegliche Gedanken einer Stufenfolge sozialer Differenzierung vermutlich mit dem Hinweis abgelehnt hätte, selbige wären zu kausalitätsnah gebaut, um die Motorik sozialer Differenzierung adäquat zu bestimmen, finden sich sowohl in systemtheoretischen wie in angrenzenden Diskursen regelmäßig Überlegungen, die in gradueller Weise zwischen den Polen von einerseits Kausalität und andererseits Co-Evolution angelegt sind. So stellte Baecker (2003a: 30) beispielsweise fest, »daß erst das voll funktionsfähige Geld zu jener prekären und riskanten Leistungsfähigkeit ausdifferenziert werden konnte, die die Gesellschaft zu einer entsprechenden, Widerstand leistenden Ausdifferenzierung auch der anderen Medien zwang«. Bei Paul (2004: 50) finden wir explizit die Behauptung, dass funktionale Differenzierung »allein unter entwickelten geldwirtschaftlichen Bedingungen möglich (gewesen) ist«, und dass das Geld entsprechend »nicht nur technisches Hilfsmittel, sondern strukturelle Voraussetzung der modernen Gesellschaft« sei. Die moderne Ökonomie stelle »zwar nur ein Teilsystem unserer Gesellschaft dar, dennoch trägt oder artikuliert sie deren Gesamtstruktur. Das heißt, sie oder vielmehr das Geld – denn dies ist ihr eigentlicher Akteur – ermöglicht soziale Differenzierung und unterminiert sie zugleich« (ebd.: 9).[42] Allerdings belässt es Paul bei diesen Vermutungen und gibt kaum weiterführenden Hinweise, *in welcher Weise* die Ökonomie die Gesamtstruktur der modernen Gesellschaft ›artikuliere‹. Tiefergehende Einsichten in den Zusammenhang von ökonomischer Verselbständigung und der Differenzierungs*form* der modernen Gesellschaft

42 Weitere Überlegungen in dieser Richtung finden sich auch bei Türk (1995).

bleiben bis dato eine offene Flanke, müssten aber den Fixpunkt zukünftiger Auseinandersetzungen an der ›Theoriefront‹ zwischen Kritischer Theorie und Systemtheorie bilden.

Im Folgenden soll ein bescheidenerer Weg einschlagen werden, denn wir lehnen uns an die diversen Debatten an, die seit einiger Zeit an den verschiedenen Schnittstellen von sozialer Differenzierung und kapitalistischer Penetration der Gesellschaft geführt werden. In den einleitenden Bemerkungen wurde bereits auf die Diskurse um Exklusionsdynamiken, um Schichtung sowie um die ungleichzeitige und ungleichartige strukturelle Ausdifferenzierung der einzelnen Funktionssysteme auf Weltebene hingewiesen. Motiviert sind all diese vorsichtigen Modifikationen am Begriffsgebäude der Systemtheorie augenscheinlich – auch darauf wurde in der Einleitung zu diesem Kapitel hingewiesen – durch gegenwärtige empirische Befunde und Entwicklungstrends. Mit dem »Ende des Kapitalismus, wie wir ihn kennen« (Altvater 2006) kommt Bewegung in die Theorielandschaft, und manche Annahmen der Differenzierungstheorie, wie etwa die einer »De-Kommerzialisierung nichtwirtschaftlicher Funktionssysteme« (Luhmann 1988: 111) unter den Bedingungen funktionaler Differenzierung, geraten unter verschärften Begründungsdruck. Einen vorläufigen Höhepunkt obiger theoriearchitektonischer Morphogenesen kann man in jenen Beiträgen erblicken, in denen ganz explizit die Frage aufgeworfen wird, ob sich in die Theorie funktionaler Differenzierung in sinnvoller Weise die These eines Primats der Ökonomie integrieren ließe, ohne sie qua Generalisierung allzu sehr zu relativieren (Schimank 2005; Kuchler 2005; Wagner 2005).

An dieser Stelle lohnt zunächst ein Blick auf die nicht ganz eindeutigen Aussagen Luhmanns zur Frage der Denkmöglichkeit des Primats eines Teilsystems unter den Bedingungen funktionaler Differenzierung. Die eine – zu erwartende Antwort – besteht darin, dass mit Blick auf die *Funktionsebene* der *Gesellschaft* »keine allgemeingültige, für alle Teilsysteme verbindliche Rangordnung der Funktionen« (Luhmann 1997: 747f.) verzeichnet werden könne. Hier wird von der Tatsache ausgegangen, dass die Ausdifferenzierung der großen sozialen Systeme sich entlang von Funktionen vollzieht, die auf der Ebene des Gesellschaftssystems erfüllt werden müssen, und von dieser Warte aus wird ›hochgerechnet‹ auf das Sozialsystem Gesellschaft als dem Ensemble oder der Gesamtheit aller Funktionen (ähnliche Argumente finden sich bereits bei Luhmann 1981a: 220). Die Unmöglichkeit des Primats eines Teilsystems liegt hier sozusagen im *Begriff* funktionaler Differenzierung. Neben dieser Position lässt sich den Luhmannschen Texten allerdings noch eine weitere Konzeption entnehmen, die etwas anders gelagert ist. Dort wird der gesellschaftsweite Primat eines Teilsystems durchaus als *möglich* in Rechnung gestellt, und zwar für den Fall, dass die Entwicklung der Gesellschaft »in erster Linie von *einem* ihrer funktional notwendigen Teilsysteme abhängt«, und andere Teilsysteme ihre Probleme durch dieses Funktionssystem *vordefiniert* bekommen (Luhmann 1975: 96). Dies wäre vermutlich genau der Punkt, an den weitere Überlegungen von Seiten der Systemtheorie angeknüpft werden könnten: Was genau impliziert die Aussage, wonach ein Teilsystem die Probleme aller anderen Teilsystemen *vordefiniert*? Welche Gründe lassen sich für solch eine Konstellation in Anschlag bringen? Welche empirischen Indikatoren gibt es? Im Folgenden sollen einige tentative Überlegungen zu diesem Problemkomplex beigesteuert werden, indem eine weitere ›Ambivalenz‹, die sich in den Luhmannschen Texten finden lässt, zum Anlass genommen wird, um einen abermaligen Blick auf selbige sowie auf systemtheoretische Anschlussarbeiten zu werfen: Durchforstet man die Luhmannschen Schriften nach materialen Aussagen, von denen aus auf eine Präponderanz (z.B.) der kapitalistischen Ökonomie zu schließen wäre, so stößt man ebenso regelmäßig wie man auf Überlegungen stößt, die eine solche Präponderanz klar artikulieren, auf den Hinweis, wonach es sich bei den genannten Phänomena um *empirische* Momente handeln würde, nicht aber um solche, die *strukturell* im Arrangement der modernen Gesellschaftsformation angelegt sein könnten. An dieser Schnittstelle kann angesetzt und der Frage nachgegangen werden, an welchen Stellen wir aus dem vorliegenden Textmaterial Argumente abdestillieren können, die dennoch auf das Vorliegen struktureller Gründe schließen lassen. Es scheint angebracht, sich *nicht* allein auf die Funktionsebene der Gesellschaft (a) zu beziehen, sondern den Blick auch auf andere Dimensionen zu fokussieren, auf die Leistungsebene (b), auf das Verhältnis von Organisation und Gesellschaft (c) und schließlich auf das – traditionell gesprochen – Verhältnis von Individuum und Gesellschaft (d).

a) Mit Blick auf die *Funktionsebene* der *Gesellschaft* begegnet uns grundsätzlich die oben skizzierte Konstellation der Unsubstituierbarkeit aller Funktionssysteme. Als Zweites ist das Luhmannsche Argument in Rechnung zu stellen, wonach auf medialer Ebene keine direkten Konvertierungen möglich sind (etwa: eine machtvermittelte Transformation von Geld in Wissen qua Hochschulpolitik etc.), weshalb jedenfalls Vorsicht beim Postulieren von Kausalbeziehungen angebracht ist. Andererseits scheint es durchaus möglich zu sein, strukturelle Gründe zu identifizieren, warum es gerade die kapitalistische Ökonomie ist, die sowohl eine basale Unruhe in die moderne Gesellschaft bringt wie auch eine besonders expansive Dynamik zeitigt. Diese Thematik gehört heute in den Themenkomplex der Globalisierung bzw. Verweltgesellschaftung. Obgleich Luhmann bereits mit der Umstellung des Selektionsmodus von Kommunikationen im Übergang zu funktionaler Differenzierung eine Tendenz zur Verweltgesellschaftung diagnostizierte, so handelt es sich bei dem hierfür in Anspruch genommenen Moment der kommunikativen Erreichbarkeit um ein *possibilistisches* Argument, das noch wenig über *faktische* mondiale Ausdifferenzierungsprozesse aussagt (vgl. dazu Junge 1993: 29; Willke 1998: 6; Greve, Heintz 2005; Schimank 2001). Auch das Luhmannsche Argument, alle ausdifferenzierten Funktionssysteme seien so entwickelt, »daß sie ihr *eigenes* Wachstum nicht *selbst* kontrollieren können«, weil in »die jeweiligen Funktionsperspektiven [...] ein Steigerungseffekt eingebaut« sei (Luhmann 1987c: 57), ermöglicht gerade keine Rückschlüsse auf tatsächlich bestehende empirische Unterschiede. Insofern verwundert es beispielsweise, wenn Luhmann in der *Gesellschaft der Gesellschaft* die Zeitdiagnose vorträgt, wonach heute qua Avancement der internationalen Finanzmärkte zu »Zentren der Weltgesellschaft« (Luhmann 1997: 808) mit einem »neue(n) weltgesellschaftliche(n) Zentralismus« (ebd.: 727f.) zu rechnen sei. Begründungen dafür liegen bei Luhmann nur kursorisch vor. Am ehesten ließe sich noch auf die frühe Vermutung verweisen, dass perspektivisch mit der »Verlagerung des evolutionären und funktionalen Primats auf andere Teilsysteme [als Politik, H.P.]« (Luhmann 1975a: 58) gerechnet werden müsse, wobei Wirtschaft, Wissenschaft und Technik genannt werden, denen allesamt ein überwiegend kognitiver Modus von Erwartungsbildung eigen sei. Erste instruktive Hinweise zur Beantwortung solcher Fragen, denen in Zukunft eingehender nachgegangen werden müsste, finden wir beispielsweise bei Willke und Nassehi. Beide stellen ab auf die *reflexive Potenz des Geldes* und die *kategoriale Unabschließbarkeit monetärer Weltbezüge*, die erst seit jüngstem voll zum Tragen kommen würden: Nassehi (2003: 180) geht davon aus, dass die »Optionssteigerung des Politischen in der klassischen Phase der Moderne« heute »auf eine ökonomische Optionssteigerung trifft, dank derer es der ökonomischen Autopoiesis gelingt, sich aus den Fesseln politischer, wenn man so will: *politökonomischer* Limitationen zu befreien«. Auch bei Willke (2003a: 143) ist zu lesen, dass die »Besonderheiten von

Geld als Spezialsprache zur Steuerung von Kommunikationen« in »der Ära des Nationalstaates nur verschleiert zutage getreten [seien]: hinter dem Schleier eines Primats der Politik und ihrer Macht gegenüber Märkten und Geld«, während selbige sich heute mehr denn je »zu einer Realität sui generis« entfalten würden (ebd.: 172). Diese Befunde verweisen auf die Notwendigkeit etwa eines Analysetypus, wie ihn Willke (2005) in einer umfangreichen Studie zu *symbolischen Systemen* vorgelegt hat. Dort (ebd.: 13ff.) wird vorgeschlagen, auch die Ordnungen der symbolisch generalisierten Kommunikationsmedien *als Systeme* zu analysieren, um Einsicht zu gewinnen in die generative Logik und die Gesetze der Formbildung dieser Medien.

b) Eindeutiger fällt unser Urteil mit Blick auf die *Leistungsebene* der *Gesellschaft* aus, das heißt wenn wir die ›Austauschbeziehungen‹ zwischen den primären Funktionssystemen betrachten. Die eben bereits diskutierten Aspekte einer gegenwärtig zu verzeichnenden Loslösung ökonomischer Logiken aus einem integrierenden politischen ›Setting‹ begegnen uns auch hier wieder, allerdings in einer nochmals verschärften Konstellation. Bei Luhmann (1983: 39) finden wir beispielsweise den Hinweis, wonach das Geld auf dieser Ebene als Bedingung der Möglichkeit der modernen Gesellschaft überhaupt angesetzt werden muss, insofern er nämlich ausführt, dass der Imperativ »mehr Geld« als »kategorische(r) Optativ dieser Gesellschaft« anzusehen ist, weil allein unter dieser Prämisse »alle Erhaltungs- und Steigerungsansprüche [...] in Gang gehalten werden können« und das Gegenteil »›weniger Geld‹ [...] zugleich das einzige Regulativ [sei], das auf der Ebene symbolischer Kommunikation die Grenzen des Erreichbaren [...] repräsentiert«. Bei Wagner (2005: 7) findet sich das Argument, demzufolge das Wirtschaftssystem gegenwärtig vor allem darin versage, »andere funktionale Teilsysteme mit für diese relevanten ökonomischen Leistungen zu versorgen, und genau dieses Versagen könnte als der eigentliche Grund der deutlichen aktuellen Dominanz wirtschaftlicher Aspekte in vielen gesellschaftlichen Bereichen gelten«. Konkret ist damit wohl vor allem Folgendes anvisiert: Die Leistung der Ökonomie für die Politik besteht in Geldzahlungen, beispielsweise in »Steuern, die es ermöglichen, Teile des Geldkreislaufs mit wirtschaftlichen Folgen politisch (also unprofitabel) zu konditionieren« (Luhmann 1995b: 451). Solch eine politische Konditionierung des Geldes ist aber stets abhängig von bzw. vermittelt durch die Autopoiesis der Wirtschaft und hierin nicht zuletzt: Durch die Selbstreferenz des Kapitals. Nun lassen sich die Globalisierungsschübe der letzten Jahrzehnte systemtheoretisch folgendermaßen bestimmen: Das politische System, obgleich von Luhmann wie alle Funktionssysteme als globales System gedacht, ist *intern* bis dato entlang einer segmentären Differenzierung in Nationalstaaten differenziert (vgl. Luhmann 2000a: 244), wohingegen für die interne Differenzierung des Wirtschaftssystems von Differenzierungstypen auszugehen ist, die mehr und mehr *orthogonal* zur segmentären politischen Differenzierung stehen. Luhmann (2000a: 387) hat beispielsweise darauf hingewiesen, »daß die Finanzmärkte weitgehend globalisiert sind, Arbeit und Produktion aber nach wie vor regional verankert sein müssen«.

c) Auch mit Blick auf *Organisationen* fällt es nicht schwer, eine dominante Stellung der Ökonomie bzw. des Geldes argumentativ zu unterfüttern, wobei ähnliche Gründe genannt werden können wie oben im Hinblick auf Leistungsbeziehungen. In einer vielzitierten Textstelle aus der *Wirtschaft der Gesellschaft* fragte Luhmann (1988: 322) beispielsweise, »ob über diese Kette: *Geldabhängigkeit der Organisationen → Organisationsabhängigkeit der meisten Funktionssysteme* nicht eine latente Dominanz der Wirtschaft in der modernen Gesellschaft sich durchsetzt«. An Ort und Stelle hat Luhmann den eigenen Gedanken sogleich mit dem Hinweis relativiert, man müsse für solcherlei Gedanken »nicht auf einen in Richtung auf Wirtschaft disbalancierten Gesellschaftsbegriff, also nicht auf Vorstellungen des 19. Jahrhunderts zurückzugreifen, sondern könnte sich auf leicht nachzuweisende empirische Abhängigkeiten berufen«, um dann den Hinweis anzubringen, wonach das »Argument zugunsten einer Präponderanz der Wirtschaft [...] auf alle Funktionssysteme ausgedehnt werden« könne. Hier wird allerdings, sofern auf Gesellschaft und Funktionssysteme Bezug genommen wird, unter der Hand die Referenzebene ausgewechselt. Im Falle von Organisationssystemen kann man davon ausgehen, dass auch solche Organisationen, die ihre Ziele an den Funktionen nichtwirtschaftlicher Teilsysteme ausrichten (etwa Krankenhäuser, Schulen, Armeen etc.), in strukturell-notwendiger und nicht allein empirischer Weise, auf Geld angewiesen sind (so dann auch das Argument bei Luhmann 2000c: 405). Zwar akkumulieren diese Organisationstypen nicht notwendigerweise – wenn auch empirisch immer häufiger – Kapital (G-W-G'). Ihre Autopoiesis als Organisationssysteme ist aber *immer* daran gebunden, eine monetäre Referenz mindestens *mitlaufen* zu lassen (im Gegensatz zur Orientierung an anderen Leitdifferenzen, die mehr oder minder kontingent ist). Und obgleich die moderne *Gesellschaft* aus systemtheoretischer Perspektive weniger denn je als Organisationsgesellschaft hinlänglich beschrieben wäre (vgl. Luhmann 1997: 847), so gehört es doch andererseits zum systemtheoretischen common sense, dass funktionale Differenzierung als primäre Differenzierungsform nicht bestandsfähig wäre ohne organisierte Sozialsysteme: Das Entstehen der modernen Gesellschaft wird gedacht als co-evolutionärer Prozess von funktional sich ausdifferenzierenden gesellschaftlichen Teilsystemen und dem Emergieren von Organisationssystemen, die sich ›zwischen‹ Interaktions- und Gesellschaftsebene schieben (vgl. Tacke 2001 sowie Luhmann 1997: 840f.).

d) Das Verhältnis von *Individuum und Gesellschaft* wird bei Luhmann vor allem entlang der Unterscheidung von Inklusion und Exklusion thematisiert, wobei die Grundannahme darin besteht, dass Inklusion unter Bedingungen funktionaler Differenzierung keine Sache der Gesamtgesellschaft ist, sondern den einzelnen Teilsystemen überlassen bleibt. In den späten Texten Luhmanns hat dieses Thema immer prominentere Ausmaße angenommen, die in der Vermutung kulminierten, dass die Unterscheidung von Inklusion und Exklusion die mögliche »Leitdifferenz des nächsten Jahrhunderts« (Luhmann 1995a: 147) sein könnte. Insofern Luhmann Exklusionsphänomene – entgegen früherer Mutmaßungen, die diese noch mehr als bloße Restbestände vormoderner Gesellschaften sehen wollten – nun als »direkte Folge der funktionalen Differenzierung des Gesellschaftssystems begreift« (Luhmann 1997: 631), wird eine Art *Dilemma* oder auch *Dialektik* gesellschaftlicher Entwicklung ins Auge gefasst: Das hochgesteigerte ›Funktionieren‹ funktionaler Differenzierung unterminiert, auf Weltebene betrachtet, in manchen Teilen des Erdballs seine eigenen Bestandsvoraussetzungen. Impliziert ist darin nicht weniger, als dass es von einer »vorgängigen Filterung durch Inklusion/Exklusion« abhängt, ob die Codes der Funktionssysteme – etwa die Unterscheidung von Recht und Unrecht – überhaupt zum Zuge kommen. Luhmann (2000: 242f.) spricht hier in für ihn mitunter untypischem, kulturkritisch anmutendem Gestus von der »altgewordenen Gestalt der Moderne, über die hinaus wir keine fernere Zukunft mehr erkennen können, weil wir uns nicht vorstellen können, wie es ohne funktionale Differenzierung gehen könnte«. Auch bei den genannten Exklusionsverkettungen scheint dem Geld eine strukturelle Schlüsselfunktion zuzukommen, weil die Möglichkeit der Verfügung über Geld als Grundlage der Teilhabe an Gesellschaft gelten kann. Diese Gedanken decken sich weitgehend mit den oben referierten Überlegungen Marxens zum Verhältnis Individuum/Gesellschaft, zumal wir auch bei Luhmann den Hinweis finden: »Es gibt Fälle, die Religion gehört auch dazu, von denen man sagen kann, dass das Individuum auch ganz gut ohne leben kann. Ohne Kunst auch, aber nicht ohne Geld oder Recht« (Luhmann in Breyer, Werber 1992: 55).

Es soll an dieser Stelle unterlassen werden, weiter ins Detail zu gehen. Für den Rahmen der vorliegenden Arbeit sind die Weichen hinreihend gestellt, ganz abgesehen davon, dass auch die im dritten Kapitel folgenden Überlegungen zur Genese eines operativ geschlossenen Weltfinanzsystems als ein weiterer Beitrag in dieser Richtung gelesen werden können. Die andiskutierte Frage, wie eine Gesellschaftstheorie aufgebaut sein müsste, »die die Eigensinnigkeit von gesellschaftlichen Teilbereichen in den Mittelpunkt ihrer Analyse stellt und gleichzeitig in der Lage ist, die Prominenz kapitalistischer Wirtschaft in den Griff zu bekommen« (Kühl 2004: 38) wird uns auch in Zukunft noch als Thema der Soziologie erhalten bleiben.[43]

43 Instruktive Einsichten dazu lassen sich bekanntermaßen nicht allein bei Marx und Luhmann finden. Hervorzuheben wäre beispielsweise das Theorieunternehmen Pierre Bourdieus, der analytisch sowohl die Differenziertheit der Gesellschaft in den Blick nimmt (Eigenlogik der Felder, Verschiedenheit der Kapitalsorten), zugleich diese Konzeption aber zu verbinden sucht mit dem »Gesichtspunkt der Reproduktion einer gesamtgesellschaftlichen Struktur, indem er ineinander überführbare Kapitalsorten unterscheidet, die übergreifende Verhältnisse sozialer Ungleichheit reproduzieren« (Stock 2003: 200f., vgl. auch Kneer 2004). Dass das Bourdieusche Theorieunternehmen nicht die epistemologische Geschlossenheit besitzt, die mitunter bei Marx und Luhmann aufgefunden werden kann, wird man kaum als Kardinalargument gegen diese Theorie ins Feld führen wollen.

Kapitel 2: Ausdifferenzierung und Eigenlogik der modernen Ökonomie

Herr Mohl, bitte vergessen Sie nicht: Die Werttheorie ist das heiligste Gut der Kritischen Theorie.
Theodor W. Adorno

Offensichtlich ist die Individualisierung, die ich dem Geld verdanke, zugleich eine äußerst restriktive Form der Sozialisierung. Sie unterwirft mich der Gesellschaft, auf deren Angebote ich nur zu deren Bedingungen Zugriff habe.
Dirk Baecker

In welcher Weise konzeptualisieren Marx und Luhmann jeweils die Eigenlogik der modernen Ökonomie? Welche Konvergenzen und Divergenzen lassen sich herausarbeiten, und was für Anhaltspunkte bietet uns diese Diskussion mit Blick auf die Fortschreibung einer soziologischen Theorie der Emergenz des Monetären? Was bereits in der Einleitung vorweggenommen wurde und uns auch im ersten Kapitel an einigen Stellen wiederbegegnete, soll nun ausführlich entfaltet werden. Bevor auf den Gang der Argumentation eingegangen wird, muss vorab ein Themenkomplex kurz angesprochen werden, dem u.E. eine herausragende Bedeutung zukommt, der aber in den folgenden materialen Rekonstruktionen nicht ständig mitlaufen kann:

Obwohl Marx wie Luhmann gleichermaßen eine Eigenlogik der modernen Wirtschaft herausarbeiten, divergiert das Selbstverständnis, aus der diese Diagnose jeweils entfaltet wird, mitunter aufs Äußerste. Bereits die Zentralbegriffe deuten dies an: Luhmann (1988: 14) spricht von einer »Ausdifferenzierung« der Ökonomie, Marx von deren »Verselbständigung« (MEW25: 838), die eine »Verkehrung« (MEW42: 722) impliziere. Luhmann (1988: 240ff.) hebt bezüglich des Geldes ab auf den begriffsgeschichtlich fast durchweg positiv konnotierten Symbolbegriff (»symbolisch generalisiertes Kommunikationsmedium«), Marx (MEW42: 588) auf den eher negativ besetzten Begriff des Fetischismus (vgl. dazu auch Hörisch 1996: 246f.). Die Frage, inwieweit hier normative Aspekte bis in die analytischen Begrifflichkeiten hineinspielen, wollen wir dahingestellt sein lassen (vgl.

dazu allgemein Peters 2000). Hingewiesen werden soll aber darauf, dass die im letzten Kapitel bereits angesprochene unterschiedliche Konzeptualisierung des Objektbereichs auch an dieser Stelle ausgemacht werden kann. Bei Luhmann ist die Differenz von Individuum und Gesellschaft bereits in der basalen Unterscheidung der Dimensionen von Leben, Bewusstsein und Kommunikation verankert (vgl. Luhmann 1984: 296ff.). Die Nicht-Identität von produzierenden Individuen und der kapitalistischen Ökonomie als emergentem Systemzusammenhang erscheint aus dieser Perspektive kaum als ein Skandalon, sondern als Bedingung von Modernität überhaupt. Auch bei Willke (2003a: 176f.) finden wir die Einschätzung, nach der es »der Symbolcharakter generalisierter Kommunikation« ist, der »die Entfremdung der Gesellschaft vom Menschen« erzeuge, und nicht allein oder primär, wie dies bei Marx zu lesen ist, »der Warencharakter der Arbeit«. Daraus wird geschlussfolgert, dass die »Entfremdung« des Menschen von der Gesellschaft »unvermeidlich und notwendig« ist.

Kernaspekte der Motorik der Marxschen Theorie sind uns schon im letzten Kapitel begegnet: Marx verfügt nicht über ein allgemeines Konzept, das eine Emergenz oder Nicht-Identität des Sozialen gegenüber den Subjekten artikulieren würde, sondern denkt die Opazität der kapitalistischen Ökonomie – hierin dem linkshegelianischen Aufklärungsdenken folgend – entlang des Subjekt-Objekt-Schemas als Prozess einer Verobjektivierung. Dies lässt immer auch den umgekehrten Weg einer Rücknahme von Objektivität als – mindestens logisch – möglich erscheinen. Verselbständigung der kapitalistischen Ökonomie bedeutet hier eine »Verselbständigung der Produktionsbedingungen gegenüber den Produzenten« (MEW25: 838), und die Kennzeichnung einer »Verkehrung« bezieht sich nicht zuletzt auf das im Übergang zur Moderne sich zu einem »automatische(n) Subjekt« (MEW23: 169) aufschwingende *System des Kapitals*. Insoweit diesem Systemzusammenhang eine strukturelle Asymmetrie bezüglich der involvierten Funktionsträger (Arbeit und Kapital) eigen ist, wird der Gesamtprozess – in Opposition zur großen Erzählung des bürgerlichen Liberalismus – als *versachlichte Form von Herrschaft* begriffen. Der Kommunismusbegriff markiert bei Marx dann die Auffassung einer grundsätzlich als möglich betrachteten ›Aufhebung‹ ökonomischer Verselbständigung: »Das Bestehende, was der Kommunismus schafft«, so heißt es jedenfalls noch in der *Deutschen Ideologie*, »ist eben die wirkliche Basis zur Unmöglichmachung alles von den Individuen unabhängig Bestehenden, sofern dies Bestehende dennoch nichts als ein Produkt des bisherigen Verkehrs der Individuen selbst ist« (MEW3: 70f.). Der »Kommunismus«, das sei die »Produktion der Verkehrsform selbst« (ebd.). Wir wollen es unterlassen, spekulative Mutmaßungen darüber anzustellen, inwieweit ein solches Programm der Abschaffung realistisch ist. Schimank (2001a: 271) hat die gegenwärtig vielerorts vorherrschende Stimmung aus systemtheoretischer Perspektive in den Worten festgehalten: Heute stehe keiner »der teilsystemischen Codes ernsthaft zur Disposition [...], nicht einmal im ohnehin immer spärlicher werdenden utopischen Denken«. Und hier fügt er an, dass das, was alleinig noch veränderbar erscheint, die jeweiligen »teilsystemischen Programmstrukturen« sind. Für Luhmann (1988: 41) greift die »Absicht, das Geld als solches zu kritisieren«, allemal zu weit, weil dies zu einer »Re-archaisierung des Gesellschaftssystems« führen würde, die niemand ernstlich wollen könne.

Das Scheitern aller bisherigen realsozialistischen Experimente liefert sicherlich keinen hinreichenden Nachweis für eine prinzipielle Unmöglichkeit nicht-kapitalistischer Vergesellschaftung jenseits von subsistenzwirtschaftlicher Mangelverwaltung oder stechschrittsozialistischer Kommandoökonomien.[44] Zugleich ist aber in Rechnung zu stellen, dass sich die kapitalistische Ökonomie bislang als ein äußerst flexibler und anpassungsfähiger Strukturzusammenhang gezeigt hat. Vor diesem Hintergrund erscheint es als geradezu paradox, dass in weiten Teilen der politischen Linken regelmäßig von der ›Widersprüchlichkeit‹ dieser spezifischen Weise materieller Reproduktion auf deren kategorische Bestandsunfähigkeit geschlossen wurde. Luhmann (1981a: 201) hat dieses Denkmuster, nämlich den »Fehlschluß von selbstreferentieller Negation auf negative Bewertung in der Analyse des Kapitals«, bereits vor Jahrzehnten als »Marxsche Krankheit« kritisiert. Im Kontrast zu den Diagnosen mancher kapitalismus-

44 Es fällt nicht besonders schwer, den Charakter bisheriger realsozialistischer Gesellschaftsformationen aus der Perspektive der Marxschen Theorie zu bestimmen. Hier wird grundsätzlich für das Attribut ›feudalistisch‹ plädiert, insofern es sich im Kern um herrschaftlich integrierte Gesellschaften handelte, deren politische Zentren mit Repräsentationsfunktion für die Gesamtgesellschaft aufgetreten sind. Die vielfach gängige Charakterisierung des Realsozialismus als eine Form von ›Staatskapitalismus‹ wird damit abgelehnt. Denn dass in den realsozialistischen Staaten in der Organisation der Produktion Tayloristische Paradigmen übernommen wurden, rechtfertigt gerade nicht die Verwendung des Attributs ›kapitalistisch‹. Wer so argumentiert, verwechselt die technisch-organisatorische Dimension mit dem, was bei Marx als ›Formseite‹ bestimmt wird. Historisch entstanden sind Tayloristische Produktionsmethoden als Resultat einer strukturellen Kopplung von kapitalistischem Wirtschaftssystem und Organisationssystemen, als Mechanismen, den relativen Mehrwert zu erhöhen.

kritischer Fraktionen scheint Vieles dafür zu sprechen – und dieser Gedanke findet sich materialiter wiederum in den Marxschen *Grundrissen* –, dass es gerade die paradoxale Grundkonstellation der kapitalistischen Ökonomie ist, die zugleich für deren außerordentliche Flexibilität verantwortlich zeichnet. Im Unterschied zu allen vorangegangenen Formen materieller Reproduktion, die auf Bestandserhaltung qua Tradition und Kontinuität angewiesen waren, scheint es eine Kerndifferenz der kapitalistischen Ökonomie zu sein, nur als *Einheit von Statik und Dynamik* prozessieren zu können. Adorno (1973: 37) hat dies – Marx paraphrasierend – in dem Hinweis auf den Punkt gebracht, dass die bürgerliche Gesellschaft »um sich selbst zu erhalten, sich gleichzubleiben, zu ›sein‹« immerwährend darauf angewiesen sei, zu »expandieren, weiter[zu]gehen, die Grenzen immer weiter hinaus[zu]rücken, keine [zu] respektieren, sich nicht gleich [zu] bleiben«.[45] Mit Blick auf die Immanenz dieses Systemzusammenhangs können unserer Auffassung nach im Unterschied zu jeweils historisch-spezifisch zu ermittelnden *empirischen* Toleranzgrenzen keinerlei interne Stoppregeln deduktiv abgeleitet werden (genau das aber behauptet der Zusammenbruchstheoretiker Kurz, vgl. Kurz 1999). Eine ganz andere Frage ist es, welchen Gefallen sich die moderne Gesellschaft damit tut, erhebliche Leistungen und Bereiche einem Knappheitsregime zu unterstellen, das entlang seiner eigenen Grammatik prozessiert.

1. Die Eigenlogik der Ökonomie bei Marx: Zur Emergenz ökonomischer Kategorialität

Interpretationen und Kommentare insbesondere zum Argumentationsgang des ersten Bandes des *Kapital* hatten im Zuge der sich institutionalisierenden Studentenbewegung an den westlichen Universitäten in den 1970er Jahren kurzzeitig Hochkonjunktur[46]. So wichtig diese Arbeiten – meistens

45 Das Moment einer *Einheit von Statik und Dynamik* wird von Adorno mit Bezug auf Marx folgendermaßen gefasst: »Darum hat in der Marxschen Dialektik eine Invariantenlehre ihre Stelle, die einer *negativen Ontologie der antagonistisch fortschreitenden Gesellschaft*. Ihr Dynamisches, die energiegeladene Dissonanz, der Antagonismus, ist ihr Statisches, das, woran sich bis heute nichts änderte« (Adorno 1972: 233, Herv. H.P.).

46 Vgl. dazu paradigmatisch Rosdolsky (1968); Backhaus (1969); Reichelt (1970); Krahl (1970); Projektgruppe Entwicklung des Marxschen Systems (1973). Zum Begriff der

Dissertationen – mit Blick auf die bis dato fast ausschließlich vorherrschenden orthodoxen (sprich: marxistisch-leninistischen) Lesarten auch waren: Kaum jemand wird behaupten wollen, dass in ihnen die Black Box der Marxschen Methode vollständig geöffnet wurde. Die gegenwärtige Situation sieht noch einmal anders aus. Insofern es so etwas gibt wie eine Kontinuität der ›Neuen-Marx-Lektüre‹ der 1970er Jahre bis heute,[47] an den bundesrepublikanischen Universitäten findet sie jedenfalls kaum mehr statt.[48] Dies hat unter anderem zur Folge, dass vielfach eine Differenz im Erkenntnisstand zwischen ›Neuer-Marx-Lektüre‹ einerseits und der noch vereinzelt stattfindenden Marx-Rezeption in der Soziologie andererseits ausgemacht werden kann, die aber aufgrund wechselseitiger Ignoranz in aller Regel nicht expliziert wird. Die avanciertesten Beiträge zu Marx werden quasi im luftleeren Raum entfaltet (paradigmatisch sei etwa an die Arbeiten von Backhaus und Heinrich verwiesen), während die i.w.S. von Marx inspirierte institutionalisierte Soziologie sich zwar akademisch anschlussfähig zu artikulieren vermag, das Niveau ihrer Marx-Rezeption betreffend aber regelmäßig im Bannkreis der 1970er Jahre verbleibt. Um zwei Beispiele für Letzteres zu geben: Bei Paul (2004: 72) ist die Diagnose zu lesen, dass »Marx' Versuch, die objektive Arbeitswertlehre mit einer formalen, von Substanzpostulaten gereinigten Werttheorie zu verbinden, für einen gut Teil der Verwirrung (des Textes selbst) verantwortlich ist«. Somit könne keine Rede davon sein, »daß der Nebel sich gelichtet und man Einigkeit darüber erzielt hätte, worin das Rätsel der Wertform überhaupt besteht«. Und Berger (1999: 291) kommt zu dem Befund:

»Hätte Marx gar nicht erst versucht, zwei Theoriestränge im *Kapital* miteinander zu verknüpfen, von denen sich im nachhinein herausgestellt hat, daß sie nicht kompatibel sind: die dialektische Theorie Hegels und die quantitative Werttheorie

---

›Neuen-Marx-Lektüre‹ siehe Backhaus (1997) sowie das Vorwort in Kirchhoff, Meyer, Pahl (2004).

47 Manifestiert etwa in den Publikationen von Göhler (1980); Backhaus (1985); Brentel (1989); Rakowitz (2000); Heinrich (2001); Reichelt (2002); Elbe (o.J.).

48 Etwas anders sieht es im angloamerikanischen und französischen Diskursraum aus. In Frankreich sind derzeit mindestens zwei Theorieprogramme akademisch institutionalisiert, die klare Referenzen zur Marxschen Theorie aufweisen: Der vor allem in der Volkswirtschaftslehre anzutreffende regulationstheoretische Ansatz sowie der eher soziologisch fokussierte Diskurs um den kognitiven Kapitalismus. Für den angloamerikanischen Bereich kann für die letzten fünfzehn Jahre geradezu von einer Welle hochwertiger akademischer Publikationen zur Marxschen Theorie gesprochen werden, wobei hier stellvertretend nur auf drei Sammelbände zu den drei Bänden des *Kapital* hingewiesen werden soll (Bellofiore, Taylor 2004; Arthur, Reuten 1998; Campbell, Reuten 2002).

Ricardos, dann besäße sein Hauptwerk wohl nicht den gedanklichen Rang eines sozialwissenschaftlichen Meisterwerks. Daß Marx bei dem Vorhaben, Unvereinbares zu verknüpfen, gescheitert ist, tut der Größe des Versuchs keinen Abbruch«.

Beide Aussagen können unserer Ansicht nach so nicht bestehen, markieren aber gleichwohl Fragenkomplexe, die zweifelsohne in soziologisch anschlussfähiger Weise artikuliert werden müssten; eine Aufgabe, mit der sich die außerakademischen Arbeiten einer ›Neuen-Marx-Lektüre‹ wiederum sehr schwer tun: Wie ist es um das epistemologische Arrangement der Marxschen Werttheorie bestellt? Was heißt in diesem Kontext *objektiver Wert?* Wie unterscheidet sich dieses Konzept von traditionellen Arbeitswerttheorien? Und schließlich: Welche Funktion kommt jenen terminologischen Anleihen zu, die Marx bei Denkfiguren und Begrifflichkeiten macht, die augenscheinlich der Hegelschen Logik entnommen sind?[49] Es ist keinesfalls zufällig, wenn im Folgenden Antwortvorschläge auch und gerade für diese Fragen angeboten werden.

Zuvor sei aber auf eine Besonderheit des untenstehenden Zugriffs hingewiesen. Verglichen mit der Machart des Gros der älteren und neueren Beiträge zu einer ›Neuen-Marx-Lektüre‹ sind es vor allem zwei Punkte, in denen die folgende Darstellung anders vorgeht: Zum ersten wird keine hermeneutische Textinterpretation geleistet, die – würde sie ernsthaft unter-

49 Als Hinweis sei hier noch angefügt, dass es sich genau bei diesem Problemkomplex mitunter um nichts weniger als die differentia specifica von alter und neuer kritischer Theorie handelt: War in den methodologischen Spätschriften Adornos die Hegelsche Dialektik der zentrale metatheoretische Bezugsrahmen für eine materiale Theorie der Gesellschaft, so kommt ihr innerhalb der rekonstruierten kritischen Theorie von Habermas überhaupt keine theoriearchitektonisch tragende Funktion mehr zu. Bei Habermas wird die Skepsis gegenüber der Brauchbarkeit der Hegelschen Logik in der *Theorie des kommunikativen Handelns* geradezu als Argument auch gegen die Marxsche Theorie ins Feld geführt: Sieht Habermas (1981a: 492ff.) – unter Rückgriff auf einen Interpretationsvorschlag von Brunkhorst – den theoriearchitektonischen Status der Marxschen Werttheorie zwar grundsätzlich richtig, nämlich (in der Habermasschen Terminologie) als Schnittstelle von Lebenswelt und System, so bereite doch ein begriffliches Anknüpfen an die Marxsche Theorie vor allem deswegen »Schwierigkeiten«, »weil wir die nichtrekonstruierten Grundbegriffe der Hegelschen Logik nicht unbesehen verwenden« könnten (ebd.: 477f.). Explizit nennt Habermas an dieser Stelle auch die einschlägige neomarxistische Literatur der 1960er und 1970er Jahre, in der erstmals die logischen Strukturen und die Frage der Wissenschaftlichkeit der Dialektik innerhalb der Marxschen Kritik der politischen Ökonomie breit thematisiert wurden, um dann zu resümieren, dass die »ausgedehnte Diskussion über das Verhältnis von Marxens ›Kapital‹ zu Hegels ›Logik‹ […] diese Schwierigkeiten eher beleuchtet als beseitigt« habe (Habermas 1981a: 477f.).

nommen – auf eine Art Zeilenkommentar Marxscher Texte hinsteuern müsste. Dies ist zwar ein grundsätzlich sinnvolles Unterfangen, uns geht es aber eher darum, den auch heute noch relevanten *soziologischen Erkenntnisgehalt* der Kritik der politischen Ökonomie herauszustellen, um auf diesem Wege eine erneute Auseinandersetzung der Soziologie mit Marx anzuregen. Zum zweiten setzt die folgende Abhandlung nicht am ersten Band des *Kapital* als der vermeintlich ausgereiftesten Fassung des Fundaments der Marxschen Kritik der politischen Ökonomie an, sondern folgt der Darstellungslogik der *Grundrisse*, also dem Rohentwurf der späteren drei Bände des *Kapital*.[50] Für diese Entscheidung lassen sich mit Blick auf das Erkenntnisinteresse der vorliegenden Arbeit mindestens drei Gründe anführen:

a) Die *Grundrisse* stellen weniger ein geschlossenes Theorieuniversum dar als vielmehr das semantische Artefakt einer theoretischen Suchbewegung. Es handelt sich um ein hastig niedergeschriebenes Forschungsprotokoll, das genau an der Schnittstelle der beiden nicht deckungsgleichen Theorieprogramme des *Historischen Materialismus* und der *Kritik der politischen Ökonomie* angelagert ist. Marx beginnt die dortige Darstellung mit der durch die Geschichtskonstruktion der *Deutschen Ideologie* vermittelten sicheren Gewissheit, dass es sich bei der kapitalistischen Gesellschaftsformation um einen *Kulminationspunkt* des als Stufenfolge gedeuteten bisherigen Geschichtsverlaufs handelt. Aus Briefen kann man sogar erfahren, dass Marx die Abfassung der *Grundrisse* deshalb so hastig vorangetrieben hat, weil er eine Wirtschaftskrise antizipierte, in deren Gefolge er mit nichts weniger als einer proletarischen Revolution rechnete, die den genuinen Gegenstand der *Grundrisse* freilich zu einem Anachronismus hätte werden lassen.[51] Andererseits laufen die materialen Analysen Marxens aber mehr und mehr auf die Erkenntnis eines selbstreproduktiven Charakters der kapitalistischen Produktionsweise heraus, die die These vom Kapitalismus als schon zu

---

50 Das bedeutet nicht, dass keine Textstellen weiterer Marxscher Schriften herangezogen werden, wenn sich dies anbietet. Nur: Was die Logik der Argumentation angeht wird primär den *Grundrissen* gefolgt. Daneben ist es insbesondere der sogenannte *Urtext* der Schrift *Zur Kritik der politischen Ökonomie*, aus dem Formulierungen herangezogen werden (im Folgenden abgekürzt als UZK), weil es sich bei diesem Fragment um eine direkte Anschlussarbeit zu den *Grundrissen* handelt.

51 Hinweise dafür lassen sich u.a. einem Brief an Ferdinand Lassalle entnehmen, den Marx zur Zeit der Niederschrift der *Grundrisse* verfasste. Dort ist zu lesen: »After all, schwant es mir, daß jetzt, wo ich nach 15jährigen Studien so weit, Hand an die Sache legen zu können, stürmische Bewegungen von außen wahrscheinlich interfere werden. Never mind. Wenn ich zu spät fertig werde, um noch die Welt für derartige Sachen aufmerksam zu finden, ist der Fehler offenbar my own« (MEW29: 551).

Marx' Lebzeiten historischer Wirtschaftsweise affiziert, zugleich aber – ironisch genug und aus dem heutigen Blickwinkel betrachtet – der Marxschen Theorie eine Aktualität sichert.

b) Es lassen sich Hinweise bei Marx finden, die eindeutig belegen, dass der Textkörper im ersten Band des *Kapital* das Resultat sowohl von *Popularisierungen* wie auch eines *Versteckens der Methode* ist (vgl. dazu Backhaus 1998; Reichelt 1994 sowie bereits Göhler 1980). Das Moment der Popularisierung wurde von Marx selbst im Vorwort zum ersten Band transparent gemacht, als er klarstellte, er habe die »Analyse der Wertsubstanz und der Wertgröße [...] möglichst popularisiert« (MEW23: 11). Dass es sich hierbei um nichts weniger als das Fundament der gesamten Marxschen Ökonomiekritik handelt, wurde an dortiger Stelle freilich nicht gesondert herausgestellt. Der Aspekt einer versteckten Methode lässt sich dem *Kapital* selbst gar nicht entnehmen, wird aber in einem Brief unmissverständlich festgehalten: »Es wird indes«, so heißt es zum ersten Band des *Kapital*, »viel populärer und die Methode viel mehr versteckt als in Teil I« (MEW30: 207, mit »Teil I« meint Marx die Schrift *Zur Kritik der politischen Ökonomie*). Insofern es uns nicht zuletzt um die *Wissenschaftlichkeit* des Marxschen Werkes zu schaffen ist, sind dies Faktoren, die nicht einfach ignoriert werden können.

c) Schließlich ist – vor allem unter dem Aspekt der soziologischen ›Lesbarkeit‹ – auf eine gewichtige Differenz in der *Darstellungskonzeption* beider Schriften hinzuweisen: Das *Kapital* beginnt mit einem vorausgesetzten, aber begrifflich noch unterbestimmten industriellen Kapitalismus. Insofern setzt Marx dort jene Objektivität, die ihm zufolge diese Wirtschaftsform kennzeichnet, voraus, was sich unter anderem in einer äußerst komprimierten und nahezu definitorischen Einführung arbeitswerttheoretischer Grundgedanken niederschlägt. Die *Grundrisse* hingegen heben an mit einer – vom Resultat her strukturierten – Analyse vorkapitalistischer Wirtschaftsformen. Der dortige Beweisgang setzt keine Arbeitswerttheorie voraus, sondern lässt sich im Gegenteil als »Konstitutionstheorie des Werts« (Reichelt 1996) bestimmen. Für unseren theorievergleichend angelegten Zugriff hat dies den Vorteil, dass die Ausdifferenzierung respektive Verselbständigung der Ökonomie zunächst primär entlang der Genese und Entfaltung zirkulationsseitig generierter Geldfunktionen verfolgt werden kann (was man durchaus als eine Art Marxsche Beschreibung einer zunehmenden symbolischen Generalisierung wirtschaftsspezifischer Kommunikation interpretieren kann), und dass die Frage des gesellschaftlichen Charakters der Arbeit erst später hinzutritt.

Argumentationsgang dieses Teilkapitels: Das Unterkapitel zur Ausdifferenzierung und Eigenlogik der Ökonomie bei Marx ist thematisch durch *zwei Themenblöcke* gekennzeichnet. In einem ersten Zugriff (1.1.) erfolgt ein Durchgang durch einen wesentlichen Argumentationsgang der *Grundrisse.* Dieser Zugriff wird ergänzt durch Überlegungen (1.2.), welcher Status arbeitswerttheoretischen Überlegungen bei Marx zukommt, wenn man von einer konsequent als monetär verstandenen Werttheorie ausgeht. Zunächst zum ersten Teil: Nachdem einleitend (1.1.) einige Bemerkungen zur Methodik der *Grundrisse* vorangeschoben werden, folgen wir in einem nächsten Schritt (1.1.1.) dem materialen Argumentationsgang dieser Schrift hin zu einer Art *stilisiertem Nullpunkt ökonomischer Kategorialität.* Marx setzt ein mit einer vom Ergebnis her strukturierten Betrachtung vormoderner Gemeinwesen, in denen die materielle Reproduktion noch entlang traditionaler Strukturen erfolgt. Die Genesis ökonomischer Formen verortet Marx im Handel zwischen diesen politisch integrierten Gemeinwesen, wo im noch prämonetären Gütertausch in der ›logischen Sekunde‹ des Austauschaktes momenthaft die Form des allgemeinen Tauschwerts entstehe (Preisform). Obgleich diese Prozesse die materielle Reproduktion der Gemeinwesen empirisch noch gar nicht affizieren – es handelt sich mehrheitlich um einen bloßen Austausch des Überflusses – fungieren sie im Marxschen Argumentationsgang als Geburtsakt einer genuin ökonomischen Dimension. Dies wird deutlicher im Fortgang, wenn wir die *einfache Zirkulation* als neue Stufe der Verselbständigung des Werts (1.1.2.) beleuchten. Anders als im ersten Band des *Kapital* macht Marx in den *Grundrissen* einen doppelten Gebrauch von dieser Begrifflichkeit. Die einfache Zirkulation bezeichnet dort nicht nur die Oberfläche des durchgesetzten modernen Kapitalismus, sondern findet auch als *konstitutionstheoretisches Konzept* Verwendung, um die Genese weiterer basaler Geldfunktionen (Geld als Zirkulationsmittel und als Wertaufbewahrungsmittel) zu erläutern. Die Intention von Marx besteht darin, aufzuzeigen, dass bereits in einer erst embryonal ausgeprägten Zirkulationssphäre im Formgehalt der dortigen Geldfunktionen eine Verkehrung angelegt ist, die einen Ausblick auf wesentliche Charakteristika einer monetär ausdifferenzierten Ökonomie zu geben vermag. Dass Marx die Genese des modernen Kapitalismus dennoch gerade nicht als Selbstläufer denkt, demonstriert der nächste Abschnitt (1.1.3.), in dem die Aporetik im Systemcharakter der einfachen Zirkulation erläutert wird, wie sie sich aus einer konstitutionstheoretischen Perspektive darstellt. In immer wieder neuen Anläufen versucht Marx deutlich zu machen, dass die zirkulationsseitig mit der Verkehrung des Geldes von einem Mittel zu einem Selbstzweck entstandene *monetäre Selbstreferenz* sich solange nicht zu stabilisieren vermag, wie Zirkulation und Produktion einander äußerlich gegenüberstehen. Er spricht pointiert von den *Grenzen seiner dialektischen Darstellungsform*, um hervorzuheben, dass an dieser Stelle die historische Forschung hinzutreten muss. Es ist der neuzeitliche Prozess der Trennung von Arbeit und Eigentum, wie ihn Marx im Kapitel über die sogenannte ursprüngliche Akkumulation im ersten Band des *Kapital* empirisch gesättigt nachzeichnet, der dazu führt, dass die in den ökonomischen Kategorien nur potentiell enthaltene Ausdifferenzierung der Wirtschaft sich empirisch zu realisieren vermag. Im letzten Abschnitt des ersten Themenblocks (1.1.4.) gehen wir schließlich einen Schritt weiter und wenden uns jenen Beschreibungen zu, die bei Marx zum systemischen Charakter der monetär ausdifferenzierten Ökonomie zu finden sind. Es wird unter anderem darauf hingewiesen, dass Marx, der ansonsten jegliches organizistisches Denken auf dem Feld der Sozialwissenschaften abgelehnt hat, plötzlich selber Anleihen bei einer Organismusanalogie macht, um die Eigenlogik und Selbstreferentialität der kapitalistischen Ökonomie zu umreißen.

Abgerundet wird unser schwerpunktmäßig auf die Emergenz ökonomischer Formen abstellender Zugriff durch einen zweiten Themenblock (1.2.), in dem die Marxsche Arbeitswerttheorie erläutert wird, wie sie sich darstellt im Zuge einer konsequent als monetär verstandenen Werttheorie. Obgleich ökonomisch-quantitative Aspekte nicht im Zentrum unseres eher soziologischen Zugriffs auf die Marxsche Theorie stehen, muss geklärt werden, welcher Sinngehalt sich hinter diesem Theoriebaustein verbirgt, wo es Probleme gibt und wo nicht. Im Unterschied zu einer Rekonstruktion der Marxschen Theorie, die sich an den ersten Band des *Kapital* hält und von einem entfalteten, aber begrifflich noch nicht eingeholten modernen Kapitalismus ausgeht, ermöglicht es der Bezug auf die *Grundrisse*, die Frage der Codierung der Arbeit durch Geld und Kapital schrittweise zu entfalten. Es soll deutlich werden, dass die Arbeitswerttheorie sich bei Marx nicht auf gattungsontologische Sachverhalte bezieht, sondern auf die Formbestimmtheit der Arbeit in der modernen Ökonomie reflektiert. Von dieser Warte aus können dann einige Bemerkungen zum Transformationsproblem im dritten Band des *Kapital* gemacht werden, in dem Marx seine werttheoretischen Prämissen mit der empirischen Faktizität von Produktionspreisen zu vermitteln suchte. Obgleich der bei Marx aufzufindende quantitative Vorschlag (zur Transformation von Werten in Preise) wesentliche Defizite aufweist, ist hierin, so wird demonstriert, kein Kardinalargument gegen das arbeitswerttheoretische Fundament der Kritik der politischen Ökonomie zu erblicken. Wir werden das Feld allerdings nur soweit abstecken, wie es der Fortgang unserer qualitativ orientierten Lesart der Marxschen Theorie erforderlich macht.

1.1. Logik und Gang der Darstellung in den Grundrissen: Wirtschaftstheorie als genetische Entwicklung ökonomischer Kategorien

Einer Marxschen Selbstbeschreibung folgend geht in den *Grundrissen* »alles wie Kraut und Rüben durcheinander« (MEW29: 330). Trotzdem lässt sich aus dem vorhandenen Textmaterial ein durchaus stringentes Theorieprogramm abdestillieren, zumal wenn man Hinweise heranzieht, in denen Marx sein dortiges Unterfangen unter methodologischen Vorzeichen charakterisiert. In aller Deutlichkeit hat Marx in einem Brief an Lassalle sein Projekt als eine »*Kritik der ökonomischen Kategorien* oder, if you like, das System der bürgerlichen Ökonomie kritisch dargestellt« bezeichnet. Das dort Geleistete sei zugleich »Darstellung des Systems und durch die Darstellung Kritik desselben« (MEW29: 550). Was, so wären gleich drei Fragen zu stellen, ist hier unter »ökonomischen Kategorien« zu verstehen, was unter dem »System der bürgerlichen Ökonomie« und um was für einen Kritiktypus handelt es sich, den Marx inauguriert? Ein knapper Rekurs auf diese drei ineinander verwobenen Themenkomplexe soll uns im Folgenden als Leitfaden dienen, um auf die Auseinandersetzung mit dem originären Textkorpus der *Grundrisse* vorzubereiten.

Ein sich über das gesamte Marxsche Spätwerk durchhaltender Kritikpunkt an der ökonomischen Wissenschaft *als ganzer* richtet sich gegen die gängige Praxis der empirischen Aufnahme ökonomischer Kategorien (Preis, Geldfunktionen, Profit, Zins etc.) und deren anschließende äußerliche Systematisierung im Zuge von Modellbildung. So heißt es beispielsweise, es würden die »Bestimmungen« der Ökonomie »aus der Empirie hereingenommen«, sie würden »hereingeschneit« kommen (MEW42: 193). Die politische Ökonomie habe »nicht das Interesse, die verschiednen Formen genetisch zu entwickeln, [...] weil sie von ihnen als gegebnen Voraussetzungen ausgeht« (MEW26.3: 491). Und selbst gegen den von Marx in manch anderer Hinsicht durchaus goutierten Ricardo wird eingewandt, dass dieser »alle möglichen Kategorien, die erst entwickelt werden sollen, *als gegeben* voraussetzt« (MEW 32: 553). Es wurde bereits in der Einleitung darauf hingewiesen, dass Marx davon ausgeht, dass es sich bei ökonomischen Kategorien nicht allein um *heuristische Artefakte* handelt, die innerhalb von Theorien generiert werden, sondern dass selbige in einem erweiterten Sinne der Sozialität zuzurechnen seien. Marx attribuiert diese Kategorien entsprechend als »reale ökonomische Kategorie(n)«, die »nicht nur in der Vorstellung« existierten (MEW42: 159), als »Daseinsformen, Existenzbestimmungen« (MEW42: 40) einer bestimmten Gesellschaftsformation oder bezeichnet sie als »objektive Gedankenformen« (MEW23: 90). Diese Bestimmungen sperren sich ersichtlich den traditionellen Subjekt-Objekt-Schemata und scheinen auf eine Art ›Zwischenreich‹ des Ökonomischen (vgl. Backhaus 2002) zu verweisen. Leider ist zu konstatieren, dass bei Marx nirgends eine epistemologische Fundierung der ›Seinsweise‹ dieser Formen zu finden ist, so dass an dieser Stelle auf Interpretationen zurückgegriffen werden muss. Vorgreifend wollen wir vermuten, dass es sich bei ökonomischen Kategorien originär »um Abstraktionsleistungen handelt, die ihren Ursprung im Austauschprozeß haben« (Reichelt 1997a: 8), denen es aber zugleich eigen ist, dass sie sich gegenüber ihrer Genese in spezifischer Weise verselbständigen und ein eigenlogisches Reich aufeinander verweisender Symbole konstituieren, das fortan den Prozess gesellschaftlicher Metabolik mediatisiert.

Dies wäre dann eine Art Marxscher *Systembegriff* der Ökonomie. Schon Marx bezeichnete die Gesamtheit ökonomischer Kategorien in den *Grundrissen* als eine »Masse gegensätzlicher Formen der gesellschaftlichen Einheit« (MEW42: 93), und auch bei Luhmann (1984: 44) finden wir einen instruktiven Hinweis auf den systemischen Bedeutungsgehalt von »›Formen‹ im Sinne der Marxschen Theorie«, wenn ausgeführt wird: »In diesem Sinne können Relationen zwischen Elementen sich wechselseitig konditionieren; die eine kommt nur vor, wenn die andere auch vorkommt. Es kann sich aber auch um das Vorhandensein bestimmter Elemente handeln, um die Präsenz eines Katalysators oder um die Realisierung höherstufiger Relationen zwischen Relationen«. Es scheint sich so zu verhalten, dass der *gesamte Darstellungsgang* der Marxschen Schriften zu einer Kritik der politischen Ökonomie als wesentlichen Aspekt das Moment der Formentwicklung enthält. Insofern ist nicht allein der entsprechend titulierte Abschnitt zu Beginn des ersten Bandes des *Kapital* als ›Wertformanalyse‹ aufzufassen (vgl. MEW23: 62ff.). Sondern es müssen *alle* bei Marx vorkommenden Kategorien, beispielsweise auch die im dritten Band des *Kapital* abgehandelte Kategorie des zinstragenden Kapitals (vgl. MEW25: 350ff.), als Elemente (oder besser: Momente) *eines* Zusammenhangs begriffen werden.

Bleibt noch der *Kritikbegriff*. Trotz der oben erfolgten Bemerkung zur Möglichkeit einer normativen ›Imprägniertheit‹ auch analytischer Kategorien handelt es sich beim Kritikbegriff der Kritik der politischen Ökonomie sicher nicht um einen solchen, der die empirische Faktizität umstandslos an einem – und sei es auch rational begründeten (vgl. Habermas 1981) – *normativen Maßstab* misst.[52] Was sollte in diesem Falle auch eine ›Kritik von Kategorien‹ bedeuten? Erste Einsichten lassen sich durch einen Seitenblick auf den Kritikmodus der Kantischen transzendentalen Vernunftkritik gewinnen, in der sich die Bestimmung ›Kritik‹ im wesentlichen auf eine Reflexion der Bedingungen der Möglichkeit von Erkenntnis bezieht. Hegel hat bekanntlich, obgleich Kant nochmals überbietend, an dieses Paradigma angeschlossen. Die *Wissenschaft der Logik* betreibt, so Reusswig (1993: 23), »das Geschäft einer rationalen Rekonstruktion unserer Denk- und Praxisformen« und kann insofern als »Metalogik« bezeichnet werden, »die auf die ›*Totalität der Sinnbedingungen aller menschlichen Praxis* [...] reflektiert«. Gegenüber der Reflexionsphilosophie Kantischer Provenienz (dem sogenannten ›Verstandesdenken‹), die zwar auf die kategoriale Präformiertheit allen menschlichen Weltbezugs reflektiert, zugleich aber Kategorien wie Etwas und Anderes, Endliches und Unendliches, Qualität und Quantität als isolierte und für sich bestehende begreift, verfolgt Hegel die Intention, so Schmidt (1997: 12), »mittels einer Dialektik des Übergehens einen logischen Zusammenhang der üblicherweise isolierten Kategorien zu konstruieren« (ebd.). Hinsichtlich der Marxschen Methode ist bei Reichelt (2002: 168) zu lesen, dass Marx in seinem Vorwurf an die Ökonomen, »sie würden die Kategorien äußerlich aufgreifen« die »Hegel-

52 Vor allem Angehrn und Lohmann haben in mehreren Publikationen und mit einigem Erfolg in der akademischen Forschungslandschaft die These ausgearbeitet, dass die Dimension der Kritik und die Diagnose des Fetischismus bei Marx in impliziter Weise eine normative Vorstellung ›gelingender‹ Vergesellschaftung zu ihrer Voraussetzung haben (am prononciertesten wohl in Angehrn, Lohmann (1986) und Lohmann (1991). Auch bei Habermas (1981) und Peters (1993) begegnet uns ein ähnliches Argument. Wir kommen im dritten Kapitel auf das Marxsche Kritikverfahren zurück, wenn wir die dafür notwendigen Voraussetzungen erarbeitet haben.

sche Kritik an der Verstandesphilosophie als Verabsolutierung der äußeren Reflexion« in bestimmter Weise fortschreibt:

»Ein fertig vorausgesetztes Subjekt wird fertigen Formen (Kategorien) gegenübergestellt. Entwicklung von Kategorien heißt dann aber zugleich, daß mit der Weiterentwicklung der Kategorien auch jeweils neue Gestalten von Subjektivität entstehen. Werden hingegen die Kategorien äußerlich aufgenommen, dann muß auch ein Gemeinsames, das alle diese Gestalten von Subjektivität charakterisiert, verabsolutiert werden: zur Handlungskategorie des ›zweckrationalen sozialen Handelns‹, dem strategischen Handeln, zur Soziologie des *rational choice*«.

In der Tat findet sich bei Marx wiederholt eine Gleichsetzung der Wirtschaftswissenschaft mit dem *verständigen Denken* (siehe z.B. MEW42: 20, MEW 25: 839), demgegenüber er sein eigenes Unterfangen als ein *Vernünftiges* verstanden wissen möchte. Diese Einschätzung beinhaltet mindestens zwei verschiedene Dimensionen: Zunächst und erstens wird das verständige Denken der Ökonomen keinesfalls in Bausch und Bogen zurückgewiesen, sondern als notwendige – wenn auch nicht hinreichende – Vorveranstaltung des Marxschen Zugriffs ausgewiesen. Hier geht es darum, dass beispielsweise Smith vornehmlich damit beschäftigt war, die empirische Mannigfaltigkeit neuzeitlicher ökonomischer Phänomena vermittels »entsprechende(r) *Verstandsbegriffe* […] in der Sprache und im Denkprozess zu reproduzieren« (MEW26.2: 162, Herv. H.P.). Für kritikwürdig hält Marx den *Fortgang* der Analyse bei Smith, der sich dadurch auszeichne, »notwendige Mittelglieder [zu] überspring[en] und in *unmittelbarer Weise* die Kongruenz der ökonomischen Kategorien untereinander nachzuweisen« (MEW26.2: 161f.) zu wollen. In diesem Zuge findet sich zum Beispiel der Vorwurf, die Ökonomen würden – »ganz unter dem Einfluss stofflicher [i.w.S.: quantitativer, H.P.] Interessen« –, »den »Formgehalt« ökonomischer Kategorien in einer analogen Weise übersehen, wie »vor *Hegel* die Logiker von Profession […] den Forminhalt der Urteils- und Schlussparadigmen übersahen« (Marx, Engels 1966: 274). Nicht zuletzt hierin ist der Grund zu sehen, warum Marx selbst einen im emphatischen Sinne theoretischen und systematischen Zugriff für geboten hält, trotz der Umwege und Mühen, die ein solches Verfahren impliziert.

Mit diesen Bestimmungen im Hinterkopf können wir uns einer Aussage aus den *Grundrissen* zuwenden, die den Dreh- und Angelpunkt dieser Schrift akzentuiert. Dort heißt es: »Um den Begriff des Kapitals zu entwickeln ist es nötig, nicht von der Arbeit, sondern vom Wert auszugehn, und zwar von dem schon in der Bewegung der Zirkulation entwickelten

Tauschwert« (MEW42: 183). Es wurde oben schon darauf hingewiesen, dass Marx die Darstellung in den *Grundrissen*, anders als im *Kapital*, nicht mit einem vorausgesetzten Kapitalismus beginnen lässt. Setzen wir – in aller Vorläufigkeit – die Bezeichnung ›Begriff des Kapitals‹ als Chiffre für den Marxschen Objektivitäts- bzw. Systembegriff an, so lässt sich entnehmen, dass Marx es intendiert, die Genese dieses emergenten Systemzusammenhangs dadurch analytisch aufzuschließen, dass der Prozess der Genese und Fortentwicklung jener ökonomischer Formen rekonstruiert wird, die zunächst einmal der Sphäre der Zirkulation entspringen. Die Marxsche Darstellung in den *Grundrissen* setzt ein mit der Betrachtung eines noch prä-monetären Austauschs von Gütern zwischen vormodernen Gemeinwesen (im Folgenden bezeichnet als einfacher Produktentausch). Dieser Zugriff erlaubt es, die Genese ökonomischer Formen mikrologisch zu verfolgen, anstatt selbige immer schon als Teil einer empirischen Faktizität in kategorial unreflektierter Weise voraussetzen zu müssen. Es ist zunächst, so Marx (MEW13: 115), der »Prozeß der Metamorphose der Waren, der die verschiedenen Formbestimmtheiten des Geldes erzeugt«. Hier sind die ökonomischen Formen (in diesem Falle: Geld als Preis und als Zirkulationsmittel) zunächst nichts weiter als ›Residuen‹ der Bewegung ausgetauschter Güter: »In der Tat sind die verschiedenen Formbestimmtheiten, die das Geld im Zirkulationsprozeß erhält, nur kristallisierter Formwechsel der Waren selbst« (MEW 13: 116). Im Folgenden skizziert Marx allerdings eine Art »Logik der Emergenz« (so Ganßmann 1996: 251ff., dort allerdings mit Blick auf den dritten Band des *Kapital*) und stellt ab auf einen graduell verlaufenden *Umschlagsprozess*: Mit der Entwicklung weiterer Geldfunktionen transformiert sich der vormalig primäre Formwechsel der Waren zu einem ›subalternen‹ Moment innerhalb eines eigenlogischen Ineinandergreifens von Geldfunktionen (dieser Argumentationsgang firmiert in den *Grundrissen* unter der Überschrift ›einfache Zirkulation‹ samt deren Übergang zur vermittelten Kapitalzirkulation). Die bekannte Kurzformel dieses Vorgangs im *Kapital* (der Übergang von W-G-W zu G-W-G') konserviert zwar den entsprechenden materialen Sinngehalt, erlaubt aber kaum noch einen Einblick in die zugrundegelegte Motorik der Darstellung. Die *Grundrisse* hingegen stellen zentral ab auf das Motiv der Wertverselbständigung: Beim Marxschen Geldbegriff handelt es sich, so Reichelt (1996: 21), »nicht einfach nur [um] ein(en) Oberbegriff für die verschiedenen Geldfunktionen« – dies wäre die Position der traditionellen Wirtschaftswissenschaften, die (tautologisch) alles das als Geld bezeichnen, was Geldfunktionen erfüllt – sondern Marx entwickelt das als Kapital zirkulierende Geld als ein »existierendes Allgemeine(s) in seinen funktionellen Zusammenhängen«: »Also die Preisform, das Zirkulationsmittel, die Münze, Schatzbildung, Zahlungsmittel, Weltgeld werden präsentiert unter dem Aspekt, inwieweit sie gegenüber der vorhergehenden Form jeweils eine neue, weiterentwickelte Gestalt der Selbsterhaltung der allgemeinen Form des Reichtums sind« (ebd.: 6f.). Die Arbeit tritt als konstitutives Moment erst dann in den Darstellungsgang der *Grundrisse* hinein, wenn es darum geht, die Bedingungen der Möglichkeit auszuloten, die gegeben sein müssen, damit die zirkulationsseitig emergierte Potenz des Geldes, Reichtum als solchen repräsentieren zu können, sich zu einem systemweiten Prozess entfalten kann. Dies wäre dann eine Art *basale* Marxsche Version ›ökonomischer Autopoiesis‹, und im vorliegenden Kapitel wollen wir uns auch auf diese beschränken.

1.1.1. Zur Konstitution einer ›verschwindenden Wertförmigkeit‹ im einfachen Produktentausch

Marx beginnt den hier interessierenden Darstellungsgang in den *Grundrissen* mit einer stilisierten Analyse vorkapitalistischer Gemeinwesen. Er geht aus von der Existenz eines räumlichen Nebeneinanders einer Mehrzahl solcher Gemeinwesen, wie sie idealtypisch etwa im feudalistischen Mittelalter Europas oder in der Antike vorlag. Ein *erster Argumentationsstrang* bezieht sich auf deren interne Sozialstrukturen. Diese werden gedacht als Strukturzusammenhänge, in welchen der gesellschaftliche Stoffwechselprozess der Gemeinschaften mit der Natur intentionalen und herrschaftlich geregelten Direktiven, Mechanismen und Sitten folgt. Diese Gemeinwesen verfügen nicht über eine ausdifferenzierte Sphäre des Ökonomischen, die Produkte der Arbeit besitzen einen direkt-gesellschaftlichen Charakter. Einschlägige Bestimmungen von Marx verraten, dass der Rekurs hierauf zunächst einmal dazu dient, eine *Kontrastfolie* zur modernen Vergesellschaftung bereitzustellen. So heißt es, es handele sich dort um die

»*Reproduktion vorausgesetzter* – mehr oder minder naturwüchsiger oder auch historisch gewordener, aber traditionell gewordener – Verhältnisse des einzelnen zu seiner Gemeinde und ein *bestimmtes*, ihm *vorherbestimmtes objektives* Dasein, sowohl im Verhalten zu den Bedingungen der Arbeit wie zu seinen Mitarbeitern, Stammesgenossen etc.« (MEW42: 395).

Sei in der modernen Wirtschaft der *ökonomische Wert* »das *reale Gemeinwesen*, insofern es die allgemeine Substanz des Bestehns für alle ist und zugleich das gemeinschaftliche Produkt aller« sei – also der zentrale Mechanismus sozialer Synthesis – so »unterstelle« das »antike Gemeinwesen [...] eine ganz andre Beziehung des Individuums für sich« (MEW42: 152): Die »Bande müssen als politische, religiöse etc. organisiert sein, solange die Geldmacht nicht der nexus rerum et hominum ist« (ebd.: 850). Diese Bemerkungen ließen sich um etliche weitere ergänzen, was hier aber unterbleiben kann, weil es nur um ein Markieren der einschlägigen Argumentationsstrategie geht.

Marx rekurriert noch aus einem weiteren Grund auf die Sozialstrukturen vormoderner Gemeinwesen. Bei diesem *zweiten Argumentationsstrang* bildet nicht länger deren interne Verfasstheit den Fokus der Betrachtung, sondern es werden im Gegenteil die Beziehungen zwischen einer Mehrzahl von Gemeinwesen in den Blick genommen. Diese *Schnittstellen* sind für Marx der Ort, an dem sich die Genese ökonomischer Formen originär rekonstruieren lässt. Er begreift die »Entstehung des Tauschwerts aus dem Produkt« als einen Prozess, der im »unmittelbaren Tauschhandel« (MEW42: 232), wie er zwischen den vorbürgerlichen Gemeinwesen stattfindet, – »da, wo die naturwüchsigen Gemeinheiten aufhörten, in ihrem Kontakt mit Fremden« (ebd.: 134) – beginnt. Der Begriff ›unmittelbarer Tauschhandel‹ impliziert die Annahme, dass es Händler gibt, die eine Art *Grenzstellenfunktion* zwischen den einzelnen Gemeinwesen innehaben: Sie tauschen den jeweiligen Überschuss des eigenen Gemeinwesens aus gegen den Überschuss anderer Gemeinwesen. Man muss an dieser Stelle unterscheiden zwischen der *faktisch marginalen Bedeutung* solcher einfachen Austauschakte zwischen vormodernen Gemeinwesen für deren materielle Reproduktion und *Marxens Erkenntnisinteresse*, das geleitet ist durch die Frage, wie es zur spezifisch neuzeitlichen Ausdifferenzierung einer Sphäre des Ökonomischen gekommen ist.[53] Der empirisch periphere Charakter dieses einfachen Austauschs wird auch von Marx zugestanden: Es handele sich zunächst um einen Austausch, »worin der Überfluß der eignen Pro-

53 Dieses Argument ist ähnlich der Luhmannschen weltgesellschaftstheoretischen Annahme gearbeitet, wonach bereits die Umstellung im Selektionsmodus von Kommunikation, die stattfindet, sobald es zu funktionaler Differenzierung kommt, die Gesellschaft auf eine Weltgesellschaft eicht. Auch hier geht es nicht in erster Linie um faktische mondiale Ausdifferenzierungsprozesse, sondern um die mit der Genese funktionsspezifischer Codes gegebene potentielle ›Desartikulation‹ von Territorialität.

duktion zufällig gegen den der fremden ausgetauscht wird« (ebd.: 134), um »eine zufällige Erweiterung des Kreises der Befriedigungen, Genüsse«; dieser Austausch bleibt »auf [einen] kleinen Umkreis beschränkt und [...] erlischt ebenso zufällig, wie er entsteht« (ebd.). Anders fällt das Urteil aus, wenn sich das Interesse auf die *soziale Qualität* richtet, die in solchen einfachen Austauschakten – freilich in ebenso ›verschwindender‹ wie nicht-intentionaler Weise – generiert wird: Marx bezeichnet den Austausch als »Tauschwert-setzende(n) Verkehr«[54] (MEW42: 181), im Austausch handelt es sich um »das *erste Vorkommen* des Produkts als Tauschwert im allgemeinen« (ebd.: 134).

Was verbirgt sich hinter dieser Formulierung vom ›Tauschwert im allgemeinen‹? Mit Blick auf die Naturaleigenschaften der getauschten Produkte ist keinerlei Form der Allgemeinheit auszumachen: Es handelt sich um nicht-dimensionsgleiche, inkommensurable Güter. Auch ein Rekurs auf die Dimension der Intentionalität der am Austausch beteiligten Subjekte liefert keinen Aufschluss über eine wie auch immer geartete Form der Allgemeinheit: Den Austauschenden geht es allein darum, so darf unterstellt werden, möglichst ›wohlfeil‹ zu tauschen, wobei Gründe, strategische Absichten und normative Maßstäbe welcher Art auch immer eine Rolle spielen mögen oder auch nicht. Marx hingegen rekurriert laut Reichelt (2002) darauf, dass uno actu mit dem intentionalen Handeln eine *Form der Einheit* generiert oder ›gesetzt‹ wird, die aber als solche den Austauschenden nicht gegenwärtig ist. Diesem Akt von Einheitssetzung läuft parallel das Aufspannen eines Horizontes, dem ein reflexives Vermittlungsverhältnis von Allgemeinem und Besonderem inhärent ist. In den Worten von Marx (MEW42: 134f.): »Ein Produkt, als Tauschwert gesetzt«, sei »wesentlich nicht mehr als einfaches bestimmt; es ist in einer von seiner natürlichen Qualität verschiednen gesetzt; es ist als *Verhältnis* gesetzt, und zwar dies Verhältnis allgemein, nicht zu einer Ware, sondern zu jeder Ware, zu jedem möglichen Produkt«. »Als Wert«, so Marx, »ist die Ware zugleich Äquivalent für alle andren Waren in einem bestimmten Verhältnis. Als

54 Der Komplementärbegriff hierzu ist die im letzten Unterkapitel abzuhandelnde Bestimmung der *tauschwertsetzenden Arbeit*, mittels derer Marx auf den entwickelten Kapitalismus reflektiert, in dem durch die systematische Produktion für die Realisierung eines Mehrwerts unter den Bedingungen der Konkurrenz die *quantitative Dimension* ihre – auf der Ebene des unmittelbaren Produktentauschs noch vorliegende – Kontingenz verliert und zum Gegenstand der spezifischen Marxschen Arbeitswerttheorie wird. Auf der Ebene des tauschwertsetzenden Verkehrs, auf der wir uns hier aber noch befinden, handelt es sich nach Marx erst um ein »formales Setzen von Tauschwerten« (MEW42: 183).

Wert ist die Ware […] sowohl das allgemeine Maß als der allgemeine Repräsentant […] aller anderen Waren« (MEW42: 76). Mit der Bezeichnung ›Tauschwert im allgemeinen‹ meint Marx in den obigen Textstellen die soziale Qualität *unmittelbarer, allgemeiner Austauschbarkeit*, die präziser als *Preisform* zu bestimmen wäre.[55] In der ›logischen Sekunde‹ des Austauschaktes erhalten die Produkte einen Preis, womit, so Meyer (2005: 254), eine »allgemeine und abstrakte Identität aller ökonomischen Gegenstände gegeben« ist. Indem zwei Produkte im Austausch einander als Tauschwerte *qualitativ* gleichgesetzt werden, wird zugleich eine *Form der Einheit* zwischen diesen beiden Waren und – potentiell bzw. den Implikationen der Form nach – allen anderen Waren, *konstituiert*. Indem ein bestimmtes Arbeitsprodukt als Ware mit einer anderen gleichgesetzt bzw. getauscht wird, die Form der Austauschbarkeit erhält, *gilt* es zugleich und unmittelbar (d.h. in seiner Naturalgestalt) als *Ausdruck des Werts der anderen Ware* und damit – potentiell – aller anderen Waren.[56]

Oben wurden zwei Marxsche Vorwürfe gegen die ökonomische Wissenschaft abstrakt vorweggenommen, die sich an dieser Stelle erstmals materialiter explizieren lassen. Zum einen haben wir Marx mit der Bemerkung zitiert, die Ökonomen hätten allesamt den »Formgehalt des relativen Wertausdrucks übersehen«, so wie vor Hegel »die Logiker von Profession sogar den Forminhalt der Urteils- und Schlussparadigmen« übersehen hätten (Marx, Engels 1966: 274). Das *Kapital* enthält einen Hinweis auf die Diskussion oder vielmehr Desartikulation dieses ›Formgehalts‹ der Preisform in der subjektivistischen Ökonomie Baileys, die sich auch noch gegen die heutige Neoklassik geltend machen ließe. Dort führt Marx aus: »Die

55 Es ist darauf hinzuweisen, dass Marx in den *Grundrissen* in unterschiedlicher Weise von Wert und Tauschwert spricht, die verwendete Terminologie ist mitunter noch nicht weit genug ausdifferenziert. Der Wert, von dem auf dieser Ebene der Darstellung die Rede ist, ist nicht deckungsgleich mit jenem objektiven und intertemporalen Wert, den Marx auf der Ebene der verallgemeinerten Kapitalzirkulation als das Selbst des ökonomischen Gesamtsystems begreift. Diese Form gesellschaftlicher Objektivität soll vielmehr schrittweise entwickelt werden.

56 Im Prozess der Gleichsetzung von Waren im unmittelbaren Produktentausch, so ließe sich nochmals präzisieren, wird die Ware, die den Wert der anderen Waren ausdrückt, unmittelbar in ihrer Naturalgestalt als *allgemeine Äquivalentform* gesetzt. Der besondere Gegenstand ist hier unmittelbar ein Allgemeines, auf den sich die anderen Gegenstände als Besonderungen beziehen: Es handelt sich, so ist bei Reichelt (1996: 13) mit Blick auf die mikrologische Dimension der logisch unbewussten Abstraktionsleistungen der Austauschenden zu lesen, um eine »in sich gegenläufige Denkbewegung«, die eine »gleichzeitige Genese des Einen und Vielen« konstituiert.

oberflächliche Auffassung dieser Tatsache, daß das Äquivalent in der Wertgleichung [in unserer Terminologie: die Preisform] stets nur die Form eines einfachen Quantums einer Sache, eines Gebrauchswertes, besitzt, hat Bailey, wie viele seiner Vorgänger und Nachfolger, verleitet, im Wertausdruck nur ein *quantitatives Verhältnis* zu sehen« (MEW23: 70, Herv. H.P.). Dieser Textpassage können wir entnehmen, dass Bailey in letzter Konsequenz nichts anderes macht, *als der Binnenperspektive der am Austausch beteiligten Personen einen wissenschaftlichen Ausdruck zu geben*, wohingegen die damit uno actu einhergehende Dimension der Nicht-Intentionalität nicht in das Blickfeld gerät: Die Konstitution einer Form der Einheit, nach Marx das entscheidende oder auch ›emergente Feature‹ der Preisform, wird nicht bemerkt, weil Bailey – genau wie die am Austausch beteiligten Akteure – alleinig auf die quantitativen Relationen zwischen den ausgetauschten Gütern abstellt, dabei aber die Bedingung der Möglichkeit dieser Relationierung selbst nicht mehr hinterfragt. Der konstituierende Akt der Einheitssetzung bleibt unbewusst, ist aber gerade in dieser Unbewusstheit die Voraussetzung bewusster Reflexion, das heißt intentionalen Handelns. Ein zweiter Marxscher Vorwurf, den wir oben ebenfalls vorwegnehmend skizziert hatten, hängt mit diesem ersten zusammen, nämlich der Vorwurf einer äußerlichen Aufnahme ökonomischer Kategorien anstelle von deren genetischer Entwicklung. Der Mainstream-Ökonomie zufolge ist es das Geld, das die verschiedenen Güter vergleichbar und austauschbar macht, wobei ihr das Geld als technisches Hilfsmittel gilt, das eingeführt wurde, um die Umständlichkeiten des Ringtauschs umgehen zu können. Dies ist wohl nicht grundsätzlich falsch, geht allerdings am Formgehalt vorbei.

Wir können den bereits mit der Preisform konstituierten Nexus, so wie Marx ihn sich denkt, noch weiter präzisieren, indem wir auf eine Textstelle Bezug nehmen, die sich in der *Erstauflage* des ersten Bandes des *Kapital* am Ende des Abschnitts über die sogenannte ›Wertformanalyse‹ finden lässt, und die dann offenkundig den Marxschen Popularisierungsmaßnahmen zum Opfer gefallen ist. Dort bestimmt Marx die sozialen Implikationen der Geldform als der allgemeinen Äquivalentform folgendermaßen: »Es ist als ob neben und außer Löwen, Tigern, Hasen und allen wirklichen Tieren, die gruppiert die verschiedenen Geschlechter, Arten, Unterarten, Familien usw. des Tierreichs bilden, auch noch *das Tier* existiert, die individuelle Inkarnation des ganzen Tierreichs. Ein solches Einzelnes, das in sich selbst alle wirklich vorhanden Arten derselben Sache einbegreift, ist ein Allgemeines, wie Tier, Gott usw.« (Marx, Engels 1966: 234). Mit den verschiedenen Geschlechtern etc. des Tierreichs, den Löwen, Tigern usw., meint Marx die Totalität produzierter und in den Austausch geworfener Waren. Das Geld (oder in unserem Fall zunächst einmal: die im Austausch sekundenhaft ›aufblitzende‹ Preisform) hingegen wird mit dem Attribut ›das Tier‹ versehen und damit als existierende Form der Einheit und Allgemeinheit ausgeflaggt. Die logische Struktur obiger Textstelle verdeutlicht, dass Marx einen Gebrauch vom Begriff des Allgemeinen macht, der sich nicht mit dem Bedeutungsgehalt dieser Kategorie innerhalb der formalen Logik deckt.[57] Die formale Logik begreift das Attribut

57 Hinsichtlich der Marxschen Beurteilung universalienrealistisch anmutender Denkformen bei Hegel lässt sich damit eine *gravierende Diskrepanz* im Marxschen Werk feststellen. Ist es in den Frühschriften noch so, dass Marx die Hegelschen spekulativen Konstruktionen umstandslos ablehnt, so macht der späte Marx plötzlich im Rahmen der Darstellung der Kritik der politischen Ökonomie einen positiven Gebrauch ebensolcher spekulativer Konstruktionen: Unter der Überschrift »Das Geheimnis der spekulativen Konstruktion« unterzieht Marx in der *Heiligen Familie* von 1845 die Hegelsche »Hypostasis« von Allgemeinheiten einer nominalistisch-motivierten Kritik: »Die verschiedenen profanen Früchte sind verschiedne Lebensäußerungen der ›*einen* Frucht‹, sie sind Kristallisationen, welche ›*die* Frucht‹ selbst bildet. Also z.B. in dem Apfel gibt sich ›*die* Frucht‹ ein apfelhaftes, in der Birne ein birnenhaftes Dasein. Man muß also nicht mehr sagen, wie auf dem Standpunkt der Substanz: die Birne ist ›*die* Frucht‹, der Apfel ist ›die Frucht‹, die Mandel ist ›die Frucht‹, sondern vielmehr: ›*die* Frucht‹ setzt sich als Birne, ›*die* Frucht‹ setzt sich als Apfel, ›*die* Frucht‹ setzt sich als Mandel, und die Unterschiede, welche Apfel, Birne, Mandel voneinander trennen, sind eben die Selbstunterscheidungen ›*der Frucht*‹ und machen die besondern Früchte eben zu unterschiednen Gliedern im Lebensprozesse ›*der* Frucht‹. ›*Die* Frucht‹ ist also keine inhaltslose, unterschiedslose Einheit mehr, sie ist die Einheit als *Allheit*, als ›*Totalität*‹ der Früchte, die eine ›*organisch gegliederte Reihenfolge*‹ bilden. In jedem Glied dieser Reihenfolge gibt ›*die* Frucht‹ sich ein entwickelteres, ausgesprocheneres Dasein, bis sie endlich als die ›Zusammenfassung‹ aller Früchte zugleich die lebendige *Einheit* ist, welche jeder derselben ebenso in sich aufgelöst enthält als aus sich erzeugt, wie z.B. alle Glieder des Körpers beständig in Blut sich auflösen und beständig aus dem Blut erzeugt werden« (MEW 2: 61). Was Marx hier in überspitzter und stilisierter Weise an der Hegelschen Methodik kritisiert, wird auch in der *Deutschen Ideologie* noch einmal akzentuiert, wenn es heißt: »Die Althegelianer hatten Alles *begriffen*, sobald es auf eine Hegelsche logische Kategorie zurückgeführt war. Die Junghegelianer *kritisierten* Alles, indem sie ihm religiöse Vorstellungen unterschoben oder es für theologisch erklärten. Die Junghegelianer stimmen mit den Althegelianern überein in dem Glauben an die Herrschaft der Religion, der Begriffe, des Allgemeinen in der bestehenden Welt. Nur bekämpfen die Einen die Herrschaft als Usurpation, welche die Andern als legitim feiern« (MEW3: 19). Bezugspunkt der Kritik ist jedes Mal der Vorwurf, Hegel würde mittels spekulativer Begrifflichkeiten bloße Abstraktionen verselbständigen, oder, wie man heute vielleicht sagen würde: Hegel habe seine eigenen Kategorien in unzulässiger Weise reifiziert, d.h. verdinglicht. Nun greift aber Marx nach seinem zweiten Hegelstudium und im Rahmen der Darstellung der Kritik der politischen

›allgemein‹ als *Denkbestimmung*. Dort ist es, so Reusswig (1993: 35), ein dem Objektbereich »äußerlicher Verstand [...] in welchem die Bezogenheit des Allgemeinen auf Besonderheit und Einzelheit präsent gehalten wird«. Allgemeinheit bedeutet innerhalb dieses Paradigmas lediglich soviel wie ein qua Subsumtion empirischer Konkreta gebildeter ›Allgemeinbegriff‹, eine Denkkategorie, ein ›Name‹ im Sinne des Nominalismus. In der Marxschen Konzeption wird Anderes behauptet, zugleich verdeutlicht der *materiale Kontext* der Aussage allerdings, dass Marx keine Restauration des mittelalterlichen Universalienrealismus auf der Ebene der politischen Ökonomie im Sinn hat. Denn es geht dort nicht um erkenntnistheoretische Spitzfindigkeiten, sondern – in den Worten von Luhmann (1988: 234) – , um ein »Verhältnis von emergenter Realität und begrifflicher Analyse«. Unserer Auffassung nach erfolgt in obiger Textstelle *deshalb* ein Rekurs auf die der Hegelschen Logik entliehene Denkfigur des konkreten Allgemeinen (vgl. dazu Reusswig 1993: 35), weil Marx darauf angewiesen ist, eine Terminologie zu finden, die in der Lage ist, der *selbstbezüglichen Strukturiertheit des Objektbereichs* begrifflich Rechnung zu tragen. Luhmann (1984: 20f.) hat einmal kritisch zur Tradition des Denkens entlang von Teil/Ganzes-Schemata geäußert:

»Das Problem dieser Tradition war, daß das Ganze doppelt gedacht werden mußte: als Einheit und als Gesamtheit der Teile. Man konnte dann zwar sagen, das Ganze *sei* die Gesamtheit der Teile oder *sei mehr* als die bloße Summe der Teile; aber damit wird nicht geklärt, wie das Ganze, wenn es nur aus Teilen plus Surplus bestehe, auf der Ebene der Teile als Einheit zur Geltung gebracht werden könne«.

Offenbar besetzt das Hegelsche Konzept des konkreten oder existierenden Allgemeinen bei Marx genau diese theoriearchitektonische Stelle, das heißt die Frage einer begrifflichen Konzeptualisierung des Problems, *wie* sich das Ganze auf der Ebene der Teile als Einheit zur Geltung bringt.[58] Das in seiner Naturalgestalt als Äquivalentform fungierende Produkt ist sowohl gesetzt als Abstraktion von allen anderen Gütern (es ist diesen nicht-

Ökonomie selbst an mehreren zentralen Stellen auf spekulative Konstruktionen zurück. Interessanterweise hat auch Adorno dies registriert: »Marx war seinem eigenen Verständnis nach reiner Nominalist, seiner objektiven Struktur nach aber keineswegs. [...] ... der reife Marx hat aber gerade gegenüber den Linkshegelianern die Objektivität des Begriffs wieder aufgenommen« (Adorno 1962: 504f.).

58 Luhmann (1984: 21) bemerkt zwar richtig, dass die »zuletzt gefundene, im 18. Jahrhundert ausgearbeitete Fassung« der Ganzes/Teile-Problematik »die Kategorie des Allgemeinen benutzt« hat. Er hat sich an dortiger Stelle allerdings eine gesonderte Berücksichtigung der Hegelschen Variante, auf die Marx Bezug nimmt, erspart.

identisch) wie als deren Einheit bzw. Totalität (es ist ein Anspruch auf jedes dieser Güter). Es subsumiert diese Güter nicht, sondern greift sie in sich ein.[59]

Bevor zur einfachen Zirkulation als neuer Stufe der Verselbständigung des Werts übergegangen werden soll, muss noch einmal auf die empirisch randständige Bedeutung obiger Implikationen hingewiesen werden. Die Grundannahme bei Marx besteht darin, dass der qua einfachem Austausch zwischen den Gemeinwesen emergierende Handel nicht auf deren interne Modi materieller Reproduktion übergreift, sondern »neben der Produktion [...] her[spielt]« (MEW42: 181). In den Worten von Luhmann ließe sich näherungsweise sagen: Es liegt noch keine Zweitcodierung des Eigentums durch das Geld vor. Dies manifestiert sich Marx zufolge auch in entsprechenden semantischen Korrelaten: Der »*ökonomische* Begriff von Wert« komme, so Marx, »bei den Alten nicht vor«, dort fände man alleinig die Bestimmung »Wert im Unterschied von pretium [Preis, H.P.]«, das heißt »nur juristisch«, etwa »gegen Übervorteilung etc.« (MEW42: 667, Herv. H.P.). Der eigentliche, das heißt streng ökonomische »Begriff von Wert« sei Marx zufolge »ganz der modernsten Ökonomie angehörig«, und zwar weil »er der abstrakteste Ausdruck des Kapitals selbst und der auf ihm ruhenden Produktion« sei (ebd.). Man fände auch »bei den Alten«, so eine weitere Feststellung, in der sogar schon Geld und Zins vorausgesetzt werden,

»nie eine Untersuchung, welche Form des Grundeigentums etc. die produktivste [sei], [welche] den größten Reichtum schafft? Der Reichtum erscheint nicht als Zweck der Produktion, obgleich sehr wohl Cato untersuchen kann, welche

59 An dieser Stelle platziert behalten auch manche Aussagen Sohn-Rethels ihre Gültigkeit: Mit Bezug auf die Relation von Geld und Waren (im entfalteten Kapitalismus) ist dort zu lesen, es sei »im genauen Kantschen Sinne eine ›Synthesis‹, die dem gesellschaftlich entfalteten Warentausch seiner Formkonstitution nach zugrunde liegt, und diese Synthesis gründet in der obersten Einheit, die die Waren in, ja kraft ihrer allseitigen relativen Wertbeziehung auf die ihnen gemeinsame, gesellschaftlich allgemeingültige Äquivalentform haben, aufs Geld« (Sohn-Rethel 1978: 34). Auch bei Liebrucks (1972a: 291) ist Ähnliches zu lesen: »Kant sieht die Wahrheit über die Gegenstände nicht in einem Abbild, sondern darin, dass sie in eine begriffliche Einheit gebracht werden, die die Sache selbst nicht zeigt. Die Einheit selbst haben wir im Begriff, nicht in der Anschauung. In Analogie dazu ist das Geld die Wirklichkeit, in der es auf die Mannigfaltigkeit der einzelnen Dinge nicht mehr ankommt. Sie werden nur noch auf ihren Wirtschaftswert hin befragt. [...] Die Aufhebung der Mannigfaltigkeit in der Einheit des Begriffs entspricht der Einheit des Preises, die auf eine ungezählte Mannigfaltigkeit deutet, die man dafür erhalten kann«.

Bestellung des Feldes die einträglichste, oder gar Brutus sein Geld zu den besten Zinsen ausborgen kann. *Die Untersuchung ist immer, welche Weise des Eigentums die besten Staatsbürger schafft*« (MEW42: 395, Herv. H.P.).

Dies stellt noch einmal darauf ab, dass wir es empirisch beim vormodernen Austausch von Überschüssen nicht mit einer verselbständigten Ökonomie zu tun haben, sondern mit einer sozial ›eingebetteten‹, und dass insofern auch keine Rede sein kann von der Genese eines intertemporalen und objektiven ökonomischen Werts.

1.1.2. Die einfache Zirkulation als neue Stufe der Verselbständigung des Werts

Dem Konzept der einfachen Zirkulation kommt bei Marx ein *schillernder Doppelcharakter* zu. Es wird einerseits im Kontext der hier im Blickfeld stehenden Konstitutionstheorie ökonomischer Verselbständigung dazu herangezogen, eine gegenüber dem »einfachen Produktentausch« fortgeschrittenere Stufe ökonomischer Eigenlogik zu markieren. Zum zweiten beinhaltet das Konzept der einfachen Zirkulation noch einen anderen, ›ideologiekritischen‹ Bedeutungsgehalt. Diesen zweiten Aspekt bestimmt Marx im *Urtext* von *Zur Kritik der politischen Ökonomie* wie folgt:

»Wir haben es hier jedoch nicht mit historischem Übergang der Zirkulation in das Kapital zu tun. Die einfache Zirkulation ist vielmehr eine abstrakte Sphäre des bürgerlichen Gesamtproduktionsprozesses, die durch ihre eigenen Bestimmungen sich als Moment, bloße Erscheinungsform eines hinter ihr liegenden, ebenso aus ihr resultierenden, wie sie produzierenden tieferen Prozesses – des industriellen Kapitals – ausweist« (UZK: 922f.).

Mit diesen Bemerkungen kritisiert Marx die Epistemologie der damaligen (wie heutigen) Schulökonomie, die sich ökonomischen Wert immer nur als normative Kategorie der Zirkulationssphäre vorstellen kann. Wir wollen uns hier zunächst alleinig auf den ersten Bedeutungsgehalt beziehen und uns der zweiten Variante erst dann zuwenden, wenn die Systematik der Darstellung dies anbietet bzw. erfordert.

Auf der Ebene des einfachen Produktentauschs konnten wir die ökonomische Formbestimmung ›Preisform‹ rekonstruieren. Dabei machte es prinzipiell keinen Unterschied, ob bereits von realem Geld ausgegangen wird, oder ob sich der Blick auf das momentane Aufblitzen einer Äquivalentform im Zuge eines noch prä-monetären Austauschaktes richtet. Bei Marx heißt es dazu: »Kein einziges Geldstück ist zu diesem Prozeß nötig, sowenig wie ein Längenmaß (sage Elle) reell angewandt zu werden braucht, um etwa den Erdäquator in Ellen auszudrücken. [...] Das Geld ist hierzu nur als Kategorie nötig, als gedachtes Verhältnis« (MEW42: 122). Oder: »Die Verwandlung der Ware in Rechengeld im Kopfe, auf dem Papier, in der Sprache, geht jedesmal vor sich, sobald irgendeine Art des Reichtums unter dem Gesichtspunkt des Tauschwerts fixiert wird. Zu dieser Verwandlung ist das Material des Goldes nötig, aber nur als vorgestelltes« (MEW 13: 57). Wenn Marx in den *Grundrissen* schließlich auf die erste Geldfunktion als selbständige Form zu sprechen kommt, ist es einleuchtend, wenn lediglich obige Bestimmungen zur Preisform wiederholt werden: »Das Geld ist zunächst das, was die Beziehung der Gleichheit aller Tauschwerte ausdrückt: In ihm sind sie gleichnamig« (MEW42: 120). Oder auch: »Das Geld wird der allgemeine Nenner der Tauschwerte, der Waren als Tauschwerte. Der Tauschwert im Geld ausgedrückt, das heißt dem Geld gleichgesetzt, ist der *Preis*« (MEW42: 119). Und schließlich:

»*Der in der Bestimmtheit des Geldes gesetzte Tauschwert* ist der *Preis*. Im Preis ist der Tauschwert ausgedrückt als ein bestimmtes Quantum Geld. Im Preise erscheint das Geld erstens als die *Einheit* aller Tauschwerte; zweitens als die Einheit, von der sie eine bestimmte Anzahl erhalten, so daß durch die Vergleichung mit ihm ihre quantitative Bestimmtheit, ihr quantitatives Verhältnis zueinander ausgedrückt ist« (MEW42: 120).

Worin besteht nun das Neue der einfachen Zirkulation gegenüber dem einfachen Produktentausch? Marx weist darauf hin, dass es sich bei der einfachen Zirkulation nicht länger um »einzelne Austauschakte [handelt], sondern [um] ein[en] Umkreis von Austauschen, eine Totalität derselben, in beständigem Flusse und mehr oder minder auf der ganzen Oberfläche der Gesellschaft vorgehend, ein System von Tauschakten« (MEW42: 119). Während die Waren bislang durch die Form unmittelbarer, allgemeiner Austauschbarkeit ihren Preis bzw. Wert lediglich *ausgedrückt* hatten, findet nun ein tatsächlicher Stellenwechsel von Ware und Geld statt, m.a.W. das Geld *realisiert* hier auch den Preis bzw. Wert der Waren:

»Der besondre Tauschwert [Ware, H.P.] muß erst gegen den *allgemeinen* [Geld, H.P.] ausgetauscht werden, um sich dann wieder gegen besondre [Ware, H.P.] auszutauschen. Die Ware wird als Tauschwert nur verwirklicht durch diese vermittelnde Bewegung, in der das Geld den Mittler spielt. Das Geld läuft also in einer entgegengesetzten Richtung um wie die Waren. Es erscheint als der Mittler des Warenaustauschs, als das Tauschmittel. Es ist Zirkulationsrad, Zirkulationsinstrument für den Warenumlauf« (MEW42: 124).

In dieser Bewegung ist schon eine zweite ökonomische Formbestimmung enthalten, nämlich die des Geldes als *Zirkulationsmittel*. Im Gegensatz zur Preisform, die sich dadurch auszeichnete, dass »die Tauschwerte in den Preisen *ideell* in Geld verwandelt« wurden, werden sie in dieser neuen Bestimmung nun auch »*reell* in Geld verwandelt« (MEW42: 124), das heißt fortan muss von der selbständigen Existenz einer Geldform ausgegangen werden.[60]

Wir hatten bereits anlässlich der Thematisierung des einfachen Austausches darauf hingewiesen, dass es dem Theoretiker möglich ist, eine Differenz herauszuarbeiten, die zwischen der Intentionalität der Austauschenden einerseits und den transintentionalen Formgehalten andererseits besteht. Zugleich wurde darauf hingewiesen, dass dieser Differenz faktisch nur eine marginale Bedeutung zukam. Auf der Ebene der einfachen Zirkulation stellt sich dieser Sachverhalt etwas anders dar. Hier macht Marx darauf aufmerksam, dass die Eigenlogik der ökonomischen Formen nun auch in das Blickfeld der Austauschenden gerät:

»Sosehr nun das Ganze dieser Bewegung als gesellschaftlicher Prozess erscheint und soseh die einzelnen Momente dieser Bewegung vom bewußten Willen und

60 Marx verfolgt die Frage der *empirischen* Entstehung der Geldform in den *Grundrissen* nur eher beiläufig, weiß aber um den nur skizzenhaften und analytisch nicht voll befriedigenden Charakter seiner Ausführungen. So heißt es etwa zunächst: »Der Prozeß ist also einfach der: Das Produkt wird Ware, d.h. *bloßes Moment des Austauschs*. Die Ware wird in Tauschwert verwandelt. Um sie sich selbst als Tauschwert gleichzusetzen, wird sie mit einem Zeichen vertauscht, das sie als den Tauschwert als solchen repräsentiert. Als solcher symbolisierter Tauschwert kann sie dann wieder in bestimmten Verhältnissen mit jeder andren Ware ausgetauscht werden. Dadurch, daß das Produkt Ware und die Ware Tauschwert wird, erhält es erst im Kopfe eine doppelte Existenz. Diese ideelle Verdopplung geht (und muß dazu fortgehn), daß die Ware im wirklichen Austausch doppelt erscheint: als natürliches Produkt auf der einen Seite, als Tauschwert auf der andren. D.h., ihr Tauschwert erhält eine materiell von ihr getrennte Existenz« (MEW42: 79f.). Oder an anderer Stelle: »Das Produkt wird zur Ware; die Ware wird zum Tauschwert; der Tauschwert der Ware ist ihre immanente Geldeigenschaft; diese ihre Geldeigenschaft löst sich von ihr als Geld los, gewinnt eine allgemeine, von allen besondren Waren und ihrer natürlichen Existenzweise gesonderte soziale Existenz; das Verhältnis des Produkts zu sich als Tauschwert wird sein Verhältnis zu einem neben ihm existierenden Gelde oder aller Produkte zu dem außer ihnen allen existierenden Geld. Wie der wirkliche Austausch der Produkte ihren Tauschwert erzeugt, so erzeugt ihr Tauschwert das Geld« (MEW42: 81). »Es wird später nötig sein«, so Marx, »die idealistische Manier der Darstellung zu korrigieren, die den Schein hervorbringt, als handle es sich nur um Begriffsbestimmungen und die Dialektik dieser Begriffe. Also vor allem die Phrase: Das Produkt (oder Tätigkeit) wird Ware; die Ware Tauschwert; der Tauschwert Geld« (MEW42: 85f.).

besondern Zwecken der Individuen ausgehn, sosehr erscheint die Totalität des Prozesses als ein objektiver Zusammenhang, der naturwüchsig entsteht; zwar aus dem Aufeinanderwirken der bewußten Individuen hervorgeht, aber weder in ihrem Bewußtsein liegt noch als Ganzes unter sie subsumiert wird. Ihr eignes Aufeinanderstoßen produziert ihnen eine über ihnen stehende, fremde gesellschaftliche Macht; ihre Wechselwirkung als von ihnen unabhängigen Prozeß und Gewalt. [...] Die Zirkulation als erste Totalität unter den ökonomischen Kategorien gut, um dies zur Anschauung zu bringen« (MEW42: 127).

Denn obgleich bei der Kette Ware-Geld-Ware »das Geld nur Mittel, um die Ware zu erhalten, und die Ware der Zweck« (MEW42: 131), so handelt es sich doch bei der Existenz des Geldes als Zirkulationsmittel bereits um eine – wenn auch höchst defiziente – *selbständige Form des allgemeinen Reichtums*. Wir haben oben gesehen, wie bereits auf der Ebene des noch prä-monetären Produktentauschs in der logischen Sekunde des Austauschs die Preisform momenthaft konstituiert wird. Aus der rekonstruktiven Perspektive einer ›Konstitutionstheorie des Werts‹ konnte dieser Vorgang als erste Stufe der Verselbständigung des Werts interpretiert werden, nämlich als das Aufblitzen einer genuin ökonomischen Dimension der Werthaftigkeit. Mit dem Geld als Zirkulationsmittel, wie wir es auf der Ebene der einfachen Zirkulation vorfinden, haben wir es mit einem neuen Grad einer solchen Selbständigkeit des Tauschwerts insofern zu tun, als das Geld *innerhalb* der Zirkulation als *selbständige* Form des Reichtums erscheint. Marx spricht allerdings unter Bezug auf diese Geldfunktion von einer »nur scheinbare(n) Verselbständigung« (MEW 13: 94) des Tauschwerts, denn die Ware entwickelt im Akt W-G zwar momenthaft »ihren Tauschwert im Preis und im Geld«, aber nur, um »sofort diese Form wieder aufzuheben, wieder Ware zu werden oder vielmehr Gebrauchswert«, womit Marx auf den zweiten Akt G-W anspielt. Insofern erscheint das Geld mit Blick auf den Gesamtprozess »als bloßes *Tauschmittel* der Waren, aber nicht als Tauschmittel überhaupt, sondern durch den Zirkulationsprozeß charakterisiertes Tauschmittel, das heißt *Zirkulationsmittel*« (MEW 13: 77).

Die einfache Zirkulation enthält allerdings noch weitere ökonomische Formbestimmungen, derer man dann gewahr werden kann, wenn man sie aus einer anderen Perspektive betrachtet, das heißt wenn man die Anfangs- und Endpunkte anders bestimmt. Neben der Zirkulationsform W-G-W enthält die einfache Zirkulation ebenfalls die Zirkulationsform G-W-G', in der – umgekehrt wie im ersten Falle – »die Ware nur Mittel [ist], um Geld zu erhalten, und das Geld der Zweck« (MEW42: 131). Hier wird, so Marx,

»das Geld durch die Ware mit sich selbst vermittelt [...] und [erscheint] als die sich mit sich selbst in seinem Umlauf zusammengehnde Einheit« (MEW42: 131). Diese in der einfachen Zirkulation in latenter Weise präsente Verkehrung des Geldes von einem Mittel zu einem Selbstzweck ist es zugleich, die wir formtheoretisch als embryonale Existenzweise der *dritten Funktion des Geldes* begreifen können, des Geldes als Wertaufbewahrungsmittel bzw. als Zahlungsmittel (mehr zu diesen Begriffen weiter unten). Das in der dritten Geldfunktion fungierende Geld wird dabei von Marx als Einheit begriffen, »worin es die beiden ersten [Geldfunktionen, H.P.] in sich einschließt, also sowohl die, als Maß zu dienen [erste Geldfunktion, H.P.] wie das allgemeine Tauschmittel [zweite Geldfunktion, H.P.] [...] zu sein« (MEW42: 132). Insofern es beide vorhergehenden Bestimmungen des Geldes in sich vereint und *als selbständige uno actu prozessiert*, können wir das in der dritten Funktion gesetzte Geld als *emergente* Einheit der ersten beiden Geldfunktionen bestimmen. Der emergente Charakter dieser Geldbestimmung wird deutlich, wenn ein Vergleich mit den ersten beiden Geldfunktionen betrachtet wird, den Marx anstellt:

»Als allgemeine Form des Reichtums und als sein materieller Repräsentant ist es nicht mehr das ideelle Maß von andrem, von Tauschwerten. Denn es ist selbst die adäquate Wirklichkeit des Tauschwerts, und es ist diese in seinem metallischen Dasein. Die Maßbestimmung muß hier an ihm selbst gesetzt werden. Es ist seine eigne Einheit und das Maß seines Werts, das Maß seiner als Reichtum, als Tauschwert, ist die Quantität, die es von sich selbst darstellt. Die Anzahl eines Quantums seiner selbst, das als Einheit dient. Als Maß war seine Anzahl gleichgültig; als Zirkulationsmittel war seine Materialität, die Materie der Einheit, gleichgültig; als Geld in dieser dritten Bestimmung ist die Anzahl seiner selbst als eines bestimmten materiellen Quantums wesentlich« (MEW42: 156).

Noch einmal anders ausgedrückt: In der dritten Funktion des Geldes »ist der allgemeine Reichtum nicht nur eine Form, sondern zugleich der Inhalt selbst. Der Begriff des Reichtums ist sozusagen in einem besondren Gegenstand realisiert, *individualisiert*« (MEW42: 147).[61]

Wir sind an einer Stelle angelangt, der gemeinhin – das heißt schulübergreifend – eine Schlüsselstellung zugewiesen wird, wenn es darum geht, die

61 Marx verdeutlicht diese Potenz des Geldes in der Ökonomie durch eine Analogiebildung mit der Sphäre der Wissenschaft: »Es wäre dasselbe, als wenn z.B. das Finden eines Steins mir, ganz unabhängig von meiner Individualität, den Besitz aller Wissenschaften verschaffte. Der Besitz des Geldes stellt mich im Verhältnis zu dem Reichtum (dem gesellschaftlichen) ganz in dasselbe Verhältnis, worein mich der Stein der Weisen in bezug auf die Wissenschaften stellen würde« (MEW42: 149).

differentia specifica des modernen Kapitalismus gegenüber vormodernen Formen materieller Reproduktion zu bestimmen. Es ist nicht allein an die populäre Differenzbestimmung im ersten Band des *Kapital* zu denken (W-G-W gegenüber G-W-G'), die – wie schon bemerkt – gegenüber den *Grundrissen* zwar den materialen Bedeutungsgehalt konserviert, aber die zugrundeliegende Beweisabsicht tendenziell verbirgt. Sondern auch der handlungstheoretischen Tradition lassen sich entsprechende Gedanken entnehmen. So heißt es beispielsweise innerhalb einer umfassenden Weber-Rekonstruktion bei Schwinn (2001: 187):

»Es gibt zwei Arten von wirtschaftlichem Handeln, einmal zur Deckung des eigenen Bedarfs, zum anderen erwerbsorientiert zur Erzielung von Gewinn. Beim ersten Typus steht das Wirtschaften im Dienste eines fixierten Zweckkatalogs [...]. Der Endpunkt in der Kette Mittel-Zweck-Wert ist außerökonomisch gesetzt, das ökonomische Motiv eingebettet und begrenzt durch soziale Zwecke und Werte. Anders beim erwerbsorientierten Wirtschaften. Hier fällt die bedarfsfixierte Beschränkung des Wirtschaftens und damit die soziale Anbindung ökonomischer Motive weg. [...] In der Kette Mittel-Zweck-Wert werden die motivierenden Endpunkte, Zweck und Wert, selbst in die ökonomische Sphäre hineingezogen. [...] Das ökonomische Motiv isoliert und autonomisiert sich, es wird zum Selbstzweck. Das ist aber etwas anderes als zweckrationales Handeln. Das Ökonomische hat hier einen Eigenwert bekommen«.

Bekanntlich war es die Auffassung Max Webers, dass »das normale Wirtschaften mit den Gesichtspunkten der Bedarfsvorsorge, Geschäftsklugheit und utilitaristischen Orientierung« (ebd.) diesen Verselbständigungsprozess alleine nicht in Gang gesetzt haben könne. Die den modernen Kapitalismus kennzeichnenden selbstzweckhaft-wertrationalen Motive seien vielmehr »ursprünglich dem ökonomischen Handeln über die Heilsprämie, die darauf gesetzt ist, religiös geborgt«. Die These von Webers *Protestantischer Ethik* besage, so Schwinn (ebd.), »daß die Ökonomie erst zu einer, wenn auch fremdkonstituierten Wertsphäre werden mußte, damit sie sich zu einer eigenständigen Ordnung ausdifferenzieren konnte, die dann wiederum jeglicher fremder Wertfundierung entbehren kann«. Bei Marx finden sich durchaus ähnliche Hinweise bezüglich der ›Kompatibilität‹ oder ›Wahlverwandtschaft‹ kapitalistischen Gewinnstrebens und protestantischer/puritanischer Gesinnungen, so wenn beispielsweise ausgeführt wird:

»Der Geldkultus hat seinen Asketismus, seine Entsagung, seine Selbstaufopferung – die Sparsamkeit und Frugalität, das Verachten der weltlichen, zeitlichen und vergänglichen Genüsse; das Nachjagen nach dem *ewigen* Schatz. Daher der Zusammenhang des englischen Puritanismus oder auch des holländischen Protestantismus mit dem Geldmachen« (MEW42: 158). Oder in *Zur Kritik der politischen Ökonomie*: »Der Schatzbildner ist übrigens, soweit sein Asketismus mit tatkräftiger Arbeitsamkeit verbunden ist, von Religion wesentlich Protestant und noch mehr Puritaner« (MEW13: 108).

Zugleich enthält der Marxsche Argumentationsgang – qua Formtheorie – allerdings eine Reflexion auf die *systemischen Bedingungen der Möglichkeit ökonomischer Ausdifferenzierung*, die in dieser Weise der Handlungstheorie fremd ist. Bislang haben wir die Genese der dritten Geldfunktion und den damit einhergehenden Umschlag von Geld als Mittel zu Geld als Selbstzweck nur abstrakt betrachtet, indem wir darauf hingewiesen haben, dass ein solcher Prozess in der einfachen Zirkulation in possibilistischer Weise angelegt ist. Es ist aber zu fragen, auf welche *historischen Prozesse* Marx hierbei Bezug nimmt, und warum er mit Blick auf die einfache Zirkulation – wie noch gezeigt werden soll – trotz des Emergierens ökonomischer Selbstzweckhaftigkeit dennoch nicht von einem systemischen Charakter spricht. Historisch verortet Marx den ›Kaufmannsstand‹ als genuinen Protagonisten der oben skizzierten zweiter Bewegungsform innerhalb der einfachen Zirkulation:

»Ein Kaufmannsstand tritt zwischen die Produzenten, ein Stand, der bloß kauft, um zu verkaufen, und bloß verkauft, um wieder zu kaufen, und in dieser Operation nicht den Besitz der Waren als Produkte bezweckt, sondern bloß das Erhalten von Tauschwerten als solchen, von Geld« (MEW42: 83).

Jene den Implikationen der ökonomischen Formen bereits auf der Ebene des unmittelbaren Produktentauschs inhärente *Verkehrungsstruktur*, die Verkehrung des Produkts zur gleichgültigen Erscheinungsform des Tauschwerts als der allgemeinen Form des Reichtums, wird in den Handlungen des Kaufmannsstandes verstetigt und systematisiert und gerinnt schließlich zu dessen Existenzgrundlage. Mit dem Kaufmannsstand, so Girschner (1999: 61f.), »erhält die Verkehrung des Produkts als Darstellungsform des Tauschwerts eine in der Zirkulation dauerhafte ökonomische Funktionsgestalt«. Es ist die erste Bewegung, »worin der Tauschwert als solcher den Inhalt bildet, nicht nur Form ist, sondern sein eigner Gehalt« (MEW42: 178). Hier wird erstmalig – und dies ist entscheidend – die *quantitative* Dimension virulent: Sowohl am Anfang wie am Ende des vom Kaufmannsstand praktizierten Kreislaufs steht das Geld, das heißt eine *qualitativ identische Form*. Die einzige Möglichkeit, worin sich Anfangs- und Endpunkt unterscheiden können, betrifft die Größe der jeweils vorliegenden Geldsumme. Insofern rückt für Marx mit der Betrachtung des Kaufmannsstandes erstmalig die *Kapitaleigenschaft des Geldes* in den Fokus: Der Kaufmannsstand kann begriffen werden als *embryonale Form des Handelskapitals.*

Trotz solcher Implikationen ist es auf dieser Ebene der Darstellung Marx zufolge noch zu früh, von der gesellschaftsweiten Ausdifferenzierung einer genuin ökonomischen Sphäre zu sprechen. Das Argument lautet folgendermaßen:

»Die Bewegung [des Handelskapitals, H.P.] kann vorgehn innerhalb von Völkern und zwischen Völkern, für deren Produktion keineswegs der Tauschwert noch [lies: schon, H.P.] zur Voraussetzung geworden ist. Die Bewegung greift nur das Surplus ihrer auf unmittelbaren Gebrauch berechneten Produktion an und geht nur an ihrer Grenze vor sich. Wie die Juden innerhalb der altpolnischen oder überhaupt mittelaltrigen Gesellschaft, so können ganze Handelsvölker, wie im Altertum und später die Lombarden, diese Stellung zwischen Völkern einnehmen, deren Produktionsweise noch nicht der Tauschwert als Grundvoraussetzung bedingt hat. Das kommerzielle Kapital ist bloß zirkulierendes Kapital, und das zirkulierende Kapital ist die erste Form desselben; in der es *noch keineswegs zur Grundlage der Produktion geworden*« (MEW42: 178).

Marx erinnert hier an die Grundkonstellation, von der bei der Entwicklung ökonomischer Formbestimmungen ausgegangen wurde, und die immer noch nicht überwunden wurde: Nach wie vor findet die materielle Reproduktion der Gemeinwesen auf Basis traditionaler bzw. herrschaftlicher Strukturzusammenhänge statt. Die im Austausch zwischen den Gemeinwesen emergierte Form ökonomischer Verselbständigung ruht immer noch auf dieser Grundlage als ihrer Voraussetzung auf, besitzt aber nicht die Potenz, diese Grundlage selbst systematisch umzugestalten. In den Kategorien der Systemtheorie ließe sich dieses ›Setting‹ beschreiben als partielle Ausdifferenzierung der Wirtschaft auf *Rollenebene*, mitunter wohl auch auf *Organisationsebene*, aber noch nicht im Sinne eines gesellschaftlichen Funktionssystems. Obgleich sich bereits ein Nexus aneinander anschließender Zahlungsströme aus der ›diffusen‹ gesellschaftlichen Gesamtkommunikation ausdifferenziert hat, liegt noch immer keine ›Zweitcodierung‹ des Eigentums durch das Geld vor.

Marx rekurriert beispielhaft auf antike Gemeinwesen, um zu verdeutlichen, dass die zirkulationsseitig generierte Dimension ökonomischer Selbstzweckhaftigkeit keine hinreichende Bedingung für die Verselbständigung der Ökonomie darstellt, wenn er ausführt, dass das »*bloße Dasein des Geldvermögens* und selbst Gewinnung einer Art supremacy [...] keineswegs dazu hin[reiche], daß jene *Auflösung in Kapital* geschehe«. Sonst hätte, wie es weiter heißt, »das alte Rom, Byzanz etc. mit freier Arbeit und Kapital seine

Geschichte geendet oder vielmehr eine neue Geschichte begonnen« (MEW42: 413). Wir wollen im nächsten Abschnitt genauer der Frage nachgehen, welche formtheoretischen und welche empirischen Argumente Marx liefert, um den nicht-systemischen Charakter der Ökonomie auf der Ebene einfacher Zirkulation zu begründen, bevor dann im übernächsten Abschnitt endlich ein erstes ›Marxsches Konzept ökonomischer Autopoiesis‹ entfaltet wird.

1.1.3. Die Aporetik im Systemcharakter der einfachen Zirkulation

Vergegenwärtigen wir uns abermals die logische Struktur der Marxschen Abhandlung: Marx möchte die Verselbständigung der Ökonomie rekonstruktiv beschreiben durch eine Analyse der Potenz des Geldes, Reichtum als solchen zu *repräsentieren* bzw. Reichtum als solcher zu *sein*. Das Geld zeichnet sich also aus durch eine Einheit von Selbstreferenz und Fremdreferenz, oder dialektisch ausgedrückt: Es ist die *Einheit von Abstraktion und Totalität*. Einerseits unterscheidet es sich von allen Gütern (Abstraktion), andererseits greift es alle Güter in sich ein (Totalität). Den letzten Abschnitt haben wir mit der Bemerkung beendet, dass für Marx die Verkehrung des Geldes vom Mittel zum Zweck noch keine hinreichende Bedingung für eine gesellschaftsweite Verselbständigung der Ökonomie darstellt. Obgleich das in der dritten Funktion gesetzte Geld den Implikationen seiner Formbestimmung nach die allgemeine Form des Reichtums ist, so ist es diese doch nur in defizienter Art und Weise. Aus diesem Blickwinkel betrachtet stellt das Geld für Marx auf der Ebene der einfachen Zirkulation eine *ambivalente Form* dar. Diese Ambivalenz schlägt sich semantisch in den *Grundrissen* in ganzen Kaskaden *paradoxienaher Formulierungen* wieder, für die folgende Textstelle ein Paradebeispiel ist:

»Das Geld in seiner letzten, vollendeten Bestimmung erscheint nun nach allen Seiten als ein Widerspruch, der sich selbst auflöst; zu seiner Auflösung treibt. Als *allgemeine Form des Reichtums* steht ihm die ganze Welt der wirklichen Reichtümer gegenüber. Es ist die reine Abstraktion derselben, – daher so festgehalten bloße Einbildung. Wo der Reichtum in ganz materieller, handgreiflicher Form als solcher zu existieren scheint, hat er seine Existenz bloß in meinem Kopf, ist ein reines Hirngespinst. [...] Andrerseits, als *materieller Repräsentant des allgemeinen Reichtums* wird es bloß verwirklicht, indem es wieder in Zirkulation geworfen, gegen die einzelnen besondren Weisen des Reichtums verschwindet. In der Zirkulation bleibt es als Zirkulationsmittel; aber für das aufhäufende Individuum geht es verloren, und dies Verschwinden ist die einzig mögliche Weise, es als Reichtum zu versichern. Die Auflösung des Aufgespeicherten in einzelnen Genüssen ist seine Verwirklichung. Es kann nun wieder von andren einzelnen aufgespeichert werden, aber dann fängt derselbe Prozeß von neuem an. Ich kann sein Sein für mich nur wirklich setzen, indem ich es als bloßes Sein für andre hingebe. Will ich es festhalten, so verdunstet es unter der Hand in ein bloßes Gespenst des wirklichen Reichtums. Ferner: Das Vermehren desselben durch seine Aufhäufung, daß seine eigne Quantität das Maß seines Werts ist, zeigt sich wieder als falsch. Wenn die andren Reichtümer sich nicht aufhäufen, so verliert es selbst seinen Wert in dem Maß, in dem es aufgehäuft wird. Was als seine Vermehrung erscheint, ist in der Tat seine Abnahme. Seine Selbständigkeit ist nur Schein; seine Unabhängigkeit von der Zirkulation besteht nur in Rücksicht auf sie, als Abhängigkeit von ihr« (MEW42: 160).

Eine solche Textstelle ist natürlich hochgradig interpretationsbedürftig. Mit Blick auf den von uns verfolgten konstitutionstheoretischen Bedeutungsgehalt der Kategorie der einfachen Zirkulation kann festgehalten werden, dass Marx in vorstehendem Zitat abermals die Frage diskutiert, inwieweit das in der dritten Funktion gesetzte Geld seinem den Formbestimmungen nach geltenden Anspruch empirisch gerecht zu werden vermag. Marx präsentiert uns in den *Grundrissen* einen Beweis *ex negativo*, in dem er nämlich in mehrfacher Hinsicht eine Art *reductio ad absurdum* durchführt und nachweist, dass das bis dato entfaltete Geld eben nicht in der Lage ist, eine Einheit von Selbstreferenz und Fremdreferenz dauerhaft zu gewährleisten. Die Überlegungen zum Kaufmannsstand bzw. Handelskapital wurden oben schon vorweggenommen. Im Folgenden sollen analoge Bestimmungen zu einer weiteren Gestalt des in der dritten Funktion agierenden Geldes nachgeliefert werden, dem Geld als Wertaufbewahrungsmittel (›Schatz‹), um dann eine Brücke auf die systemische Ebene zu schlagen.[62] Die *Wertaufbewahrungsfunktion* des Geldes bezieht sich auf die Möglichkeit, das im Zuge des Handels aufgehäufte Geld außerhalb der Zirkulation zu horten und als bestimmte Summe des absoluten Reichtums ›festzuhalten‹: »Es ist der Schatz, den weder die Motten noch der Rost

62 Eine weitere hier zu diskutierende Formbestimmung wäre die des Geldes als ›Zahlungsmittel‹. Allerdings finden sich die präziseren Überlegungen zu dieser Geldfunktion erst in *Zur Kritik der politischen Ökonomie* (vgl. MEW13: 118) sowie im *Kapital* (vgl. MEW23: 149ff.). Sofern sich die Argumentationslogik nicht grundsätzlich gegenüber dem ›Geld als Schatz‹ unterscheidet, wird an dieser Stelle darauf verzichtet. Eine andere Frage beträfe die Bestimmung ›Weltgeld‹, die von Marx ebenfalls im gleichen Kontext abgehandelt wird. Streng genommen handelt es sich hierbei aber nicht um eine neue ökonomische Qualität, sondern um eine Konkretisierung mit Blick auf die Differenz von innerer (d.h. nationalökonomischer) und äußerer Zirkulation (Weltmarkt, Währungskonkurrenz).

fressen« (MEW42: 158). Die Aporetik dieser Form verortet Marx darin, dass, obgleich im Schatz der absolute Reichtum außerhalb der Zirkulation aufgehäuft werden kann, diese Potenz nur in Rücksicht auf bzw. in Abhängigkeit von der Warenzirkulation verwirklicht werden kann: »Außer aller Beziehung auf sie wäre es nicht Geld, sondern einfacher Naturgegenstand, Gold und Silber. [...] Seine Selbständigkeit selbst ist nicht Aufhören der Beziehung zur Zirkulation, sondern *negative* Beziehung zu ihr« (MEW42: 147). Das Aufhäufen des Geldes ist – makroökonomisch betrachtet – sinnlos, wenn sich nicht zugleich auf der anderen Seite die dem Geld gegenüberstehenden Waren gleichermaßen vermehren. Ist dies nicht der Fall, dann verliert das Geld seinen Wert in dem Maß, in dem es aufgehäuft wird. Es repräsentiert dann nur noch ein *identisches Quantum von veränderlichem Wert* (vgl. Rakowitz 2000: 149). Obgleich seine *Form* erhalten bleibt, ist es nur ein »gemeinte(r) Reichtum« (MEW42: 442) bzw. »die substanzlose allgemeine Form des Reichtums« (MEW42: 179). Die Aporetik dieser Form – oder anders ausgedrückt: der ihr inhärente Widerspruch – ergibt sich allerdings streng genommen nur, wenn wir als Referenzsystem die *Gesamtökonomie* ansetzen.[63]

Oben wurde schon der Aspekt der *Größenausdehnung* angesprochen, der virulent wird, sobald das Geld eine reflexive, selbstbezügliche Bewegung vollzieht. Der ökonomische Name für diese Bewegungsform heißt bekanntermaßen ›Kapital‹. Marx kritisiert jene wirtschaftswissenschaftlichen Definitionen, in denen beispielsweise »daß Kapital als das bestimmt wird, was Profit bringt« (MEW42: 196), weil hier genau die zu erklärende Bewegung der Größenausdehnung nicht abgeleitet, sondern in zirkulärer Weise

63 Den individuellen Schatzbildner geht ein solcher Widerspruch kaum etwas an, er hat ihn jedenfalls nicht in obiger Weise intentional gegenwärtig. Auch bei Marx werden zuweilen – dies sei kritisch angemerkt – beide Ebenen, die systemische und die individuelle, miteinander konfundiert. So führt er aus: »Der Trieb der Schatzbildung ist von Natur maßlos. Qualitativ oder seiner Form nach ist das Geld schrankenlos, d.h. allgemeiner Repräsentant des stofflichen Reichtums, weil in jede Ware unmittelbar umsetzbar. Aber zugleich ist jede wirkliche Geldsumme quantitativ beschränkt, daher auch nur Kaufmittel von beschränkter Wirkung. Dieser Widerspruch zwischen der quantitativen Schranke und der qualitativen Schrankenlosigkeit des Geldes treibt den Schatzbildner stets zurück zur Sisyphusarbeit der Akkumulation. Es geht ihm wie dem Welteroberer, der mit jedem neuen Land nur eine neue Grenze erobert« (MEW 23: 147). Der Schatzbildner weiß aber gar nichts von der sozialen Widersprüchlichkeit jener Formen, mit denen er seine Subsistenz und sein Geschäft organisiert. Er wähnt sich als autonomes Subjekt. Kommt der Formzusammenhang ins Stocken – sei es als Krise oder als Inflation – dann sucht er zuallererst, so unterstellen wir ihm jedenfalls, nach konkret adressierbaren Schuldigen.

»erschlichen« wird, und zwar dadurch, dass sie in obiger Definition »selbst schon als besondre *ökonomische Form* im Profit gesetzt ist« (ebd.). In unserem bisherigen Nachvollzug des Marxschen Darstellungsgangs konnte die das Kapital kennzeichnende Bewegung der Vergrößerung als vergleichsweise unproblematisch behandelt werden. Dies ändert sich aber – und dies ist der Sinn der Marxschen Darstellung der dritten Geldfunktion als einer aporetischen Form –, sobald konsequent auf die systemische, makroökonomische Dimension referiert wird. Denn hierbei wird es, so jedenfalls der Vorwurf bei Marx, den »Herren Ökonomen [...] verdammt schwer, theoretisch fortzukommen von der Selbsterhaltung des Werts im Kapital zu seiner Vervielfältigung; nämlich diese in seiner Grundbestimmung, nicht nur als Akzidens oder nur als Resultat« (MEW42: 196). Denn die im Handelskapital bzw. im Geld als Schatz enthaltenden Bestimmungen können zwar als einzelne ›funktionieren‹, gesamtwirtschaftlich betrachtet würde sich die Summe aller Tauschakte allerdings ausgleichen (oder auch: ›aufheben‹), so dass es bei einem Nullsummenspiel bleibt. Auch hier bedient sich Marx wieder paradoxienah gebauter Formulierungen:

»Kapital kann also nicht aus der Zirkulation entspringen, und es kann ebensowenig aus der Zirkulation nicht entspringen. [...] Die Verwandlung des Geldes in Kapital ist auf Grundlage dem Warenaustausch immanenter Gesetze zu entwickeln, so daß der Austausch von Äquivalenten als Ausgangspunkt gilt. Unser nur noch als Kapitalistenraupe vorhandner Geldbesitzer muß die Waren zu ihrem Wert kaufen, zu ihrem Wert verkaufen und dennoch am Ende des Prozesses mehr Wert herausziehen, als er hineinwarf. Seine Schmetterlingsentfaltung muß in der Zirkulationssphäre und muß nicht in der Zirkulationssphäre vorgehn. Dies sind die Bedingungen des Problems« (MEW 23: 180f.).

Genau diesen Aspekt betreffend lassen sich bei Marx zahlreiche Formulierungen finden, die auf die Defizienz der einfachen Zirkulation aufmerksam machen sollen, nun aber mit Blick auf die Zirkulationsgestalt *als ganze* anstatt mit Bezug auf das Geld. So wird beispielsweise festgehalten, die einfache Zirkulation bestehe »aus einer Menge gleichzeitiger oder sukzessiver Austausche«, aber – und dies ist der entscheidende Hinweis – die »*Einheit derselben als Zirkulation betrachtet*, war eigentlich nur vom *Standpunkt des Beobachters* aus vorhanden« (MEW42: 537, Herv. H.P.), ja sie »ist in der Tat nur Zirkulation vom Standpunkt des Beobachters aus, oder *an sich*, nicht als solche gesetzt« (MEW42: 185). Als Kriterium für einen solchermaßen nicht-systemischen (oder: bloß ›analytisch-systemischen‹) Charakter der einfachen Zirkulation führt Marx unter anderem aus:

»Es ist nicht derselbe Tauschwert [...], der erst Geld und dann wieder Ware wird; sondern es sind immer andre Tauschwerte, andre Waren, die dem Geld gegenüber erscheinen. Die Zirkulation, der Kreislauf, besteht bloß in der einfachen Wiederholung der Abwechslung der Bestimmung von Ware und Geld, nicht darin, daß der wirkliche Ausgangspunkt auch der Punkt der Rückkehr ist«.

Entsprechend sei es nach Marx »ungefähr ebenso richtig wie das Gleichnis des Menenius Agrippa zwischen den Patriziern und dem Magen« (MEW42: 96) – und das heißt also falsch (!) – »(d)as Geld mit dem Blute zu vergleichen – das Wort Zirkulation gab dazu Anlaß« (MEW42: 185). »Die Zirkulation«, so Marx,

»trägt [...] nicht in sich selbst das Prinzip der Selbsterneuerung. Sie geht von vorausgesetzten Momenten aus, nicht von ihr selbst gesetzten. Waren müssen stets von neuem und zwar von außen her in sie geworfen werden, wie Brennmaterial ins Feuer. Sonst erlöscht sie in Indifferenz. Sie erlösche in dem Geld als indifferentes Resultat, das, insofern es nicht mehr in Bezug auf Waren, Preise, Zirkulation stünde, aufgehört hätte Geld, ein Produktionsverhältnis auszudrücken; von dem nur noch sein metallisches Dasein übriggeblieben, aber sein ökonomisches vernichtet wäre« (UZK: 920).

1.1.4. Die Zirkulation des industriellen Kapitals als systemischer Zusammenhang

Wenn Marx in den *Grundrissen* schließlich die Ebene der einfachen Zirkulation verlässt und übergeht zur Bestimmung der Zirkulation des industriellen Kapitals, die als systemischer Zusammenhang bzw. als verselbständigte Ökonomie begriffen wird, so manifestiert sich dies in sehr augenscheinlicher Weise in Formulierungen, die sich als eine Art *positives Korrelat* zu den gegen Ende des letzten Abschnitts präsentierten Aussagen zur nicht-systemischen oder bloß analytisch-systemischen Prozessform der einfachen Zirkulation interpretieren lassen. Am schlagendsten dürfte hier die Bemerkung sein: »Wenn irgend etwas der Blutzirkulation zu vergleichen war, so war es nicht die formelle des Geldes, sondern die inhaltsvolle des Kapitals« (MEW42: 424). Hat Marx auf der Ebene der einfachen Zirkulation jeglichen Rekurs auf eine Organismusanalogie strikt abgelehnt, so finden wir nun plötzlich eine positive, geradezu emphatische Bezugnahme auf eine solche. Sehen wir uns weitere Differenzbestimmungen beider Zirkulationsformen an: In der Zirkulation, wie sie den modernen Kapitalismus kennzeichnen würde, sei erstmalig

»der Tauschwert als Tauschwert gesetzt, dadurch daß er sich in der Zirkulation erhält, das heißt also weder substanzlos wird, sondern sich in stets anderen Substanzen, einer Totalität derselben verwirklicht; noch seine Formbestimmung verliert, *sondern in jeder der verschiednen Substanzen seine Identität mit sich selbst erhält.* Er bleibt also immer Geld und immer Ware. *Er ist in jedem Moment beides der in der Zirkulation das eine in das andre verschwindenden Momente.* Er ist dies aber nur, indem er selbst ein stets sich erneuernder Kreislauf von Austauschen ist. Auch in dieser Beziehung unterschieden seine Zirkulation von der der einfachen Tauschwerte als solcher« (MEW42: 185, Herv. H.P.).

Hier endlich ist die Rede von einem objektiven Wert: Der Tauschwert sei, so heißt es etwas kryptisch, nun ›als Tauschwert gesetzt‹. Und wie ist er ›gesetzt‹, bzw. worin besteht seine Objektivität? Offenkundig darin, dass er sich als Form etabliert, die den Stellenwechsel von Waren und Geld – und zwar wiederum mit Blick auf das Gesamtsystem der Ökonomie, das heißt mit Bezug auf alle Austauchakte – übergreift und als eine solche Form eine *absolute* Bewegung der Größenausdehnung vollzieht. Wir wollen die Frage des epistemologischen Arrangements dieser Wertkonzeption zurückstellen und uns der leichter zugänglichen *historischen Dimension* zuwenden, mittels derer Marx den Übergang von der einfachen Zirkulation zur Zirkulation im industriellen Kapitalismus markiert. Hierzu können wir dem *Urtext* von *Zur Kritik der politischen Ökonomie* die methodologisch äußerst instruktive Feststellung entnehmen, dass »die dialektische Form der Darstellung nur richtig ist, wenn sie ihre Grenze kennt« (UZK: 945). Die Bezeichnung ›dialektische Form der Darstellung‹ bezieht sich auf genau jenen Argumentationsstrang, der unserer bisherigen Rekonstruktion zugrunde lag: Auf das Herauspräparieren aufeinander aufbauender ökonomischer Formbestimmungen, wie sie der Rekurs auf die zirkulationsseitig emergierenden Geldfunktionen ermöglicht hat. Oben wurde schon an einer Stelle auf die Grenzen eines solchen Unterfangens aufmerksam gemacht, als Marx mit der Überlegung zitiert wurde, dass es bereits im antiken Byzanz zur Genese eines modernen, industriellen Kapitalismus hätte kommen müssen, wenn eine entwickelte Zirkulationssphäre tatsächliche als hinreichende Bedingung eines solchen Strukturbruchs angesehen werden könnte. Von diesem Argument lässt sich bei Marx eine noch präzisere Bestimmung finden:

»Die besondren Geldformen, bloßes Warenäquivalent oder Zirkulationsmittel oder Zahlungsmittel, Schatz und Weltgeld, deuten, je nach dem verschiednen Umfang und dem relativen Vorwiegen einer oder der andren Funktion, auf sehr verschiedne Stufen des gesellschaftlichen Produktionsprozesses. Dennoch genügt erfahrungsmäßig eine relativ schwach entwickelte Warenzirkulation zur Bildung aller dieser Formen. Anders mit dem Kapital. Seine historischen Existenzbedingungen sind durchaus nicht da mit der Waren- und Geldzirkulation. Es entsteht nur, wo der Besitzer von Produktions- und Lebensmitteln den freien Arbeiter als Verkäufer seiner Arbeitskraft auf dem Markt vorfindet, *und diese eine historische Bedingung umschließt eine Weltgeschichte*« (MEW23: 184, Herv. H.P.).

Die Grenzen der dialektischen Darstellung, so können wir folgern, verortet Marx darin, dass die Dynamik zirkulationsseitig entstandener monetärer Kategorien (empirisch betrachtet: handelskapitalistische Geschäftspraktiken) nicht hinreicht, um ein systematisches Übergreifen auf die Produktionssphäre zu erzwingen. Ein solches Übergreifen ist aber notwendig, damit die Bewegung der Wertvergrößerung bzw. der Größenausdehnung als *verallgemeinerte Bewegung* möglich werden kann. »Der Prozeß der Zirkulation muß«, so formuliert Marx abermals paradoxienah, »ebenso als Prozeß der Produktion der Tauschwerte erscheinen« (MEW42: 161). Nur dann sei »das Geld selbst bestimmt als besondres Moment dieses Produktionsprozesses« (MEW42: 146). Im ersten Band des *Kapital* finden wir das Kapitel über die *sogenannte ursprüngliche Akkumulation* (MEW23: 741ff.), in dem Marx in empiriegesättigter Weise den Prozess der neuzeitlichen Trennung von Arbeit und Eigentum nachzeichnet und dabei vor allem auf die Rolle der *Gewalt* verweist. Wie immer es sich damit verhält: Findet eine Trennung von Arbeit und Eigentum dergestalt statt, dass eine Klasse doppelt freier Lohnarbeiter entsteht, das heißt also von Personen, die politisch frei sind, aber nicht über die Möglichkeit verfügen, ihre materielle Reproduktion subsistent zu gewährleisten, dann *kann* es zu einem Ineinandergreifen dieser Sozialstrukturen mit jenem Formzusammenhang kommen, auf den wir bisher unser Augenmerk gerichtet haben.

Dies ist der logische Ort, an dem Marx einen *Übergang von historischer Kontingenz zu systemischer Dynamik* erblickt: »Wir haben es« nun, so Marx, »mit der gewordenen, auf ihrer eignen Grundlage sich bewegenden bürgerlichen Gesellschaft zu tun« (MEW42: 178). Der Stoffwechselprozess der Gesellschaft folgt nicht länger vornehmlich herrschaftlichen Direktiven oder traditionalen Regeln, sondern selbststeuernd. *Empirisch* erscheint dieser Prozess als Konkurrenz der Einzelkapitalien, was aber nach Marx nichts anderes bedeutet, als dass »die vielen Kapitalien die immanenten Bestimmungen des Kapitals einander aufzwingen und sich selbst aufzwingen« (MEW42: 551): »Was in der Natur des Kapitals liegt, wird nur reell herausgesetzt als äußere Notwendigkeit durch die Konkurrenz« (MEW42: 551). Geht es den Kapitalisten intentional schlicht darum, durch Warenproduktion qua Anwendung von Lohnarbeit Gewinn zu machen, so agieren sie in ihrem intentionalen Handeln zugleich als Funktionsträger des überindividuellen Systemzusammenhangs des Kapitals. Möchte man die Theoriefigur des funktionalen Äquivalents bemühen, so ließe sich sagen, dass der »Wert in der Marxschen Konzeption gleichsam die Funktion einer fehlenden selbstbewußten Einheit in einem Produktionssystem übernimmt, das seiner sachlichen Struktur nach auf diese selbstbewußte Einheit hinweist, sie aber nicht besitzt« (Reichelt 1970: 174).[64] Sofern es bei Marx so etwas gibt wie ein *allgemeines Bezugsproblem der Ökonomie*, dann verortet er es darin, dass es in einer arbeitsteilig produzierenden Gesellschaft Mechanismen geben muss, durch die so etwas wie eine proportional angemessene Verteilung von Einzelarbeiten hervorgebracht wird (vgl. MEW23: 90ff.). Dies gilt auch für die kapitalistische Ökonomie. Allerdings unterscheidet sie sich darin von vormodernen Wirtschaftsweisen, dass diese Prozesse nicht in der Form politischer Direktiven oder anderweitiger intentionaler Steuerungsformen gewährleistet werden, sondern dadurch, dass in ihr die »Arbeiten und Produkte [...] eine von ihrer Realität verschiedne, phantastische Gestalt« (MEW23: 91) annehmen, nämlich den Gesamtzusammenhang ökonomischer Kategorien. Dieser stellt eine Art ›objektives Skelett‹ dar, das das Bezugsproblem der Ökonomie unter den spezifischen Bedingungen des Kapitalismus – das heißt einer Trennung von Arbeit und Eigentum sowie einer Differenz von privater und gesellschaftlicher Produktion – prozessiert. Hier liegt, so ließe sich auch sagen, eine erste, nur abstrakte Marxsche Version ökonomischer Autopoiesis vor. Bevor im dritten Kapitel dem Gang der kategorialen Darstellung weiter gefolgt wird, müssen wir im abschließenden Teil nachsehen, in welcher Weise bei Marx die Arbeitswerttheorie ins Spiel kommt, welche Probleme es dabei gibt und welche nicht.

---

64 Es sei nur darauf hingewiesen, dass die Rede von den ökonomischen Kategorien als funktionalem Äquivalent zu anderweitigen ökonomischen Steuerungsformen vermutlich eine ›Verharmlosung‹ darstellt. Man könnte die Frage aufwerfen, ob eine *wirtschaftliche Einheit* (in emphatischem Sinne) überhaupt für nicht-kapitalistische Wirtschaftsformen angenommen werden darf. Diesem Problemkomplex en detail nachzugehen würde uns hier aber auf Abwege führen (avancierte Überlegungen dazu bei Reichelt (2004), der dort seine vorherige, oben im Text präsentierte Position präzisiert).

1.2. Anmerkungen zur Arbeitswerttheorie und zum Transformationsproblem im Kontext einer monetären Werttheorie

In diesem Kapitel wurde an die Marxsche Kritik der politischen Ökonomie auf eine Art und Weise herangegangen, die mit den vorherrschenden bzw. gängigen Lesarten vor allem in einem Punkt divergiert. Wir haben nicht mit dem ersten Band des *Kapital* eingesetzt, sondern mit den *Grundrissen*. Als Hauptgrund dieses Verfahrens wurde bereits angemerkt, dass das im Kontext einer soziologischen Theorie der Emergenz des Monetären entscheidende Moment der Formentwicklung, bezogen auf die basalen Geldfunktionen, dort als avancierter einzustufen ist als die demgegenüber ›kondensierte‹ Verfahrensweise[65] im *Kapital*. Als weiterer Unterschied zwischen beiden Texten wurde festgehalten, dass Marx den Darstellungsgang in den *Grundrissen* nicht mit einem faktisch durchgesetzten, aber begrifflich noch unbestimmten Kapitalismus beginnen lässt, sondern eine *Konstitutionstheorie des Kapitalismus selber* anvisiert. Unter methodologischer Perspektive impliziert dies für die Logik der Kategorienentwicklung die folgende Prämisse, auf die ebenfalls schon hingewiesen wurde: »Um den Begriff des Kapitals zu entwickeln ist es nötig, nicht von der Arbeit, sondern vom Wert auszugehn, und zwar von dem schon in der Bewegung der Zirkulation entwickelten Tauschwert« (MEW42: 183). Folglich sind wir auf arbeitswerttheoretische Aspekte gar nicht eingegangen, und zwar aus dem Grund, weil wir es zu Beginn der *Grundrisse* noch nicht mit einem Objektbereich zu tun hatten, der so strukturiert ist, das es sinnvoll ist, eine Arbeitswerttheorie als Erklärungsstrategie anzuführen. Denn arbeitswerttheoretische Überlegungen beziehen sich bei Marx – anders als oftmals suggeriert und in anderen Versionen dieses Paradigmas durchaus Gang und Gäbe – nicht auf überzeitlich gültige Bedingungen und Bestimmungen von Arbeit, sondern ausschließlich auf die *Formbestimmtheit der Arbeit im modernen Kapitalismus*. Allein hier hat eine Arbeitswerttheorie ihren Platz, wobei es sich dann allerdings um eine Version dieser Theorie handelt, die sich grundsätzlich von deren traditionellen Varianten unterscheiden muss.

Das Programm, dem wir gefolgt sind, wird auch von Arthur (2002: 12) geteilt, der feststellt:

---

65 Marx selbst hat zur Kennzeichnung seines Zugriffs im ersten Band des *Kapital* explizit den Ausdruck »Methode der Kondensation« herangezogen (MEW29: 551).

»One thing which I see as consequent on value form theory is that, if it is predicated on analysis of *exchange forms* in the first place, it should not be in too much of a hurry to address the content. It is notorious that Marx dives down from the phenomena of exchange value to labour as the substance of value in the first three pages of *Capital* and people rightly complain they do not find any proof there. So I argue […] that we must first study the development of the value form and only address the labour content when the dialectic of the forms itself requires us to do so«.

Worauf genau bezieht sich die These von Arthur, man müsse zunächst die Dimension der Formentwicklung betrachten, und die Arbeit – als Inhalt dieser Formen – erst dann betrachten, wenn die Formbestimmungen es selbst erfordern? Und worauf bezieht sich sein Hinweis, dass Marx im ersten Band des *Kapital* anders verfahren ist? Gleich zu Beginn des ersten Bandes bestimmt Marx den »Reichtum der Gesellschaften, in welchen kapitalistische Produktionsweise herrscht, […] als eine ›ungeheure Warensammlung‹« (MEW23: 49). Als »Elementarform« dieser Warensammlung bestimmt er die »einzelne Ware« (ebd.). Damit definiert Marx nichts weniger als das *Letztelement* des kapitalistischen Systemzusammenhangs, seine Einheit. Und dies impliziert auch, dass es sich nicht einfach um Güter handelt, sondern um Waren*kapital*, also um solche ökonomischen Objekte, die schon das Resultat des Ineinandergreifens einer Totalität von Kapitalien sind, also von Themen, die erst in den Bänden zwei und drei des *Kapital* begrifflich eingeholt werden. Weil Marx aber – anders als in den *Grundrissen* – von einem durchgesetzten, nur eben begrifflich noch unbestimmten Kapitalismus ausgeht, fühlt er sich berechtigt, gleich zu Beginn der Darstellung dieses Letztelement mit weiteren Bestimmungen zu versehen und ein Verhältnis herzustellen zwischen der Dimension ökonomischer Formen und der Dimension der Gesellschaftlichkeit der Arbeit. Er bestimmt abstrakte Arbeit als *Substanz* des Werts der Waren und gesellschaftlich durchschnittlich-notwendige Arbeitszeit als dessen *Maß* (vgl. MEW23: 52ff.). Bei der ersten Bestimmung handelt es sich um eine qualitative Zuschreibung, bei der zweiten um eine quantitative, die aber auf der ersten, qualitativen Zuschreibung aufsitzt. Diese definitorisch anmutenden Setzungen sowie die physiologischen Konnotationen, denen die Marxsche Begrifflichkeit zuweilen verhaftet ist, und die sich etwa geltend machen, wenn Marx die abstrakte Arbeit als »Verausgabung von menschlichem Hirn, Muskel, Nerv, Hand« (MEW23: 58) bestimmt, dürften nicht zuletzt für die Konfusionen gesorgt haben, die die Rezeption des Marxschen Arbeitskonzepts durchzogen haben. Für problematisch halten wir aber vor allem die frühzeitige Vorwegnahme der quantitativen Dimension, denn was Marx zu Beginn des ersten Bandes des *Kapital* im Kontext der sogenannten Wertformanalyse analytisch einholt, ist lediglich das qualitative Verhältnis einer im Objektbereich selbst emergierten intrinsischen Relation zwischen der Totalität der Waren und dem Geld. Die Geldform, so das dortige Resultat, ist die dialektische Einheit der Waren, sie ist von allen Waren unterschieden (Abstraktion), greift zugleich aber alle Waren in sich ein (Totalität). Damit ist zwar eine qualitative Bestimmung auch jener *Arbeiten* geleistet, die die solchermaßen systemisch integrierten Waren produzieren, aber über eine irgendwie geartete quantitative Dimension der Teilarbeiten lassen sich an dieser Stelle noch gar keine begründeten Aussagen treffen.

Rückbeziehen wir diese Konstellation nun auf den Darstellungsgang der *Grundrisse*, dem wir oben ausführlich gefolgt sind, ohne aber den Aspekt der sozialen Formbestimmtheit der Arbeit explizit entfaltet zu haben. Die dortige konstitutionstheoretische Erklärungsperspektive bringt es mit sich, dass die beiden obigen Bestimmungen zum Wert der Waren nicht uno actu eingeführt werden können, sondern auseinandergezogen werden müssen. Und dieses Verfahren, so wollen wir vermuten, eignet sich besser, um den Sinngehalt der Marxschen arbeitswerttheoretischen Überlegungen zu explizieren. Jene die abstrakte Arbeit kennzeichnende Qualität, als einzelne konkrete Arbeit immer schon bloße Besonderung oder bloßes Glied der gesellschaftlichen Gesamtarbeit zu sein, ist uns schon – wie auch immer prekär und empirisch unbedeutend – auf der Ebene des einfachen Produktentauschs begegnet. Denn gilt ein Produkt in seiner Naturalgestalt qua Preisform als Äquivalent des Werts aller anderen Waren, so trifft diese Aussage evidenterweise auch auf die Arbeit zu, die dieses Produkt hervorbringt. Alle Einzelarbeiten werden durch die Implikationen der sie codierenden ökonomischen Formen, in diesem Fall lediglich durch die Preisform, in ein qualitatives Verhältnis zueinander gesetzt. Anders verhält es sich mit der quantitativen Dimension, die im Marxschen Attribut ›gesellschaftlich durchschnittlich-notwendige Arbeitszeit‹ enthalten ist. Denn dass die quantitative Dimension der Arbeit ihre Kontingenz verliert und alle konkret verausgabten Arbeitszeiten (im Durchschnitt) gesellschaftlich determiniert sind, ist eine Struktureigenschaft, die alleine den modernen Kapitalismus auszeichnet. Hier kann (besser: muss) die maßlose Bewegung der Größenausdehnung, die zunächst nichts weiter als eine im Medium Geld angelegte Potenz ist, sich zu einem empirischen Prozess dadurch entfalten, dass sie sich der *kapitalistisch angewandten Arbeit* als ihres *Mittels* bedient. Hier besteht die »Wirklichkeit der Arbeit« im »nie endende(n) Versuch, sich dem absoluten Reichtum durch Größenausdehnung anzunähern« (Reichelt 1997a: 16).

Diesen Punkt, der zugleich mit jenem Punkt identisch ist, den Arthur oben im Zitat als Einsatzpunkt zur Diskussion des Inhalts der ökonomischen Formen bestimmt hat, hatten wir im letzten Abschnitt eingeholt, als es darum ging, den systemischen Charakter der von der einfachen Zirkulation begrifflich und konstitutionstheoretisch zu unterscheidenden Kapitalzirkulation zu erfassen. In diesem Zuge wurde darauf verwiesen, dass es ein Kennzeichen dieses neuartigen und historisch singulären Strukturzusammenhangs ist, dass Zirkulation und Produktion ihre vormalige Äußerlichkeit verlieren und gleichermaßen zu Durchgangsstadien eines sich auf stets erweiterter Stufenleiter reproduzierenden Kapitalwerts werden. Und es ist erst diese Bewegung, die sich empirisch darstellt als Konkurrenz der vielen Kapitalien, die zu einer auch *größenmäßigen Determiniertheit der Arbeit* führt. Erst damit sind wir in der Lage, das Konstituum des Letztelements des Systems, die Arbeit, auch quantitativ zu bestimmen. In *Zur Kritik der politischen Ökonomie* heißt es bei Marx zu dieser systemischen Formbestimmtheit der Arbeit in der modernen, monetär ausdifferenzierten Ökonomie:

»Es ist, als ob die verschiedenen Individuen ihre Arbeitszeit zusammengeworfen und verschiedene Quanta der ihnen gemeinschaftlich zu Gebote stehenden Arbeitszeit in verschiedenen Gebrauchswerten dargestellt hätten. Die Arbeitszeit des einzelnen ist so in der Tat die Arbeitszeit, deren die Gesellschaft zur Darstellung eines bestimmten Gebrauchswertes, das heißt zur Befriedigung eines bestimmten Bedürfnisses bedarf« (MEW 13: 19).

Marx konstatiert in dieser Textstelle eine nun auch der quantitativen Dimension nach etablierte unmittelbare Einheit von Allgemeinem und Einzelnem, die sich etwas anders so ausdrücken ließe: Die Arbeit, die jeder einzelne, kapitalistisch angewendete Arbeiter hervorbringt, ist, obwohl formal unter privater Form verausgabt, zugleich gesellschaftlich determiniert. Denn durch die Konkurrenz der Kapitalien tritt ein *echtzeitlich operierendes Evaluierungsregime* in Kraft, das stetig dafür sorgt, dass nur jene Kapitalien (zukünftig) bestandsfähig sind, die mindestens zu den jeweils durchschnittlich geltenden Produktivitätsbedingungen zu produzieren in der Lage sind.

Bis hierhin sollte zumindest deutlich geworden sein, dass sich der Marxsche Rekurs auf arbeitswerttheoretische Überlegungen keinerlei gattungsontologischen Annahmen verdankt, wie es etwa die bereits zitierte Textstelle aus dem ersten Band des *Kapital* suggerieren kann, in der die abstrakte Arbeit als »Verausgabung von menschlichem Hirn, Muskel, Nerv, Hand« (MEW23: 58) bestimmt wird. Sondern der Sinn arbeitswerttheoretischer Theoreme verdankt sich einer Einsicht in die spezifisch neuzeitliche Formbestimmtheit der Arbeit, oder, wie man es Luhmann in den Mund legen könnte, deren monetärer Codierung. Damit sind allerdings noch längst nicht alle Probleme aus dem Weg geräumt, die sich auf dem Feld der Marxschen Arbeitswerttheorie ergeben. Obgleich diese Probleme für die in dieser Arbeit vertretene qualitative Lesart der Kritik der politischen Ökonomie vergleichsweise nachrangig sind (dies wird der Fortgang in Kapitel drei zeigen), wollen wir das Feld zumindest grob abstecken, um uns einen Überblick darüber zu verschaffen, wie es um diesen Argumentationsstrang überhaupt beschaffen ist. Als Bezugstexte dienen uns hierbei einige Passagen aus dem ersten Band des *Kapital* und aus dem dritten Band des *Kapital*, auf den wir an dieser Stelle selektiv vorgreifen müssen. Im Anschluss an die vorweggenommene Bestimmung von abstrakter Arbeit als *Substanz* des Werts der Waren und gesellschaftlich-notwendiger Arbeitszeit als dessen *Maß* geht Marx im ersten Band daran, die Determination des Warenwerts näher zu beleuchten. Er bestimmt den Wert kapitalistisch produzierter Waren als Summe aus den bei ihrer Herstellung in Anschlag gebrachten Momenten konstantes Kapital (c), variables Kapital (v) und Mehrwert (m). Die Formel des Warenwerts lautet demnach $c + v + m$.[66] Als konstantes Kapital bezeichnet Marx Rohmaterialien und Arbeitsmittel, als variables Kapital bezeichnet er die kapitalistisch angewandte Arbeitskraft. Das Unterscheidungskriterium liegt auch hier nicht in erster Linie in unterschiedlichen stofflichen Eigenschaften, sondern in jeweils unterschiedlichen ökonomischen Formbestimmungen: Marx geht davon aus, dass der Teil des Kapitals, der in Rohmaterialien und Arbeitsmittel umgesetzt wird, im Zuge der Warenproduktion seinen Wert lediglich auf das Produkt überträgt, daher die Bezeichnung *konstantes* Kapital. Der in Arbeitskraft umgesetzte

66 Wir wollen so weit wie möglich von Rechnungen und Formeln abstrahieren. Schließlich geht es uns um eine soziologische Theorie der Wirtschaft. Andererseits kann nicht in Gänze darauf verzichtet werden, weil sich sonst nicht einmal die Stelle markieren lässt, an der eine qualitative Lesart der Marxschen Theorie von quantitativen Lesarten abzweigt.

Teil des Kapitals hingegen verändert seinen Wert im Produktionsprozess, er reproduziert nicht allein seinen Wert, sondern produziert darüber hinaus auch einen ›Mehr‹, weshalb Marx die Bezeichnung *variables* Kapital verwendet (vgl. MEW23: 223ff.). Der Mehrwert als dritte den Warenwert determinierende Komponente ergibt sich aus der Differenz des *Werts der Arbeit* und des *Werts der Arbeitskraft*. Anders als die klassische politische Ökonomie unterscheidet Marx zwischen diesen beiden Dimensionen, es ließe sich auch sagen, Marx unterscheidet zwischen dem Wert und dem Gebrauchswert der Ware Arbeitskraft: »Den Wert der Arbeitskraft sieht Marx«, so Heinrich (2001: 258f.),

> »analog zum Wert aller anderen Waren, durch die zu ihrer Reproduktion notwendige Menge abstrakter Arbeit bestimmt. Der Gebrauchswert der Arbeitskraft besteht in der Arbeit, die sie verrichten kann. Indem der Kapitalist den Arbeiter, dessen Arbeitskraft er gekauft hat, arbeiten läßt, konsumiert er deren Gebrauchswert. Die Ware Arbeitskraft hat die einzigartige Eigenschaft, daß ihre Konsumtion wertbildend ist. Die Verwertung des Kapitals erklärt sich daraus, daß bei der Konsumtion der Arbeitskraft im kapitalistischen Produktionsprozeß ein größerer Wert entsteht, als zu ihrer Reproduktion notwendig ist. Die Differenz zwischen dem Wert, den die Arbeitskraft produziert, und demjenigen Wert, der notwendig ist, um die Arbeitskraft zu reproduzieren, eignet sich der Kapitalist als *Mehrwert* an«.

Um das *Maß der Verwertung* zu bestimmen, bildet Marx die analytische Kategorie der *Mehrwertrate*[67], in der der Mehrwert auf seine Quelle, das variable Kapital bezogen wird (m/v). Ist also, um einen einfachen Fall zu nehmen, der Mehrwert gleich groß wie der Wert des variablen Kapitals, dann liegt eine Mehrwertrate von 100 Prozent vor.[68] Diese Kategorie spielt für den praktisch tätigen Unternehmer allerdings *keine Rolle*, und es ist ebenfalls (symptomatischer Weise) eine Kategorie, die sich in der Mainstream-Wirtschaftswissenschaft nicht finden lässt.[69] Der Unternehmer orientiert

67 Auch hier ist das Attribut ›analytisch‹ nur unter bestimmten Vorzeichen zu verwenden. Denn es handelt sich dem Selbstverständnis von Marx nach nicht um eine willkürliche heuristische Kategorie, sondern um eine solche, die auf die Einheit des ökonomischen Systems bezogen ist. Die Kennzeichnung der Mehrwertrate als analytisch soll nur so viel zum Ausdruck bringen, dass es sich hierbei um eine Kategorie handelt, die den handelnden Akteuren nicht gegenwärtig ist.

68 Hat ein Arbeitstag acht Stunden, und sind vier Stunden notwendig, damit der Arbeiter den Wert seiner Arbeitskraft reproduziert (den er dann im Lohn ausgezahlt erhält), dann produziert er in den vier übrigen Stunden Mehrwert für den Unternehmer.

69 Das Letztere deutet darauf hin, dass die Reflexionstheorien des ökonomischen Systems möglicherweise nicht nur, wie Luhmann ausführt, affirmativ an ihren Gegenstand ge-

sich vielmehr an der *Profitrate*. Er setzt sein vorgeschossenes Kapital, das aus der Summe von konstantem Kapital und variablem Kapital besteht (c + v), die für ihn gleichermaßen Kosten darstellen, ins Verhältnis zum erhaltenen Profit (m). Das für den Unternehmer relevante Maß der Verwertung ist folglich nicht Marxens analytisch gebildete Mehrwertrate, sondern die *Profitrate* m/(c + v). Die Profitrate wird von Marx zunächst, das heißt im Fortgang des ersten Bandes und dann im zweiten Band, nicht näher bestimmt. Ähnlich verhält es sich mit der Kategorie des Preises. *Preise* spielen im Kontext dieser Werttheorie zunächst nur eine untergeordnete Rolle, sie werden lediglich abstrakt bestimmt als *Geldausdruck des Werts*. Marx argumentiert in den ersten beiden Bänden unter der (empirisch unzutreffenden) Annahme, dass die Preise die Werte auch quantitativ ausdrücken, weshalb der Differenz von Wert und Preis in diesen Bänden noch keine große Bedeutung zukommt.

Die so konzipierte Arbeitswerttheorie – und wer nur den ersten Band des *Kapital* zur Kenntnis nimmt, der bleibt dabei stehen – zeitigt mit Blick auf die Empirie allerdings kontrafaktische Annahmen. Im ersten Band (vgl. MEW23: 321ff.) betrachtet Marx die Mehrwertrate m/v als eine konstante Größe für die gesamte Ökonomie, das heißt er geht davon aus, dass in allen Betrieben und in allen Branchen die Relation von variablem Kapital und konstantem Kapital gleich ist. Wenn man diese Unterstellung akzeptiert, dann folgt daraus die eigenartige Konsequenz, dass die von den Unternehmen jeweils produzierte Mehrwertmasse (M) *ausschließlich vom variablen Kapital abhängt, nicht aber vom konstanten Kapital.* Als Beispiel: Eine gleiche Anzahl kapitalistisch angewendeter Arbeitskräfte produziert dann immer die gleiche Masse an Mehrwert, egal mit welchen Produktionsmitteln sie operieren. Die Mehrwertmassen wären proportional zur Anzahl der Beschäftigten, und diese Annahme würde zu der Konsequenz führen, dass jene Unternehmen, die viele Arbeitskräfte beschäftigen, eine größere Mehrwertmasse hervorbringen als jene, die weniger Arbeitskräfte beschäftigen. Oder nochmals empirienäher ausgedrückt: *Die Profitrate eines Unternehmens wäre umso geringer, je geringer der Anteil ihrer Lohnkosten ist.* Ein ›High-Tech-Unternehmen‹, das mit einer vergleichsweise geringen Zahl von Arbeitern hochwertige Produkte herstellt, würde per se eine weit geringere

bunden sind. Es deutet auch darauf hin, dass sie bestimmten Formen der Erkenntnisrestringierung unterliegen, die sich daraus ergeben, dass die Differenz zwischen der Binnenperspektive der handelnden Akteure und der davon zu unterscheidenden Systemlogik nicht zureichend begrifflich entfaltet wird.

Mehrwertmasse hervorbringen als ein arbeitsintensiver Betrieb, der auf einem weit niedrigeren technologischen Niveau arbeitet. Der Blick in die Empirie zeigt natürlich ein anderes Bild: Es gibt zwar Unterschiede der Profitraten, aber diese korrelieren ganz sicher nicht mit der Anzahl der Beschäftigen. Hinzu kommt ferner, dass – von Ausnahmen abgesehen, die nicht rein ökonomische Ursachen haben (Monopolbildungen, Protektionismus, Extraprofite etc.) – in der gesamten Ökonomie qua Kapitalwanderungen eine *Tendenz zum Ausgleich der Profitraten* besteht. An dieser Stelle scheinen demnach die werttheoretischen Prämissen mit der empirischen Faktizität zu kollidieren, und es nimmt nicht Wunder, dass alle gängigen Kritiken an arbeitswerttheoretischen Paradigmen regelmäßig hierauf abstellen.

Nur zeigt schon ein Blick in den ersten Band des *Kapital*, dass auch Marx sich hierüber im Klaren war:

»Dies Gesetz widerspricht offenbar aller auf den Augenschein gegründeten Erfahrung. Jedermann weiß, daß ein Baumwollspinner, der, die Prozentteile des angewandten Gesamtkapitals berechnet, relativ viel konstantes und wenig variables Kapital anwendet, deswegen keinen kleinren Gewinn oder Mehrwert erbeutet als ein Bäcker, der relativ viel variables und wenig konstantes Kapital in Bewegung setzt. Zur Lösung dieses scheinbaren Widerspruchs bedarf es noch vieler Mittelglieder, wie es vom Standpunkt der elementaren Algebra vieler Mittelglieder bedarf, um zu verstehn, daß 0/0 eine wirkliche Größe darstellen kann« (MEW23: 325).[70]

Bereits in den *Grundrissen* wusste Marx, dass Ricardo die Wertbestimmung durch Arbeitszeit nicht mit der Existenz einer für alle Kapitale gleichen Profitrate vermitteln konnte, ein Problemkomplex, der im Fortgang schließlich zur Auflösung der Ricardoschen Schule und zur Ablehnung jeglicher arbeitswerttheoretischer Paradigmen geführt hat. Marx spricht mit dem Hinweis auf die ›vielen Mittelglieder‹ zwar die Problematik zutreffend an, in welcher der Hund begraben liegt. *Zugleich ist seine eigene, im dritten Band des Kapital gegebene Lösung dieses Problems aber defizitär*, und zwar aus mehreren

70 Über das Marxsche Werk verstreut finden sich immer wieder Hinweise auf die Problematik solcher Mittelglieder, so wenn er in den *Theorien über den Mehrwert* einen »Widerspruch zwischen dem allgemeinen Gesetz und weiter entwickelten konkreten Verhältnissen« (MEW26.3: 83) akzentuiert, oder wenn er in *Zur Kritik der politischen Ökonomie* verlautbaren lässt, die »Lehre von der Konkurrenz« löse das Problem, »wie sich auf Grundlage des Tauschwerts ein von ihm verschiedener Marktpreis entwickelt oder richtiger, wie das Gesetz des Tauschwerts nur in seinem eignen Gegenteil sich verwirklicht« (MEW13: 48).

Gründen. Wir betreten hier einen Problemkomplex, der uns an späterer Stelle noch begegnen wird, und der darin besteht, dass das Marxsche Manuskript, das Engels zur Edition des dritten Bandes herangezogen hat, älteren Datum ist als der selbst von Marx herausgegebene erste Band und die Manuskripte, aus denen Engels den zweiten Band zusammengestellt hat. Es ist aber davon auszugehen, dass das *Kapital* nicht nur einen Torso darstellt, sondern dass selbst im vorliegenden Textmaterial jeweils unterschiedliche begriffliche Durchdringungsgrade des Feldes vorliegen. Wenn Marx im dritten Band daran geht, seine arbeitswerttheoretischen Grundprämissen mit der Faktizität einer einheitlichen Profitrate zu vermitteln,[71] was eine Transformation von Wertgrößen in Preisgrößen impliziert, dann stellt er, so Heinrich (2001: 278f.), »das Transformationsproblem nach wie vor innerhalb des von der klassischen politischen Ökonomie vorgegebenen Rahmens« (Heinrich 2001: 278f.).

Wir wollen auf das falsche Marxsche Rechnungsverfahren an dieser Stelle nicht weiter eingehen, sondern uns darauf beschränken, auf einen Kategorienfehler aufmerksam zu machen, der bei Marx vorhanden ist, und der von vornherein eine schiefe Darstellung der gesamten Problematik impliziert. Dazu können wir uns auf folgende Textstelle beziehen:

»Werden die Waren aber zu ihren Werten verkauft, so entstehn, wie entwickelt, sehr verschiedne Profitraten in den verschiednen Produktionssphären, je nach der verschiednen organischen Zusammensetzung der darin angelegten Kapitalmassen. Das Kapital entzieht sich aber einer Sphäre mit niedriger Profitrate und wirft sich auf die andre, die höheren Profit abwirft. Durch diese beständige Aus- und Einwandrung, mit einem Wort, durch seine Verteilung zwischen den verschiedenen Sphären, je nachdem dort die Profitrate sinkt, hier steigt, bewirkt es solches Verhältnis der Zufuhr zur Nachfrage, daß der Durchschnittsprofit in den verschiednen Produktionssphären derselbe wird *und daher die Werte sich in Produktionspreise verwandeln*« (MEW25: 205f., Herv.H.P.).

Denn, so können wir uns wieder auf Heinrich (2001: 284) beziehen, dass es

71 Zur Verortung im Marxschen Text: Der erste Abschnitt des dritten Bandes (MEW25: 33–150) behandelt »Die Verwandlung des Mehrwerts in Profit und der Rate des Mehrwerts in Profitrate« und hat als Bezugssystem ein Einzelkapital. Der zweite, mit der Überschrift »Die Verwandlung des Profits in Durchschnittsprofit« versehene Abschnitt (vgl. MEW25: 151–220) referiert auf das gesellschaftliche Gesamtkapital. Es sind die in diesen Abschnitten behandelten Themen, die sowohl das Einfallstor für die gängige Marx-Kritik bildeten wie auch für jene Debatten, die unter dem Schlagwort ›Transformationsproblem‹ firmieren und um eine alternative Lösungsmöglichkeit bemüht sind (vgl. Eicker-Wolf, Niechoj, Wolf 1999).

»die Konkurrenz der Kapitalien ist, die die Werte in Produktionspreise verwandelt, impliziert, daß es die Einzelkapitale *zunächst* mit Werten zu tun hätten. In der Konkurrenz haben es die Kapitalisten aber nie mit einem Wertsystem zu tun, sondern immer schon mit einem gegebenen Produktionspreissystem. [...] Die Konkurrenz zwischen den einzelnen Sphären (ein Prozeß, der in realer Zeit abläuft) sorgt nicht für den Übergang von Werten in Produktionspreise (ein begrifflicher, kein zeitlicher Übergang), sondern für die Verwandlung eines ›deformierten‹ Produktionspreissystems [...] in eines, das wieder für jede Branche annähernd die selbe Profitrate ermöglicht« (Heinrich 2001: 284).

Anders ausgedrückt: Marx konfundiert die Ebene der *begrifflichen Fortbestimmung* der Kategorie ›Wert‹ zur Kategorie ›Produktionspreise‹ mit dem empirischen Ausgleichungsprozess der Produktionspreise. Marx denkt den Tausch zu Werten, die den verausgabten Arbeitsmengen proportional sind, und den Tausch zu Produktionspreisen, die eine allgemeine Profitrate ermöglichen, als einfache Umrechnung von einem quantitativen System in ein anderes, anstatt zu berücksichtigen, dass hier keinesfalls eine Dimensionsgleichheit vorliegt, die überhaupt ein solches rechnerisches Verfahren ermöglichen würde. Für *quantitative Lesarten* der Kritik der politischen Ökonomie ergibt sich aus der Defizienz der Marxschen Lösung die Konsequenz, dass bei jenen Problemkomplexen, die im dritten Band im Anschluss an das Transformationsproblem behandelt werden – anders als Marx selbst dies, etwa bei der Begründung des Theorems des tendenziellen Falls der Profitrate, praktiziert – auf der Ebene des Gesamtsystems nicht mit Wertgrößen gerechnet werden darf, sondern nur mit Produktionspreisen. Im Zuge einer strikt qualitativen Lesart, wie sie in dieser Arbeit vertreten wird, stellt sich allerdings gar kein ernsthaftes Problem, denn insofern wir *am qualitativen Zusammenhang der ökonomischen Ka*tegorien interessiert sind, gibt es überhaupt kein Transformationsproblem. »Bei der Transformation von Werten in Produktionspreise geht es vielmehr«, so Heinrich (2001: 280), »um den *begrifflichen Übergang* zwischen verschiedenen Stufen der Darstellung«. Um im dritten Kapitel dieser Arbeit etwa die unter finanzökonomischer Perspektive entscheidenden Marxschen Kategorien des zinstragenden Kapitals und des fiktiven Kapitals begrifflich zu bestimmen, reicht es aus, dass wir uns den Fortgang der kategorialen Entwicklung vergegenwärtigen: Der im ersten Band thematisierte *Tausch zu Werten* referiert als sein Bezugssystem allein auf das Verhältnis der individuell verausgabten Arbeit zur gesellschaftlichen Gesamtarbeit und stellt damit eine Abstraktion dar. Der im dritten Band hinzuzutretende *Tausch zu Produktionspreisen* erweitert das Bezugssystem des ersten Bandes. Es ist jetzt nicht mehr allein das Verhältnis der individuell verausgabten Arbeit zur gesellschaftlichen Gesamtarbeit, durch das die Austauschverhältnisse der Waren bestimmt werden. Sondern nun wird auch das Verhältnis der Größe des individuellen Kapitals zum gesellschaftlichen Gesamtkapital in die Analyse mit einbezogen, und damit ein Sachverhalt begrifflich eingeholt, der empirisch immer schon vorliegt, so man es mit einer monetär ausdifferenzierten Wirtschaft zu tun hat (vgl. für eine eingehende, auch die quantitative Dimension miteinbeziehende Diskussion Heinrich 2001: 267ff.).

2. Die Eigenlogik der Ökonomie bei Luhmann: Von der Emergenz der Kommunikation zur Emergenz des Geldes

Wenn es nun um eine Rekonstruktion ökonomischer Eigenlogik in der Theorie sozialer Systeme geht, dann ist erneut an die Leitthese der vorliegenden Studie zu erinnern: Die in der Einleitung dieser Arbeit zunächst abstrakt antizipierte These, wonach eine Soziologie der Wirtschaft sich davor hüten sollte, vermeintlichen allgemeingültigen Aussagen über ›die Wirtschaft‹ oder ›das Wirtschaften‹ zuviel Gewicht beizumessen, konnte bereits durch den ausführlichen Rekurs auf die Marxschen *Grundrisse* mit weiterführenden Argumenten unterfüttert werden. Obgleich man davon ausgehen kann, dass auch Marx von einer transhistorischen Notwendigkeit der Gattung ausgegangen ist, einen Stoffwechselprozess mit der Natur organisieren zu müssen, oder – anders ausgedrückt – Prozesse der Arbeitsteilung in irgend ›rationaler‹ oder ›zweckmäßiger‹ Weise zu koordinieren: Eine Pointe der Kritik der politischen Ökonomie bestand gerade in dem Aufzeigen, dass die Art und Weise, in der dieses Bezugsproblem von der *modernen Wirtschaft* bearbeitet wird, historisch ohne Vorläufer ist. Die Lektion, die hieraus zu ziehen wäre, betrifft vor allem die Frage des theoretischen Zugriffs: Anstatt auf ahistorische Konzepte wirtschaftlicher (Handlungs-)Rationalität abzustellen, sind es die konkret-historischen Vermittlungsformen, die den Nexus einer Analyse der Wirtschaft bilden sollten. Dies ist aber nicht im Sinne der vorherrschenden wirtschaftssoziologischen Paradigmen zu verstehen, die zwar historisch-konkreten Fakten einen breiten Raum zukommen lassen, es aber in aller Regel nicht zu einer Theorie der Einheit ihres Gegenstandes bringen: Die Wirtschaftssoziologie ›drapiert‹ – wenn man etwas polemisch formulieren möchte – ihre

Erkenntnisse um den harten Kern neoklassischer Dogmatik herum, lässt selbigen aber kategorial unangetastet.

Eine ähnliche Grundkonstellation wie bei Marx lässt sich auch für die Theorie sozialer Systeme behaupten: »Wirtschaft ist und bleibt, ob ausdifferenziert oder nicht«, so lesen wir zunächst bei Luhmann (1988: 60), »eine Funktion des Gesellschaftssystems«. Es muss jeweils, so heißt es weiter (ebd.: 64), »ein sozialer Mechanismus erfunden werden, der *eine zukunftsstabile Vorsorge mit je gegenwärtigen Verteilungen verknüpft.* Das ist die *Funktion der Wirtschaft*«. Diese Bestimmungen abstrahieren ganz bewusst von jeglicher historisch-spezifischer Form des Wirtschaftens, übergreifen subsistenzwirtschaftliche, feudalistische, realsozialistische und kapitalistische Wirtschaftsweisen und können insofern als Äquivalent zur von Marx konturierten Notwendigkeit betrachtet werden, dass in jeder Gesellschaftsformation das Problem der Metabolik gelöst werden muss. Andererseits – und dies ist im vorliegenden Kontext maßgeblich – macht auch Luhmann (ebd.: 98) darauf aufmerksam, »wie viel in ein und demselben Funktionsbereich abhängt von der Ausdifferenzierung und der Eigenlogik eines darauf spezialisierten Systems«. Das Ausdifferenzieren eines wirtschaftlichen Systems wiederum ist nach Luhmann gebunden an die »Entwicklung des Kommunikationsmediums Geld«, ohne die es lediglich »Subsistenzproduktion mit gelegentlichem Abtausch überschüssiger Erträge und vor allem: mit politischer Nutzung überschüssiger Erträge« gibt (Luhmann 1987b: 41, vgl. ebenso Baecker 2006: 56ff.).

Musste in den vorangegangenen Abschnitten gegen das Gros traditioneller Marx-Lesarten ›aninterpretierend‹ in besonderer Weise abgestellt werden auf die bei Marx inaugurierte *Emergenz des Monetären*, so scheint die Sachlage im Falle der Theorie sozialer Systeme also von vornherein eindeutiger gelagert: Der Verweis auf das Medium Geld und auf die Leitdifferenz zahlen/nicht-zahlen gehört sowohl in der systemtheoretischen Sekundärliteratur wie in der Mainstream-Soziologie zweifelsohne zu den prominentesten Theoremen Luhmanns. Andererseits scheint der Verdacht nicht ganz unbegründet, dass der komplexe Begründungszusammenhang von Geldgenese und wirtschaftssystemspezifischer operativer Schließung hinter dieser Kurzformel gleichsam ebenso verschwindet, wie es beim Mantra-artigen Verweis auf die Formel G-W-G' im Zuge der Konjunktur des Neomarxismus in den 1970er Jahren stellenweise der Fall war. Zugegeben: Die Systemtheorie denkt funktionsspezifische Ausdifferenzierung nicht im Singular, sondern stets im Chor mit Parallelerscheinungen in anderen Gesellschaftsbereichen. Insofern ist es evident, dass ein systemtheoretischer Zugriff immer davon ausgehen wird, dass die Ausdifferenzierung der Wirtschaft in der Gesellschaft nur im Kontext auch nichtwirtschaftlicher Ausdifferenzierungsprozesse stattfinden konnte. Aber es bleibt auch hier die Frage im Raum: Welche innerökonomischen evolutionären Prozesse mussten stattfinden und stabilisiert werden, damit es möglich wurde, dass sich der bereits in vormodernen, stratifikatorisch differenzierten Gesellschaften gebildete monetäre Nexus von Zahlungsverweisungen zu jener ökonomischen Totalperspektive entfalten konnte, die die moderne Ökonomie kennzeichnet?

Die Zugriffsweise in den folgenden Unterkapiteln ist eine doppelte. Einerseits soll immanent an den Texten Luhmanns zur Wirtschaft angesetzt werden, und es sollen die dortigen Argumentationsstränge in rekonstruktiver Weise systematisiert werden. Dies rührt maßgeblich daher, dass Luhmanns Schrift *Die Wirtschaft der Gesellschaft* zwar den Auftakt der Serie der ›Funktionssystemmonografien‹ bildete, dieses Buch aber faktisch weit weniger monografisch und systematisch angelegt ist als die vergleichbaren Bücher zu den anderen primären gesellschaftlichen Funktionssystemen. Während etwa *Die Wissenschaft der Gesellschaft* (Luhmann 1990a) oder *Das Recht der Gesellschaft* (Luhmann 1995b) den systemtheoretischen Kategorienapparat in stringenter und aufeinander aufbauender Weise bereichsspezifisch »durchbuchstabieren« und respezifizieren, stellt *Die Wirtschaft der Gesellschaft* im wesentlichen eine Aufsatzsammlung dar, in der Luhmann in immer neuen Anläufen (und mit einem recht hohen Grad an Wiederholungen) eine systemtheoretische Perspektive auf Wirtschaft eher punktuell entfaltet. Andererseits – und dies markiert den zweiten Aspekt der gewählten Zugriffsweise – soll Querverweisen und Bezugnahmen auf andere soziologische Texte ein etwas größerer Platz als in den vorangegangenen Abschnitten eingeräumt werden. Das betrifft einmal die Marxsche Kritik der politischen Ökonomie, die uns mittlerweile qua Rekonstruktion als Vergleichstheorie in einer handhabbaren Weise vorliegt. Zum anderen betrifft dies aber auch heute vorherrschende nicht-systemtheoretische Theorieprogramme, die gelegentlich als Subtext mitlaufen werden, um die systemtheoretischen Begriffsentscheidungen nicht im luftleeren Diskursraum reiner Immanenz zu entfalten.

Argumentationsgang dieses Teilkapitels: Seiner Grobstruktur nach gliedert sich das folgende Teilkapitel in drei thematische Schwerpunkte. Anfangs geht es um das Nachzeichnen allgemeiner Aspekte der Theorie sozialer

Systeme, die für das Verständnis des systemtheoretischen Zugriffs auf Wirtschaft notwendig sind (3.2. und 3.3.). Im Mittelteil steht die Rekonstruktion der Ausdifferenzierung der Ökonomie bei Luhmann im Fokus (3.4.), abschließend wird die Wirtschaft als operativ geschlossener Systemzusammenhang betrachtet (3.5.). Die einzelnen Teile argumentieren dabei wie folgt: Das erste Unterkapitel (3.2.) skizziert die Annahme einer Emergenz des Sozialen bzw. einer Emergenz der Kommunikation, die den Ausgangspunkt und das Zentrum der Theorie sozialer Systeme bildet. Hier bietet es sich an, Luhmanns Argumente sowohl im Kontext handlungstheoretischer Ansätze zu situieren, die das Paradigma einer Emergenz des Sozialen kategorisch ablehnen und stattdessen reduktionistische Erklärungsweisen favorisieren, als auch als weiteren Vergleichspunkt schlaglichtartig die ›Zwitterstellung‹ der Kritik der politischen Ökonomie zu beleuchten. Das zweite Unterkapitel (3.3.) diskutiert darauf aufbauend die allgemeine Motorik einer systemtheoretisch ansetzenden Theorie sozialer Evolution, und geht dann über zu einer ausführlicheren Thematisierung der Theorie symbolisch generalisierter Kommunikationsmedien. Letzteres scheint nicht allein deshalb geboten, weil die nicht-systemtheoretische Soziologie dem Medienkonzept entweder ablehnend oder indifferent gegenübersteht, sondern auch deswegen, weil von Kritikerseite angezweifelt wird, dass die Theorie symbolisch generalisierter Kommunikationsmedien die Ausdifferenzierung gesellschaftlicher Funktionssysteme hinreichend begründen könne. Durch einen Seitenblick auf entsprechende ›komplementäre‹ Theoriebausteine bei Parsons und Habermas soll die Problemstellung so weit entfaltet werden, dass im weiteren Fortgang der Argumentation ein sinnvoller Blick auf die Fassung einer mediengeleiteten Ausdifferenzierung der Ökonomie bei Luhmann möglich wird.

Dieses Thema, das im Unterkapitel (3.4.) in einiger Ausführlichkeit rekonstruiert wird, stellt, wenn man so möchte, ein systemtheoretisches Äquivalent zur Verselbständigungstheorie in den Marxschen *Grundrissen* dar, an dem sich exemplarisch sowohl Unterschiede wie Gemeinsamkeiten zeigen. In einem ersten Teil (3.4.1.) wird Luhmanns Konzept von Geld als symbolisch generalisiertem Kommunikationsmedium diskutiert. Der Schwerpunkt der Betrachtung liegt auf dem Moment der binären Schematisierung (Codierung), das Luhmann als Kernmoment aller symbolisch generalisierten Kommunikationsmedien ansieht. Binärer Schematisierung von Kommunikation wird ein katalysatorisches, systembildendes Potential zugeschrieben, weil sie zur Bildung strikt zweiwertiger Kontexturen beiträgt. Selbige können als Regionen funktionsspezifisch reduzierter Komplexität verstanden werden, die durch das Etablieren jeweiliger Leitdifferenzen zum Ausschluss kommunikativer ›Drittwerte‹ führen. Im Fortgang der Abhandlung (3.4.2.) wird allerdings hervorgehoben, dass die Theorie sozialer Systeme den Zusammenhang von symbolischer Generalisierung und Systembildung nicht als Selbstläufer denkt. Nicht unähnlich dem Marxschen Argumentationsgang, wonach die Genese einer ausdifferenzierten Zirkulationssphäre als ein Vorgang zu interpretieren ist, der historisch mehrfach zu beobachten gewesen sei, ohne dass notwendigerweise im Anschluss ein ›Take Off‹ zur Verselbständigung der Ökonomie stattgefunden habe, kennt auch die Systemtheorie einen Unterschied zwischen der Potentialität bzw. Wahrscheinlichkeitssteigerung von Ausdifferenzierung einerseits und der faktischen strukturellen Realisierung andererseits. Symbolische Generalisierung wirtschaftsspezifischer Kommunikation stellt zwar eine gewichtige Bedingung der Möglichkeit für Systembildung dar, setzt selbige Prozesse aber nicht notwendigerweise in Kraft. Dies wirft die Frage auf, auf welche zusätzlichen Prozesse die Systemtheorie rekurriert, um die Ausdifferenzierung der Wirtschaft zu erklären und wie sie diese begrifflich konzeptualisiert. Es wird gezeigt, dass mit den Momenten einer Zweitcodierung des Eigentums durch das Geld sowie einer monetären Duplikation von Knappheit zwei Aspekte ins Feld geführt werden, die nicht auf der allgemeinen, funktionssystemvergleichend angelegten Erklärungsebene angelagert sind, sondern sich einer funktionssystemspezifischen Betrachtung verdanken. Der abschließende Abschnitt (3.4.3.) ergänzt den sozialstrukturellen Fokus auf die Ausdifferenzierung der Wirtschaft in der Gesellschaft durch eine knappe Systematisierung der bei Luhmann diskutierten semantischen Entwicklungsprozesse. Es geht um die Frage, wie Luhmann die Genese und Fortentwicklung ökonomischer Reflexionstheorien thematisiert, also von Theorietypen, die ihren Ausgang in einer neuartigen Reflexion auf Funktionslogiken nehmen und damit zugleich den Kosmos alteuropäischer Gesellschaftsbeschreibungen schrittweise sprengen. Hier bietet es sich abermals an, die Interpretationsvorschläge der Systemtheorie durch entsprechende Stellungnahmen Marxens zu ergänzen.

Das letzte Unterkapitel (3.5.) überschreitet die konstitutionstheoretische Perspektive der Ausdifferenzierung der Wirtschaft und nimmt den Standpunkt der Beobachtung der Wirtschaft als einem operativ geschlossenen System ein. Dies kann aus zweierlei Gründen aber recht selektiv erfolgen: Zum ersten handelt es sich bei den vorangegangenen konstitutionstheoretischen Begriffsbestimmungen nicht um solche, die lediglich eine ›archäologische‹ Relevanz besitzen – nämlich im Hinblick auf Vorgeschichte und Genese des ökonomischen Systems –, sondern um solche, die als ›aufgehobene‹ Bestimmungen auch noch innerhalb des Systemzusammenhangs der modernen Ökonomie selbst präsent sind. Zum zweiten werden einige Aspekte der Luhmannschen Konzeption des Wirtschaftssystems vorerst zurückgehalten, weil wir sie erst im dritten Kapitel im Zuge der Frage nach Einheit und Differenz von Wirtschaft und Finanzsphäre bearbeiten wollen. Dies betrifft vor allem das Markt-Konzept der Theorie sozialer Systeme, das Märkte als durch Beobachtungen gestiftete wirtschaftsinterne Umwelt der an Wirtschaft partizipierenden Systeme beschreibt. Dies berücksichtigend sind es vor allem drei Punkte, die adressiert werden sollen: Eingangs soll kurz die Problematik des ›Übergangs‹ andiskutiert werden, also die Frage, ab wann (logisch gesehen) von einem operativ geschlossenen Funktionssystem Wirtschaft gesprochen werden sollte. Daran anschließend (3.5.1.) wird das Verhältnis von Offenheit und Geschlossenheit von Wirtschaft und Gesellschaft diskutiert, dem u.E. eine Zentralstellung zukommt. In Auseinandersetzung mit einer Reihe nicht ganz zutreffender Kritikmuster, wie sie mitunter typisch sind für den soziologischen Diskurs, wird ein besonderes Gewicht darauf gelegt, dass die Systemtheorie – auch im Falle der Wirtschaft – nur als System/Umwelt-Theorie adäquat rezipiert werden kann. Die ›Pointe‹ der systemtheoretischen Theorie der Moderne besteht nicht primär im Konstatieren autistischer Abgeschlossenheit verschiedenster gesellschaftlicher Sphären, sondern in der weitaus elaborierteren Frage des Verhältnisses von Offenheit und Geschlossenheit unter den Bedingungen selbstreferentiell operierender Systeme. Bezogen auf die Wirtschaft impliziert dies, dass bei Luhmann die Emergenz des Monetären nicht als reine Selbstreferenz gedacht wird (dies wäre eine vor allem in postmodernen Ansätzen vertretene Position), sondern als mitlaufende Selbstreferenz. Damit ist eine Form des Referierens gemeint, die System und Umwelt uno actu voneinander scheidet sowie aufeinander bezieht, und hierin besteht – so wird argumentiert – ein wesentliches kritisches Potential der systemtheoretischen Theorie der Wirtschaft. Abschließend (3.5.2.) erfolgt eine vergleichende Betrachtung des logischen Orts der Kapitalkategorie innerhalb der Marxschen wie der Luhmannschen Theorie der Wirtschaft. Dieser Topos soll die bedeutendste Kerndifferenz zwischen beiden Theoriegebäuden erhellen, und kann zugleich als eine weitere Überleitung zur Frage nach Einheit und Differenz von Wirtschaft und Finanzsphäre gelten. Während sich die jeweiligen Konzeptualisierungen zum Prozess der Ausdifferenzierung der Wirtschaft, trotz der unterschiedlichen Begriffsapparaturen, in materialer Hinsicht in vielen Punkten ähneln, divergiert das jeweilige Systemkonzept in größerem Ausmaß. Stilisiert könnte man ausführen: Während Marx die Einheit der Wirtschaft vom Kapitalphänomen als übergreifender Kategorie her konzipiert, mit der Konsequenz, dass alle ›Elemente‹ des Systems als funktionale Bausteine bzw. Differenzierungen dieses Kapitalbegriffs bestimmt werden, arbeitet Luhmann mit einem allgemeiner angelegten, anders fokussierten Konzept wirtschaftlicher Einheit. Das, was die Wirtschaft zuallererst in der Gesellschaft ausdifferenziert, ist die Autopoiesis der Zahlungen, und erst vor diesem Hintergrund thematisiert Luhmann das Kapital als spezifische Konditionierungsweise von Zahlungen.

2.1. Die Emergenz der Kommunikation als Schlüsselkonzept der Systemtheorie

Die epistemologische Konfiguration, innerhalb derer bei Luhmann der Systemcharakter der Ökonomie diskutiert wird, unterscheidet sich grundlegend vom Setting in der Marxschen Theorie. Obgleich es beiden Theorieprogrammen um eine *Gesellschaftstheorie der Wirtschaft* zu schaffen ist, ist die Systemtheorie der Wirtschaft – im Unterschied zur Kritik der politischen Ökonomie – in einer *allgemeinen Theorie des Sozialen* fundiert. Vor diesem Hintergrund stellen die zur Beschreibung der Ausdifferenzierung der Ökonomie von Luhmann in Anschlag gebrachten begrifflichen Instrumentarien sowohl einen konkreten Anwendungsfall wie eine materiale Teileinlösung eben dieser, nun als Gesellschaftstheorie entfalteten, allgemeinen Theorie des Sozialen dar. Es kann in dieser Arbeit zwar nicht darum gehen, die epistemologischen und kommunikationstheoretischen Grundlagen der Systemtheorie minutiös zu beleuchten. Andererseits kann auch nicht vollständig darauf verzichtet werden, selbige wenigstens in Grundzügen darzustellen. Dies rührt nicht nur aus den Unterschieden zur Marxschen Theorie her, sondern auch daraus, dass die Systemtheorie gegenüber den in der soziologischen Tradition vorherrschenden handlungstheoretischen Paradigmen einen ganz andersartigen Zugriff auf das Soziale forciert. Weil dieser Zugriff um die These einer grundlegenden Emergenz des Sozialen herum zentriert ist, wollen wir eingangs ganz kurz das Problem emergenztheoretischer Argumentationsweisen in der Handlungstheorie und bei Marx beleuchten, bevor dann eingehender die Position Luhmanns diskutiert wird.

Skizzieren wir als Orientierungspunkt zunächst einige Kernprämissen der ›individualistischen‹ Soziologien: Ganz gleich ob man etwa in Fortschreibung der Weberschen Handlungstheorie davon ausgeht, dass das handelnde Subjekt der einzige Träger bzw. Bezugspunkt sinnhaften Sichverhaltens ist (vgl. Schwinn 2005: 3), oder ob man auf die eher intermediär angelegten, Handlung und Struktur vermittelnden Theorieprogramme vom Stile der Habermasschen (1981) *Theorie des kommunikativen Handelns* oder der Esserschen ›Aggregationstheorie‹ (Esser 1993, 1999, 2000, 2000a; Schimank 2000a) rekurriert: Allen diesen Fällen ist eine Erklärungslogik gemein, die ansetzt bei Einzelhandlungen und von dort aus aufsteigt zu sozialen Strukturen, die gedacht werden als Kumulationen ebensolcher Handlungen. Das Soziale wird innerhalb dieser Paradigmen begriffen als zwar vielfach gegenüber den sinnhaften Einzelhandlungen *transintentionales* Geschehen (vgl. Greshoff, Kneer, Schimank 2003), das sich aber nichtsdestotrotz durch reduktive Verfahren analytisch aufschließen lasse. Im Rahmen solcher Zugriffsweisen ist es unter Umständen möglich und legitim, den Zusammenschluss einer Mehrzahl Handelnder als *kollektiven Akteur* zu beschreiben (etwa Organisationen oder Staaten). Und es ist ebenfalls möglich, ordnungstheoretische Fragestellungen zu bearbeiten, also beispielsweise danach zu fragen, wie eine Vielzahl heterogener Handlungen gesellschaftlich integriert wird. Aber emergenztheoretische Annahmen im eigentlichen, strengen Sinne sind weder vorgesehen noch möglich. Und wenn sie dennoch auftauchen, dann handelt es sich um Fremdkörper innerhalb des handlungstheoretischen Begriffsapparats. In diesem ist es grundsätzlich nicht vorgesehen, mit Erklärungsvarianten zu arbeiten, die ›von oben nach unten‹ argumentieren und etwa Handlungen als emergente Resultate höherstufiger Ordnungsebenen betrachten.

Schon das Marxsche Verfahren der Kategorienentwicklung, so sollten die vorangegangen Überlegungen demonstriert haben, fügt sich nicht bruchlos in die solchermaßen gezeichneten Konturen ein. Der Darstellungsgang in den *Grundrissen* mag zwar Aspekte enthalten, die sich im Rahmen eines handlungstheoretischen Zugriffs unterbringen lassen. Aber die eigentlichen Beweisintentionen von Marx weisen doch eindeutig in *die* Richtung, den soziologischen Formgehalt ökonomischer Kategorien selbst zum primären Bezugspunkt der Analyse zu machen. Selbiger resultiert zwar, so das Marxsche Argument, ursächlich aus Konstellationen intentionalen Handelns, entfaltet sich aber im Zuge solchen Handelns gleichsam ›hinter dem Rücken‹ der beteiligten Akteure zu einer eigenen Realität sui generis. An früherer Stelle hatten wir bereits darauf hingewiesen, dass die bei Marx anzutreffende Erklärungslogik stellenweise auf genuin emergenztheoretische Annahmen rekurriert, auch wenn selbige noch nicht in der heute gängigen Terminologie konzeptualisiert wurden. Im Unterschied zu modernen Varianten des Emergenzkonzepts, die beispielsweise mit den Unterscheidungen von System, Elementen und deren Relationierungen arbeiten, und die emergente ›Qualität‹ in der selektiven Verknüpfung der Elemente verorten (vgl. Willke 1993: 278), findet sich bei Marx die von Hegel entliehene Denkfigur des *konkreten Allgemeinen*. Diese wird dazu herangezogen, spezifische Relationen zwischen ökonomischen Kategorien (etwa Ware und Geld) als im Objektbereich selbst vorliegend zu beschreiben, um auf dieser Grundlage den ökonomischen Systemzusammenhang als ein Ineinandergreifen solcher Formen rekonstruktiv zu entfalten.

Wenn wir nun die Absetzungsbewegung der Systemtheorie gegenüber der individualistischen Tradition der Soziologie mit jener bei Marx vergleichen, so fällt als erstes ins Auge, dass Luhmanns Kritik am handlungstheoretischen Reduktionismus ihre Begründung nicht aus dem Strukturzusammenhang der modernen Ökonomie oder irgend einem anderen *spezifischen* Gebiet des Sozialen, für das ›Emergenz‹ geltend gemacht wird, bezieht. Sondern die Theoriefigur der Emergenz wird bereits dazu in Anschlag gebracht, das *Soziale überhaupt* als eigenständige Realitätsebene auszuflaggen, eine Annahme, die sich direkt aus Luhmanns Programm einer soziologischen Fruchtbarmachung von Befunden aus dem Feld neuerer naturalistischer Erkenntnisprogramme herleitet. Als anschauliches Beispiel für emergenztheoretisch ansetzende Epistemologien aus dem Feld der Kognitionswissenschaften kann etwa die Frage des Verhältnisses von Geist und Gehirn heranzitiert werden (vgl. dazu Heintz 2004): Lassen sich mentale Zustände vollständig und kausal aus neurophysiologischen Prozessen ableiten (Reduktionismus) oder besteht die Qualität des Psychisch-Mentalen gerade darin, organisch nicht hinreichend erfassbar zu sein (Emergenztheorie)? Auch das Autopoiesis-Konzept von Maturana und Varela lässt sich in einem solchen Fragenkontext verorten. Insofern dort von der Annahme ausgegangen wird, dass es zwar möglich ist, den kompletten Zustand einer Zelle chemisch zu beschreiben, dass es aber auf Basis einer solchen Beschreibung gerade nicht möglich ist, *das* zu markieren und zu erfassen, was eine Zelle als ›lebend‹ auszeichnet, wird für eine auf Emergenz rekurrierende Erklärungsstrategie optiert. Hiernach sei ›Leben‹ eine emergente Dimension von Wirklichkeit, die zwar auf einer materiell-energetischen Basis aufsitzt, sich im Zuge evolutionärer Prozesse aber ihrer Operationsspezifik nach von dieser Grundlage abgekoppelt habe (vgl. dazu Stark 1994: 50f.). Luhmann (2002: 262f.) hat dazu unter Bezug auf Maturana ausgeführt:

»Autopoiesis ist ein Prinzip, das nur in lebenden Zellen und nur als Leben realisiert werden kann und das über chemische Beschreibungen zwar abgebildet, aber in der eigenen reproduktiven Autonomie nicht verständlich gemacht werden kann. Wenn man annimmt, dass diese Theorie stimmt, heißt das für die Emergenzfrage, dass Emergenz nur möglich ist durch eine komplette Abkopplung von energetischen und materiellen oder biologischen und psychologischen Bedingungen, die auf einer anderen Ebene dazu führt, Systeme zu bilden«.

Das heuristische Potential emergenztheoretischen Denkens manifestiert sich vor allem in der Annahme Luhmanns, dass die Unterscheidung verschiedener, nicht kausal aufeinander reduzierbarer Formen oder Ebenen von Realität auch auf den Gegenstandsbereich der Soziologie zu übertragen wäre (vgl. Luhmann 1984: 16, 296ff.). Dass dies im Zuge der Grundlegung der Theorie sozialer Systeme auf dem Wege einer Inkorporierung des Autopoiesis-Konzepts, also einer *spezifischen Emergenztheorie*, erfolgte, scheint hierbei eher sekundär zu sein. Entscheidender ist die grundsätzliche Überlegung, dass es sich auch bei Bewusstsein und Sozialität um unterschiedliche Emergenzniveaus handelt. Auf Grundlage einer solchen Prämisse ist es wenig plausibel, das Soziale – wie im Kontext traditioneller handlungstheoretischer Soziologie üblich – als irgend aggregierte Summe sinnhafter Einzelhandlungen zu betrachten. Stattdessen muss davon ausgegangen werden, dass eine *Emergenz des Sozialen* vorliegt, die das Resultat einer »komplette(n) Abkopplung« sozialer Systeme »von energetischen und materiellen oder biologischen und psychologischen Bedingungen« ist (Luhmann 2002: 262f.). Entsprechend dieser Überlegung wird von Luhmann (1984: 347) gegen »jede Art von individualistischem Reduktionismus« eingewandt, »daß er als Reduktionismus den ›emergenten‹ Eigenschaften sozialer Systeme nicht gerecht werden« kann. Bereits mit diesen Grundentscheidungen sind die Weichen für alles daran Anschließende in einer Weise gestellt, dass das Luhmannsche Theorieunternehmen entweder als *Social Science Fiction* (Habermas) oder als erste konsequente Gesellschaftstheorie überhaupt (Willke) interpretiert werden kann.

Denn obgleich sich soziologische Ansätze, denen es um eine *Erklärung des Sozialen aus Sozialem* geht, mindestens bis zu den Arbeiten Emile Durkheims zurückverfolgen lassen, zeichnet sich die Luhmannsche Theorie dadurch aus, erstmalig eine solide durchgearbeitete Version eines solchen Theorietypus bereitgestellt zu haben. Es geht hierbei zuvorderst um die Frage, *was* eine soziale Tatsache zur *sozialen* Tatsache macht und sie darin von psychischen Sachbeständen abhebt und unterscheidet (vgl. Willke 2005: 91).[72] Das Fundament des Luhmannschen Lösungsvorschlags bildet die Annahme, wonach der »elementare, Soziales als besondere Realität konstituierende Prozeß [...] ein Kommunikationsprozeß« ist« (Luhmann 1984: 193). Kommunikatives Geschehen, so Luhmann, ist gegenüber dem, was auf der Ebene der selbstreferentiellen Operationen der an Kommunikation in der Form von Personen beteiligten psychischen Systeme geschieht, grundlegend statt nur graduell zu unterscheiden. Kommunikative Autopoiesis erwächst zwar allein auf Grundlage einer Mehrzahl von Bewusstseinen, die miteinander interpenetrieren, resultiert als emergentes Geschehen aber gerade aus der Tatsache, dass sich die Bewusstseine strukturell nicht erreichen können (vgl. Clam 2004: 158). Sie stellen gleichsam nur die äußeren Funktionsbedingungen für das Emergieren sozialer Systeme dar, bilden deren Materialitätskontinuum. Luhmann (1990a: 30) hat dies auch wie folgt beschrieben: »Autopoiesis besagt nicht, daß das System allein aus sich heraus, aus eigener Kraft, ohne jeden Beitrag aus der Umwelt existiert. Vielmehr geht es nur darum, daß die Einheit des Systems und mit ihr alle Elemente, aus denen das System besteht, durch das System selbst produziert werden«.

Es versteht sich nahezu von selbst, dass die hier inaugurierte Theorie einen besonderen Anspruch an den zugrunde zu legenden Kommunikationsbegriff stellt, denn dieser darf – wenn man die Emergenzthese ernst nimmt – nicht länger entlang von letztlich subjektzentrierten Übertragungsmodellen (Sender-Empfänger-Modelle) konzipiert sein, sondern

---

72 Die intermediäre Stellung der Durkheimschen Theorie manifestiert sich exemplarisch im dortigen Zentralbegriff des »Kollektivbewusstseins« (vgl. Durkheim 1965: 105ff.), der zwar auf eine transpsychische Dimension abstellt, seiner Begrifflichkeit nach aber der Bewusstseinsphilosophie verhaftet bleibt. Mit Blick auf Marx ließe sich an die schon genannte Charakterisierung der ökonomischen Kategorien als »objektive Gedankenformen« (MEW23: 90) erinnern, ebenfalls ein Begriff, der augenscheinlich dem bewusstseinsphilosophischen Kontext zwar entsprungen ist, selbigen aber transzendiert.

muss der Bestimmung von Kommunikation als selbsttragendem Geschehen gerecht werden. Es wird an dieser Stelle zunächst auf eine ›formale‹ Explikation des Kommunikationsbegriffs der Theorie sozialer Systeme verzichtet (vgl. dazu Luhmann 1997: 81ff.; Willke 2005: 91ff. sowie das nächste Unterkapitel) und stattdessen die akzentuierte Emergenz der Kommunikation an einem ›Beispiel‹ demonstriert, das sich den evolutionstheoretischen Studien Luhmanns entnehmen lässt. Luhmanns dortige Überlegungen setzen an einem konstruierten »Nullpunkt der Evolution« (Luhmanns 1984: 217) ein. Das heißt, sein Zugriff abstrahiert sowohl vom Kommunikationsmedium der Sprache wie auch von Schrift, Massenmedien und symbolisch generalisierten Kommunikationsmedien als späteren evolutionären Errungenschaften, die erst das Resultat eines langwierigen Prozessierens sozialer Systeme samt deren Interpenetration mit psychischen Systemen darstellen. Fragt man auf dieser Ebene einer noch *vorsprachlichen Sozialität* nach einem sozialen Kommunikationsmedium, so kann dies Luhmann zufolge »nur in der Gesamtheit der Verhaltensmöglichkeiten anwesender Individuen« bestanden haben (Luhmann 1997: 206). Unter Rekurs auf den symbolischen Interaktionismus Meads‹ ließe sich dieses Kommunikationsmedium etwa als *rekursive Sequenz von Gebärden* bestimmen. Luhmann (ebd.: 207) lässt die Frage offen, inwieweit man »unter diesen Bedingungen schon von einer autopoietischen Schließung eines gegenüber dem Lebensvollzug eigenständigen Sozialsystems sprechen kann, das zum Beispiel den Tod ganzer Generationen überdauert«. Wir bewegen uns an dieser Stelle also, wenn man so möchte, an der Schwelle zum Emergieren eines genuin sozialen Systems, und es interessiert am Fortgang der Darstellung vor allem, wie Luhmann die grundlegende *Nichtidentität von psychischen Systemen und Sozialität* denkt, und – entscheidender noch –, wie er die schrittweise einsetzende *Reflexivität des Kommunikationsprozesses* begründet.

Bezogen auf die Ebene vorsprachlicher Gebärdenkommunikation betont Luhmann, dass es nicht der jeweilige Einzelakt ist, der emergente Effekte auslöst, sondern dass selbige Effekte sich der *Rekursivität* von Gebärden verdanken, die zur *Transformation von Gesten in Signale* führen kann. Als Signale bestimmt Luhmann (ebd.) »Auslöser für ›anticipatory reactions‹«, die auf Grund typischer, sich wiederholender Zusammenhänge auftauchen. Obgleich Signale noch kein »Hinweis auf etwas anderes« in dem Sinne sind, dass es sich bei ihnen um genuine, das heißt dauerhafte und selbstständige, kommunikative Artefakte handelt, sind sie insofern von

Bedeutung, als dass sie Mediatoren darstellen, durch die reaktive Verhaltensmuster auf ihre eigenen Resultate wiederangewandt werden können. Insofern ist bereits der signalvermittelten Kommunikation ein soziales Formbildungspotential intrinsisch eingeschrieben. Eine nächste ›Stufe‹ in der Emergenz des Sozialen erblickt Luhmann (1997: 208f.) in der »Verwendung von Gesten und Lauten als *Zeichen*«. Zeichen unterscheiden, so wird mit Bezug auf die strukturalistische Sprachtheorie de Saussures argumentiert, ein Bezeichnendes (signifiant) von einem Bezeichneten (signifié). Die Pointe der Saussureschen Konzeption bestünde nun gerade nicht darin – wie es die einschlägige Sekundärliteratur oftmals nahe lege – dass dem Zeichen die Funktion einer »›Repräsentation‹ von Sachverhalten der Außenwelt im Inneren des Systems« (ebd.) zukomme. Vielmehr handele es sich bei der Unterscheidung von Bezeichnendem und Bezeichnetem um eine »interne Unterscheidung, die nicht voraussetzt, daß es das in der Außenwelt gibt, was bezeichnet wird« (ebd.).[73] Unter der Perspektive einer Emergenz der Kommunikation ist entscheidend, so Luhmann, dass mit der Isolierung dieser Unterscheidung erreicht werden kann, »daß das Verhältnis von Bezeichnendem und Bezeichnetem *unabhängig vom Verwendungskontext stabil bleibt*« (ebd., Herv.H.P.). Dies bedeutet, dass – im Unterschied zur nur episodenhaft realisierbaren Rekursivität, wie sie bei Gebärdenabfolgen vorliegt – die Verwendung von Zeichen *die Genese einer Welt in Kraft setzt*, »auf die man sich immer wieder und auch nach längeren Unterbrechungen erneut beziehen kann« (Luhmann 1997: 209f.).

Es ist diese Eigenschaft zeichenvermittelter Kommunikation, das ›Rückbeugen‹ des Kommunikationsprozesses auf sich selbst, die Luhmann dann bei sprachlicher Kommunikation für voll ausgebildet hält: »Erst Sprache sichert Reflexivität im Sinne einer jederzeit vorhandenen, relativ problemlos verfügbaren, nicht weiter erstaunlichen Möglichkeit, den Komunikationsprozeß auf sich selbst zurückzubeziehen« (Luhmann 1984: 211). Gegenüber bloßer gebärdenvermittelter Interaktion ermöglicht Sprache die »Ausdifferenzierung von Kommunikationsprozessen aus einem [...] Wahrnehmungskontext« (Luhmann 1984: 210), was sowohl zur »Ausdifferenzierung eines Eigenverhaltens des Kommunikationssystems« führt wie auch – uno actu – zu einer zunehmenden »sprachabhängigen Ordnung der Wahr-

73 Luhmann vertritt hier einen *Formbegriff des Zeichens*: »Die Form selbst (und nur sie sollte man Zeichen nennen) hat dagegen keine Referenz; sie fungiert nur als Unterscheidung und nur dann, wenn sie faktisch als solche benutzt wird. Zeichen sind mithin Strukturen für (wiederholbare) Operationen, die keinen Kontakt zur Außenwelt erfordern« (ebd.).

nehmungsleistungen des Einzelbewußtseins« (Luhmann 1997: 218). Um den Übergang von zeichenvermittelter Kommunikation zu sprachlicher Kommunikation zu beschreiben rekurriert Luhmann – in späteren Texten unter Bezug auf Heiders Unterscheidung von Medium und Form – wiederum auf ein emergenztheoretisches Argument. Hierbei geht es nicht um den historischen Prozess, sondern um die Logik des Übergangs:

»Mit Hilfe dessen, was schon Form ist, nämlich mit Hilfe der Wörter, kann ein neues mediales Substrat gebildet werden – eine sehr große, nur lose gekoppelte Menge solcher Wörter, die dann ihrerseits zu strikt gekoppelten Formen, nämlich Sätzen, verknüpft werden, wobei in der jeweiligen Kopplung das mediale Substrat nicht verbraucht, sondern durch Gebrauch jeweils erneuert wird« (Luhmann 1997: 219f.).

Die emergente Eigenschaft der Sprache gegenüber bloßer zeichenvermittelter Kommunikation besteht in einer neuartigen selektiven Verknüpfung von Zeichen (nun als Wörtern) im Kontext eines Systems von Zeichen.

Die systemtheoretische Diskussion der basalen Ausdifferenzierung von Kommunikationsprozessen muss an dieser Stelle weder problematisiert noch vertiefend fortgeführt werden[74], denn es sollte nur insoweit ein Einblick in die vorliegende Argumentationstypologie gegeben werden, dass die These der Emergenz der Kommunikation etwas plastischer und die ›Marschrichtung‹ deutlich wird, in der Luhmann die weiteren, höherstufigen, auf Sprache aufbauenden Kommunikationsmedien diskutiert. Schrift beispielsweise wird als »Zweit-Codierung« der Sprache begriffen (Luhmann 1974: 239), die die dortigen transpsychischen Schematismen in einem andersartigen Zeichensystem nochmals dupliziert und für eine Verwendung außerhalb von Interaktionskontexten zur Verfügung stellt. Symbolisch generalisierte Kommunikationsmedien wie Geld oder Macht schließlich gelten als Sondersprachen, die funktionsspezifische Kontexturen aufspannen und die zugleich qua reflexiver Anwendung auf sich selbst (Zahlung um der Zahlung willen, Lieben um des Liebens willen usw.) in ihrer Opazität nochmals gesteigert werden (vgl. Krause 1999: 135).

Bevor wir im Gang unserer Explikation fortschreiten sei an dieser Stelle noch angemerkt, dass eine auf den ersten Blick (bzw. von der Warte der soziologischen Tradition aus) nur schwerlich nachvollziehbare Überlegung Luhmanns bereits auf der Grundlage des bislang Entfalteten viel von ihrer Absonderlichkeit verloren haben dürfte. Gemeint ist die These, dass Sozia-

---

74 Siehe für eingehende Studien u.a. Krämer 1998, Srubar 2005 und Willke 2005.

lität nicht als »besonderer Fall von Handlung« aufzufassen ist, sondern dass umgekehrt »Handlung« das Resultat einer »Reduktion der Komplexität« von sozialen Systemen darstellt (Luhmann 1984: 191).[75] Denn wenn angenommen werden darf, dass der Kommunikationsprozess im Laufe der sozialen Evolution spätestens mit dem Emergieren von Sprache reflexiv wird, dann ist es wenig sinnvoll, auf Reflexion aufbauende Modalitäten wie Selbstreferenz, Beobachtung oder Kognition nur und alleinig als Strukturformen des Bewusstseins anzuerkennen (vgl. dazu Thomas 1992: 330).[76] Begreift man stattdessen soziale Systeme als »erkennende Systeme aus eigenem Recht, aufgrund eigener Autopoiese, die nicht Gedanken, sondern Kommunikationen reproduziert« (Luhmann 1995: 111), so ist auch die Folgeüberlegung nicht abwegig, die »Einheit der Handlung« nicht als psychologischen Tatbestand zu verstehen, der durch eine Dekomposition des Bewußtseins in nicht weiter auflösbare Mindesteinheiten zustande kommt, sondern als soziologischen Tatbestand, der im Zuge sozialer Prozesse der Zurechnung konstituiert wird (vgl. Luhmann 1984: 44).

---

75 »Um beobachtet werden oder um sich selbst beobachten zu können«, so heißt es in diesem Kontext (Luhmann 1984: 226), »muß ein Kommunikationssystem […] als Handlungssystem ausgeflaggt werden«. Eine solche *Umkehrung der Perspektive* sieht Luhmann bereits bei Parsons vorgedacht: »Der Handelnde ist«, so wird mit Blick auf dessen logischen Ort innerhalb der Parsonsschen Theorie festgehalten, »im strengen Sinne *kein Subjekt* […] seiner Handlung. Eher müsste man zur Verwirrung europäischer Gemüter sagen: Das Handlungssystem ist das Subjekt des Handelnden« (Luhmann 1980: 7). Bei Schwinn (2005: 2) finden wir den Hinweis, wonach Parsons den Bruch mit der subjektphilosophischen Tradition vermittels eines Rekurses auf die Philosophie Whiteheads vollzieht: Whitehead kritisiert die in der Descartes-Kant-Tradition konstitutive Position, das Subjekt als unhinterfragte Entität und aus Ausgangspunkt zu setzen und stellt diesem Paradigma einen organizistischen, relationalen Zugriff entgegen: »Diese zerlegt alles Seiende, einschließlich der Subjekte, in Letzteinheiten, er nennt sie Ereignisse, und begreift alle Phänomene als Kompositionen bzw. Relationen dieser Grundbausteine. Dies ist auch Parsons' Analysestrategie. […] Das organizistische Denken ermöglicht es Parsons, Sozialtheorie auf radikal neue Weise zu denken. Er löst den Handlungsbegriff vom Subjekt und unterläuft damit die traditionelle Problematik von Individuum und Gesellschaft […] Der Aktor ist selbst ein emergenter Ordnungstypus des Handelns« (ebd.).

76 In diesem Sinne ist bei Nassehi (1992: 50) zu lesen: »*Beobachtung* meint hier [bei Luhmann, H.P.] keinen Bewußtseinsakt, keine kognitive Leistung eines menschlichen Subjekts, sondern – als Grundoperation selbstreferentieller Systeme – nichts weiter als ›Handhabung von Unterscheidungen‹«.

2.2. Zur Epistemologie der Medientheorien bei Parsons, Habermas und Luhmann

Nachdem die Präponderanz der Kommunikationskategorie innerhalb der Theorie sozialer Systeme wenigstens in groben Konturen erläutert wurde, kann nun der Bogen geschlagen werden zu einer systemtheoretisch fundierten Theorie sozialer Evolution. Selbige stellt im vorliegenden Kontext eine Art Verbindungsglied dar, das die allgemeine kommunikationstheoretische Fundierung der Theorie sozialer Systeme in Richtung auf die uns interessierende Frage nach der Ausdifferenzierung der Wirtschaft in der Gesellschaft erweitert. Eingangs soll ganz kurz die basale Motorik der von Luhmann ausgearbeiteten Theorie sozialer Evolution erläutert werden. Die dort enthaltenen Prämissen werden aber nur insoweit entfaltet, bis uns der logische Ort gegenwärtig wird, an dem Luhmanns Theorie symbolisch generalisierter Kommunikationsmedien einsetzt. Letztere ist es, die dann genauer betrachtet werden soll, und zwar in Auseinandersetzung mit entsprechenden Theoriebausteinen bei Parsons und Habermas und dann (im nächsten Unterkapitel) bezogen auf das Geld.

Nimmt man an, dass die Gesellschaft ein auf Basis von Kommunikation operativ geschlossenes Sozialsystem ist, dann muss, so Luhmann (1997: 205), davon ausgegangen werden, dass die Evolution von Gesellschaft im wesentlichen »*den Problemen der Autopoiesis von Kommunikation folgt*«, und dass andererseits die Kommunikation »in ihren Bedingungen durch die Evolution selbst laufend verändert« wird. Ausgehend von der Bestimmung von Kommunikation als selbstragendem Geschehen, das nur kontinuieren kann als Synthese dreier Selektionen, nämlich als Einheit aus Information, Mitteilung und Verstehen[77], betrachtet Luhmann kommunikativen Erfolg bzw. kommunikative Autopoiesis zunächst einmal als äußerst unwahrscheinlichen Sachverhalt:

---

77 Diese auf den ersten Blick exaltiert anmutende Bestimmung von Kommunikation ergibt sich daraus, dass Kommunikation bei Luhmann nicht länger als subjektzentriertes Geschehen gedacht wird, also nicht als Übertragung im Sinne eines Sender-Empfänger-Modells, sondern als selbsttragendes Geschehen. Zunächst zu den verwendeten Begrifflichkeiten: »Selektion bedeutet Auswahl aus mehreren Möglichkeiten. Jede *Information* ist eine Selektion aus einem Horizont von Möglichkeiten – es ist möglich, nicht diese, sondern eine andere Information zu kommunizieren. Dazu stehen mehrere *Mitteilungs*möglichkeiten zur Verfügung, die Information kann schriftlich oder mündlich mitgeteilt werden, sie kann geflüstert, hinausgeschrieen usw. werden. Und die mitgeteilte Information kann in der einen oder anderen Weise *verstanden* werden« (Kneer, Nassehi 1993: 81).

»Versetzt man sich auf den Nullpunkt der Evolution zurück, so ist es zunächst unwahrscheinlich, daß Ego überhaupt *versteht*, was Alter meint – gegeben die Trennung und Individualisierung ihrer Körper und ihres Bewusstseins. Sinn kann nur kontextgebunden verstanden werden, und als Kontext fungiert für jeden zunächst einmal das, was sein eigenes Wahrnehmungsfeld und sein eigenes Gedächtnis bereitstellt. [...] Die zweite Unwahrscheinlichkeit bezieht sich auf das *Erreichen* von Adressaten. Es ist unwahrscheinlich, daß eine Kommunikation mehr Personen erreicht, als in einer konkreten Situation anwesend sind; und diese Unwahrscheinlichkeit wächst, wenn man zusätzlich die Anforderung stellt, daß die Kommunikation unverändert weitergegeben wird. [...] Die dritte Unwahrscheinlichkeit ist die Unwahrscheinlichkeit des *Erfolgs*. Selbst wenn eine Kommunikation von dem, den sie erreicht, verstanden wird, ist damit noch nicht gesichert, daß sie auch angenommen und befolgt wird. [...] Erfolg hat die Kommunikation nur, wenn Ego den selektiven Inhalt der Kommunikation (die Information) als Prämisse eigenen Verhaltens übernimmt« (Luhmann 1984: 217f., vgl. auch Luhmann 1981a: 25ff.).

Von diesen Prämissen ausgehend müsste eigentlich, so Luhmann weiter (ebd.: 218f.), damit gerechnet werden, dass »Kommunikation überhaupt nicht vorkommt, oder, wenn sie vorkommt, durch Evolution wieder eliminiert wird«. Diesem Unwahrscheinlichkeitstheorem wiederspricht aber das faktische, empirisch gegebene Operieren der sozialen Systeme der Gesellschaft, womit für Luhmann die Frage ins Zentrum rückt, welche evolutionären Errungenschaften an den ›Bruchstellen‹ oder ›Hemmschwellen‹ der Kommunikation ansetzen *und dort Unwahrscheinlichkeit in Wahrscheinlichkeit transformieren*. Luhmann versieht diese Einrichtungen mit dem Begriff ›Medien‹ und unterscheidet – je nach dem, an welchem Bezugsproblem selbige ansetzen – zwischen drei unterschiedlichen Typen oder Klassen von Medien. Im einzelnen vermutet er, dass (1.) die Steigerung der Wahrscheinlichkeit, dass Verstehen zustande kommt, durch das Medium der Sprache bewirkt wird. Dass (2.) Verbreitungsmedien wie Schrift, Druck, Funk etc. das Erreichen von Adressaten über den Kreis der in der Interaktion Anwesenden hinaus wahrscheinlicher machen und dass (3.) die Unwahrscheinlichkeit des kommunikativen Erfolgs durch symbolisch generalisierte Kommunikationsmedien (Erfolgsmedien) wie Geld, Macht oder Wahrheit überwunden werden kann (vgl. Künzler 1989: 79). Luhmann nimmt des weiteren an – ohne hier auf strikte Kausalverhältnisse zu referieren –, dass es Korrespondenzen gibt zwischen evolutionären Schüben auf Kommunikationsebene und den Formen gesellschaftlicher Primärdifferenzierung.[78] In stilisierter Kurzform gefasst lauten die Hypothesen, dass (1.) der Übergang von Gruppen hochentwickelter Primaten zu segmentär differenzierten archaischen Gesellschaften durch die Entwicklung der Sprache ermöglicht wird, dass (2.) der Übergang zu stratifikatorisch differenzierten Hochkulturen durch die Einführung der alphabetischen Schrift ermöglicht wird, und dass (3.) die symbolisch generalisierten Kommunikationsmedien den Übergang zur funktional differenzierten Gesellschaft der Moderne einleiten (vgl. Luhmann 1984: 217ff.; Künzler 1989: 98).[79]

Uns interessiert im Folgenden nur die ›dritte Stufe‹ der oben skizzierten Entwicklungslogik, also die Frage, in welchem Verhältnis die Genese symbolisch generalisierter Kommunikationsmedien zur Ausdifferenzierung funktionsspezifischer Sozialsysteme steht. Diese Frage wollen wir allerdings nicht auf direktem Wege angehen, sondern auf einem Umweg. Denn betrachtet man die Theorie symbolisch generalisierter Kommunikationsmedien nicht ausschließlich systemtheorie-immanent, sondern im weiteren Kontext soziologischer Theoriebildung im allgemeinen, so springt zunächst eine eigenartige ›Unverhältnismäßigkeit‹ ins Auge: Während selbiges Theoriestück zwar einerseits über die Jahre mehr und mehr in das Zentrum der Theorie sozialer Systeme gerückt ist, kann andererseits vermerkt werden, dass sich die nicht-systemtheoretisch ausgerichteten Theorieprogramme innerhalb der Disziplin von diesem Baustein nur wenig beeindruckt gezeigt haben. Baecker (2003a: 24) hat in diesem Kontext treffend festgehalten:

»Wenn es stimmt, daß die Kommunikationsmedien zu den wenigen originären Entdeckungen der Soziologie im 20.Jahrhundert (nämlich von Talcott Parsons) zählen, dann muß man hinzufügen, daß diese Entdeckung weder einen Eingang in den allgemeinen noch in den literarischen oder akademischen Sprachgebrauch ge-

78 Allgemein heißt es dazu: »Die immanenten Unwahrscheinlichkeiten des Kommunikationsprozesses und die Art, wie sie überwunden und in Wahrscheinlichkeiten transformiert werden, regeln zugleich den Aufbau sozialer Systeme. Man hat den Prozess soziokultureller Evolution zu begreifen als Umformung und Erweiterung der Chancen für aussichtsreiche Kommunikation, als Konsolidierung von Erwartungen, um die herum Gesellschaft dann ihre sozialen Systeme bildet« (Luhmann 1984: 219).

79 Die Neben einer solchen Reflexion auf kommunikativ induzierte Veränderungen der jeweiligen Formen gesellschaftlicher *Primärdifferenzierung* findet sich bei Luhmann noch ein zweiter Strang, der auf eine parallel laufende zunehmende Differenzierung von Interaktion und Gesellschaft samt der Genese organisierter Sozialsysteme abstellt (vgl. Luhmann 1984: 576).

funden hat. In ersterem wird sie durch die Rede von ›Massenmedien‹ und in letzterem durch einen eher technizistischen Medienbegriff a la Marshall McLuhan auf Abstand gehalten. Dieses mangelnde Medienbewußtsein hat vermutlich auch damit etwas zu tun, daß in der gegenwärtigen Gesellschaft andere Formen der Codierung von Kommunikation, nämlich die Entscheidungsprämissen von Organisationen: ihre Programme, ihre Hierarchien und ihr Personal, wesentlich mehr Aufmerksamkeit absorbieren als die Unterscheidung zwischen den Funktionssystemen der Gesellschaft«.

Obgleich dieser Diagnose sicher zugestimmt werden kann, verwundert doch die Baeckersche Verwunderung darüber, dass sich die Medientheorie außerhalb der Systemtheorie bislang als wenig anschlussfähig erwiesen hat. Denn zumindest für all jene Theorieunternehmen, die ihr Bezugssystem in der Analyse von Handlungsrationalität haben, ergibt sich weder die Notwendigkeit noch überhaupt die Möglichkeit, kommunikative Formbildungsprozesse *als solche* zum Thema ihrer Forschung zu machen. Betrachtet man die wenigen Stellungnahmen zur Theorie symbolisch generalisierter Kommunikationsmedien, die sich außerhalb des genuin systemtheoretischen Diskurses finden lassen, so herrscht dort ganz offensichtlich mehrheitlich der Eindruck vor, dass es sich bei symbolisch generalisierten Kommunikationsmedien weniger um *empirische Sachverhalte der modernen Gesellschaft* als vielmehr um bloß *analytische Artefakte der soziologischen Systemtheorie* handelt. Exemplarisch kann auf die Einschätzung bei Künzler (1989: 2f.) verwiesen werden, der im Anschluss an eine vergleichende Studie zu den Medientheorien bei Parsons, Habermas und Luhmann zu dem Resultat kommt,

»daß es nicht gemeinsame, empirische Phänomene im Phänomenbereich waren, die Parsons, Luhmann und Habermas veranlaßten, auf induktivem Wege eine Theorie der Medien zu entwickeln, sondern daß theoretische Notwendigkeiten in ihrem allgemeinen begrifflichen Rahmen die Entwicklung der Medientheorie erzwangen«.

Künzler (ebd.) meint aufzeigen zu können, dass sich in »alle(n) Versionen der Medientheorie« ein »nur unzulänglich kaschierte(r) Hiatus zwischen Mikrosoziologie und Makrosoziologie« durchhalte, der seinen Grund darin habe, dass sich einerseits die Notwendigkeit zu einer Medientheorie aus dem grundlegenden, ›makrosoziologischen‹ differenzierungstheoretischen Arrangement der Systemtheorie quasi deduktiv herleite, während andererseits die konkrete Fundierung der Medientheorie jeweils interaktionstheoretisch gegeben wird. Künzler zufolge bleiben beide Erklärungsstrategien einander äußerlich, oder präziser ausgedrückt: Die interaktionstheoretische ›Ableitung‹ der symbolisch generalisierten Kommunikationsmedien (etwa wie bei Luhmann aus Situationen doppelter Kontingenz) könne nicht jene Begründungslast tragen, die durch die Differenzierungstheorie gefordert wird, nämlich eine Begründung für die Ausdifferenzierung von Funktionssystemen im Übergang zur Moderne bereitzustellen.

Sehen wir uns die Sachlage etwas genauer an, und zwar unter Berücksichtigung der Medientheorien bei Parsons und Habermas. Für die Parsonssche Theorie kann recht eindeutig vermerkt werden, dass dort die Frage der Konzeptualisierung der Motorik realer Ausdifferenzierungsprozesse ein Desiderat darstellt. Selbiges hat seine Ursache bereits im Fundament der Parsonsschen Theorie, insofern der dortige differenzierungstheoretische Kategorienapparat zwar eindeutig rein analytisch angelegt ist,[80] Parsons aber zugleich von einer fortschreitenden realen gesellschaftlichen Differenzierung entlang funktionsspezifischer Imperative ausgeht.[81] Deshalb lässt sich zwar, wie Schimank (2000: 100f.) zutreffend feststellt, summieren, dass die »analytische Theoriekonstruktion [...] gleichsam den soziologisch vorweggenommenen Fluchtpunkt des Realprozesses dar[stellt]«. Nur muss genau so vermerkt werden, dass Parsons uns keinerlei Mittel an die Hand gibt, das Verhältnis beider Dimensionen zu bestimmen, eine Schwachstelle, auf die im Zuge der Rezeption des Parsonsschen Theorieunternehmens zurecht immer wieder hingewiesen wurde (vgl. etwa Alexander 1984; Willke 1993). Wirft man von dieser Warte aus einen Blick auf die Theorie generalisierter Austauschmedien, die Parsons erst im Anschluss an seine Differenzierungstheorie entworfen hat, so zeigt sich, dass sich obige Ambivalenzen im dortigen Kontext einfach duplizieren. Alexander (1984: 110) hat hervorgehoben, dass die Medientheorie zwar deutlicher erkennen lässt, dass es Parsons in der Tat darum geht, »to connect inter-

80 So heißt es etwa: »›Political‹ is an analytical category parallel to ›economic‹. It does not correspond directly to concrete organizational units« (Parsons, Smelser 1956: 57).

81 Dazu heißt es bei Parsons und Smelser: »Our most general proposition is that total societies *tend* to differentiate into sub-systems (social structures) which are specialized in each of the four primary functions. Where concrete structures cannot be identified, as is often the case, it is still often possible to isolate types of processes which are thus specialized« (Parsons, Smelser 1956: 47). An anderer Stelle wird vermerkt: »In our conception of the relation between economy and society, the main outline of which we have just presented, it is inherent that the analytical boundaries will correspond to the lines of differentiation between concrete roles and collectivities most closely in those societies which are in general highly differentiated and which stress the economic aspects of their structure and functioning« (ebd.: 79).

change directly to the action of concrete individuals and collectivities«. Das Geld beispielsweise wird als Spezialsprache bestimmt, die gleichzeitig – qua ihres Funktionsbezugs – als »concrete representation of adaptive effectiveness« gelten könne (ebd.: 112f.). Aber weil die Austauschmedien im Zuge des grundbegrifflichen Arrangements bei Parsons gar nicht anders denn deduktiv abgeleitet werden können, wird die Dichotomie zwischen der Ebene analytisch bestimmter gesellschaftlicher Subsysteme und konkret-funktionsspezifisch ausdifferenzierter sozialer Entitäten und Strukturzusammenhänge auch mit diesem Theoriebaustein nicht überwunden.

Vergegenwärtigen wir uns nun ganz knapp das medientheoretische Arrangement bei Habermas. Bereits in der Einleitung der vorliegenden Studie wurden – anlässlich eines Kurzdurchgangs durch soziologische Geldtheorien – einige Zweifel am dortigen Systemkonzept angemeldet. Die Habermassche Variante von Differenzierungstheorie nimmt insofern gegenüber Parsons und Luhmann eine Zwitterstellung ein, als dass Habermas sowohl einen analytischen Gebrauch von systemtheoretischen und differenzierungstheoretischen Kategorien macht wie auch einen ›essentialistischen‹. Während Habermas unter einer analytischen Verwendungsweise der Systemtheorie das Einnehmen einer – im Unterschied zur hermeneutisch ansetzenden Teilnehmerperspektive – objektivistisch ansetzenden Beobachterperspektive versteht, die es erlaubt, Handlungszusammenhänge auch und zusätzlich als Systeme zu *beschreiben*, verortet er das Legitimitätskriterium für eine essentialistische Verwendungsweise der Systemtheorie in Strukturveränderungen des Objektbereichs selbst (vgl. dazu Habermas 1981a: 229f., 553f.). Erstmals und alleine in der Moderne, so lautete eine bereits zitierte Textstelle,

»hebe sich von der Ebene der einfachen Interaktionen und der noch lebensweltlich zugänglichen Organisationsform der vorkapitalistischen Arbeit und der vormodernen Herrschaft […] nun eine dritte Ebene autonom gewordener funktionaler Zusammenhänge ab – mediengesteuerte Subsysteme. Erst mit dem Kapitalismus entsteht ein Wirtschaftssystem, das sich (im essentialistischen Sinne) als ein Subsystem mit eigenen Umwelten beschreiben lässt« (Habermas 1986: 385).

Habermas (1979: 84) geht nun ferner davon aus, dass »die Entstehung des kapitalistischen Wirtschaftssystems *das* große historische Phänomen ist, an dem sich auch die medientheoretische Diskussion entzündet« habe und verortet seine eigene, in Auseinandersetzung mit Parsons entwickelte Theorie symbolisch generalisierter Kommunikationsmedien genau an diesem Schnittpunkt. Durch die Anreicherung seiner hermeneutisch fundierten Theorie mit medientheoretischen Bausteinen möchte Habermas (1986: 388) »auf dem bestmöglichen Niveau das fort[...]führen, was Marx mit seiner Kritik der Politischen Ökonomie begonnen hat«. Betrachtet man nun aber Habermas' Medientheorie, der es zugemutet wird, die Beweislast dieses gesamten Argumentationsganges zu tragen, eingehender, so wird man feststellen können, dass selbige der ihr zugedachten Funktion nicht gerecht wird. Schwinn (2001: 143f.) trifft u.E. den Nagel genau auf den Kopf, wenn er ins Feld führt, dass in dieser Medientheorie der »Schritt von einem *Interaktionsmedium*, das die Chance der Annahme und Wiederholung bestimmter *Selektionen von Akteuren* stützt, zu einem *objektiven Medium*, das *Selektionen eines Systems* übermitteln soll, [...] argumentativ nicht gedeckt« ist.

Wenn wir die vorangegangenen Überlegungen zu Parsons und Habermas Revue passieren lassen, dann kann also festgestellt werden, dass der oben notierte Einwand von Künzler, wonach die »interaktionstheoretische Ableitung« der symbolisch generalisierten Kommunikationsmedien keine zureichende Begründung für die Ausdifferenzierung von Funktionssystemen im Übergang zur Moderne bereitstellt, durchaus ernst zu nehmen ist. Damit stellt sich die Frage um so dringender, welcher Lösungsvorschlag den Texten Luhmanns entnommen werden kann. Zunächst scheint die Sachlage recht eindeutig zu sein. Wenn wir die Kritikpunkte und Umbaumaßnahmen, die Luhmann über die Jahre am zunächst von Parsons übernommen differenzierungstheoretischen Konzept angebracht hat, auf einen Nenner bringen, dann sticht als hervorragendes Merkmal vor allem die Neubegründung der Motorik sozialer Differenzierung ins Auge: »Weder vorherbestehende menschliche Grundbedürfnisse noch soziale Funktionen« sind, so heißt es bei Luhmann (2000: 215) kritisch zum Funktionskonzept des Strukturfunktionalismus, »brauchbare Ausgangspunkte für evolutionäre Erklärungen«. Die entsprechenden Theorietypen seien mit Bezug auf primitive Sozialsysteme entwickelt worden – oder wie im Falle des AGIL-Schemas durch Übertragung aus einfachen Interaktionskontexten – und würden insofern »das enorme morphogenetische Potential der autopoietischen Operation Kommunikation« unterschätzen (ebd.). Neben der Unmöglichkeit, einen feststehenden Funktionenkatalog vorempirisch in Anschlag zu bringen, zweifelt Luhmann hier vor allem die Möglichkeit an, dass auf Grundlage von Funktionsbestimmungen überhaupt direkte Rückschlüsse auf empirische Ausdifferenzierungsprozesse gezogen werden können. Für den Fall der Wirtschaft wird in diesem Sinne vermerkt,

»daß die Ausdifferenzierung der Wirtschaft ja nicht allein ihrer Funktion verdankt sein kann – so als ob es in einer kosmischen Weltökonomie abstrakte Vorteile funktionaler Spezifikation gäbe, die sich im Laufe einer längeren Evolution wegen ihrer Vorteilhaftigkeit durchsetzen« (Luhmann 1988: 132).

Im Zuge eines später erfolgten Rückblicks auf den Gang der eigenen Theorieentwicklung hat Luhmann (1996: 192f.) genau dieses Moment erneut in den Vordergrund gerückt und seine alternative Konzeptualisierung klarer herausgestellt:

»Aber wenn es eine Veränderung in meiner Theorieentwicklung gibt, dann ist es ein gewisses Verschieben von funktionaler Spezifikation als evolutionärem Mechanismus, den Vorteilen der Arbeitsteilung oder ähnlichem, in Richtung auf Codierung oder andere Formen von Unterscheidungen, die es erlauben, Kommunikationszusammenhänge zu bilden und abzugrenzen«.[82]

Und als Programm hat er schließlich festgehalten, seine Theorie funktionaler Differenzierung

»postuliert [...] einen (prinzipiell empirisch nachprüfbaren) Zusammenhang von 1. spezifischen gesellschaftlichen Funktionen; 2. Sondercodierungen von Kommunikationsbereichen [...]; 3. allmähliche Entwicklung der entsprechenden evolutionären Errungenschaften, wobei der Funktionsbezug die evolutionäre Stabilisierung begünstigt; 4. Ausdifferenzierung von codespezifischen Funktionssystemen; und 5. ›Umkippen‹ des Formtypus der gesellschaftlichen Differenzierung von vertikaler Stratifikation in horizontale funktionale Differenzierung als die Katastrophe der Neuzeit« (Luhmann 1987a: 19).

Hier wird zwar die Absetzungsbewegung gegenüber der Parsonsschen Theorie *als Programm* überaus deutlich, wir können aber noch keine Antwort auf die Frage geben, wie Luhmann selbst das Verhältnis von Codierung bzw. symbolisch generalisierten Kommunikationsmedien und funktionssystemischer Ausdifferenzierung im Einzelnen, das heißt materialiter und funktionssystemspezifisch, denkt.

82 Im selben Text heißt es außerdem: »Ich komme mehr und mehr dazu, in dem Maße, wie ich diese Autopoiesiskonzeption für die Funktionssysteme durcharbeite, immer deutlicher zu sehen, daß *die* Funktion eigentlich gar kein Element ist, das dazu beiträgt, Abgrenzungen gegenüber der Umwelt und Kontinuitäten in den Verkettungen der Kommunikation zu erzeugen« (Luhmann 1996: 192f.).

2.3. Die mediengeleitete Ausdifferenzierung der Wirtschaft bei Luhmann: Eine Rekonstruktion

Als Leitthesen der nun folgenden Rekonstruktion der Ausdifferenzierung der Wirtschaft bei Luhmann sollen uns zwei Überlegungen dienen, die wir auf Grundlage des bisherigen Argumentationsganges ins Feld führen können. Zunächst und *erstens* wird davon ausgegangen, dass auch die Systemtheorie – wie die Kritik der politischen Ökonomie – zur Erklärung der Genese der modernen Wirtschaft beim Formbildungspotential des Geldes ansetzt. Hier divergiert aber – wie zu erwarten – nicht nur die materiale Argumentation, sondern bereits das Bezugssystem der Analyse. Während Marx' Zugriff sich, wie wir bereits gesehen haben, an der Nicht-Identität oder Differenz von intentionalem Handeln und im Zuge solchen Handels ›gesetzten‹ kategorialen Formgehalten entzündet, argumentiert Luhmann mit einem allgemeiner angelegten Konzept der Emergenz des Monetären. Es sei vor allem die mit symbolischer Generalisierung einhergehende *binäre Codierung von Kommunikation*, die systembildende Effekte erzeuge. Symbolisch generalisierte Kommunikationsmedien führen qua Ausdifferenzierung zweiwertiger Kontexturen zur Verdichtung funktionsspezifischer Entscheidungszusammenhänge, die durch Operationen gekennzeichnet sind, die sich nicht mehr an ›Drittwerten‹ orientieren, sondern sich ausschließlich im ›Innenraum‹ einer vorgängig gesetzten funktionsspezifischen Leitdifferenz bewegen. Das ist der erste Problemkomplex, der im Folgenden betrachtet werden soll.

Dies ist aber nur die eine Seite der Medaille. Als *zweiter* Punkt soll deshalb hier vorangestellt werden, dass die Theorie sozialer Systeme gerade *keinen* Kausalschluss von der Genese symbolisch generalisierter Kommunikationsmedien zur Ausdifferenzierung gesellschaftlicher Funktionssysteme postuliert. Der von Künzler hervorgebrachte, oben diskutierte Einwand, wonach die interaktionstheoretische ›Ableitung‹ der symbolisch generalisierten Kommunikationsmedien nicht jene Begründungslast tragen könne, die durch die Differenzierungstheorie gefordert wird, macht es sich – im Falle der Luhmannschen Theorie – zu einfach. Man sieht diesen Aspekt deutlicher durch einen Vergleich mit dem Marxschen Theorieunternehmen. Wir hatten anlässlich der Diskussion der dortigen Theorie wirtschaftssystemischer Ausdifferenzierung auf das Marxsche Konstatieren einer systematischen »Grenze der dialektischen Darstellung« (vgl. UZK: 945) hingewiesen. Diese Grenze bezieht sich darauf, dass sich qua Rekonstruktion monetärer Formbildungsprozesse in der Sphäre der Zirkulation zwar gewichtige *Bedingungen der Möglichkeit* der Ausdifferenzierung des Kapitalismus herausarbeiten lassen. Man könnte beispielsweise sagen: Das in der dritten Geldfunktion als allgemeine Form des Reichtums sowie als materieller Repräsentant des allgemeinen Reichtums fungierende Geld *antizipiert in seinem eigenen Begriff die zentrale Funktionslogik der kapitalistischen Ökonomie.* Zugleich hat die Diskussion bei Marx aber zu dem Resultat geführt, dass es keinen notwendigen Übergang von der Herausbildung dieser Geldfunktion zur Genese und Durchsetzung der modernen kapitalistischen Ökonomie gibt. Empirisch ist hier an das oben schon diskutierte Marxsche Argument zu denken, wonach – wenn eine entwickelte Zirkulationssphäre tatsächliche als hinreichende Bedingung für die Genese eines modernen, industriellen Kapitalismus angesehen werden könnte – es bereits im antiken Byzanz zu solch einem Übergang hätte kommen müssen. Und ähnlich verhält es sich – wie im Folgenden gezeigt werden soll – auch in der Theorie Luhmanns: Die basalen Eigenschaften symbolisch generalisierter Kommunikationsmedien, allen voran das Moment binärer Schematisierung, stellen *Möglichkeiten* für die Ausdifferenzierung gesellschaftlicher Funktionssysteme dar, begründen aber nicht selber schon eine irgendwie geartete notwendige Tendenz dazu. Man muss sich im Falle der Systemtheorie stets das Abstraktionsniveau vergegenwärtigen, auf dem sich die jeweiligen Argumentationslinien bewegen. Das Moment der binären Codierung von Kommunikation ist *systemvergleichend* angelegt, es gilt für alle symbolisch generalisierten Kommunikationsmedien gleichermaßen (wenn auch nicht notwendigerweise in gleicher Ausformung). Davon sind *funktionssystemspezifische* Argumente zu unterscheiden, die von Luhmann als Zusatzannahmen eingeführt werden, um jeweilige Ausdifferenzierungsprozesse (wirtschaftliche im Unterschied zu rechtlichen, politischen, wissenschaftlichen etc.) begrifflich präziser zu konzeptualisieren. Die systemische Ausdifferenzierung der Ökonomie betreffend bringt Luhmann mit der Zweitcodierung des Eigentums durch das Geld sowie der monetären Duplikation von Knappheit zwei Aspekte zur Geltung, die als funktionale Äquivalente zum Marxschen Rekurs auf die »sogenannte ursprüngliche Akkumulation« (vgl. MEW23: 741ff.) sowie auf die »reelle Subsumtion der Arbeit unter das Kapital« (vgl. MEW23: 331ff.) angesehen werden können: Mit ihnen wird jene Differenz artikuliert, die zwischen dem possibilistischen Argument der Herausbildung wirtschaftsspezifischer Kontexturen und der tatsächlichen strukturellen Realisierung wirtschaftlicher Ausdifferenzierung besteht.

2.3.1. Geld als symbolisch generalisiertes Kommunikationsmedium: Zur systemischen Potenz binärer Codierung

Als gemeinsames Kennzeichen der in den Wirtschaftswissenschaften vorherrschenden tauschtheoretisch fundierten Theorieprogramme hat Luhmann mehrfach festgehalten, dass selbige Theorietypen »den Geldbegriff an systematisch später Stelle einführen«, und dass das Medium, »in dem sich alles vollzieht, [...] offenbar keiner weiteren Reflexion« bedürfe (Luhmann 1988: 230f.). Wir haben den wohl maßgeblichsten Grund für ein solches Vorgehen oben schon anlässlich der Feststellung akzentuiert, dass die individualistischen Theorietraditionen ihrer Erklärungstypik nach das Subjekt als einzigen Träger sinnhaften Sichverhaltens ansehen. Wer auf Handlungsrationalität als ausschließlichem Konstituens von Sozialität abstellt, für den ergibt sich weder die Notwendigkeit noch überhaupt die Möglichkeit, kommunikative Formbildungsprozesse *als solche* zum Thema zu machen. Die ›Geldvergessenheit‹ der als rationale Handlungstheorie angelegten neoklassischen ›Schulökonomie‹ kann dann als Spezialfall dieses allgemeinen Sachverhalts angesehen werden: Ihr Zugriff auf das Geld ist immer schon präjudiziert und kategorial vorgeformt durch die Annahme, dass es sich bei Wirtschaft tendenziell um die bloße Summe aller individuellen und kollektiven (Unternehmen) Nutzenmaximierer handelt; das Geld wird theoretisch eskamotiert durch eine Reduktion auf seine intentionale Dimension als transaktionskostenersparendes Mittel. Die gesamte Problematik ökonomischer Synthesis und ökonomischer Eigenlogik wird reduziert auf ein analytisches Marktkonzept, das als Übersetzungsregel eingeführt wird, um die Emergenz des Monetären auf dem Wege einer Aggregationstheorie einzuholen (vgl. dazu kritisch Baecker 1988: 21ff., Spahn 2002). Es ist wenig verwunderlich, dass sich auch die Marxsche Kritik am Geldkonzept der Mainstream-Wirtschaftswissenschaften genau an diesen Punkten entzündete. Die Ökonomen würden, so das Zentralargument, das Geld nur als ein »pfiffig ausgedachtes Auskunftsmittel« behandeln, als »ein bloß materielles Instrument, wie ein Schiff oder eine Dampfmaschine«, aber gerade nicht als »ökonomische Kategorie« (MEW13: 36). Und in sarkastischer, weil vermeintlich zustimmender Weise, zitiert Marx den Ökonomen Hodgskin mit der Bemerkung, das Geld werde »daher nur mißbräuchlich in der politischen Ökonomie [abgehandelt], die in der Tat nichts mit der Technologie gemein« habe (ebd.: 36f.). Wie aber sieht der Luhmannsche Zugriff auf jene transintentionale Dimension des Geldes und der Wirtschaft aus?

Luhmann (1988: 235f.) verweist darauf, dass es anlässlich einer Thematisierung des Geldes nicht um dessen »›Erfindung‹ als solche« gehe, also um die intentionale Dimension des Geldes, oder gar um das »Ausmünzen oder Ausdrucken oder Buchen des Geldes« (ebd.: 245f.), sondern darum, dass und wie am Geld eine »historische Bifurkation« ansetzen konnte. Um die hochabstrakten Bestimmungen zu erschließen, die von der Systemtheorie angebracht werden, um dieses Argument zu entfalten, ist es geboten, sich eingehender mit dem medientheoretischen Fundament dieser Theorie auseinander zu setzen, wie es erstmalig systematisch im Aufsatz *Einführende Bemerkungen zu einer Theorie symbolisch generalisierter Kommunikationsmedien* (Luhmann 1974) entfaltet wurde. Im dortigen Text wird die Theorie symbolisch generalisierter Kommunikationsmedien, die auch die Grundlage und den Rahmen von Luhmanns Geldtheorie darstellt, als ein zusätzlicher Theoriebaustein eingeführt, der neben dem *sachlichen* Aspekt der Systemdifferenzierung und dem *zeitlichen* Aspekt der Evolution die genuin *soziale* Frage klären helfen soll, »wie mehrere seligierende Systeme sich zueinander in Beziehung setzen« (ebd.: 237). Als Ausgangspunkt wird die oben schon erläuterte These der Unwahrscheinlichkeit der Kommunikation gewählt, die sich daraus herleitet, dass Kommunikation als selbsttragendes Geschehen nur als Synthese dreier Selektionen denkbar ist, nämlich als Einheit aus Information, Mitteilung und Verstehen. Haben wir uns oben mit dem Hinweis begnügen können, dass Luhmann davon ausgeht, Sprache bewirke eine Steigerung der Wahrscheinlichkeit, dass Verstehen zustande kommt, Verbreitungsmedien erleichterten das Erreichen von Adressaten über den Kreis der in der Interaktion Anwesenden hinaus und symbolisch generalisierte Kommunikationsmedien würden die Unwahrscheinlichkeit des kommunikativen Erfolgs verringern, muss der Argumentationsgang nun etwas eingehender betrachtet werden.

Sprache als dasjenige Kommunikationsmedium, das den Prozess kommunikativer Ausdifferenzierung in basaler Weise trägt und vorantreibt, ist nach Luhmann durch ein ihr inhärentes *Negationspotential* gekennzeichnet. Sprache übernimmt »die Funktion einer Duplikationsregel, indem sie für alle vorhandenen Informationen zwei Fassungen zur Verfügung stellt: eine positive und eine negative« (Luhmann 1974: 239). Durch die Code-Struktur der Sprache erreichen kommunikative Systeme Luhmann zufolge eine »Umverteilung von Häufigkeiten und Wahrscheinlichkeiten im Vergleich zu dem, was an Materialien oder Informationen aus der Umwelt anfällt. Ob kommunikativ bejaht oder verneint wird, hängt dann nicht mehr direkt von Vorkommnissen in der Umwelt, sondern von intern steuerbaren Prozessen der Selektion ab« (Luhmann 1974: 239). Bezogen auf den autopoietischen Fortgang der Kommunikation wird damit zwar sowohl das Ankommen einer Information wie auch das Verstehen ihres Sinns forciert, nicht aber »die Übernahme der Selektion als Prämisse weiteren Erlebens und Handelns« (ebd.). Anders ausgedrückt: Mit der Genese von Sprache nimmt zwar die Übertragung von Selektions*offerten* sprunghaft zu, nicht aber in gleicher Weise auch die Sicherstellung kommunikativen Erfolgs. Für orale, interaktionsnah operierende Gesellschaftsformationen geht Luhmann vor allem von direkten und unmittelbaren Verhaltenskontrollen aus, die kommunikativen Erfolg in hinreichendem Maße sicherstellen und das Abreißen von Selektionszusammenhängen verhindern, eine Konstellation, die schon mit der schrittweisen Durchsetzung schriftlicher Kommunikation prekär wird. Schrift dupliziert den Ja/Nein-Schematismus der Sprache in einem anderen Zeichensystem und sprengt damit in zunehmender Weise den interaktionellen Kontext oraler Gesellschaften, was es notwendig macht, dass die Gründe für die Annahme von Selektionsofferten »auf Kommunikation mit Unbekannten eingestellt sein [müssen] und die Verquickung mit einem archaischen Ethos der Sozialbindung unter Nahestehenden abstreifen« (ebd.). An dieser Stelle erblickt Luhmann den »historischen Ausgangspunkt für die Ausdifferenzierung besonderer symbolisch generalisierter Kommunikationsmedien«, ohne dass damit suggeriert würde – um dies noch einmal zu betonen –, dass ein Kausalverhältnis zwischen beiden Stufen medialer Kommunikation bestünde: »Angesichts dieser Lage kann die Evolution stagnieren oder sie kann Lösungen für die neuen Probleme entdecken« (Luhmann 1997: 203).[83]

83 Interessant wäre in diesem Kontext freilich eine hier nicht zu leistende Thematisierung des Verhältnisses von Sprache und Geld in der Marxschen Kritik der politischen Ökonomie. Sprache im Allgemeinen stellt eines der großen Anathemen innerhalb der Marxschen Theorie dar, was aber nicht grundsätzlich verwundern dürfte. Eigenartig bleibt es allerdings, dass auch die wenigen Überlegungen, die Marx zur Frage der Einheit und Differenz von Sprache und Geld angestellt hat, meines Wissens nach niemals von der Sekundärliteratur aufgegriffen wurden. Vielleicht verdankt sich diese Abwesenheit maßgeblich der Tatsache, dass die *Grundrisse* den lapidaren Satz enthalten: »Das Geld mit der Sprache zu vergleichen ist falsch« (MEW42: 96). Aber ist dies eigentlich das letzte Wort

Als allgemeine Funktion symbolisch generalisierter Kommunikationsmedien bestimmt Luhmann (1974: 240) die Qualität, »reduzierte Komplexität übertragbar zu machen und für Anschlußselektivität auch in hochkontingenten Situationen zu sorgen«. Oder anders ausgedrückt: Symbolisch generalisierten Kommunikationsmedien gelingt in verschiedensten Interaktionskonstellationen eine Konditionierung der Selektionsweise von Kommunikation, die dafür sorgt, dass schon *die Selektion selber* als Motivationsmittel für die Befolgung des Selektionsvorschlags fungiert (vgl. Luhmann 1984: 220f.). Liegt etwa die Funktion des Geldmediums »vordergründig in der selektiven Bedürfnisbefriedigung und in der Vermittlung von Tauschprozessen durch unspezifizierte Äquivalente«, so leistet das Medium auf der Ebene der Gesellschaft noch etwas ganz anderes: »Es motiviert [...] das Stillhalten und erlebnismäßige Akzeptieren aller jeweils Nichthabenden, mögen sie nun ihrerseits reich oder arm sein« (Luhmann 1974: 245). Anders als im Kontext eingebetteter Formen materieller Reproduktion, die aufsetzen auf traditionellen Mechanismen wie dem der Reziprozität oder der Gewalt, kann der Geldgebrauch dazu führen, dass jeder Interaktionsteilnehmer »seine Beziehung zum anderen nach Maßgabe seiner (privaten) Beziehung zum Geld« kalkuliert (Luhmann 1988: 241). Anders ausgedrückt: Die direkten Interaktionskonstellationen zwischen Alter und Ego werden überformt durch ein Dazwischentreten einer emergierenden wirtschaftlichen Dimension, womit auch festgestellt werden kann – ohne dies als affirmative Bewertung auslegen zu müssen –, dass das Geld »der Triumph der Knappheit über die Gewalt« ist (Luhmann 1988:

---

bei Marx zum Verhältnis von Sprache und Geld? Die Wertformanalyse im ersten Band des *Kapital* enthält immerhin noch einen Verweis auf die »Warensprache« als jener Sprache, die allein der Ware geläufig sei (vgl. MEW23: 66). Und auch in *Zur Kritik der politischen Ökonomie* heißt es in diesem Sinne: »Die Ware ist an und für sich über jede religiöse, politische, nationale und sprachliche Schranke erhaben. Ihre allgemeine Sprache ist der Preis und ihr Gemeinwesen ist das Geld« (MEW 13: 128). Auch der Fortgang der einschlägigen Stelle aus den *Grundrissen*, die scheinbar ein Verdikt ausspricht gegenüber jeglichen Vergleichsanstrengungen von Sprache und Geld, könnte zu weiteren Reflexionen Anlass geben. Dort wird vermerkt: »Die Ideen werden nicht in der Sprache verwandelt, so daß ihre Eigentümlichkeit aufgelöst und ihr gesellschaftlicher Charakter neben ihnen in der Sprache existierte, wie die Preise neben den Waren. Die Ideen existieren nicht getrennt von der Sprache. *Ideen, die aus ihrer Muttersprache erst in eine fremde Sprache übersetzt werden müssen, bieten schon mehr Analogie*; die Analogie liegt dann aber nicht in der Sprache, sondern in ihrer Fremdheit« (MEW42: 96, Herv. H.P.). Dass Sprache und Geld identisch seien, behauptet ja auch Luhmann gerade nicht, es geht ihm vielmehr um die Annahme, dass Geld auf Sprache ›aufruht‹ und die dortigen transpsychischen Schematismen einer erneuten Codierung überführt.

253). Anders als es bei Parsons der Fall ist, ergibt sich bei Luhmann eine Antwort auf die Frage, warum es nur eine Sprache gibt, aber eine Mehrzahl von Kommunikationsmedien, nicht aus dem vorausgesetzten Theoriedesign. Weder Anzahl noch Art der Medien können deduktiv abgeleitet werden.[84] Darüber hinaus ist auch die Länge der Selektionskette, die ein symbolisch generalisiertes Kommunikationsmedium überbrücken kann, nicht konzeptuell festgelegt; mit dem Entfallen des Zwangs, die Medien als ›Familie‹ zu behandeln entfällt zugleich die Notwendigkeit, das Moment der Isomorphie überzubetonen (vgl. Luhmann 1997: 359f., Künzler 1989: 91).

Entscheidend für Luhmanns Medientheorie ist die Annahme, dass das Prinzip der binären Codierung nicht allein im Falle der Sprache anzutreffen ist, sondern »auch auf Spezialprobleme angewandt werden kann« (Luhmann 1987a: 16), und dass genau solche Fälle bei den symbolisch generalisierten Kommunikationsmedien vorliegen. Noch einmal zur Erinnerung: Binäre Schematisierung ermöglicht Luhmann (1974: 243) zufolge

»(1) in der *Sozial*dimension das *Zumuten* harter, aus nur zwei Elementen (z.B. recht/unrecht) bestehenden Alternativen; (2) in der *Zeit*dimension ein *Progressivwerden* von Operationen in dem Sinne, daß eine Selektion auf die andere aufbauen, sie jederzeit wiederholen (also ihre Wiederholbarkeit implizieren) und bei festgehaltenem Sinn fortsetzen oder ersetzen kann; (3) in der *Sach*dimension das Übergreifen sehr *heterogener* Situationen durch lange, inhaltlich zusammenhängende Selektionsketten, indem man etwa aus Wahrheiten, die in einer Situation gefunden wurden, für ganz andere Situationen Schlüsse zieht, oder Übermacht in einer Situation gebraucht, um ganz andere Situationen zu beherrschen«.

Für die symbolisch generalisierten Kommunikationsmedien wird angenommen, dass sie ihre semantische Karriere als »Präferenzcodes« beginnen. Sie suggerieren, so Luhmann (1986a: 149), »daß es besser sei, sich für den positiven Wert als für den negativen Wert zu entscheiden« (Luhmann 1986a: 149). Im Fall wirtschaftlicher Kommunikation beträfe dies etwa eine Bevorzugung von Zahlungen gegenüber Nicht-Zahlungen, die als eine Art Initialzündung dient. Das ›systemkatalysatorische‹ Potential der Medien kommt aber erst dann in den Blick, wenn man auf die Einheit der Differenz von positivem Wert (Präferenzwert) und negativem Wert (Reflexionswert) abstellt (vgl. Baecker 2006: 117): Die Negation des einen

84 Es sei, so wird vermutet, »eine Frage der Evolution [...], welche Codierungen auf längere Sicht sich halten und Informationsverarbeitungen dirigieren, also Funktionssysteme bilden können« (Luhmann 1987a: 28).

Code-Wertes verweist nicht auf Drittwerte, sondern auf den Gegenwert desselben Codes:

»Die Besonderheit der Codes, verglichen mit anderen Unterscheidungen, besteht darin, daß der Übergang von der einen zur anderen Seite, also das Kreuzen der Grenze, *erleichtert wird.* Wenn ein Positivwert, zum Beispiel wahr, angenommen wird, bereitet es keine Schwierigkeiten, mit einer weiteren Operation zu bestimmen, was folglich unwahr wäre, nämlich die gegenteilige Aussage« (Luhmann 1997: 360f.).

Die binäre Codierung von Kommunikation zeitigt als Effekt eine Verdichtung funktionsspezifischer Entscheidungszusammenhänge, die zur Ausdifferenzierung von Operationen führt, die sich kaum noch an Drittwerten orientieren können, sondern sich alleinig im ›Innenraum‹ der vorgängigen Leitdifferenz bewegen (vgl. Luhmann 1988: 245f.). Luhmann bezieht maßgebliche Anregungen für diese Konzeption aus den Arbeiten Günthers zu einer mehrwertigen Logik, und hier speziell aus dem Begriff der *Kontextur.* Als Kontextur bezeichnet Günther (1979: 291) eine »logical domain of a strictly two-valued structure and its range is determined by using the TND (Tertium Non Datur, H.P.) as an operator such that the generality of the alternative which the TND produces cannot be surpassed« (Günther 1979: 291). Die traditionelle Erkenntnistheorie bedient sich beispielsweise – so Günther – einer primordialen Unterscheidung von Sein und Nichtsein unter Ausschluss dritter Werte (d.h. auf der Basis eines generalisierten Tertium Non Datur) und etabliert bzw. prozessiert auf diese Weise eine »ontologische Kontextur« (vgl. Fuchs 1992: 50ff.): Selbige beobachtet alle Weltsachverhalte unter der Prämisse seiend/nicht-seiend und setzt dadurch überhaupt erst Ontologien in Kraft.

Überträgt man diesen Gedanken auf die Ebene einer kommunikationstheoretisch fundierten Theorie sozialer Systeme, dann kann für den Fall des Codes zahlen/nicht-zahlen festgestellt werden, dass selbiger nicht etwa eine ihm vorgängige Dimension des Ökonomischen einfach vorfindet, sondern selbige zuallererst durch die rekursive Aktualisierung des Codes selbst in Kraft setzt (vgl. Kneer, Nassehi 1993: 137). Etabliert wird so eine Dimension des Ökonomischen als funktionsspezifischer, aber gleichsam universaler ›Leerbereich‹, der nicht teleologisch auf ein Ziel hin ausgerichtet ist, das heißt einem Perfektionszustand entgegenstreben würde, sondern seine Funktion gerade in der puren Kontinuität selektiv-kontingenten Operierens hat. Nun erfolgt bei Luhmann (1981a: 201) aus dieser Diagnose aber gerade kein Schluss »von selbstreferentieller Negation auf negative

Bewertung« der Ökonomie – dies war der Vorwurf, den Luhmann gegenüber manchen marxistischen Theorieprogrammen vorgebracht hat – sondern es wird vielmehr festgestellt: »Die Autopoiesis der Wirtschaft transzendiert alle wirtschaftlichen Zwecke und macht sie gerade dadurch sinnvoll« (Luhmann 1988: 58f.). Es ist die prinzipielle, aber code-spezifische Kontingenz der Zwei-Seiten-Form Zahlung/Nicht-Zahlung – »(a)lles, was erscheint, erscheint im Licht der Möglichkeit des Gegenwertes« (Luhmann 1986: 79) – die zum Aufbau wirtschaftsspezifischer Komplexität in der Gesellschaft führen kann, indem sich Bereiche herausbilden, denen die solchermaßen reduzierte Komplexität als Informationsverarbeitungsregel dient. Komplementär zur zunehmenden Invarianz der Codes selber bildet sich in deren Innenraum ein mit Komplexität und Variabilität aufgeladener Bereich von Zuordnungsregeln. Oder anders ausgedrückt: Innerhalb der selbst ateleologisch verfassten ökonomischen Kontextur wird es qua Komplexitätsreduktion möglich und wahrscheinlich, dass sich episodenhaft realisierbare wirtschaftliche Zwecksetzungen bilden – etwa Investitionsprogramme – die den code-gestifteten Kontingenzraum als Medium benutzen, in den die unterschiedlichsten Formen eingeschrieben werden können.

Wir sind jetzt an einem Punkt angelangt, an dem die (rhetorische) Frage zu stellen ist, ob bis dato bereits *hinreichende* Bedingungen für eine Ausdifferenzierung der Ökonomie ins Feld geführt wurden oder nicht. Unsere anfängliche Vermutung bestand darin, dass aus dem Rekurs auf den binären Schematismus geldvermittelter Kommunikation zwar in possibilistischer Weise Rückschlüsse auf Prozesse wirtschaftssystemischer Verselbständigung abgeleitet werden können, dass hieraus aber nicht uno actu gleich auf eine operative Schließung der Wirtschaft schlußgefolgert werden sollte. Unter dieser Perspektive ist es erhellend, den Blick auf Luhmanns Bestimmungen zum Geld als *preadaptive advance* zu richten. Der Begriff der preadaptive advances fungiert in der Systemtheorie als Sammelbezeichnung für all jene evolutionären Errungenschaften, »die sich [...] im Rahmen einer bestimmten gesellschaftlichen Differenzierungsform in Ansätzen herausbilden, aber sich erst in der anschließenden Differenzierungsform voll ausbilden und veränderten eigenständigen Stellenwert gewinnen« (Krause 1999: 166). So lässt sich beispielsweise das Emergieren von schriftlicher Kommunikation in archaischen Gesellschaften ebenso nachweisen wie das Auftauchen symbolisch generalisierter Kommunikationsmedien in stratifizierten Hochkulturen, ohne dass es hier aber sofort zu einer Veränderung der gesellschaftlichen Primärdifferenzierung gekommen wäre (vgl. Künzler 1989: 98f.). Für den Fall des Geldes als preadaptive advance sind Überlegungen Luhmanns (1972: 194) zu den »Entwicklungsschranken der antiken Wirtschaft« instruktiv, die sich bis in die Terminologie hinein mit den bereits entfalteten Marxschen Überlegungen decken. Die Schranken der antiken Wirtschaft lagen darin, so Luhmann (ebd., Herv.H.P.),

»daß sie wesentliche Produktionsfaktoren, nämlich Grundbesitz und Arbeit, nicht voll monetisiert hatte, also nicht für Wirtschaftsrechnung disponibel hielt; daß sie vielmehr Grundbesitz als Status- und Prestigefaktor und Arbeit als subbürgerliche Mühsal in der Form von Sklaverei oder juristischen Äquivalenten *politisch* erzwang; daß sie damit Arbeitspersonen (und nicht Wirtschaft!) aus dem politischen System ausdifferenzierte *und daß sie deshalb kein Ware und Arbeit übergreifendes und miteinander verrechnendes monetäres Knappheitsprinzip entwickeln konnte*«.

Mit anderen Worten: Geld als Kristallisationspunkt generalisierter wirtschaftlicher Weltbezüge bleibt so stark verflochten mit institutionalisierter Moral, herrschaftlichen Direktiven und religiösen Dogmen, dass nur »begrenzte Ausdifferenzierungen des Knappheitskalküls zugelassen« werden (Luhmann 1972: 192). Man könnte auch formulieren: Unter den Bedingungen einer stratifikatorischen Primärdifferenzierung der Gesellschaft lässt sich keine ausreichende moralische Neutralisierung des Codes Zahlung/ Nicht-Zahlung erreichen, die ihrerseits erst die Bedingung dafür wäre, die Regelung der jeweiligen Anschlüsse konsequent auf wirtschaftssystemeigene Kontrollkriterien umzustellen (vgl. Luhmann 1997: 361). Wir wollen nun sehen, welche zusätzlichen Bestimmungen die Systemtheorie zur Verfügung stellt, um die Ausdifferenzierung der Wirtschaft zu beschreiben.

2.3.2. Die Zweitcodierung des Eigentums durch das Geld und die monetäre Duplikation von Knappheit: Zur Realisationslogik ökonomischer Ausdifferenzierung

Luhmann zufolge handelte es sich beim *vormodernen Eigentum* in erster Linie um *Sach*eigentum (paradigmatisch etwa in der Form des Grundeigentums), das *als solches* die Inklusion in die Gesellschaft gewährleistete: »Die Funktion des Eigentums war es, jene Selbständigkeit zu gewährleisten, die eine Mitgliedschaft in der Zivilgesellschaft ermöglichte« (Luhmann 1988: 192). Die zentralen Kennzeichen des vormodernen Eigentums sieht Luhmann darin, dass an ihm wirtschaftliche, politische und familiäre Aspekte kaum zu trennen waren: »In seiner prämonetären Form war Eigentum, besonders Eigentum an Grund und Boden, […] nicht hinreichend ausdifferenzierbar. Es blieb zum Beispiel quasi zwangsläufig Grundlage politischer Macht (Feudalismus)« (Luhmann 1986b: 103). Dies ändert sich im Übergang zur Moderne in drastischer Weise durch einen Vorgang, den Luhmann als *Zweitcodierung des Eigentums durch das Geld* beschreibt. Durch diesen Prozess wird nun das Eigentum nicht etwa entbehrlich, sondern es ändert seine Struktur: »Mit ›Zweitcodierung‹ soll […] gesagt sein, daß der Geldcode auf dem Eigentumscode aufbaut und dessen Funktionsfähigkeit voraussetzt. Nur die Umsetzung in Operationen wird unter zusätzliche Bedingungen gestellt« (Luhmann 1988: 201). Dieser Sachverhalt lässt sich nicht zureichend analytisch aufschließen, wenn man Eigentum weiterhin »im Sinne des traditionellen Begriffs als rechtlich gedeckte Sachherrschaft (dominium) auffasst« (Luhmann 1988: 189), denn mit der Zweitcodierung des Eigentums durch das Geld geht zugleich eine *Dominanz des Zweitcodes Geld über den Primärcode Eigentum* einher (vgl. Luhmann 1995b: 456): Mehr und mehr Eigentum wird »unter dem Gesichtspunkt möglicher transaktioneller Verwertung bzw. einer nur momentan illiquiden Fixierung als investiertes Kapital bewertet« (ebd.). Eigentum muss sich schrittweise »in den Kontext der Geldwirtschaft einfügen und kann sich nur behaupten, wenn es hinreichende Gründe gibt, es in der einen und nicht in der anderen Form als festgelegtes Geld zu halten« (Luhmann 1988: 194).

Die Zweitcodierung der Wirtschaft durch das Geld, verstanden als Ergänzung und Überformung des Codes Haben/Nichthaben durch den Code Zahlen/Nichtzahlen, ist eine der Bedingungen der Ausdifferenzierung der Wirtschaft: Nur vermittelst dieses Mechanismus »entsteht eine Differenzierung von Eigentumscode (bezogen auf Sachwerte und Verfügung über eigene Arbeitsmotive) und Geldcode« (Luhmann 1991b: 193). Mit Marx würde man etwa davon sprechen, dass das feudale Eigentum in die gesellschaftlichen Kapitalkreisläufe eingegliedert wird und nun selbst zu einer Form von Kapital wird, die sich mit anderen Formen nach Maßgabe seiner Potenz, Profit in einer bestimmten Relation zur vorgeschossenen Geldsumme zu schaffen, messen lassen muss. Und auch Luhmann (1988: 197) spricht explizit davon, dass das Eigentum schließlich als ein »Aggregatzustand von Geld« betrachtet wird, das heißt als »festgelegte Geldsumme, als Investition oder als Ware«. Im Ergebnis, so Luhmann (ebd.), »kontrolliert dann nicht mehr das Eigentum den Tausch […], sondern der Tausch, der in der Form von Zahlungen abgewickelt wird, das Eigentum.

Man behält oder verkauft Eigentum unter dem Gesichtspunkt der Verluste oder Gewinne, die es verursacht«.[85]

Als zweiten Themenkomplex, anhand dessen die neuzeitliche Ausdifferenzierung eines eigenständigen Wirtschaftssystems expliziert wird, nennt Luhmann die *monetäre Duplikation von Knappheit.* Es mag zunächst irritierend anmuten, wenn ausgerechnet der Systemtheoretiker Luhmann bezüglich der Ausdifferenzierung der Wirtschaft auf die Kategorie der *Knappheit* referiert, jenen »neoklassische(n) Dauerbrenner« (Ganßmann 1996:147). Schon in einem der frühesten Beiträge Luhmanns zur Theorie der Wirtschaft wird allerdings deutlich, dass Luhmann auch hier nicht auf anthropologische Grundtatbestände Bezug nimmt oder die Beseitigung der Knappheit schlicht als normatives Ziel oder Referenzobjekt der Wirtschaft unhinterfragt voraussetzt[86], sondern vielmehr abstellt auf *soziale Konditionierungsprozesse von Knappheit.* Obgleich er die in den Wirtschaftswissenschaften üblichen Bestimmungen von Knappheit »als Mangel [...], als ein Verhältnis zu Sachen« oder als »Form einer Differenz von Zwecken oder Mitteln« nicht bezweifeln möchte, stelle sich doch »für eine gesellschaftstheoretische Analyse [...] die Frage, ob und wie Knappheit im Laufe gesellschaftlicher Evolution variiert – abnimmt oder zunimmt oder ihre Form und Reichweite verändert« (Luhmann 1972: 187f.). Findet sich zwar bereits »in älteren Gesellschaftsordnungen [...] wohl durchgehend eine Grundorientie-

---

85 Es ist dieser Mechanismus, der Luhmann (1995b: 456) zufolge sowohl »dem Grundeigentum seine politische Relevanz als Form von hausähnlicher (oiketischer) politischer Herrschaft« entzieht wie auch die Umstellung der in diesem Prozess entstehenden Nationalstaaten auf Steuern erzwingt. In der neuartigen »Logik von Kapital und Arbeit« fände die alte Differenzierungsform der Stratifikation keinen Platz mehr (Luhmann 1997: 728): Der Adel »muß ständig Zahlungen leisten, mit denen er eigene Zahlungsunfähigkeit erzeugt; aber er will und darf keine Zahlungen leisten, mit denen er über profitable Investitionen eigene Zahlungsfähigkeit wiedergewinnen könnte. Er findet sich immer stärker in die sich ausdifferenzierende Wirtschaft einbezogen – aber nur auf der Debet-Seite« (ebd.: 724). Die eigentliche Neuerung liege aber nicht in der »zunehmenden Geldabhängigkeit des Adels«, sondern vielmehr in der »zunehmenden Adelsunabhängigkeit des Geldes« (ebd.).

86 Man denke hier etwa an die (neo-)klassische Bestimmung von Menger (1923: 1), der behauptet: »Der Ausgangspunkt aller wirtschaftstheoretischen Untersuchungen ist die bedürftige Menschennatur [...]. Die Bedürfnisse sind der letzte Grund, die Bedeutung, welche ihre Befriedigung für uns hat, das letzte Maß, die Sicherstellung ihrer Befriedigung das letzte Ziel aller menschlichen Wirtschaft«. Damit formuliert Menger mitunter in treffender Weise das Selbstverständnis der von ihm mitinitiierten neoklassischen Dogmatik. Was dies jedoch mit den Eigenstrukturen der modernen Wirtschaft zu tun hat, bleibt im Dunkeln.

rung an der Begrenztheit von Gütermengen materieller Art«, so bleibe doch Luhmann (ebd.: 190) zufolge die spezifisch moderne »Steigerungsleistung, die Abstraktion der Knappheit zur universellen, einen Gesellschaftstypus kennzeichnenden Formel« das zuallererst *erklärungsbedürftige Phänomen*. Luhmann spricht von der »*Duplikation von Knappheit*«, weil neben »die Knappheit der Güter [...] eine ganz andersartige Knappheit [...] gesetzt« wird: Die des Geldes. Knappheit selbst wird codiert, sie »erhält neben der ursprünglichen (natürlichen) eine zweite (artifizielle) Form, so wie neben die Sprache die Schrift tritt« (Luhmann 1988: 197).

War das Geld in traditionellen Wirtschaftsweisen eine »mehr oder weniger bedeutsame knappe Menge neben anderen«, so diagnostiziert Luhmann eine im »Laufe der Realisationsgeschichte der bürgerlichen Gesellschaft« stattfindende Entwicklung des Geldes »zu einer Qualität neuer Art, für die zunächst kein angemessener Begriff zur Verfügung steht« (Luhmann 1972: 192f.). Die bürgerliche Gesellschaft, so heißt es im gleichen Kontext, ersetzt »die Omnipräsenz Gottes durch die Omnipräsenz des Geldes« (ebd.: 191). Diese neue Qualität des Geldes macht nach Luhmann (ebd.: 199f.) eine Geldtheorie erforderlich, die sich »nicht nur an das einfache Modell des Tausches von Handlung gegen Handlung« anlehnt und »diesem Modell die Geldhingabe als eine mehr oder weniger künstliche, symbolische Handlung« hinzufügt. Denn die durch den »Geldmechanismus konstituierten Selektionsketten« seien »nicht nur Tauschketten«, sondern griffen »über die Steuerung entsprechenden Erlebens [...] tief in Produktions- und Konsumententscheidungen ein« (ebd.). Die Besonderheit der modernen Ökonomie besteht darin, dass neben die »traditionelle« Knappheitssprache der Güter eine neuartige Knappheitssprache tritt, nämlich die des Geldes (vgl. Luhmann 1988: 46f.), und dass beide Knappheitssprachen ganz anderen Konditionierungsmöglichkeiten unterworfen sind (vgl. ebd.: 135).

Wir wollen diesen Abschnitt resümierend einerseits festhalten, dass auch nach Luhmann die Emergenz der modernen Ökonomie gekoppelt ist an neuartige Qualitäten des Geldes. Obgleich die Systemtheorie ihre wirtschaftsspezifischen Überlegungen in erheblich größerer Distanz zu den im Feld gängigen Theorieangeboten entwickelt als Marx, verwundert es deshalb wenig, wenn auch bei Luhmann explizit auf das moderne Geld als Einheit dreier Funktionen abgestellt wird:

»Geld wird zugleich zeitlich, sachlich und sozial (als Werthalter, Wertmesser und Tauschmittel) so stark generalisiert, daß es in anderen Gütern keine funktionalen

Äquivalente mehr findet und in diesem Sinne den Charakter eines Gutes verliert. Es wird universell relevant in dem Sinne, daß es auf *alle* Dinge und Handlungen beziehbar ist, sofern sie wirtschaftlich beurteilt werden« (Luhmann (1972: 192f.).

Zum anderen soll gleichsam forschungsperspektivisch notiert werden, dass die von Luhmann in Anschlag gebrachten Begrifflichkeiten, mit denen der originäre ›Take Off‹ des modernen Kapitalismus beschrieben wird, auch fruchtbar gemacht werden könnten, um evolutionäre Veränderungen innerhalb des ausdifferenzierten Wirtschaftssystems in stärker theoriegeleiteter Weise zu thematisieren. Baecker (2006: 12) hat jüngstens festgehalten, dass eine soziologische Theorie der Wirtschaft sich stärker als die Wirtschaftswissenschaften für die Frage der »Eingrenzung *und* Ausgrenzung von Sachverhalten aus dem wirtschaftlichen Kalkül« zu interessieren hätte. Für die Genese des Kapitalismus lassen sich hier bekanntlich gegenläufige Tendenzen feststellen: Einerseits eine ›grandiose‹ Ausweitung des Knappheitsregimes, vor allem auf Eigentum und Arbeit (›Kommodifizierung‹), andererseits aber auch eine dezidierte Exklusion bestimmter Bereiche aus dem Knappheitsregime (man denke an die spezifisch moderne Nicht-Käuflichkeit von politischen Ämtern, von Seelenheil, Liebe etc.). Aktuell wären so verschiedenartige Phänomene anzuführen wie die Umstellung von Alterssicherungssystemen von politischer Mediatisierung auf kapitalmarktliche Formen der Redistribution oder die Frage der Patentierbarkeit gentechnologischer Entwicklungen oder geistigen Eigentums. Offensichtlich sind Kontraktionen und Expansionen von Knappheitskommunikation in der Gesellschaft historisch hochgradig variabel, und für deren Erklärung – jedenfalls die moderne Gesellschaft betreffend – wird man sich nicht mit einem alleinigen Hinweis auf soziale Kräfteverhältnisse bescheiden können, sondern hätte in Rechnung zu stellen, dass sich die kapitalistische Ökonomie zunehmend als eine Art selbstsubstitutive Ordnung geriert.

2.3.3. Ökonomische Reflexionstheorien: Die Ausdifferenzierung der Wirtschaft im Spiegel semantischer Artefakte

Wie auch im Falle der anderen ›Funktionssystemmonografien‹ enthält Luhmanns Zugriff in *Die Wirtschaft der Gesellschaft* neben der Betrachtung sozialstruktureller Aspekte der Ausdifferenzierung von Wirtschaft verschiedene Rekurse auf wirtschaftsspezifische semantische Entwicklungen. Noch einmal zur Erinnerung: Unter Semantik versteht Luhmann grundsätzlich »einen höherstufig generalisierten, relativ situationsabhängig verfügbaren Sinn« (Luhmann 1980a: 19), bei dessen soziologischer Analyse es nicht primär um eine bloße Rekonstruktion der, so Luhmann (1997: 963), »Oberflächenstrukturen der Wort- und Begriffsgeschichte« geht, sondern um das *Zusammenspiel von Semantik und Sozialstruktur*. Im ersten Kapitel hatten wir Luhmanns Position zum Verhältnis von Sozialstruktur und Semantik als das einer *linearen Nachträglichkeit* bezeichnet, aber zugleich darauf hingewiesen, dass sich diese Konzeption vor allem auf die Überlegung bezogen hat, wonach sich der Wechsel in der Form gesellschaftlicher Primärdifferenzierung, der ab dem späten europäischen Mittelalter eingesetzt hat, nicht sofort in der Formulierung adäquater *Gesellschaftstheorien* niedergeschlagen hat. Auf diesem Feld, so die Annahme bei Luhmann (ebd.), »blockiert nach wie vor der Humanismus den Zugang«.

Dies ist aber keinesfalls die einzige Fassung des Verhältnisses von Sozialstruktur und Semantik, die sich den Texten Luhmanns entnehmen lässt. Stichweh (2000a) beispielsweise hat dort nicht weniger als sechs verschiedene Bedeutungsgehalte dieser Unterscheidung identifiziert. Bei der Rekonstruktion der Genese einer wirtschaftsspezifischen Semantik scheint mir Luhmanns Position nicht eindeutig für einen ›Primat‹ der Sozialstruktur zu sprechen, dem semantische Entwicklungen in passiver Weise nachfolgen, auch wenn diese Perspektive in den materialen Überlegungen zur historischen Wirtschaftssemantik zunächst die dominierende ist. Spätestens ein Blick auf konzeptionelle Bestimmungen Luhmanns zum Begriff der ›Reflexionstheorie‹ offenbart eine Position, die selbigen Zusammenhang als Wechselspiel beider Sphären auffasst, so wenn vermutet wird, »daß Reflexionstheorien auf gesellschaftliche Differenzierung reagieren und dadurch gesellschaftliche Differenzierung verstärken« (Luhmann 1988: 82). Es scheint für den Fall der Wirtschaft nicht zuletzt die Erfahrung der praktischen Wirkungsmächtigkeit der Keynesschen Theorie gewesen zu sein, die Luhmanns Aufmerksamkeit auf eine mögliche »performativity of economics« (MacKenzie 2004: 1) richtete, eine Forschungsperspektive, deren Relevanz gerade im Bereich der Finanzökonomie heute kaum zu überschätzen sein dürfte (vgl. Willke 2005: 286ff.). In der *Wirtschaft der Gesellschaft* heißt es in diesem Sinne jedenfalls: »Die Theorien wirken auf das System, das sie beschreiben, ein. Sie beeinflussen Wirtschaftspolitik, Investitionsverhalten etc. und dies *sehr rasch*« (Luhmann 1988: 78).

Im vorliegenden Kontext geht es uns allerdings nur sekundär um das Moment einer Performativität ökonomischer Reflexionstheorien. Sondern im Zentrum steht die Betrachtung der Genese ökonomiespezifischen Denkens, die parallel zu sozialstrukturellen Ausdifferenzierungsprozessen stattfindet. Hier lassen sich – parallel zur die sozialstrukturelle Seite betreffenden Argumentation – vor allem zwei ›Stufen‹ der Ausdifferenzierung wirtschaftlicher Reflexionstheorien identifizieren, die bei Luhmann unterschieden werden. Zunächst und erstens finden sich einige wenige Hinweise zum Aufkommen funktionsspezifischen Wissens bereits in antiken Gesellschaften. Dazu wird unter anderem ausgeführt:

»Schon in der Antike gab es Anläufe, die überlieferte Adelssemantik durch ein stärker auf Funktionsbereiche bezogenes Wissen aufzulösen und abzulösen. [...] Auch im spätrepublikanischen Rom findet man entsprechende Tendenzen, teils abhängig von griechischen Importen, teils in eigener Auseinandersetzung mit der eigenen Tradition« (Luhmann 1997: 959).

Als Ursache wird sowohl auf die Genese des Geldes als preadaptive advance verwiesen wie auch auf die zunehmend spürbaren Effekte schriftlicher Kommunikation. Insgesamt macht Luhmann (ebd.) allerdings geltend, dass für ein »Durchhalten dieser Tendenz [...] weder die kommunikationstechnischen noch die sozialstrukturellen Vorgaben« ausreichten: »Regressive Entwicklungen hielten diesen Umbau um mehr als tausend Jahre auf«.

Instruktivere und reichhaltigere Hinweise lassen sich bei Luhmann bezogen auf jene Theorien finden, deren Genese für die Zeit ab dem Spätmittelalter angesetzt werden kann, und die den europäischen Übergang zum Regime funktionaler Differenzierung begleiten. In diesem Kontext wird etwa – wir setzen zunächst mit allgemeineren Bemerkungen Luhmanns ein – ausgeführt: »Seit etwa 1600 entstehen bereichsspezifische Reflexionstheorien, die mit Formeln wie Staatsräson oder balance of trade Funktionslogiken ausarbeiten« (Luhmann 1997: 961). Oder es heißt: »Im Wirtschaftssystem lösen seit den Physiokraten und seit Adam Smith systemspezifische Reflexionstheorien, abgeleitet aus Analysen von Tausch, Produktion und/oder Verteilung, die ältere Fürstenberatungsliteratur ab« (Luhmann 1984: 621). Als Grund für die Entstehung solcher Reflexionsgestalten wird vor allem geltend gemacht, dass die Wirtschaft eine zunehmende Eigenlogik entfaltet habe, deren Beschreibung sich »den Anforderungen einer moralischen Codierung« entzogen habe: »Weder kosmologische noch spezifisch religiöse, noch moralische Gesichtspunkte reichen aus, um die Bewegung der modernen Ökonomie zu begreifen; und vor allem wird es zunehmend unfruchtbar, sie lediglich als Abweichung von natürlichen oder moralischen Sollwerten aufzufassen« (Luhmann 1988: 186). Die Aufmerksamkeit richte sich nun zunehmend, so Luhmann (1997: 970f.), »auf die Transaktionen als solche unter Abstraktion von den Befindlichkeiten, dem Wohlergehen, den Intentionen und Motiven der Beteiligten«.

Ein erneuter Seitenblick auf die Marxsche Theorie kann den Blick vor allem auf drei Theorieschulen lenken, die, ihrer Vormachtstellung nach einander tendenziell ablösend, den Prozess ökonomischer Verselbständigung semantisch begleitet haben: die Merkantilisten, die Physiokraten und schließlich die klassische politische Ökonomie. Im Rahmen eines Zugriffs, der weitaus elaborierter ansetzt als die tentativen Bemerkungen zum Zusammenhang von Sozialstruktur und Ideenevolution aus dem Frühwerk und auch als die bekannte Unterscheidung von klassischer politischer Ökonomie und Vulgärökonomie rekonstruiert Marx im zweiten Band des *Kapital* im Zuge der Betrachtung der Zirkulation des Kapitals die ihm vorangegangen ökonomischen Schulen als spezifische Formen eines *erscheinenden Wissens*. Geht man mit Marx vom Zirkulationsprozess des Kapitals aus, verstanden als Metamorphosenreihe von Geldkapital, Warenkapital und produktivem Kapital (mehr dazu in Kapitel 3), dann gibt es, je nach dem welche Anfangs- und Endpunkte bei der Betrachtung jeweils gewählt werden, drei Möglichkeiten, diesen Zirkulationsprozess zu betrachten: Als Kreislauf des Geldkapitals, als Kreislauf des produktiven Kapitals und als Kreislauf des Warenkapitals (vgl. MEW24: 31–117). Obgleich die eigentliche Pointe der Marxschen Entwicklung in dem Nachweis bestehen soll, dass sich alle drei Kreislaufsgestalten wechselseitig voraussetzen und dabei zugleich einen emergenten Ordnungszusammenhang konstituieren, fällt – als Nebenprodukt der Begriffsentwicklung – eine kritische Perspektive auf konkurrierende Theorieangebote ab. Murray (1998: 37) hat dazu festgehalten:

»Indeed, toward the end of his treatment of each of the three forms and corresponding circuits, Marx matches each with one or another school of political economy that fixates on that particular form and circuit: money capital with the monetary system and mercantilism, productive capital with classical political economy, and commodity capital with Quesnay's physiocratic *Tableau economique*« (vgl. dazu auch Arthur 1998: 108ff.).

Marx geht also davon aus, dass die vorherrschenden Gestalten ökonomischer Theoriebildung keinesfalls kontingent sind, sondern sich jeweils spezifischen vereinseitigenden Abstraktionen verdanken, und es ist dann die Aufgabe der (eigenen) übergreifenden Theorie, sowohl Leistungen wie Grenzen dieser Perspektiven systematisch zu bestimmen.

Zum Merkantilismus wird unter anderem bei Marx festgestellt:

»Wir finden daher bei Dolmetschern des Merkantilsystems (dem die Formel G-W...P...W'-G' zugrunde liegt) sehr weitläufige Predigten darüber, daß der einzelne Kapitalist nur als Arbeiter konsumieren muß, wie die Kapitalistennation den andern dümmern Nationen das Verzehren ihrer Waren und überhaupt den Konsumtionsprozeß überlassen, dagegen die produktive Konsumtion zu ihrer Lebensaufgabe machen muß. Diese Predigten erinnern oft der Form und dem Inhalt nach an analoge asketische Ermahnungen der Kirchenväter« (MEW24: 64).

Die Merkantilisten, so lautet das Argument etwas weiter entfaltet, stehen am Beginn der Genesis des modernen Kapitalismus, haben es also noch nicht mit einer systematisch vollzogenen Zweitcodierung des Eigentums durch das Geld zu tun. Sie stellen entsprechend ab auf die Dynamik der Zirkulationssphäre und den handelskapitalistischen Gewinnmechanismus, denken den Systemzusammenhang aber mehrheitlich noch als Nullsummenspiel, weshalb sie die Geschäftspraxis der Handelskapitalisten – Überschusserwirtschaftung qua wohlfeilem Austausch – zur allgemeinen nationalökonomischen Maxime generalisieren. Bei Luhmann findet sich kein eingehender Bezug auf den Merkantilismus, es wird lediglich festgestellt, dass »die Ausdifferenzierung der Wirtschaft« zunächst »an der Eigenlogik des Handels wahrgenommen« wurde, was mitunter auf diese Theorietradition verweist (Luhmann 1997: 726).

Systematischere und instruktivere Bestimmungen finden sich bei Luhmann zur Schule der Physiokraten und zur klassischen politischen Ökonomie. Allgemein wird zu diesen Schulen ausgeführt, dass im 18. Jahrhundert

»eine Wirtschaftswissenschaft [beginnt], die ihren Gegenstand, wenn auch nicht mit diesem Begriff, als ein autopoietisches System vor sich sieht. Erst jetzt entsteht auch in der Wirtschaft selbst ein Reflexionsbedarf mit dem Bemühen, die Operationsweise, die Strukturen und den Strukturwandel des eigenen Systems als Einheit des eigenen Systems zu begreifen. Sehr rasch muß man darauf verzichten, sich diese Einheit wenn nicht als Haushalt, so doch als Zivilgesellschaft in Staatsform vorgeben zu lassen, und der Gegenstand wird statt dessen über Operationstypen wie Tausch, Produktion oder Verteilung erfaßt, für die es in der Umwelt des Systems keine Entsprechung gibt« (Luhmann 1988: 77).

Der Physiokratie wird bescheinigt, sie habe die »Autonomie der Wirtschaft [...] erkannt« (Luhmann 1988: 78) und in solcher Form begrifflich konzeptualisiert, dass sie auf den »monetär vermittelten Tausch« als einem Mechanismus abgestellt habe, »der alles, was wirtschaftlich relevant ist, erfaßt und vollständige Interdependenz aller wirtschaftlichen Vorgänge herstellt«. Dieser für die damalige Zeit neue Gedanke – der nämlich auf das Moment der mittlerweile erfolgten monetären Duplikation von Knappheit referiert – wurde von den Physiokraten, so Luhmann, durch die Metapher des Zirkels und der Zirkulation dargestellt: »Das System der Zirkulation setzt sich selbst voraus, erhält sich selbst und steigert bzw. reduziert sich selbst durch Ausweitung bzw. Verkürzung des Durchmessers des Zirkels« (ebd.). Das solchermaßen ausbuchstabierte »Bild selbstreferentieller Symmetrie« sei von den Physiokraten durch den Einbau von »Interdependenzunterbrechungen« aufgebrochen und mit der Umwelt des Systems verknüpft worden: Während Kapital und Arbeit lediglich die Potenz zugeschrieben wird, sich selbst zu reproduzieren, können Überschüsse den Physiokraten zufolge nur durch ein Zusammenwirken von System und Umwelt zustande kommen. Es ist der Produktionsfaktor Land, der die operativ geschlossene Kontextur der Wirtschaft mit der Natur verbindet und so Überschüsse ermöglicht (vgl. ebd.). Auch hierzu lässt sich eine ganz ähnliche Einschätzung Marxens auffinden:

»Quesnay selbst und seine nächsten Schüler glaubten an ihr feudales Aushängeschild. [...] In der Tat aber ist das physiokratische System die erste systematische Fassung der kapitalistischen Produktion. Der Repräsentant des industriellen Kapitals – die Pächterklasse – leitet die ganze ökonomische Bewegung. Der Ackerbau wird kapitalistisch betrieben, das heißt als Unternehmung des kapitalistischen Pächters auf großer Stufenleiter« (MEW24: 360).

Der klassischen politischen Ökonomie wird von Luhmann (1988: 44f.) bescheinigt, die »alte Vorstellung einer natürlich-begrenzten Gütermenge, die die Physiokraten noch fortgeschrieben hatten, indem sie Wohlstandsvermehrung ausschließlich dem Faktor Land zuschrieben« überwunden zu haben. Er bestimmt die klassische politische Ökonomie als eine Art Reflexionstheorie der beginnenden kapitalistischen Industrialisierung, deren primäre Forschungsfrage in der Erklärung der rasanten Zunahme der Produktivität gelegen habe:

»Die Theorie der Wirtschaft wurde deshalb als Theorie der wirtschaftlichen Produktion angelegt. [...] Eben deshalb wurde Arbeit als derjenige Faktor, der Steigerung erklären konnte, zum wichtigsten, wenn nicht einzigen Produktionsfaktor aufgewertet. Die zirkulär-geschlossene Rekursivität des Systems wurde nicht in der Geldtheorie, sondern in der Theorie der Produktionsfaktoren zum Ausdruck gebracht, nämlich dadurch, daß man nur solche Faktoren berücksichtigte, deren Bereitstellung und Erneuerung wiederum als Produktion begriffen werden konnte, das heißt Arbeit bzw. Geld kostete. Letztlich lief so alles auf Arbeit zurück. [...] Auch der Kapitalbegriff wurde auf Produktion zugeschnitten, etwa als produzierte Produktionsmittel definiert. Geld wurde natürlich als ein unwegdenkbares Erfordernis der Marktwirtschaft und als zivilisatorische Errungenschaft gefeiert; es nahm in der Theorie aber gleichwohl nicht den Platz ein, der ihm gebührt« (Luhmann 1988: 44f.).

Auch dazu findet sich bei Marx eine ganz ähnliche Einschätzung:

»Die allgemeine Form der Bewegung, P ... P, ist die Form der Reproduktion und zeigt nicht, wie G ... G', die Verwertung als Zweck des Prozesses an. Sie macht es deshalb der klassischen Ökonomie um so leichter, von der bestimmten kapitalistischen Form des Produktionsprozesses abzusehn und die Produktion als solche als Zweck des Prozesses darzustellen, so daß möglichst viel und wohlfeil zu produzieren und das Produkt gegen möglichst vielseitige andre Produkte auszutauschen sei, teils zur Erneuerung der Produktion (G-W), teils zur Konsumtion (g-w). Wobei denn, da G und g hier nur als verschwindendes Zirkulationsmittel erscheinen, die Eigentümlichkeiten sowohl des Geldes wie des Geldkapitals übersehn werden können, und der ganze Prozeß einfach und natürlich erscheint, das heißt die Natürlichkeit des flachen Rationalismus besitzt« (MEW24: 96).

Wiederum: In beiden Fällen, bei Marx und Luhmann, begegnet uns eine ganz ähnliche Diagnose. Der klassischen politischen Ökonomie wird zwar ein Erkenntnisfortschritt zugesprochen, insoweit sie auf das produktive Moment von Arbeit abgestellt habe. Zugleich wird kritisiert, dass sie es nicht zu Wege brachte, dieses Moment mit der Geldtheorie zu vermitteln (als Konsequenz findet man dann bei Luhmann eine Ablehnung der Arbeitswerttheorie überhaupt, bei Marx eine Vermittlung von Arbeitswerttheorie und Wertformanalyse qua monetärer Werttheorie).

Wir wollen die Diskussion ökonomischer Reflexionstheorien an dieser Stelle nicht vertiefen, zumal sich weder bei Luhmann noch bei Marx ein systematisches Programm dazu findet, was wohl auch ein eigenständiges Forschungsprojekt von beträchtlichem Ausmaß wäre (lesenswert hierzu Krauth 1984). Zusammenfassend wird bei Luhmann vermutet, dass die Reflexion des Wirtschaftssystems im Zuge der Genese und Fortentwicklung bereichsspezifischer Sondertheorien ihre »Anlehnung« auswechselt: Statt auf Religion, Moral und Politik abzustellen, stützt sich die Beschreibung der Ökonomie zunehmend auf Wissenschaft und gewinnt damit neue Freiheitsgrade (vgl. Luhmann 1988: 82). Dass es sich bei den Wirtschaftswissenschaften aber nach wie vor um Reflexionstheorien handelt und nicht um Gesellschaftstheorien, manifestiert sich Luhmann (1997: 965) zufolge vor allem darin, dass sie in aller Regel »durch ein Verhältnis der Loyalität und der Affirmation an ihren Gegenstand gebunden« seien. Für Luhmann (ebd.: 973) lässt sich dies exemplarisch an der bis heute andauernden Dominanz des ›Rational Choice‹-Paradigmas festmachen, womit eine »fundamentale Bestätigung der positiven Selbsteinschätzung der Wirtschaft« gleich ins Theoriedesign eingebaut sei: »Alle weiteren Entwicklungen findet man, was klassische und neoklassische Theorieangebote angeht«, so Luhmann (ebd.) weiter »innerhalb dieses Ansatzes, in dem dann weder über das Recht zur Rationalität noch über die kausale Wirksamkeit rationaler Dispositionen diskutiert werden kann«. Dem ist per se wenig hinzuzufügen, vielleicht mit der Ausnahme, dass darauf hinzuweisen wäre, dass sich gerade in den letzten Jahren zahlreiche heterodoxe Theorieangebote innerhalb der Wirtschaftswissenschaften herausgebildet haben, die, wenn nicht als Gesellschaftstheorien, so doch als *kritische* Reflexionstheorien der Wirtschaft angesehen werden könnten (das Spektrum reicht hier von den diversen postkeynesianischen Projekten einer alternativen Makroökonomik bis hin zur betriebswirtschaftlichen ›Business Ethics‹-Literatur). Denn diese Theorieunternehmen brechen – bei allen sonstigen internen Unterschieden – zumindest mit dem modernisierungstheoretischen Paradigmenkern der orthodoxen Neoklassik, wonach Erfolge in Funktionsrichtung per se als gesamtgesellschaftlich rational anzusehen seien.

2.4. Kernaspekte der Reproduktionsdynamik des ökonomischen Systems

Bis dato haben wir darauf fokussiert, Aspekte einer Emergenz des Monetären aus den Luhmannschen Arbeiten herauszupräparieren, ohne auf das Konzept des Funktionssystems zurückzugreifen. Obgleich bei Luhmann (1988: 105) unmissverständlich festgehalten wurde, »daß die Wirtschaft ein zirkulär konstituiertes, durch Evolution zustande kommendes System ist, bei dem es keinen Sinn hat, nach Anfängen oder nach externen Ursachen zu fragen, wenn man die Funktionsweise des Systems erklären will«, haben die vorangegangenen Rekonstruktionen gezeigt, dass auch der systemtheoretische Zugriff als *Konstitutionstheorie ökonomischer Verselbständigung* verstanden werden kann. Genau wie wir es bereits anlässlich der Marxschen Kritik der politischen Ökonomie gesehen haben, kommt auch die Systemtheorie der Wirtschaft ohne die Unterstellung einer teleologisch begründeten Entwicklungslogik aus, präsentiert aber einen evolutionstheoretischen Zugriff, der sich sehr wohl als ein vom Ergebnis her konzipiertes Einholen der Bedingungen der Möglichkeit ökonomischer Verselbständigung lesen lässt. Wenn es nun in einem nächsten Schritt darum geht, die Reproduktionsdynamiken und Formationsprinzipien des operativ geschlossenen Wirtschaftssystems anzudiskutieren, dann stellt sich eingangs die Frage des ›Übergangs‹. Ab wann kann von einem operativ geschlossenen Wirtschaftssystem gesprochen werden und was sind hierfür die Kriterien? Bislang haben wir uns damit beschieden, zu betonen, dass die Systemtheorie zusätzlich zum Moment der Codierung qua Geld auf die Zweitcodierung des Eigentums durch das Geld sowie auf die monetäre Duplikation von Knappheit abstellt, Aspekte, die nicht direkt auf der funktionssystemvergleichend fundierten allgemeinen Begriffsebene der Systemtheorie angelagert sind, sondern sich einer funktionssystemspezifischen Respezifizierung selbiger Begrifflichkeiten verdanken.

Stellt man nun die Frage, ob es einen ›Geburtsakt‹ des ökonomischen Systems gibt, dann müssen zwei Dimensionen unterschieden werden. Mit Blick auf die *begriffliche Dimension* hat Luhmann wiederholtermaßen darauf beharrt, »dass man die Härte des Begriffs bewahrt, dass man also sagt: ein System ist entweder autopoietisch oder nichtautopoietisch« (Luhmann 2002: 116). Diese Bestimmung leitet sich vor allem aus dem Autopoiesis-Konzept selbst ab, denn wenn Autopoiesis besagt, dass die Operationen des Systems ausschließlich durch das System selbst produziert werden, dann ist hier eine Entweder/Oder-Antwort gefordert. Luhmann (ebd.) vermerkt jedenfalls: »Das bedeutet, dass das Autopoiesiskonzept kein gradualisierbares Konzept ist, und das wiederum heißt, dass man die Evolution komplexer Systeme nicht mit dem Begriff Autopoiesis erklären kann. Wenn man das doch versucht, gelangt man zu Theorien, die sagen, dass ein System langsam autopoietischer werde«. Andererseits lassen sich auch Bemerkungen bei Luhmann finden, die keinesfalls einen so eindeutigen Trennungsstrich ziehen, so wenn es etwa zu Prozessen interner Systemdifferenzierung heißt:

»Solche Zusammenhänge externer und interner Differenzierung setzen deren Differenzen voraus. Diese Differenz ist aber kein einfaches, durch einen Gründungsakt etabliertes Faktum. Es handelt sich, und nur so ist ja auch Evolution möglich, um ein graduelles Phänomen. Die Graduierung kann jedoch nicht beliebig erfolgen; sie wiederholt und verstärkt den Grundvorgang einer Systembildung. Insofern entscheidet die Differenzierung der Differenzen über den Grad an ›Systemheit‹ eines Systems – über Ausmaß und Intensität, mit denen ein System ein System ist« (Luhmann 1984: 265).

Der hier herangezogene Begriff eines *Grades an Systemheit eines Systems* ist aber ganz sicher nicht mit der oben von Luhmann favorisierten Bestimmung von Autopoiesis als nicht-gradualisierbarem Konzept zur Deckung zu bringen. Wir werden anlässlich der Frage des Emergierens eines finanzökonomischen Systems noch einmal ausführlicher auf diesen Problemkomplex zurückkommen; an dieser Stelle wollen wir uns mit einer pragmatischen »Lösung« begnügen: Autopoiesis soll als begriffliches (aber natürlich nicht bloß: analytisches) Konzept im Sinne einer Entweder/Oder-Unterscheidung verstanden werden. Für empirische Prozesse wird von gradualisierten Steigerungen hin zu operativer Geschlossenheit ausgegangen. So in etwa stellt es sich jedenfalls im Kontext der Marxschen Theorie da: Der reale Prozess ökonomischer Verselbständigung wird als ein gradueller Vorgang verstanden, von dem aber die begrifflich zu bestimmende Reproduktionslogik des modernen ökonomischen Systems unterschieden wird. Zugleich wird davon ausgegangen, dass das einmal etablierte ökonomische System – in der empirischen Zeit – eine Strukturprägekraft entfaltet und sich zunehmend in den ›Körper‹ der Gesellschaft ›einschreibt‹. Oder in den Worten von Marx selbst:

> »In der Theorie wird vorausgesetzt, daß die Gesetze der kapitalistischen Produktionsweise sich rein entwickeln. In der Wirklichkeit besteht immer nur Annäherung; aber diese Annäherung ist umso größer, je mehr die kapitalistische Produktionsweise entwickelt und je mehr ihre Verunreinigung und Verquickung mit Resten früherer ökonomischer Zustände beseitigt ist« (MEW25: 184).

2.4.1. Offenheit und Geschlossenheit als wechselseitiges Steigerungsverhältnis

Die Integration der Konzepte von Autopoiesis und operativer Geschlossenheit in die Theorie sozialer Systeme ist im soziologischen Diskurs nicht immer auf Zustimmung gestoßen. Betrachtet man allerdings einen Großteil der vorgebrachten Kritiken etwas näher, so lässt sich zeigen, dass in aller Regelmäßigkeit Positionen kritisiert werden, die den tatsächlichen Aussagegehalt der Systemtheorie in eigentümlicher Weise konterkarieren. Es scheint vor allem symptomatisch zu sein, dass davon abstrahiert wird, dass die Theorie sozialer Systeme eine *System/Umwelt-Theorie* darstellt (vgl. Luhmann 1984: 25f.). Das Erkenntnisinteresse dieses Theorieprogramms besteht gerade nicht in der Behauptung einer monadenhaften Abkopplung einzelner gesellschaftlicher Teilbereiche, sondern darin, elaborierte Begriffstechniken auszuarbeiten, um das komplexe Wechselverhältnis von Geschlossenheit und Offenheit adäquater denken zu können als in der traditionellen Soziologie. Dies scheint ein Aspekt zu sein, der auch im Hinblick auf die Fortschreibung der Marxschen Theorie von Bedeutung ist, insofern konstatiert werden kann, dass in den dortigen Anschlussarbeiten allzu oft beim Insistieren einer selbstläuferisch gedachten ›Kapitallogik‹ stehen geblieben wird, wo doch zu berücksichtigen wäre, dass selbige gleichsam nur die eine Seite der Medaille darstellt. Es bietet sich an, das Luhmannsche Konzept des Wirtschaftssystems als gleichermaßen operativ geschlossenem wie kognitiv offenem System dadurch zu entfalten, dass wir die im soziologischen Diskurs auffindbaren Kritikmuster aufnehmen und ihrerseits dort kritisieren wo es nötig erscheint. Darstellungstechnisch wird so vorgegangen, dass zunächst drei exemplarische Kritiktypen vorgestellt werden, um dann im Anschluss die Position der Systemtheorie präziser bestimmen zu können.

Der erste vorherrschende Einwand betrachtet das Autopoiesis-Konzept als zu radikal auf Selbstreferenz und Geschlossenheit abstellend. Hier ist etwa an die Aussage Münchs (1992: 43) zu denken, dass »empirische Differenzierung nicht im Sinne von Autopoiesis zu begreifen« sei, »weil die Autonomie der gesellschaftlichen Subsysteme in der realen Welt permanent durch eine Vielfalt von Handlungselementen produziert und reproduziert wird, die sich zugleich innerhalb und außerhalb eines analytisch definierten Subsystems befinden«. Unter stillschweigender Zugrundelegung des Parsonsschen Interpenetrationskonzepts verwirft Münch die Behauptung eines auch empirischen Vorliegens rein funktionsspezifischer (etwa: wirtschaftlicher) Elemente (Kommunikationen/Handlungen) und möchte das Autopoiesis-Konzept entsprechend nur als analytisches Schema gelten lassen. Bezogen auf das Wirtschaftssystem finden sich ähnliche Positionen in einer wirtschaftssoziologischen Tradition, die einseitig auf die soziale Einbettung ökonomischen Handelns abzielt, ohne auf die Einheit ihres Gegenstandes zu reflektieren.

Eher umgekehrt lautet eine Kritik von Deutschmann. Deutschmann (2001: 74) hält den Aspekt geschlossener Selbstbezüglichkeit, der im Autopoiesis-Konzept manifestiert ist, für eine dem kapitalistischen Wirtschaftssystem gegenüber grundsätzlich adäquate Beschreibungsform. Er stört sich allerdings an der bei Luhmann immer mitgedachten Gleichzeitigkeit von Offenheit und Geschlossenheit, also beispielsweise an der Überlegung, wonach »Zahlungen an Gründe für Zahlungen gebunden sind, die letztlich in die Umwelt des Systems verweisen« (Luhmann 1988: 59). Einen solchen Umweltbezug könne man alleinig dann behaupten, wenn man nur auf die Tauschmitteleigenschaft des Geldes abstelle, nicht aber bei Rekurs auf die Kapitaleigenschaft des Geldes: »Welche Umwelt«, so fragt Deutschmann (ebd.) rhetorisch, »wird [...] durch die Operation G-W-G' konstituiert?«. Offenbar möchte Deutschmann die These stark machen, wonach es im Falle des selbstbezüglichen Kapitalkreislaufs überhaupt nicht länger sinnvoll bzw. möglich sei, auf Fremdreferenz Bezug zu nehmen, weil jene vermeintlich fremdreferentiellen Bezugspunkte (etwa Bedürfnisse) immer selbst schon nach Maßgabe des kapitalistischen Systems vorstrukturiert seien.

Neben diesen ›Extremalpositionen‹ lassen sich auch Einschätzungen finden, die zwar der tatsächlichen Luhmannschen Konzeption näher kommen, die dort inaugurierte *Einheit von Geschlossenheit und Offenheit* aber als theoriearchitektonische Ambivalenz interpretieren. So stellt etwa Schwinn (1995a: 207) fest, dass in »Luhmanns neueren Arbeiten« – das heißt in den Arbeiten seit der autopoietischen Wende – eine »ungelöste Spannung zwischen der Behauptung einer funktionalen Autonomie der Einzelsysteme und dem gleichzeitigen Festhalten an der gesamtgesellschaftlichen Einheit, in Bezug auf die sich die Teilfunktionen überhaupt erst definieren«, bestehen würde. In ähnlicher Weise wird bei Wagner (2000: 211) die Frage aufgeworfen, wie denn »operativ geschlossene, sich selbst produzierende Teilsysteme, die in totalem Gegensatz zueinander stehen, Funktionsleistungen für ein Gesamtsystem erbringen« könnten? Mit Blick auf unseren Gegenstandsbereich Wirtschaft würde das Argument also darin bestehen, dass die Funktionszuschreibung der Wirtschaft – die Verknüpfung einer zukunftsstabilen Vorsorge mit je gegenwärtigen Verteilungen – mit ihrem Operationsmodus (der Autopoiesis von Zahlungen) kollidieren würde, oder anders gefasst: Dass beides nicht miteinander kompatibel sei.

Die Defizienz des ersten Kritikmusters ist relativ leicht zu bestimmen: Münch betrachtet das Autopoiesis-Konzept als eine solche Position, die eine vollständige systemische Geschlossenheit inauguriere, und macht demgegenüber empirische Prozesse von ›Interpenetration‹ geltend, also Wechselwirkungen zwischen Systemen. Münch berücksichtigt aber nicht, dass auch die Luhmannsche Systemtheorie über eine ganze Reihe von Begrifflichkeiten verfügt, um das zu beschreiben, was bei Parsons mit dem

Interpenetrationskonzept gefasst wird. Man denke an das Konzept der kognitiven Offenheit von Systemen, an das Moment der strukturellen Kopplung oder an die Bestimmung der Programmebene. Die eigentliche Absetzungsbewegung Luhmanns gegenüber der Theorie von Parsons besteht in der Annahme, dass der Umweltkontakt autopoietischer Systeme durch deren operative Geschlossenheit überhaupt erst möglich wird, was aber nichts anderes darstellt als den Versuch einer Präzisierung des Interpenetrationskonzeptes. Das zweite Kritikmuster lässt sich, obwohl vermeintlich diametral anders herum gebaut, in ähnlicher Weise entkräften. Deutschmann arbeitet mit der bekannten Marxschen Unterscheidung von W-G-W und G-W-G' und bezweifelt, dass letztere Operationsweise – als systemische gedacht – überhaupt noch einen Umweltbezug kenne. Luhmanns auf Offenheit und Geschlossenheit abstellendes Systemkonzept würde folglich nur für die Operationslogik W-G-W geeignet sein, nicht aber für diejenige von G-W-G'. Dem ist aber zu entgegnen, dass dem gebrauchswertorientierten Gütertausch (W-G-W) mit Luhmann überhaupt kein systemischer Status zugeschrieben werden kann. Wenn Geld stetig nur als Mittel dient, um außerökonomisch fundierte Zwecksetzungen zu erreichen, kann nicht von einer wie auch immer gearteten monetären Selbstreferenz gesprochen werden. Die Bezugspunkte bilden immer nur die Güter. Das Geld fungiert ausschließlich als Transaktionskosten einsparendes *technisches Instrument*, das die Umstände eines prä-monetären Ringtausches zu umgehen in der Lage ist. Wir werden im nächsten Unterkapitel deutlicher sehen, dass auch Luhmanns Systemkonzept auf die Operationslogik G-W-G' abstellt, sich in der Art der Begriffsbestimmungen aber vom Zugriff Marxens an einigen Punkten stark unterscheidet. An dieser Stelle können wir uns mit dem Hinweis bescheiden, dass Luhmanns (1988: 15f.) auf das moderne ökonomische System bezogene Charakterisierung einer »Simultaneität von Selbstreferenz und Fremdreferenz« keinen unschuldigen Gütertausch vor Augen hat, sondern die Operation G-W-G' ausdrücklich mit einbezieht. Das Argument lautet, dass jede Zahlung – unter den Bedingungen eines ausdifferenzierten Wirtschaftssystems – uno actu eine »Neubestimmung der Eigentumsverhältnisse an Geld« vornimmt. Dies ist das Moment der Selbstreferenz. Dass damit aber zugleich ein »Verweisungskontext« etabliert wird, »der auf Güter und Leistungen, auf Wünsche und Bedürfnisse, auf Folgen außerhalb des Systems Bezug nimmt«, was das Moment der Fremdreferenz darstellt (ebd.: 16). Dass die Wünsche und Bedürfnisse in der Umwelt des Systems selbst anteilig durch die Wirtschaft affiziert sind, bestreitet auch Luhmann explizit nicht: »Die Beschreibung als Bedürfnis registriert mitunter immer einen Grund für Zahlungen, aber dieser Grund ist in unterschiedlichem Ausmaß zugleich Artefakt von Gesellschaft und von Wirtschaft« (Luhmann 1988: 61).

In den oben referierten Positionen von Schwinn und Wagner wurde – um anhand dieser Auffassungen unser Argument fortzuführen – Luhmanns Konzept zum Verhältnis von Offenheit und Geschlossenheit weitestgehend zutreffend wiedergegeben. Das Problem dieser Positionen besteht allerdings darin, dass sie die in der Systemtheorie enthaltene forschungsperspektivische Pointe nicht als solche identifizieren, sondern als Aporetik des Theorieunternehmens ausflaggen. Denn die dort rhetorisch aufgeworfene Frage, wie operativ geschlossene Systeme Funktionsleistungen für ein Gesamtsystem erbringen können, ist ja kein Theoriedefizit, sondern die kritische Fragestellung der Luhmannschen Theorie. Ganßmann (1986: 15f.) hatte bereits vor langer Zeit darauf aufmerksam gemacht, dass in der Luhmannschen Konzeption durchaus eine »wirtschaftskritische Perspektive« enthalten sei: »Der Geld-Code bildet ein multidimensionales Universum von Waren und Aktivitäten eindimensional ab. Es fragt sich also, wie der damit verbundene Informationsverlust verarbeitet werden, wie das Wirtschaftssystem allein mittels der ›Sprache der Preise‹ […] funktionsfähig bleiben kann«.[87] Diese allgemeine Konstellation gewinnt heute, vor allem mit Blick auf die sekundären Finanzmärkte, nochmals an Brisanz. Unter dem Schlagwort der »Optionssteigerung« verweist Nassehi (2003: 172f.) beispielsweise darauf, dass funktionsspezifische Limitierungen inzwischen jede »Limitierung nach innen« verloren haben, weil ihre eigene Erfolgsgarantie vor allem darin besteht, für Anschlüsse zu sorgen. Am deutlichsten sei dies gegenwärtig am »Übergang vom Waren- und Industrie- zum Finanzkapitalismus« abzulesen, insofern letzterer sich seiner inneren Logik nach völlig von der Frage dessen abgekoppelt habe, »was wir bis vor kurzem Volkswirtschaften nannten« (ebd.). Die dortigen Geld-

87 Oder in den Worten Luhmanns: Die Integration der Autopoiesis-Perspektive sollte es ermöglichen, die klassische Differenz von geschlossenen und offenen Systemen zu transformieren in die Frage, »wie selbstreferentielle Geschlossenheit Offenheit erzeugen könne« (Luhmann 1984: 25). Diese Frage kann sinnvoll nur bearbeitet werden, so die Fortführung des Arguments (Luhmann 1988: 49f.), wenn Selbstreferenz und Fremdreferenz bzw. Offenheit und Geschlossenheit nicht länger als »Typenunterschiede«, sondern als wechselseitiges »Steigerungsverhältnis« begriffen werden. Das bedeutet: Einem ›Mehr‹ an Geschlossenheit korrespondiert gerade kein ›Weniger‹ an Offenheit (und umgekehrt), sondern beide Modalitäten steigern sich an- und gegeneinander.

Derivate scheinen sich mehr und mehr zu einer selbstsubstitutiven Ordnung zu entfalten, die durch solchermaßen hochgradig verschachtelte Referenzstrukturen gekennzeichnet ist, dass man nach Fremdreferenzen buchstäblich mit der Lupe suchen muss.

Nur ist auch dies kein Kardinaleinwand gegen die bei Luhmann angenommene Einheit von Selbst- und Fremdreferenz, sondern eine *Forschungsanweisung*: Die bei Luhmann konstitutive These einer Simultanverweisung wirtschaftlicher Operationen auf das System und auf seine Umwelt ermöglicht es gerade, eine Sensibilität zu entwickeln für Fragen des historisch und bereichsspezifisch variablen Verhältnisses von Selbstreferenz und Fremdreferenz. Wäre es tatsächlich so, dass selbstreferentielle Operationen im Medium des Geldes (G-W-G') ausschließlich totalisierend wirken und jeglichen Gesamtsinn absorbieren, also nichts als *reine Selbstreferenz* prozessieren, dann wäre es schlicht und einfach nicht möglich, eine Antwort auf die Frage zu geben, warum der Kapitalismus auf eine mittlerweile mehrere Jahrhunderte währende ›Karriere‹ zurückblicken kann und sich – bei allen Katastrophen und bei allem selbsterzeugten Leid – bis heute als bestandsfähig erwiesen hat. Andererseits muss es mit Luhmann (1988: 67) als völlig offen gelten, »ob auf dieser Grundlage« – das heißt auf Grundlage des Regimes funktionaler Differenzierung – »eine dauerhafte (oder mindestens für einige Jahrhunderte stabile) Gesellschaftsstruktur evoluieren wird«.[88] Das, was die oben referierten Kritiker als Aporetik der Luhmannschen Position gekennzeichnet haben, markiert im Gegenteil eine doppelte Absetzungsbewegung der Systemtheorie gegenüber den beiden wohl einflussreichsten soziologischen Theorietypen der letzten hundert Jahre: Die Systemtheorie bricht mit der modernisierungstheoretischen Erbmasse des klassischen sozialwissenschaftlichen Funktionalismus, ohne in das gegenteilige Extrem einer totalisierenden Rationalitätskritik zu verfallen.

88 Grundsätzlich wird vermutet, dass »das, was an Zukunftsschäden ausgelöst wird, nicht mit dem zusammen[fällt], was im Kontext der Funktionssysteme rational kalkuliert werden kann. Die Risiken, auf die die moderne Gesellschaft sich in ihrem Normalfunktionieren einläßt […], überschreiten offenbar die Möglichkeiten rationaler Kalkulation. Sie hängen mit der Diabolik der Kalkulation selbst zusammen; sie sind gerade dadurch bedingt, daß die Codierungen und Programmierungen der modernen Geldwirtschaft eine rationale Kalkulation ermöglichen« (Luhmann 1988: 270f.).

2.4.2. Kerndifferenzen in der Konzeptualisierung der Emergenz des Monetären bei Marx und Luhmann: Kapital als Einheit und Kapital als Differenz

In der Einleitung zu dieser Studie wurde bereits darauf hingewiesen, dass kein umfassend angelegter Vergleich von Systemtheorie und Kritik der politischen Ökonomie, der alle Aspekte beider Theorien gleichermaßen berücksichtigt, angeboten wird, sondern dass das Instrument des Theorienvergleichs in selektiver Weise herangezogen werden soll und thematisch vor allem auf die Frage der Emergenz des Monetären abstellt. Hinsichtlich des schwerpunktmäßig betrachteten Prozesses wirtschaftlicher Ausdifferenzierung konnte eine weitgehende materiale Übereinstimmung beider Theorieunternehmen festgestellt werden. Zugleich sollte transparent geworden sein, warum und in welcher Weise das jeweilige begriffliche Arrangement jeweils variiert. Letzterer Punkt ist es, der noch einmal deutlicher herausgearbeitet werden kann, wenn wir uns nun den Kerndifferenzen beider Konzepte des ökonomischen Systems zuwenden. Auch hier ist wieder zu betonen, dass es nicht um eine erschöpfende Abhandlung gehen kann, sondern wiederum selektiv vorgegangen werden muss. Dass im Folgenden als ›Fallstudie‹ eine vergleichende Betrachtung des Kapitalphänomens geliefert wird, verdankt sich der Annahme, dass gerade anhand dieser Kategorie die gewichtigsten Unterschiede in den Modi der hier zur Disposition stehenden Theoriekonstrukte am besten herausgearbeitet werden können. Gleichwohl scheint es angebracht, wenigstens zu erwähnen, dass diese Entscheidung – wie jede Entscheidung – auf Kosten anderer Optionen erfolgt ist.

Für Marx ist die Kapitalkategorie der Dreh- und Angelpunkt seiner gesamten Ökonomietheorie. Dies zeigt nicht nur der Titel seines Hauptwerkes an, sondern es macht vor allem ein Blick auf die Attribuierungen der verschiedenen ökonomischen Kategorien deutlich, die uns bei einem Durchgang durch die Architektonik dieses Hauptwerkes begegnen. Neben den übergreifenden Bezeichnungen ›allgemeiner Begriff des Kapitals‹ und ›industrielles Kapital‹ begegnet uns die Kapitalkategorie in einer Vielzahl von Differenzierungen und mit den verschiedensten Prädikaten versehen. Im ersten Band ist vor allem an die Ableitung der Unterscheidung von konstantem und variablem Kapital (MEW23: 214ff.) zu denken. Im zweiten Band des *Kapital* finden wir zunächst die *analytische* Dekomposition des Zirkulationsprozesses des industriellen Kapitals in die Kreisläufe des Geldkapitals (MEW24: 31ff.), des produktiven Kapitals (MEW24: 69f.) und des Warenkapitals (MEW24: 91ff.), bevor im Kontext des Umschlags des Kapitals die Unterscheidung von fixem und zirkulierendem Kapital eingeführt wird (MEW24: 158ff.). Im dritten Band des *Kapital* schließlich finden wir mit den Bestimmungen des Warenhandlungskapitals (MEW25: 278ff.) und des Geldhandlungskapitals (MEW25: 327ff.) jene empirisch-organisatorisch selbständigen Kapitalsorten, deren Analyse im zweiten Band erst vorbereitet wurde, bevor Marx dann übergeht zum zinstragenden Kapital (MEW25: 350ff.) und zum fiktiven Kapital (MEW25: 413ff.). Weitere Bestimmungen, die anzutreffen sind, umfassen unter anderem die Unterscheidung von Geldkapital und wirklichem Kapital (MEW25: 493ff.) sowie von individuellem und gesellschaftlichem Kapital (MEW24: 351ff.). Neben diesen in einem strengen Sinne funktionalen Bestimmungen – es handelt sich nämlich um *funktionale Ausdifferenzierungen des industriellen Kapitals* – finden sich vereinzelnd weitere, weniger streng verwendete Ausdrücke wie »personifiziertes Kapital« (MEW23: 168) oder »potentielles Kapital« (MEW25: 368).

Solchen ›Kapital-Kaskaden‹ – die an dieser Stelle nur genannt seien – kontrastiert ein zunächst fast vollständiges Fehlen einer entsprechenden Semantik im Rahmen von Luhmanns Konzeption der modernen Wirtschaft. Am prominentesten dürfte die Kapitalkategorie dort wohl noch im Rahmen der *Unterscheidung von Kapital und Arbeit* sein (vgl. Luhmann 1988: 151ff.), wo aber weniger die Bedeutung der Kapitalkategorie in der modernen Wirtschaft im Blickfeld des Interesses steht als vielmehr die *semantische Karriere* selbiger Unterscheidung als Form gesellschaftlicher Selbstbeschreibung. Luhmann rekonstruiert die Genese und Durchsetzung der Kapital/Arbeit-Unterscheidung, die sich parallel zum Übergang von den mittelalterlichen Feudalgesellschaften zur modernen Gesellschaft vollzieht, um dann schließlich zu dem kritischen Befund zu kommen, wonach es sich bei diesem Begriffspaar um eine nunmehr »obsolete Opposition« (ebd.: 153) handeln würde. Insofern Luhmann im soziologischen Diskurs der Moderne eine bis heute andauernde Persistenz jener Unterscheidung diagnostiziert, spricht er polemisch von einer »semantischen Fehlsteuerung« (ebd.: 170). Hier ist aber – wie schon angedeutet – in Rechnung zu stellen, dass die recht harsche Ablehnung sich zuvorderst aus der Frage ergibt, ob entlang der Unterscheidung von Kapital und Arbeit die moderne Gesellschaft adäquat und vor allem vollständig beschrieben werden kann. Genau dies meint Luhmann unter Berufung auf das Zentraltheorem der funktionalen Differenzierung in Frage stellen zu müssen, eine Position, die auch von der kritischen Theorietradition nicht umstandslos umgangen werden sollte.

Eine etwas andere Konstellation liegt vor, wenn wir uns der Frage zuwenden, welchen Status Luhmann der Kapitalkategorie innerhalb seiner Analyse des modernen Wirtschaftssystems zuweist. Auch hier fällt der Befund zunächst eher negativ aus. Anlässlich eines Hinweises auf die Fundierung der systemtheoretischen Perspektive auf Wirtschaft als einer *Autopoiesis von Zahlungen* wird unmissverständlich klargestellt, dass ein solcher Zugriff »alles, was sonst als Grundbegriff der Wirtschaftstheorie fungiert, – also etwa Produktion, Tausch, Verteilung, Kapital, Arbeit – als derivativen Sachverhalt behandeln« könne (Luhmann 1988: 54f.). Nichtsdestotrotz findet sich bei Luhmann durchaus eine ›positive‹ Bezugnahme auf das Attribut ›kapitalistisch‹, auch wenn es zuweilen in Anführungszeichen gesetzt wird. So heißt es beispielsweise: »Als ›kapitalistisch‹ kann man diese Wirtschaft bezeichnen, wenn und soweit sie Zahlungen an die Wiederherstellung der Zahlungsfähigkeit der Zahlenden bindet, also vor allem auch über Investitionen unter dem Gesichtspunkt ihrer Rentabilität entscheidet« (Luhmann 1986b: 109). Als Ort dieser Operationen bestimmt Luhmann vor allem die Wirtschaftsunternehmen: »Von Wirtschaftsunternehmen kann man sprechen«, so Luhmann (1988: 249), »wenn die Zahlung unter der Annahme geleistet wird, daß sie direkt zum Wiedergewinn der entsprechenden Zahlungsfähigkeit (nach Möglichkeit mit Profit) führt«. Diese Möglichkeit der Wiedergewinnung von Zahlungsfähigkeit wird abgegrenzt von den Mechanismen Steuern und Arbeit, mittels derer Staaten und private Haushalte für eine Regeneration ihrer Zahlungsfähigkeit sorgen (siehe Luhmann 1988: 135f.). Die Operationsweise von Wirtschaftsorganisationen unterscheidet sich von diesen Refinanzierungsmöglichkeiten vor allem dadurch, »daß [...] die Kapitalinvestition wirtschaftlich berechnet, nämlich im Hinblick auf Erhaltung, Wiedergewinn oder Vermehrung des Kapitals rationalisiert werden muß« (Luhmann 1986b: 109). Nicht zuletzt dadurch, so Luhmann (1988: 56), werde die Autopoiesis der Wirtschaft zu einem reflexiven Prozess: »Sie richtet sich auf sich selbst. Man zahlt, um die eigenen Möglichkeiten des Zahlens wieder aufzufrischen und nach Möglichkeit zu vermehren (statt nur: um das Objekt oder die Leistung zu erhalten, für die man zahlt)«.

Luhmann verortet das Kapitalphänomen, soviel kann bislang festgehalten werden, auf der *Programmebene*, nicht auf der Codeebene. Dies bedeutet aber nicht zwangsläufig, dass das Kapital damit als ›abgeleitetes‹ Phänomen betrachtet wird (so aber die Kritik bei Paul 2002: 249). Codes und Programme stehen nicht in einem hierarchischen Verhältnis zueinander, sondern in einem komplementären Verhältnis (vgl. Krause 1999: 167). Im Gegensatz zum binären Code Zahlung/Nicht-Zahlung, der einen funktionsspezifischen Möglichkeitshorizont eröffnet, ohne aber schon konkrete Operationsmuster vorzugeben, beinhalten Programme *Zuordnungsregeln*, die festlegen, welche Seite des Codes (unter welchen Bedingungen) gewählt und aktualisiert werden soll (vgl. Luhmann 1988: 250; 2000: 93). Wenn wir richtig sehen, impliziert eine solche Differenzierung von Programmebene und Codeebene im Falle der Wirtschaft unter anderem ein Offenhalten der Frage, inwieweit die moderne Wirtschaft *als ganze* durch das Kapital bestimmt wird, was aber wiederum nicht impliziert, dem Kapital keine Präponderanz innerhalb der Wirtschaft zuzusprechen.

Wenn wir uns zunächst die Frage stellen, *warum* ›das Kapital‹ bei Marx einen so prominenten Stellenwert im Theoriekorpus einnimmt, macht es Sinn, mit einem Seitenblick auf eine Aussage Baeckers zu beginnen: Baecker hat wiederholt darauf hingewiesen, dass Luhmann die Unterscheidung zwischen Codierung und Programmierung »als Ersatz für marxistische und Webersche Annahmen« vorgeschlagen habe, wonach es »letztlich ein Apparat, ein Komplex, ein bürokratisch aufgestelltes Imperium [sei], der einzelne Funktionsbereiche, wenn nicht sogar die Gesellschaft insgesamt beherrsche« (Baecker 2006: 116). Baecker (1988: 186f.) zufolge könne man nur dann eine »sich gesamtgesellschaftlich durchsetzende ›Herrschaft des Kapitals‹ beschreiben«, wenn »man den Code [des Wirtschaftssystems] unzulässigerweise mit einem Programm identifiziert«, womit man sich zugleich »die Chance, aber unversehens auch die Verpflichtung« aufbürde, »den ›Programmierer‹ dingfest zu machen«. Aber ist dies eine zutreffende Wiedergabe der Marxschen Position? Wenn wir von marxistischen Positionen etwa imperialismustheoretischer Provenienz absehen, die sich in der Tat unter der ›Herrschaft des Kapitals‹ die intentionale Herrschaft eines mehr oder minder monolithischen Machtblocks vorstellen, so steht bei Marx selbst doch mit der *systemischen Dimension des Kapitals* etwas Anderes im Zentrum des Interesses (so auch der dezidierte Fokus zahlreicher neuerer Beiträge zur Marxschen Theorie, vgl. exemplarisch Postone 1995; Kurz 1994; Heinrich 2004).

So weit ich sehe, gibt es im Rahmen des Marxschen Theorieprogramms sehr wohl die Möglichkeit, – die Baecker (1988: 187) ihm bestreitet – »sich auf die Kombination eines zukunfts*offenen* Codes mit variablen Projekten und Programmen [...] einzulassen«, anstatt alleinig einer schlichten kapitalistischen Subsumtionslogik zu folgen. Denn abgesehen davon, dass auch aus Marxscher Perspektive Kapitalinvestitionen als grundsätzlich zukunftsoffen zu gelten haben, kennt die Marxsche Theorie ebenfalls Möglichkeiten, nicht-kapitalistische Programmformen innerhalb des Wirtschaftssystems zu beschreiben. Zunächst zum ersten Punkt, dem offenen Charakter von Kapitalinvestitionen: In der industriesoziologischen Forschung der 1970er Jahre wurde die Durchsetzung tayloristischer Methoden des Produktionsprozesses als *asymptotische Annäherung interner Organisationsstrukturen an eine übergeordnete, kapitalistische Rationalität* interpretiert (vgl. Oetzel 1978; Braverman 1977; Bahr 1973). Die wissenschaftliche Abstraktifizierung, Zerlegung und Neuzusammensetzung konkreter Arbeitsprozesse im kapitalistischen Betrieb entspräche, so die Annahme, genau jenen Imperativen, die in den monetären Formen des Kapitals impliziert seien. Oetzel (1978) sprach in diesem Kontext geradezu vom Emergieren einer »technischen Wertform« und brachte damit die Vermutung zum Ausdruck, dass der Taylorismus als *Verkörperung kapitalistischer Rationalität schlechthin* zu gelten habe.[89] Wie man heute weiß, sind solche Positionen spätestens mit dem Aufkommen neuer, post-tayloristischer Organisationsformen der Arbeit, die scheinbar einen vollständigen Bruch mit bisherigen Mustern betrieblicher Rationalisierung anzeigten, ins Hintertreffen geraten. Nun ist aber zu fragen, ob es unter Berufung auf die Marxsche Theorie überhaupt valide ist, unmittelbare, zeitlos gültige Korrelationen zwischen kapitalistischer Rationalität auf Betriebsebene (Organisationssysteme) und auf Gesellschaftsebene (Funktionssystem Wirtschaft) zu behaupten.

Deutschmann (2001: 95ff.) hat mit kritischem Blick auf die industriesoziologischen Debatten der 1970er Jahre darauf hingewiesen, dass es *niemals* eine Organisationsform konkreter Arbeit geben kann, die den werttheoretischen Implikationen des Kapitals dauerhaft entspricht: »Technologische Leitbilder und organisatorische ›Mythen‹«, so führt er einleitend aus, »werden durch Erfinder kreiert, durch Unternehmen umgesetzt, sie verbreiten

89 Berufen konnte man sich dazu in der Tat auf Aussagen Marxens zum Zusammenspiel von gesellschaftlicher (Markt) und betrieblicher Arbeitsteilung/Rationalisierung, wie sie sich auch in den *Grundrissen* finden lassen: In der »Maschinerie als einem automatischen System«, so vermutet Marx dort, sei »das Arbeitsmittel verwandelt seinem Gebrauchswert nach, d.h. seinem stofflichen Dasein nach in eine dem Capital fixe und dem Kapital überhaupt adäquate Existenz und die Form, in der es als unmittelbares Arbeitsmittel in den Produktionsprozeß des Kapitals aufgenommen wurde, in eine durch das Kapital selbst gesetzte und ihm entsprechende Form aufgehoben« (MEW42: 592). Es ist allerdings die Frage, was in diesem Kontext unter einer »entsprechenden Form« zu verstehen ist.

sich, etablieren sich – und müssen dann Neuem Platz machen«. Die Funktion ökonomisch-technischer Strukturbildungen – und zwar gleichgültig welcher konkreten Ausbildung (tayloristisch, post-tayloristisch etc.) – liegt Deutschmann zufolge darin, »den in der Vermögensform des Geldes angelegten *Anspruch auf absoluten Reichtum* in eine durch soziales Handeln zu bearbeitende Form zu übersetzen«. Das »kapitalistische Basisritual besagt ja nur«, so Deutschmann weiter, »daß Kapital wachsen muß, sagt aber nichts über die praktischen Wege und Mittel aus, dieses Wachstum herbeizuführen« (ebd.: 141, Herv. H.P.). Hierin wird die grundsätzliche Offenheit kapitalistischer Investitionsprogramme thematisiert: Die Formbestimmungen, die den monetären Formen inhärent sind – die abstrakten Imperative der Kapitalverwertung – stellen in der Tat nur einen *Anspruch* auf Wertvergrößerung dar, enthalten aber keine konkreten Anweisungen, *wie* dieser Anspruch jeweils eingelöst werden kann (hier liegt, so könnte man in aller Vorsicht festhalten, eine Marxsche Version der Unterscheidung von Codierung und Programmierung vor).[90] Denn, so wollen wir die Überlegungen Deutschmanns ein Stück weiterführen, die Gebrauchswerte, die das Kapital in die Welt zu setzen angewiesen ist, um seinen Verwertungsprozess auf eine jeweils neue Dauer zu stellen, sind – ganz gleich, wie stark sie ihrer intrinsischen Beschaffenheit nach bereits durch das Prozessieren der kapitalistischen Wirtschaft selbst affiziert sind – niemals unter den Wert ›subsumierbar‹, sondern immer nur strukturell an ihn gekoppelt. Die Gebrauchswertstruktur verweist immer auf ein Außen, auf die Umwelt des Systems, auf symbiotische Mechanismen, psychische Dispositionen und soziale Präferenzen, die niemals durch das Wirtschaftssystem allein determiniert sind, sondern auf ein Zusammenspiel von System und Umwelt verweisen.

Nun zum zweiten Punkt, der Möglichkeit, nicht-kapitalistische Programmformen innerhalb des kapitalistischen Wirtschaftssystems zu bestimmen: Hierzu rekurriert Marx auf das Konzept der *einfachen Zirkulation*, deren bislang thematisierten zwei Bedeutungsgehalte an dieser Stelle um eine dritte Komponente zu erweitern wären. Denn neben den darstel-

90 Auch diesen Gedanken finden wir in den *Grundrissen*, wenn Marx festhält, dass, »soweit das Capital fixe in seinem Dasein als bestimmter Gebrauchswert festgebannt« ist – gemeint ist damit ein konkreter Modus betrieblicher Organisation – es gerade »nicht dem Begriff des Kapitals [entspricht], das als Wert gleichgültig gegen jede bestimmte Form des Gebrauchswerts [ist] und jede derselben als gleichgültige Inkarnation annehmen oder abstreifen kann« (MEW42: 594).

lungstechnischen Funktionen des Konzepts der einfachen Zirkulation, erstens den vorkapitalistischen Austausch zu thematisieren und zweitens eine Folie für ideologiekritische Reflexionen bereitzustellen, zieht Marx dieses Konzept auch dazu heran, »um innerhalb der kapitalistischen Gesellschaft nicht-kapitalistische Formen der Produktion von Gebrauchswerten, welche aber lohnförmig betrieben werden, von der kapitalistischen Warenproduktion unterscheiden und bestimmen zu können« (Girschner 2001: 40). Die von Luhmann genannte und vom Kapital unterschiedene Programmform ›Steuern‹ wäre ein Beispiel für solch eine Form einfacher Zirkulation: Der Staat eignet sich qua politischer Verfügungsmacht Anteile an Lohn und Unternehmergewinn an, um mit diesem Geld der Gesellschaft Gebrauchsgüter (etwa Infrastruktur) oder Leistungen (etwa Sozialleistungen) zur Verfügung zu stellen, ohne dass das hier eingesetzte Geld aber als Kapital fungieren würde (die vorliegende Zirkulationsform lässt sich skizzieren als G-W, das kapitalistische Moment der Wertvergrößerung qua rentabilitätsorientierter Konditionierung der Weggabe von Zahlungsfähigkeit ist nicht vorhanden).

Die ›analytische Dominanz‹ der Kapitalkategorie im Marxschen Theorieprogramm verdankt sich nicht der Absicht, »einen Programmierer dingfest zu machen«, wie Baecker vermutet, sondern vielmehr *reproduktionstheoretischen Überlegungen*, die auch die Systemtheorie kennt, ohne sie aber – bislang – in dieser Weise adressiert zu haben. Das, was Luhmann (1988: 136) als »rentabilitätsorientierten Sektor« bezeichnet, wird bei Marx (u.a.) mit dem Begriff »industrielles Kapital«[91] versehen. Selbiges ist Marx zufolge »die einzige Daseinsweise des Kapitals«, »worin nicht nur Aneignung von Mehrwert, resp. Mehrprodukt, sondern zugleich dessen Schöpfung Funktion des Kapitals ist« (MEW24: 61). Insofern stellt für Marx die analytische Fixierung auf das industrielle Kapital eine *Reflexion auf die Bedingungen der Möglichkeit des Kontinuierens wirtschaftlicher Autopoiesis* dar. Sehen wir uns eine basale Bestimmung der Systemtheorie zur Autopoiesis der Wirtschaft an. Bei Luhmann (1988: 52f.) wird ausgeführt:

91 Es ist wichtig, sich zu vergegenwärtigen, dass das Attribut ›industriell‹ in diesem Fall nicht deckungsgleich ist mit den gängigen soziologischen Verwendungsweisen, wie sie etwa im Begriff ›Industriegesellschaft‹ zum Ausdruck gebracht werden. Während die Soziologie das Prädikat ›industriell‹ dazu heranzieht, eine bestimmte Stufe der Produktivkraftentwicklung zu beschreiben, ist das Bezugssystem des Marxschen Begriffs ein werttheoretisches und referiert auf die Zirkulationsform des Kapitals, ganz gleich, welche stoffliche Beschaffenheit Produktionsprozess oder Warenprodukt besitzen.

»Die Wirtschaft besteht aus unaufhörlich neuen Zahlungen. Würden keine Zahlungen mehr erfolgen, würde die Wirtschaft schlicht aufhören, als ausdifferenziertes System zu existieren. Ihre basalen Ereignisse stehen unter dem kontinuierlichen Zwang der Selbsterneuerung, und genau dies ist der Grund für die rekursive Geschlossenheit«.

Hier wird das Moment der *kontinuierlichen Selbsterneuerung* adressiert, ein Aspekt, der sich bei Marx etwa in der Überlegung eines kontinuierlichen Stellenwechsels von Waren und Geld finden lässt. Was die systemtheoretische Definition auf dieser Ebene außen vor lässt – und dies ergibt sich, wie wir gesehen haben, aus der Trennung von Code-Ebene und Programm-Ebene – ist das Moment der *Größenausdehnung* bzw. des *wirtschaftlichen Gewinns*, also genau jener Aspekt, der in den *Grundrissen* im Zentrum Marxscher Überlegungen stand. Es ist wenig verwunderlich, dass die Kritik an der Systemtheorie seitens marxistischer Theoretiker genau an diesem Punkt ansetzt. Deutschmann (2001: 73) führt beispielsweise aus:

»Das Wirtschaftssystem, soviel sieht Luhmann selbst, kann sich von ›privaten‹ Motiven abkoppeln und funktionale Autonomie nur dann gewinnen, wenn es Zahlungen reflexiv organisiert, zur Wiederherstellung von Zahlungsfähigkeit selbst einsetzt. Die bloße Wiederherstellung der Zahlungsfähigkeit kann jedoch kein Motiv dafür sein, Geld auszugeben. Böte die Wirtschaft keine andere Aussicht als nur den Rückfluß der geleisteten Zahlungen, so würde dies offensichtlich zur Hortung des Geldes und somit zum Stillstand von Produktion und Austausch führen«.

Und auch bei Barben (2001: 132) wird vermutet, dass die Systemtheorie eine Antwort auf die Frage schuldig bleibe, »wie Mehrwert oder Profit entsteht und als gesamtgesellschaftliches Phänomen möglich ist«, es fehle – anders ausgedrückt – eine »Theorie des *wirtschaftlichen Wachstums*« (ebd.: 124).

Nun scheint es aber evident, dass Kritikmuster solcher Art etwas umstandslos das Theoriedesign der Marxschen Theorie auf die Systemtheorie applizieren und dabei Möglichkeiten ausblenden, der gesamtwirtschaftlichen Strukturprägekraft des Kapitals mit den genuinen Mitteln der Systemtheorie auf die Spur zu kommen. Deshalb soll im Folgenden kurz auf eine Erweiterung des Luhmannschen Kapitalkonzepts eingegangen werden, die Baecker vorgenommen hat, und zwar weil dieser Begriffsvorschlag uns im dritten Kapitel als ein Ausgangspunkt dienen wird, die systemische, gesamtwirtschaftliche Dimension des Kapitals konsequenter auszubuchstabieren, als dies bislang seitens der Systemtheorie geschehen ist. Über Luhmann hinausgehend hat Baecker (2001) das Kapitalphänomen nicht allein als Programmform bestimmt, sondern zusätzlich den Aspekt des Kapitals als Form *struktureller Kopplung* (v.a. von Wirtschaftsunternehmen und Wirtschaftssystem bzw. Märkten) hervorgehoben. Baecker thematisiert dabei vor allem die »Multireferentialität des Phänomens Kapital«. Es geht ihm darum, es »auf die Differenz der verschiedenen sozialen Systeme hin durchzubuchstabieren, die vom Kapital einer simultanen Beobachtung ausgesetzt werden« (Baecker 2001: 315). Kapital als ein »Kalkül von Investitionen im Horizont möglicher anderer Investitionen« sei in der Lage, »grenzüberschreitende Beobachtungen vorzunehmen und diese intern und extern strukturell zum Tragen zu bringen«. Das Kapital ist, so Baecker (ebd., Herv.H.P.), »nicht nur das Produkt einer Rückverwandlung von Waren in Geld, sondern auch eine *Konditionierung der Bedingungen, unter denen Produkte produziert werden*, die sich zu einer solchen Rückverwandlung eignen können«.[92] Kapital kommt damit als Mechanismus in den Blick, der das Wirtschaftssystem mit seiner Umwelt (Unternehmen, Märkten) in rekursiver Weise verknüpft. Für Märkte und Unternehmen impliziert Kapital, dass sie für die Reproduktion ihrer jeweils eigenen Strukturen auf Voraussetzungen angewiesen sind, »die der Verfügung des jeweils anderen Systems unterliegen« (ebd.: 320). Entsprechend dieser Ausgangslage adressiert Baecker eine Zweiteilung des Kapitalphänomens: »Kapital im Betrieb« wird bestimmt als »eine Komplexität, die investive, produktive und konsumtive Aussichten miteinander kombiniert und als diese Kombination Gegenstand spekulativer Beobachtung durch Investoren auf den Märkten der Wirtschaft werden kann«. »Kapital auf den Märkten der Wirtschaft« hingegen »ist eine Komplexität, die Finanzierungsbereitschaften, Finanzierungserwartungen sowie Bindungsbereitschaften und Wiederauflösungshorizonte bündelt und in dieser Form einem Betrieb zur Lösung von Finanzierungsproblemen zur Verfügung gestellt werden kann« (ebd.: 318).

Auch diese Bestimmungen scheinen *auf den ersten Blick* wieder in eine diametral andere Richtung zu driften als Marxsche Überlegungen. Etwas stilisiert ließe sich formulieren: Marx stellt ab auf die *systemische Einheit des Kapitals*, verstanden als funktionale Ausdifferenzierung des industriellen

92 Damit erfülle das Kapital in der Wirtschaft »eine ähnliche Funktion wie der Sinn [...] in der Gesellschaft oder ein Begriff [...] in der Wissenschaft«. Es »ermöglicht Festlegungen mit Verweis auf mögliche andere Festlegungen. Jede einzelne Kapitalinvestition mißt sich an möglichen anderen Investitionen und kalkuliert die jeweiligen Aussichten auf Vermögenserhalt und Gewinn unter den Gesichtspunkten sachlicher Alternativen, sozialer Beziehungen und zeitlicher Horizonte« (ebd.: 313).

Kapitals, Baecker auf die *Differenz(en) des Kapitals*, verstanden als »Multireferentialität des Phänomens Kapital« im Sinne einer Vielzahl struktureller Kopplungen. Auf den zweiten Blick enthalten aber auch die Ausführungen Baeckers Momente – auch wenn selbige mehr angedeutet als ausbuchstabiert werden –, die auf die systemische Dimension des Kapitals verweisen. Ein zentrales Argument, das von Baecker genannt wird, und das auf die *Einheit des Kapitals* verweist, betrifft die Feststellung, dass das Kapital nicht allein das Produkt einer Rückverwandlung von Waren in Geld darstellt, *sondern zugleich die Bedingungen konditioniert, unter denen Produkte überhaupt produziert werden*. Mit anderen Worten – und hier sei es gestattet, eine Denkfigur aus dem Kontext der dialektischen Theorie auf die Systemtheorie zu applizieren: Das Zusammenwirken *aller Kapital-Programme*, sei es in der Form von ›Kapital im Betrieb‹ oder von ›Kapital auf den Märkten der Wirtschaft‹, oder, in der Terminologie von Marx: des industriellen Kapitals und des Geldhandlungskapitals bzw. des zinstragenden Kapitals – generiert Rentabilitätskriterien, die ihrerseits eine Benchmark für das Gesamtsystem der Wirtschaft darstellen. Es ist keinesfalls zufällig, dass uns dieser Problemkomplex auch im weiteren Argumentationsgang noch einmal begegnen wird, um die Frage von Einheit und Differenz von Wirtschaft und Finanzsphäre in den Blick nehmen zu können.

Kapitel 3: Einheit und Differenz von Wirtschaft und Finanzsphäre

Das zinstragende Kapital, die Mutter aller verrückten Formen.
Karl Marx

Der Ansatzpunkt ist nicht zufällig der Geldmarkt, weil er allein mit allen anderen Märkten verschachtelt ist und so am ehesten die Einheit des Systems im System repräsentiert.
Niklas Luhmann

In diesem letzten Kapitel soll die Frage bearbeitet werden, wie das Verhältnis von Wirtschaft und Finanzsphäre jeweils auf Grundlage der Kritik der politischen Ökonomie und der Systemtheorie der Gesellschaft zu diskutieren ist bzw. diskutiert werden könnte. Der Konjunktiv im letzten Satz ist nicht zufällig gewählt, sondern deutet auf eine maßgebliche Differenz zum Zugriff im vorangegangenen Kapitel hin: Im Unterschied zum vorliegenden, relativ geschlossenen Textkorpus zu den Themen von Ausdifferenzierung und Eigenlogik der Ökonomie, betreten wir mit der Frage nach dem logischen Ort finanzökonomischer Strukturzusammenhänge in beiden Theorieunternehmen ein weit offeneres Gelände. Bevor die in dieser Arbeit verfolgten Zugriffe im Feld neuerer sozialwissenschaftlicher Beiträge zur Finanzmarktdynamik situiert werden, sei ein kurzer Vorausblick auf die theoretischen Zugriffe von Marx und Luhmann erlaubt.

Bei der Theorie sozialer Systeme ist die Sachlage ziemlich eindeutig gelagert. Luhmann weist den Finanzmärkten zwar unmissverständlich eine Zentralstellung ›im‹ Wirtschaftssystem zu und trifft darüber hinaus eine Reihe instruktiver Aussagen zu finanzökonomischen Sachverhalten. Zugleich kann aber festgestellt werden, dass die Analysen auf einer recht allgemeinen Ebene verbleiben. Dies betrifft vor allem einen Aspekt, auf den wir im Folgenden ein besonderes Augenmerk legen wollen: Wenn in zahlreichen sozialwissenschaftlichen Beiträgen – besonders zum Globalisierungsdiskurs – eine Art ›Entkopplung der internationalen Finanzmärkte‹ behauptet wird, dann liegt es mitunter nahe, das Instrumentarium der Systemdifferenzierung auch auf das Verhältnis von Wirtschaft und Finanzsphäre ›anzuwenden‹. Während Luhmann die Finanzsphäre lediglich unter der Perspektive von Finanz*märkten* unter die Lupe genommen hat, – was die Frage einer möglichen eigenständigen Systematizität der Finanzökonomie gar nicht erst aufkommen lässt, – betritt man mit letzterer Frage ein Stück weit theoretisches Neuland. Denn es liegen zwar eine ganze Reihe von Arbeiten vor, die von Luhmann nicht oder nur unzureichend diskutierte Sphären des Sozialen als weitere primäre gesellschaftliche Funktionssysteme beschreiben und hierzu mehr oder minder innovativ und schlüssig das entsprechende theoretische Instrumentarium in Anschlag bringen. Aber in unserem Falle ist die Ausgangslage etwas anders gelagert: Kann von einem eigenständigen Systemcharakter der Finanzsphäre ausgegangen werden, dann bedeutet dies sicherlich nicht, abermals ein neues primäres gesellschaftliches Funktionssystem ›auszurufen‹. Ein Grund dafür ist evident: Ein eigenständiges finanzökonomisches symbolisch generalisiertes Medium, das als Abgrenzungskriterium dienen könnte, wird sich auch bei noch so intensiver Suche nicht finden lassen. Auch die Finanzökonomie operiert, wie die Wirtschaft im allgemeinen, im Medium des Geldes, und es liegen keine Hinweise vor, dass sich selbiges in absehbarer Zukunft ändern wird.

Ohne dies zum jetzigen Zeitpunkt bereits näher ausführen zu wollen, sei nur gesagt, dass wir es für aussichtsreicher halten, finanzökonomische Strukturbildungen als Wiederholung von Systembildung ›im‹ Wirtschaftssystem zu beschreiben. Damit stellen wir ab auf *spezifische finanzökonomische Formbildungen im gemeinsamen Medium des Geldes.* In Kurzform gesagt: Auf Basis der schon wirtschaftsspezifisch reduzierten Komplexität des Wirtschaftssystems emergieren qua reflexiver Anwendung des Geldes auf sich selbst finanzökonomische Kontexturen, die zu neuartigen, wirtschaftssysteminternen Grenzziehungen führen. Was die Thematisierung der jeweiligen internen Differenzierungsmodi primärer Funktionssysteme betrifft, weisen die bei Luhmann selbst auffindbaren Überlegungen aber zumeist in andere Richtungen, wobei am prominentesten sicherlich der regelmäßig anzutreffende Verweis auf das Vorliegen/Nicht-Vorliegen organisierter Zentren in Funktionssystemen gelten kann (vgl. dazu Bohn 2000: 126). Man denke etwa an Luhmanns Überlegungen zur Stellung der Gerichte im Rechtssystem oder – analog gebaut – auf die Zentralstellung des Bankensystems in der Wirtschaft. Genau dies ist aber nicht der Punkt, auf den wir im Fortgang vorrangig abstellen werden. Denn obgleich vermerkt werden muss, dass auch finanzökonomische Operationen einer organisatorischen

Flankierung bedürfen, so ist es wenig angebracht, die Dynamik und Eigenlogik der gegenwärtigen Finanzsphäre aus einem Blickwinkel zu betrachten, der auf organisierte Sozialsysteme enggeführt ist. Oder noch einmal anders und grundsätzlicher akzentuiert: Die Tatsache, dass eine im weitesten Sinne politische Institution wie die Zentralbank mit einem Monopol für die Ausgabe von Geld ausgestattet ist, darf nicht zu dem verbreiteten technizistischen Fehlschluss einer *Exogenisierung des Geldes* verleiten. Im Gegenteil: Geld und seine höherstufigen Derivate sind ein *endogenes Moment* der Wirtschaft, sie emergieren »naturwüchsig« bzw. nicht-intentional und werden lediglich qua organisatorischer Flankierung politisch überformt (vgl. zum letzten Aspekt Beckenbach 1987; Fiehler 2004).[93]

Mit Blick auf die Kritik der politischen Ökonomie ist die Sachlage wesentlich komplizierter bzw. unübersichtlicher. Zunächst ist zu vermerken, dass unsere Freiheitsgrade dieser Theorie gegenüber deutlich geringer sind als gegenüber der Theorie sozialer Systeme. Bei Marx liegt nämlich eine, wenn auch unvollständige, Theorie der Finanzsphäre vor, die ein integrales Moment seiner Ökonomietheorie darstellt.[94] Insofern geht es bezüglich der Kritik der politischen Ökonomie weniger um ein Fortschreiben eines Gedankengebäudes als vielmehr um eine selektive und kritische Rekonstruktion vorhandenen Textmaterials. Allerdings, und dies ist ein weiterer Punkt, gestaltet sich das Unterfangen der Rekonstruktion bezogen auf die Marxsche Kredittheorie wesentlich schwieriger als es sich bei der im letzten Kapitel diskutierten ›basalen Verselbständigungstheorie‹ Marxens dargestellt hat. Ein vergleichsweise trivialer Aspekt besteht darin, dass die kredittheoretischen Ausführungen in den stetig komplexer werdenden allgemeinen Gang der Kategorienentwicklung eingelagert sind, dass es aber den Rahmen dieser Arbeit bei weitem sprengen würde, den gesamten Argumentationsgang mitlaufen zu lassen. Wir helfen uns damit aus, allgemeine Aspekte (etwa neu eingeführte Kategorien) nur insoweit zu beleuchten, wie es unbedingt notwendig ist, um die von uns ausgewählten

93 Damit soll wiederum nicht behauptet sein, dass durch politisch-institutionelle Eingriffe nicht die Dynamik des Gesamtsystems verändert werden kann. Nur eine Kausalsteuerung dürfte nicht möglich sein.

94 Der entsprechende Marxsche Begriff hierfür lautet »Kreditsystem«, die fundierende Kategorie ist das moderne zinstragende Kapital (vgl. MEW25: 451ff). Während – wie später gezeigt wird – die Kategorie des zinstragenden Kapitals von Marx vollständig entwickelt wurde, blieben die Ausführungen zum Kreditsystem ein Fragment.

kredittheoretischen Argumente nachvollziehen zu können.[95] Eine Reihe weiterer Schwierigkeiten, die berücksichtigt werden müssen, sollen an dieser Stelle nur andiskutiert werden, weil wir sie weiter unten im Text, in den Unterkapiteln zu Marx, noch eingehender abhandeln werden. Da wäre zunächst und erstens die systematische Reichweite bzw. der Abstraktionsgrad der in den drei Bänden des *Kapital* entfalteten Theorie zu nennen. Marx beansprucht nicht, eine empirische Theorie des Kapitalismus abgeliefert zu haben, sondern sein Thema ist der »ideale Durchschnitt« der kapitalistischen Produktionsweise (MEW25: 839). Genau dieses Abstraktionsniveau wird auch bezüglich der Behandlung des Kredits bei Marx nicht überschritten. Wenn es dennoch möglich sein soll, von dieser Warte aus zu gegenwärtigen finanzökonomischen Entwicklungen sowie zur aktuellen sozialwissenschaftlichen Reflexion selbiger Entwicklungen Stellung zu beziehen, dann muss man ein Bewusstsein über den Abstraktionsgrad der Kategorien im Hinterkopf stetig mitführen.

Ein zweiter zu benennender Punkt betrifft die einschlägige Sekundärliteratur. Obwohl die Marxsche Theorie heute – in besonderem Maße übrigens in Deutschland – akademisch nur noch schwach vertreten ist, ist die vorhandene Sekundärliteratur, die sich in den letzten mehr als einhundert Jahren[96] angehäuft hat, kaum zu überblicken. Schlägt man dennoch unter kredittheoretischer Perspektive eine Bresche in die Sekundärliteratur, dann bekommt man es mit einer für den vorliegenden Kontext *höchst unangenehmen Dichotomie* zu tun: Der Großteil der vorliegenden Beiträge zur – auch in dieser Arbeit vertretenen – qualitativen Lesart der Marxschen Theorie, also solche Interpretationen, die auf den emergenten Formgehalt und logisch-genetischen Zusammenhang der ökonomischen Kategorien abstellen, sind fokussiert auf die *Grundrisse* und auf den ersten Band des *Kapital*. Der Großteil an Beiträgen zu den Bänden 2 und 3, die unter der uns interessierenden kredittheoretischen Perspektive von herausragender Relevanz sind, stammt hingegen aus der Feder ›marxistischer Ökonomen‹. An denen wiederum scheint das Moment der Formentwicklung weitgehend spurlos vorbeigegangen zu sein. Genau wie die von den marxistischen Ökonomen

95 Es versteht sich von selbst, dass ein solches Unterfangen immer eine Kompromisslösung darstellt, die einige Aspekte auf Kosten anderer bevorzugt behandelt.

96 Als Referenzpunkt hierfür kann das Erscheinungsjahr des dritten Bandes des *Kapital* gelten, der 1894 von Engels herausgegeben wurde. Zu Marx' Lebzeiten hat kaum eine maßgebliche Rezeption der Kritik der politischen Ökonomie stattgefunden, der von Marx selbst publizierte erste Band des *Kapital* war lange Jahre ein Ladenhüter.

geschmähten ›bürgerlichen Volkswirtschaftler‹ stürzt man sich dort geradezu reflexartig auf jene Abschnitte im Marxschen Textkorpus, die sich im Medium der Rechenbarkeit bewegen. Beispielhaft sei hier nur auf die Debatten um die Reproduktionsschemata im zweiten Band sowie auf das Transformationsproblem im dritten Band verwiesen. Und genau wie im Falle der traditionellen Makroökonomik bleibt auch den marxistischen Ökonomen der qualitative Gehalt ihrer solchermaßen berechneten Daten weithin im Dunkeln. Diese Diagnose mag etwas überspitzt daherkommen, aber kaum jemand, der mit der einschlägigen Rezeptionsgeschichte vertraut ist, dürfte zu einer grundsätzlich anderen Einschätzung gelangen. Die Sekundärliteratur, auf die wir uns im Folgenden in positiver Weise stützen können, entstammt entsprechend dem verschwindend kleinen Kreis derer, die sowohl einen qualitativen Zugriff verfolgen, zugleich aber allen drei Bänden des *Kapital* in gleichrangiger Weise Rechnung zu tragen versuchen.

Bevor wir uns den Theorien von Marx und Luhmann eingehender zuwenden, sollen wie angekündigt einige Worte zur Behandlung der Finanzsphäre im aktuellen sozialwissenschaftlichen Diskurs vorangeschoben werden. Damit soll zum einen der Kontext expliziert werden, in dem die nachstehenden begrifflichen Analysen zu platzieren sind. Das Mittel des Theorienvergleichs wird in dieser Arbeit ja nicht ausschließlich als Selbstzweck verstanden, sondern der Nachvollzug und die kritische Auseinandersetzung mit der Arbeit am Begriff soll dazu befähigen, gegenwärtige empirische Entwicklungstendenzen stärker theoriegeleitet zu betrachten. Zum anderen – und dieser Aspekt hängt mit dem eben genannten Punkt aufs Engste zusammen – geht es darum, gleich zu Beginn dieses Kapitels die Leitunterscheidungen, die in den gegenwärtigen Diskursen zur Eigendynamik der Finanzsphäre angetroffen werden können, zu problematisieren und mit Blick auf von uns favorisierte Begrifflichkeiten kritisch zu situieren und zu re-arrangieren. Ein erstes, in den letzten Jahren immer wieder und gänzlich schulübergreifend anzutreffendes Motiv, spricht den internationalen Finanzmärkten eine *Schlüsselstellung in der globalisierten Welt* zu. Da wir uns dieser Pauschaldiagnose in allen wesentlichen Punkten anschließen, können wir uns damit begnügen, einige repräsentative Stimmen selektiv herauszugreifen: Alles in allem scheint kaum ein Dissens darüber zu bestehen, dass die Finanzmärkte als »Rückgrat« (Castells 2001: 113), »Nervenzentrum« (Guttmann o.J.:1) bzw. »Transmissionspunkt« (Piel in Willke 2001b: 212) der jüngsten Globalisierungsschübe anzusetzen sind, die insgesamt sowohl als Musterbeispiele wie Katalysatoren eines »disembedding of social systems« (Giddens 1990: 21f.) zu gelten haben. Sassen (1997: 133f.) beispielsweise bestimmt im Zuge ihrer Forschungen zu globalen Städten die heutigen Finanzmärkte als »transterritoriales Zentrum«, und bei Castells (2001: 108) sind es die heutigen Finanzmärkte, die ihn – im Gegensatz zur auf Wallerstein zurückgehenden Konzeption einer *Weltwirtschaft*, deren Genese bereits für das 16. Jahrhundert angesetzt werden kann (und deren Kriterium in einer handelsgestifteten internationalen Arbeitsteilungsstruktur gesehen wird) – von einer *globalen Wirtschaft* sprechen lassen: Deren neuartige und emergente Fähigkeit sei es, »als Einheit in Echtzeit [...] auf globaler Ebene zu funktionieren« (ebd.). In die gleiche Kerbe schlägt auch Moulier-Boutang (2001: 31), der in den maßgeblichen Börsenindizes geradezu ein »Sinnbild der Vereinheitlichung der neuen Weltökonomie« erblickt.

Die Beispiele ließen sich fast beliebig ergänzen, was hier aber unterbleiben soll. Das Einzige, was von unserer Warte aus an einem Großteil der vorhandenen Stellungnahmen kritikwürdig oder besser ergänzungswürdig erscheint, beträfe die Frage des *Wechselspiels von kommunikationstechnischen und ökonomischen Dynamiken*. Treibt das Kapital, wie Marx nicht müde wurde herauszustreichen, »seiner Natur nach über jede räumliche Schranke hinaus«, dann ist – ohne Kausalschlüsse heranziehen zu müssen – wenigstens soviel impliziert, dass es systematische Kopplungsprozesse zwischen Ökonomie und (Kommunikations-)Technik geben *muss*. Oder, wie es bei Marx im Fortgang heißt: »Die Schöpfung der physischen Bedingungen des Austauschs – von Kommunikations- und Transportmitteln wird also für es (das Kapital, H.P.) in ganz andrem Maße zur Notwendigkeit« – und dies resultiere in nichts weniger als der »Vernichtung des Raumes durch die Zeit« (MEW42: 430).[97] Auch wenn es mittlerweile eine ganze Reihe von Beiträgen gibt, die auf den Zusammenhang von Technikentwicklung und ökonomischer Entwicklung abstellen, so kann für den Mainstream-Diskurs eine Tendenz zum technologischen Determinismus diagnostiziert werden, die dem mittlerweile verschiedenen orthodoxen Marxismus-Leninismus (Primat der Produktivkräfte) zur Ehre gereicht hätte.

Mit Blick auf einen zweiten, oben bereits als ›Entkopplungsthese‹ ausgeflaggten Themenkomplex, ist die Sachlage komplizierter (aber auch ergiebiger). Wenn im Folgenden einige einschlägige Verlautbarungen betrachtet werden, geht es weniger darum, eine einheitliche Argumentations-

97 Instruktive, über Luhmann hinausreichende Hinweise zur systemtheoretischen Konzeptualisierung der Raumdimension finden sich u.a. bei Kuhm 2000 und Junge 1993.

linie auszuloten, als vielmehr das Spektrum vorliegender Positionen zu präsentieren, um dann unseren eigenen Zugriff darin kritisch zu verorten. Grundsätzlich folgen unsere Ausführungen der Überlegung, dass die regelmäßig anzutreffende Verwendung der *Unterscheidung von Realökonomie und Finanzökonomie* den empirischen Sachverhalten, um die es geht, nicht gerecht wird. Dass bedeutet gerade nicht, dass hier die Eigenlogik der Finanzsphäre bestritten wird – das Gegenteil ist der Fall – sondern nur, dass davon ausgegangen wird, dass es zu deren Analyse und Beschreibung eines komplexeren Begriffsarsenals bedarf. In einem neueren, einführenden wirtschaftswissenschaftlichen Lehrbuch zu Kapitalmärkten, um damit zu beginnen, begegnet dem Leser der Hinweis:

»Doch seit vielleicht zwei Jahrzehnten ist die Finanzwirtschaft kein einfacher und bescheidener Lieferant von ›Schmiermittel‹ mehr, damit die Realwirtschaft reibungsloser laufen kann. Die heutige Finanzwirtschaft hat sich gemausert, sie ist von der Realwirtschaft unabhängiger geworden. Manche behaupten, sie habe ›abgehoben‹ und die Kurse würden nicht immer den Fundamentaldaten entsprechen« (Spremann, Gantenbein 2005: VII).

Die Autoren, so kann erläuternd angemerkt werden, legen zunächst ein *Normalitätskriterium* fest: Die Finanzwirtschaft habe traditionell als ›Schmiermittel‹ der Realwirtschaft gedient, und diese Konstellation sei kürzlich, so der Fortgang des Arguments, aus den Fugen geraten: Die Märkte heben ab und lösen sich mindestens zu einem gewissen Grad von den Fundamentaldaten. Dieses empirienah gebaute Argument[98] basiert auf Unterscheidungen, die sich in den Kontext einer *Trivialversion der Wesen/Erscheinungs-Differenz* einordnen lassen: Fundamentaldaten markieren den tatsächlichen, intrinsischen ›Wert‹ eines ökonomischen Objekts, die Kurse gelten als Erscheinungsformen selbiger Fundamentaldaten, auf die gleichwohl nicht immer Verlass ist (kritisch dazu Piel 2003).[99] Zurück-

98 Vielleicht ist das Attribut ›empirienah‹ nicht ganz passend. Die Empirie wird durch unzureichende Begrifflichkeiten schließlich gerade verfehlt. Der Punkt besteht darin, dass die empirische Anschauung – jedenfalls im Kontext der modernen Ökonomie – eine Unmittelbarkeit suggeriert, wo de facto hochgradig vermittelte Strukturzusammenhänge vorliegen.

99 Eine ähnliche Vorstellung ist auch in den marxistischen Diskursen weit verbreitet. Hier fungiert der ›Wert‹ als Fundamentaldatum, die ›Preise‹ hingegen als dessen bloße Erscheinungsform. In der Tat verfolgt Marx mit der Wert/Preis-Differenz auch die Intention, ein inneres Band kapitalistischer Reproduktion freizulegen, das die Dimension empirischer Preishaftigkeit verbirgt. Das bedeutet aber gerade nicht, dass der ›Preis‹ bloß als derivative Erscheinungsform des ›Werts‹ gilt und die Werte andersherum als Gravita-

führen lässt sich obige Konstellation wohl auf das bereits bei Hume anzutreffende Theorem des ›Geldschleiers‹, das im Kern besagt, dass die monetäre Sphäre reale Wirtschaftsvorgänge lediglich abbildet, aber nicht ihrerseits strukturierend in letztere eingreift. Diese Vorstellung findet man bis heute tradiert in der dichotomen Ontologie der Neoklassik, die ›Wirtschaft‹ im wesentlichen als Gütertausch begreift, über den sich eine monetäre Sphäre erhebe, von der möglichst zu abstrahieren sei (kritisch dazu Beckenbach 1987). Und es ist dieses ›Setting‹, so kann vermutet werden, das eine zureichende Beschreibung des Verhältnisses von Wirtschaft und Finanzsphäre kategorisch desavouiert. In der zitierten Passage aus dem ökonomischen Lehrbuch manifestiert sich die Problematik darin, dass die Autoren zwar vor dem Hintergrund empirischer Entwicklungen Verschiebungen in den Relationen zwischen ›Realwirtschaft‹ und ›Finanzwirtschaft‹ notieren, dass sie aber gar nicht erst auf die Idee kommen, die Validität der zugrundegelegten Unterscheidungen Fundamentaldaten/ Kurse bzw. Realwirtschaft/Finanzwirtschaft selbst in Zweifel zu ziehen.

Blicken wir als nächstes auf eine Verlautbarung aus dem Leitartikel eines ebenfalls in 2005 erschienenen Sammelbandes, der unter dem Schlagwort ›Finanzmarktkapitalismus‹ vor allem Beiträge aus Soziologie und Politologie versammelt. Dort ist zu lesen:

»Finanzmärkte sind ein Produkt fortschreitender Arbeitsteilung und Ausdifferenzierung in der modernen Ökonomie. Das Prinzip der funktionalen Ausdifferenzierung setzt sich in den Subsystemen der Gesellschaft fort und reproduziert die System-Umwelt-Problematik auf der Ebene der Subsysteme. In diesem Prozess wird die ›Real‹-Ökonomie zur ›Umwelt‹ für die Finanzmärkte, während diese gegenüber ihrer Umwelt an Autonomie gewinnen und sich tendenziell von der Realökonomie entkoppeln können« (Windolf 2005: 25).

Abstrahieren wir zunächst vom enthaltenen systemtheoretischen Arrangement reflexiver Systemdifferenzierung, das wir später selber aufgreifen werden, und konzentrieren uns abermals auf die Differenz Realökonomie/ Finanzökonomie. Hier kann im Vergleich mit der vorangegangenen Position auf einen Unterschied aufmerksam gemacht werden, der vielleicht nicht ganz zufällig anzutreffen ist. Während der wirtschaftswissenschaftliche Beitrag umstandslos mit der Unterscheidung von Realwirtschaft und Finanzwirtschaft operiert, optiert die soziologische Stellungnahme vorsich-

tionszentrum der Preisbewegungen. Bei Preisen und Werten handelt es sich um nicht unmittelbar dimensionsgleiche Kategorien, der Frage nach quantitativer Kongruenz/ Inkongruenz ist die Frage nach der unterschiedlichen Qualität vorgelagert.

tiger: Sie setzt den Terminus der Realökonomie in Anführungszeichen. Diese sollen offenbar suggerieren: Die angelegten Begrifflichkeiten sind keine präzisen Kategorien, sondern Hilfskonstruktionen, bei denen es vor allem darum geht, dass der Leser in etwa weiß, auf welche Sachverhalte abgestellt werden soll. Das kann sich als hilfreich erweisen, um ein Feld in grober Weise abzustecken, entlastet aber nicht von der Frage, worin genau die Differenz bestehen soll, die mit den Begriffen transportiert wird.

Hier wollen wir einhaken. Dem aufmerksamen Leser (die weibliche Form inbegriffen) wird sicherlich nicht entgangen sein, dass in dieser Arbeit mit einer Perspektive operiert wurde, die orthogonal zur Differenz von Realökonomie und Finanzökonomie gearbeitet ist. Als gemeinsamer Nenner Marxscher wie Luhmannscher Positionen konnte bis dato festgehalten werden, dass die Ausdifferenzierung respektive Verselbständigung der Wirtschaft als ein Prozess zu verstehen ist, der sich empirisch betrachtet auf den Übergang von der spätmittelalterlichen Feudalgesellschaft zum ›Frühkapitalismus‹ bezieht. Schon dort entfaltet das nunmehr monetär codierte Wirtschaften ein Eigenleben gegenüber tradierten Formen materieller Reproduktion und löst selbige schrittweise auf bzw. überformt sie. Wenn man so ansetzt, dann dürfte unmittelbar einsichtig sein, dass der Begriff der ›Realökonomie‹ als wenig sinnvoll einzuschätzen ist, wenn es darum geht, die *moderne Wirtschaft* und deren Evolution analytisch zu durchdringen. Für diese Auffassung können wir uns durchaus der Schützenhilfe aus dem Kontext heterodoxer Wirtschaftswissenschaft sicher sein, so wenn etwa bei Heinsohn und Steiger (2002: 11f.) – in einer etwas anderen Terminologie – zunächst zu vormodernen Wirtschaftsweisen expliziert wird:

> »Das Verständnis der Gesellschaften ohne Eigentum benötigt [...] keine Theorie über das Wirtschaften. Eine soziologische Analyse reicht vollkommen aus, um die Aufrechterhaltung und Auswirkung unterschiedlicher Herrschaftsmechanismen für die Ressourcennutzung in diesen Systemen zu erklären«.

Das, was Heinsohn und Steiger hier explizieren, ist in etwa das, was in der vorliegenden Arbeit unter einer Realwirtschaft verstanden wird: Es handelt sich um eine nicht-ausdifferenzierte, entlang tradierter moralischer und politischer Direktiven sozial eingebettete Form materieller Reproduktion. Zu deren Analyse braucht es, wie Heinsohn und Steiger pointiert hervorheben, gar keiner ökonomischen Theorie. Und wir können hinzusetzen: Es braucht zu deren Analyse, obgleich Geld im Objektbereich vorkommen mag, auch keine soziologische Theorie der *Emergenz* des Monetären.

Blicken wir auf den Fortgang des Arguments, wo es heißt, es sei das »Eigentum« – in unsere Sprache näherungsweise übersetzt als monetär ausdifferenzierte, das Eigentum zweitcodierende Ökonomie[100] – das »erstmals [...] zu ökonomischen Gesetzmäßigkeiten (*economic rules*)« führe (ebd.: 20). Die *differentia specifica* liegt in dem, was Heinsohn und Steiger mit dem Terminus ›ökonomische Gesetzmäßigkeiten‹ bezeichnen und womit sie, in unserer Terminologie ausgedrückt, nichts weniger als die Genese einer neuartigen Systemgrenze bezeichnen: Die Ökonomie gewinnt Systemcharakter, entfaltet eine eigene Logik und rekonfiguriert auf dieser Basis ihre Beziehungen zur gesellschaftlichen Umwelt. Dies ist der Einsatzpunkt einer *Emergenz des Monetären* und stand entsprechend im Zentrum von Kapitel 2. Nun aber zum Fortgang: Woher rührt die neuerliche Popularität der Unterscheidung von Realwirtschaft und Finanzwirtschaft, wenn es um diesen basalen Prozess der Ausdifferenzierung offenbar nicht geht? Sehen wir uns exemplarisch eine Position etwas genauer an, die in marxistischer Terminologie daher kommt, ihren Denkmustern nach aber der traditionellen Differenz Realökonomie/Finanzökonomie verhaftet bleibt. Bei Menzel (2000: 16) wird vermutet:

»Die Virtualisierung ökonomischer Prozesse, wie sie etwa mit den rein spekulativen Finanztransaktionen auf Bildschirmen aufscheint (z.B. Derivatehandel), Transaktionen, denen gar keine realen, das heißt stofflichen Produktions- und Austauschprozesse mehr gegenüberstehen, hat zur Verselbständigung des Tauschwerts geführt. Vom Doppelcharakter der Waren kann hier kaum noch die Rede sein, ist der Gebrauchswert der gehandelten Derivate doch nur mit sophistisch anmutenden Argumenten begründbar. Das könnte heißen, daß es in Zukunft nur mehr auf die *Bewertung* von Waren ankommt, denen ein substantieller Wertgehalt fehlt. Daraus folgt, daß, wie in der Vormoderne der Gebrauchswert eines Produkts im Vordergrund stand und in der Moderne und damit zu Marx' Zeit die Unterscheidung von Gebrauchswert und Tauschwert, so in der Postmoderne der Tauschwert« (ebd.).

Wir haben Schwierigkeiten mit den hier angelegten Unterscheidungen. Zugegeben: Es gibt mitunter Waren auf den Finanzmärkten, denen ein substantieller Gehalt fehlt, und es ist richtig, dass die Zeitstruktur der Finanzökonomie auf die Zukunft gerichtet ist. Den restlichen Annahmen

---

100 Präziser müsste man sagen: Heinsohn und Steiger operieren mit der Unterscheidung von Besitz und Eigentum. In der Sprache Luhmanns ist das vormoderne Eigentum in etwa das, was Heinsohn und Steiger mit Besitz bezeichnen, während das monetär zweitcodierte Eigentum Luhmanns dem Eigentum bei Heinsohn und Steiger entspricht.

muss aus unserer Perspektive mit Skepsis begegnet werden, gleichwohl (oder besser: deshalb) bieten sie sich gut als Kontrastfolie zur Fortschreibung unserer Position an. Zunächst: Menzels Diagnose von der ›Verselbständigung des Werts‹ bezeichnet offenkundig nicht jenen Sachverhalt, der mit dem entsprechenden Begriff bei Marx inhäriert ist. Für Menzel liegt eine solche Verselbständigung bei Finanztransaktionen vor, denen ›gar keine realen, das heißt stofflichen Produktions- und Austauschprozesse mehr gegenüberstehen‹. Abgesehen davon, dass hier das Phänomen der Wertverselbständigung in die jüngere Vergangenheit verlegt wird statt ins späte Mittelalter, leuchtet es nicht ein, mit welchem Recht von der stofflichen Beschaffenheit ökonomischer Objekte auf deren Formgehalt geschlossen wird (vgl. dazu Girschner 2001). Die Relation beider Dimensionen, soviel kann mit Sicherheit auf Basis von Marx und Luhmann gesagt werden, lässt sich nicht am jeweiligen Einzelakt entscheiden, sondern nur wenn als Bezugssystem die Ökonomie als ganze samt ihrer Reproduktionsstruktur in den Blick genommen wird. Aufschlussreich ist in diesem Zusammenhang Menzels These, der Gebrauchswert von Derivaten sei ›nur mit sophistisch anmutenden Argumenten begründbar‹. Auch hier vernebelt die Unterscheidung materiell/immateriell bzw. konkret/abstrakt offenkundig den Analysehorizont.[101] Hätten Derivate keinen Gebrauchswert, dann wäre kaum die offenkundige ›Beliebtheit‹ derselben zu erklären. Derivate besitzen, und das muss Menzel mit der von ihm ins Feld geführten Terminologie geradezu systematisch ausblenden, sehr wohl einen Gebrauchswert, nur bezieht dieser sich nicht *unmittelbar* auf die Umwelt der Wirtschaft, sondern dient zunächst einmal lediglich der *Fortsetzung der Autopoiesis der Zahlungen.* Aber indem Derivate hierzu einen Beitrag leisten, leisten sie zugleich auf vermittelte Weise einen Beitrag zur Kopplung von Wirtschaftssystem und gesellschaftlicher Umwelt.[102]

Wir halten die Einheit der Unterscheidung Gebrauchswert/Tauschwert – aufs Ganze gesehen – für eine Unhintergehbarkeit der modernen Ökonomie. Obgleich die einzelne Zahlung sich in ihrem Umweltbezug, also in

---

101 Genau dies ist der Marxsche Standardeinwand gegenüber den traditionellen Ökonomen: Sie konfundieren ökonomische »Formunterschiede« mit »der stofflichen Seite« (MEW 25: 335).

102 Das impliziert nicht zwangsläufig den Umkehrschluss, dass es ohne Derivate nicht ginge. Man könnte die selbigen, insofern sie auf rechtliche Codierung angewiesen sind, schlicht verbieten. Dann ist aber mit den bekannten Phänomenen einer ›regulatorischen Dialektik‹ (vgl. Kane 1988) zu rechnen. Die Eigenlogik der Ökonomie sucht sich neue Wege.

dem, was die Systemtheorie als ›Leistung‹ bezeichnet – gerade im Falle des *Handels mit Zahlungsversprechen* – weit von jeglicher handgreiflicher Einheit von Gebrauchswert und Tauschwert entfernen mag: Ein verallgemeinertes Ende des Bezugs der Wirtschaft auf ihre Umwelt würde das Ende aller Kommunikation und damit das Ende der Gesellschaft bedeuten (und zwar sehr schnell).[103] Was innerhalb der kapitalistischen Evolution historisch variabel ist, das sind die Relationierungen beider Pole, und hier kann mitunter festgestellt werden: Mit der Zunahme der Längen ökonomischer Selektionsketten wird das Vermittlungsverhältnis von Gebrauchswert und Tauschwert gegenüber unmittelbaren Beobachtungsmöglichkeiten stetig schwieriger zu dechiffrieren. Aber das hat unserer Auffassung nach nichts zu tun mit einem Verschwinden des Gebrauchswerts (so übrigens auch der Kategorienfehler in einer sehr wirkungsmächtigen marxistischen Arbeit, vgl. Pohrt 1995).[104]

Der Sinn dieses Exkurses illustriert vor allem eines: Es ist und bleibt ein aussichtsloses Unterfangen, komplexe Sachverhalte mit unterkomplexen Theoriemitteln zu beschreiben.[105] Wir wollen noch einmal einen heterodoxen Ökonomen zu Wort kommen lassen, um auch in der marktzentrierten Sprache der Wirtschaftswissenschaften die Problematik einer schlichten

103 Dies ist natürlich nur Kapitalismus-immanent gedacht. Wir setzen ausdrücklich nicht voraus, dass eine mögliche *postkapitalistische Vergesellschaftungsweise* entlang der Einheit der Differenz von Tauschwert und Gebrauchswert operieren muss (dann wäre es nämlich keine solche). Luhmann tendiert dazu, eine mögliche Ersetzung des Geldes durch einen anderen Koordinationsmechanismus mit einer Re-Archisierung von Wirtschaft und Gesellschaft gleichzusetzen (vgl. Luhmann 1988: 41, ähnlich Baecker 1991: 180ff.). Wir argumentieren vorsichtiger und enthalten uns eines endgültigen Urteils.

104 Marx hat frühzeitig gesehen, dass die Unterscheidung Gebrauchswert/Tauschwert unter den Bedingungen des Kapitalismus nicht nach einer Seite hin aufgelöst werden kann und hält in den *Grundrissen* als Forschungsprogramm fest: »Es widerspricht dem gar nicht, daß der Tauschwert die überwiegende Bestimmung ist; obgleich er [der Gebrauchswert, H.P.] natürlich seine Richtung dadurch erhält. Jedenfalls ist dies bei der Untersuchung über den Wert genau zu untersuchen und nicht, wie Ricardo tut, rein davon zu abstrahieren, noch wie der fade Say mit der bloßen Voraussetzung des Wortes »Nützlichkeit« wichtig zu tun. Vor allem wird und muß es sich bei der Entwicklung der einzelnen Abschnitte zeigen, wieweit der Gebrauchswert nicht nur als vorausgesetzter Stoff außerhalb der Ökonomie und ihrer Formbestimmungen bleibt und wieweit er in sie eingeht« (MEW42: 193).

105 Kritische Diskussionen zur Entkopplungsthese entlang der Differenz Realökonomie/Finanzökonomie liegen u.a. vor bei Heine 2001 und Sandleben 2003. Ernsthaftere Konzeptualisierungen zur Eigenlogik der Finanzmärkte lassen sich u.a. bei Huffschmid 2002, Zinn 1997 sowie Edelmüller 2000 finden.

Differenz von Realökonomie und Finanzökonomie zu markieren. Bei Heine (2001: 28f.) finden wir folgende kritische Anmerkungen zur Entkopplungsthese:

»Denn erstens ist aus einer Gütermarktperspektive eine Abkopplung der Realwirtschaft von den Finanzmärkten markttheoretisch gar nicht möglich, da Investitionen immer eine Finanzierung und damit Gläubiger-Schuldner-Verhältnisse voraussetzen. Insofern ergibt sich zwingend eine Interaktion zwischen dem Vermögens- und dem Gütermarkt. Zweitens existiert aus der Vermögensmarktperspektive schon immer eine Entkopplung, da monetäre Prozesse nicht als passiver Reflex auf Gütermarktbewegungen aufgefaßt werden können, sondern einer eigenen Marktlogik folgen«.

Der Autor legt sein Augenmerk sowohl auf die Einheit wie auf die Differenz von ›Realökonomie‹ und ›Finanzökonomie‹ und problematisiert damit die sie fundierende Unterscheidung.[106]

Die vorangegangenen Ausführungen, die im Einklang mit den Positionen von Marx und Luhmann stehen, implizieren bezüglich des Entkopplungsdiskurses auch, dass wir uns jenen Stellungnahmen nicht umstandslos anschließen können, die den gegenwärtigen Finanzmarktdynamiken mit dem auf Baudrillard zurückgehenden Label der ›Hyperrealität‹ zu Leibe rücken (vgl. exemplarisch McGoun 1997, kritisch dazu Piel 2003: 42ff.) und die Finanzsphäre als ›Financial Simulacrum‹ bestimmt wissen möchten (vgl. Schinckus 2005).[107] Solchermaßen postmodernistisch inspirierte Ver-

106 Der Fortgang des Arguments präzisiert den zur Debatte stehenden Sachverhalt noch weiter: »Demnach haben monetäre Ströme – entgegen neoklassischer und entkopplungstheoretischer Vorstellungen – in Geldökonomien noch nie nur vermittelnde Funktionen für die sogenannte Realsphäre übernommen. Es ist im Gegenteil gleichsam ein Wesensmerkmal dieser Volkswirtschaften, dass monetäre Prozesse ihre eigene Logik haben und insofern immer schon – wenn man so will – entkoppelt waren. Insofern sind von Leistungsströmen losgelöste Kapitalbewegungen an sich weder Ausdruck von Marktversagen noch ein Element der Krise oder des Außergewöhnlichen. [...] Dessen ungeachtet ist der Begriff der Entkopplung auch in diesem Kontext zumindest mißverständlich. Denn die ihrer Eigenlogik folgenden Kapitalbewegungen haben zweifelsfrei Rückwirkungen auf Produktion, Einkommensbildung und Wirtschaftswachstum. Beispielsweise können unerwünschte Kapitalabflüsse zu steigenden Zinssätzen führen, die Investitionen erschweren oder zu Abwertungsprozessen, die Auswirkungen auf das Preisniveau und damit auf den Reallohn etc. haben. Der Begriff der Entkopplung verwischt mehr als er klärt« (Heine 2001: 37).

107 Eine marxistische Variante dazu findet sich bei Kurz (1999: 753), der eine »simulative Geisterakkumulation des Spekulationskapitals« meint identifizieren zu können. Eine kulturalistische Version liefert Winkler (2004: 10) mit der These: »Kulturelle Produktionen und Zeichenprozesse scheinen eigenen Regeln zu unterliegen, einer eigenen Öko-

lautbarungen, die eine Verflüchtigung finanzökonomischer Operationen ins Nirwana referenzloser Hyperrealität gekommen sehen, stellen – bei allem vermeintlich radikalen Gestus – nichts weiter dar als die ›Zwillingsschwestern‹ der geldvergessenen Neoklassik. Wo letztere nur einen Schleier des Monetären zu erkennen vermag, der die ›Realwirtschaft‹ gar nicht affiziert, hypostasieren erstere das Monetäre zum ausschließlich selbstbezüglichen *ens realissimum.* Beide Positionen markieren und aktualisieren damit lediglich jeweils entgegengesetzte Pole einer platonischen ›Zweiweltenlehre‹, und es sollte verwundern, wenn dies hinreicht, um die Bewegungsdynamik der modernen Ökonomie zu dechiffrieren. Eine ganz andere Dimension wird aufgespannt – und dies muss man berücksichtigen – wenn Baecker (1988: 303) als Kennzeichen von Operationen auf (sekundären) Finanzmärkten festhält, dass »die ›Primärargumente‹ der Rejektion oder Akzeption von Transaktionen verschwinden und nur noch die ›eigen-values‹ der Preisstruktur eine Rolle spielen«.[108] Damit wird die Selbstreferenz der Finanzsphäre akzentuiert, zugleich wird aber nachgetragen, dass die »Selbstreferenz des Kapitals, wie vermittelt auch immer, auf Fremdreferenzen angewiesen ist, die an Investitionen in die Riskanz von Realkapitalpositionen ihre Anhaltspunkte haben« (Baecker 2001: 314). Und *solche Konstellationen* sind es dann, die jene Arrangements hervorbringen, die Kädler (2005: 31) jüngstens aufgezeigt hat: Für global operierende Unternehmen (und heute ist jedes Unternehmen ein globales Unternehmen in spe) ist nicht allein die Bewährung auf Produktmärkten entscheidend, sondern als gleichsam *zusätzliche Bedingung von Wirtschaftlichkeit überhaupt* tritt die Konkurrenz auf den Finanzmärkten um Finanzanleger hinzu. Mitunter könnte man sagen: Nicht nur das Warenkapital als *Resultat* kapitalistischer Produktionsprozesse wird einer Bewertung auf den Märkten unterzogen, oder –

---

nomie, die von derjenigen der Waren her nicht erschlossen werden kann. Die Sphäre der Zeichen, so seine [Braudrillards] bekannte These, gewinnt die Überhand, und die 3-d-solide Ökonomie der Waren löst sich in Zeichenprozesse weitgehend auf«. Das ist nicht falsch, benennt aber lediglich die Differenz von vormoderner Wirtschaft und moderner kapitalistischer Wirtschaft.

108 Die Chartanalyse bzw. technische Analyse lässt sich in gewisser Weise als Reflexionstheorie solcher Finanzmarktdynamiken verstehen. Dort wird völlig von jeglichem Bezug auf Wirtschaft als ganzer abstrahiert und versucht, zukünftige Kursverläufe ausschließlich auf Basis vergangener Kursverläufe antizipativ abzuleiten. Die bereits durch den Geldcode ökonomiespezifisch reduzierte Komplexität wird nochmals einer weiteren, finanzspezifischen Reduktion unterworfen. Es verwundert wenig, dass dieses Unternehmen sich praktisch einer großen Beliebtheit erfreut, von Seiten der Wirtschaftswissenschaft aber immer wieder als unwissenschaftlich abqualifiziert wird.

mit Marx – dient als »Brennmaterial« zur Aufrechterhaltung des »Feuers der Zirkulation« (vgl. MEW42: 180). Sondern *die Unternehmen als ganze* werden zum Warenkapital ihrer selbst und gleichzeitig zum Objekt permanenter, in Echtzeit sich vollziehender finanzmarktlicher Validierung. Wie weit diese Reflexionsspirale getrieben werden kann, dürfte sich wiederum nur empirisch erweisen. Mit Blick auf soziologische Begriffsarbeit ist dies aber das Feld, auf dem sich eine soziologische Theorie der Emergenz des Monetären zu bewähren hätte, dies ist, emphatisch formuliert, ihr Lebensnerv. Bei der Diskussion einer Emergenz internationaler Finanzmärkte müsste es nicht darum gehen, so wollen wir uns der Aussage von Kwack (2005: 152) anschließen, deren Entkopplung zu postulieren, sondern danach zu fragen, wie sich der Zusammenhang von ›Realakkumulation‹ und ›Finanzsphäre‹ verändert. Hierunter fallen Fragen wie die folgenden:

»1) Wieso wächst der Finanzmarkt schneller als der Produktenmarkt? 2) Woher kommt das Geld zur Finanzierung auf dem Finanzmarkt? 3) Welche Wirkung hat der anschwellende Finanzmarkt auf die Realakkumulation, das gesellschaftliche Gesamtkapital und das Gesamtwirtschaftsverhältnis?« (ebd.).

Um nun zum Ende dieses Abschnitts zu kommen: Detaillierte Anmerkungen zum Argumentationsgang der folgenden Teile können jeweils den einleitenden Unterkapiteln zu Marx (1.) und Luhmann (2.) entnommen werden. Hier soll nur vorausgeschickt werden, dass aus der Perspektive des Theorienvergleichs betrachtet die zwei Resultate, die sich schon im Verlauf des zweiten Kapitels herauskristallisiert haben, sich nun nochmals wesentlich deutlicher abzeichnen: Was die *materialen Aussagen* zur Emergenz des Monetären angeht, so wird auch der Fortgang der Darstellung Übereinstimmungen in wichtigen Punkten zwischen Marx und Luhmann zu Tage fördern können. Beispielsweise fungiert das Kreditsystem – hier provisorisch in der Terminologie eines Ganzes/Teil-Schemas ausgedrückt – sowohl bei Marx wie bei Luhmann recht eindeutig als Zentrum des ökonomischen Gesamtsystems, und vor dem Hintergrund dieser Gemeinsamkeit macht es dann Sinn, nach Unterschieden im Detail zu forschen. Ebenso verhält es sich mit der Bewegungsdynamik der Finanzsphäre bzw. des Kreditsystems: Beide Autoren gehen dezidiert von einer Eigenlogik aus, die das Gesamtsystem affiziert, ohne aber auf ›Hyperrealität‹ abzustellen. Zugleich wird deutlich, dass und wie die jeweiligen *Theoriearchitekturen und Begriffsarrangements* sich – ausgehend von den bereits diskutierten basalen Differenzen – immer weiter voneinander entfernen, je weiter wir ihrer begrifflichen Eigenlogik folgen. Dass eine Betrachtung von Marx und

Luhmann, die unter diesen Prämissen an einem simplen Besser/Schlechter-Schematismus orientiert ist, geradezu sinnlos ist, werden die Rekonstruktionen, selektiven Bezugnahmen und Fortschreibungen im Einzelnen hoffentlich zeigen können. Perspektivisch gedacht spricht vieles dafür und nur wenig dagegen, die Systemtheorie der Wirtschaft und die Kritik der politischen Ökonomie als komplementäre, sich wechselseitig unterstützende Theorieprogramme einzusetzen. Dass dies dem Einen oder der Anderen Kopfschmerzen bereiten dürfte, wird gleichermaßen in Kauf und zur Kenntnis genommen.

1. Zu Einheit und Differenz von Wirtschaft und Finanzsphäre bei Marx

Vor allem in jenen Interpretationen und Fortschreibungsversuchen, die man unter das Label des »traditionellen Marxismus« subsumieren könnte (vgl. dazu Heinrich 2001) und die bis vor wenigen Jahren die ›marxistische Szenerie‹ *in Sachen Deutungshoheit* recht eindeutig dominiert haben, wurde die Akkumulationsdynamik des Kapitalismus im wesentlichen aus realwirtschaftlichen Faktoren abgeleitet. Ganz im Sinne einer kruden Lesart des historischen Materialismus im allgemeinen wurde auch auf dem Feld der ökonomischen Theorie mit einer schlichten Basis/Überbau-Dichotomie gearbeitet, in der die Produktionssphäre als ›Basis‹ bzw. ›Zentrum‹ betrachtet wurde, während Geld und Zins als Epiphänomene galten, die bestenfalls als modifizierende Momente nachträglich in die Analyse eingeführt wurden (vgl. kritisch dazu Hein 1998; Krätke 2000). Man liegt sicher nicht ganz falsch, wenn man die lange Präponderanz solcher Interpretationsraster als Grund dafür ins Feld führt, der Kritik der politischen Ökonomie kein Potential zur Analyse finanzökonomischer respektive kredittheoretischer Phänomena zuzuschreiben. Denn nimmt man diese Lesarten für den ›ganzen Marx‹, dann kann man durchaus, wie bei Axel Paul (2004: 30) zu lesen ist, zu der Annahme kommen, dass der Zins Marx zufolge »bloß ein Derivat und folglich ein Bruchteil des Mehrwerts [ist], ein den Kapitalisten von den Bankiers clever abgeluchster Extraprofit, und nicht etwa Beleg für die Selbständigkeit, geschweige denn den Primat der Finanzsphäre«.[109] Während die Mainstream-Wirtschaftswissenschaft überhaupt keinen Bezug mehr auf die Marxsche Kritik der politischen Ökonomie nimmt – wenn überhaupt, dann stößt man auf eine bloße Wiederholung der schon damals wenig instruktiven Kritikpunkte Böhm-Bawerks (vgl. exemplarisch den Eintrag zum Stichwort ›Arbeitswertlehre‹ im Gabler-Wirtschaftslexikon 2000) – wird Marx von Seiten der heterodoxen Ökonomen regelmäßig als Vertreter der klassischen politischen Ökonomie eingestuft. Bei Riese (2000: 496) wird in diesem Sinne ausgeführt: »Marx erweist sich als liberaler Ökonom, weil er auf der klassischen Werttheorie fußt und dadurch die geldtheoretischen Defizite, die sie aufweist, mit sich schleppt«. Unter solchen Prämissen erscheint es wenig aussichtsreich, bei Marx Theoriemittel an die Hand zu bekommen, die einen sinnvollen Beitrag zu den gegenwärtigen, oben angerissenen Diskussionen um die Eigenlogik der Finanzsphäre leisten können.

Ohne dass dies schon eine zureichende Antwort auf obige Einschätzungen wäre, kann darauf hingewiesen werden, dass das Bild, das in dieser Arbeit bis dato von der Kritik der politischen Ökonomie gezeichnet wurde, in eine andere Richtung weist. Unsere Diskussion der *Grundrisse* hat – auch wenn ökonomietheoretische Problemstellungen im engeren Sinne nicht im Vordergrund standen – immerhin soviel erkennen lassen: Marx betont eindeutig die ›aktive‹ Rolle der Zirkulationssphäre, und zwar sowohl den Prozess der Genese der kapitalistischen Ökonomie betreffend, wie auch hinsichtlich ihrer Reproduktion. Obgleich unser Zugriff soziologischer ansetzt, lässt er sich damit in einen Diskurszusammenhang einordnen, der in den letzten Jahren unter den Bezeichnungen »monetäre Werttheorie« (Heinrich 2001) bzw. »Monetary labor theory of value« (Bellofiore 1989) firmiert. Als integrierendes Moment der Arbeiten in diesem Feld kann, bei allen ansonsten anzutreffenden Differenzen, die erstmals von Backhaus (1969) vertretene Prämisse gelten, wonach die Kritik der politischen Ökonomie gerade *nicht* als Variante der klassischen politischen Ökonomie einzuschätzen ist, sondern überhaupt quer zur Differenz von klassischer und neoklassischer Wirtschaftswissenschaft steht. Während es sowohl den objektiven (Arbeitswerttheorie) wie den subjektiven (Grenz-

109 Sachlich stimmt das Argument von Paul, wonach Marx den Zins als ›Teil‹ des Mehrwerts betrachtet. Nur folgen daraus nicht jene Konsequenzen, die sich für Paul ergeben und wonach mit dieser These eine Eigenlogik der Finanzsphäre negiert wird. Dass der Zins Marx zufolge dem Mehrwert entspringt, sagt noch nichts weiter über die Bedeutung des Kreditssystems für die Ökonomie aus.

nutzentheorie) Varianten traditioneller Werttheorien gemein ist, dass in ihren Aussagensystemen keine inhärente Verbindung von Werttheorie und Geldtheorie vorgesehen ist, sei es geradezu die Pointe der Kritik der politischen Ökonomie, Werttheorie und Geldtheorie (qua stetig mitlaufender Wertformanalyse) miteinander in grundsätzlich neuartiger Weise verkoppelt zu haben. Insofern gilt Marx den Vertretern der monetären Werttheorie als Pionier einer Theorie, die so Krätke (2000: 64), »die altehrwürdige Dichotomie von *realen* und *monetären* Größen überwinden und damit – anders als die herrschende Lehre der (neoklassischen) Ökonomie – dem Kapitalismus als einer hochentwickelten Geld- und Kreditökonomie zum erstenmal voll gerecht werden könne«.[110] Um das bisher Diskutierte etwas weniger abstrakt mit den im Folgenden zu behandelnden Themen zu verkoppeln, lässt sich eine Aussage heranziehen, die sich bei Heinrich (2001a: 10) finden lässt und in der es heißt: »Genausowenig wie auf der Ebene der einfachen Zirkulation Geld eine bloße Zutat zur Welt der Waren war, ist es der Kredit auf der Ebene der kapitalistischen Zirkulation – der monetäre Charakter der Werttheorie macht sich auch hier geltend«. Oder etwas anders fokussiert: Hat Marx mit der Konzeption der einfachen Zirkulation das Beweisziel verfolgt, dass das Geld in seiner elementaren Form aus der Ware selbst zu entwickeln ist (das heißt natürlich: naturwüchsig aus den Notwendigkeiten des verallgemeinerten Warentauschs entspringt), so geht es im Kontext des Kreditgeldes als reflexiver Form des Geldes darum, dessen intrinsischen Zusammenhang mit der »Ware Geld« und der »Ware Kapital« und deren Zirkulationsweisen nachzuweisen (vgl. Krätke 2000: 87). Es kann also auch für den Fortgang der Darstellung damit gerechnet werden, dass uns Aspekte einer Emergenz des Monetären begegnen werden.

Trotzdem müssen an dieser Stelle *zwei einschränkende Bemerkungen* vorangestellt werden, die das kredittheoretische Potential der Marxschen Theorie im Allgemeinen und damit auch die Reichweite des hier verfolgten Zugriffs affizieren. Es ist keinesfalls so, dass die Nichtbeachtung des geld- und

---

110 Diesen Problemzusammenhang haben wir bereits im Abschnitt 1.2. des zweiten Kapitels diskutiert. Hier wurde darauf aufmerksam gemacht, dass die im ersten Band des *Kapital* präsentierte basale Version einer Arbeitswerttheorie im dritten Band fortbestimmt wird. Trotz der zu konstatierenden teilweisen Defizienz des Marxschen Lösungsversuchs einer Transformation von Werten in Preise wurde doch die Kernintention deutlich: Im Zuge der Kategorienentwicklung ändern sich auch die Prämissen der Arbeitswerttheorie, und es wird deutlich, dass es sich bei der im ersten Band eingeführten Werttheorie um eine analytische Abstraktion handelt, die zahlreicher Mittelglieder bedarf, um mit der Faktizität der empirischen Preisdimension vermittelt zu werden.

kredittheoretischen Potentials der Marxschen Theorie sich alleinig einer unzureichenden, weil durch falsche Prämissen angeleiteten und insofern unglücklich präformierten Rezeptionsgeschichte verdankt, sondern es gibt durchaus ein *fundamentum in re.* Als erster und – so man dies beachtet – noch vergleichsweise unproblematischer Punkt wäre das *Abstraktionsniveau* der in den drei Bänden des *Kapital* entfalteten Begriffsarchitektonik zu nennen: Marx beansprucht dezidiert nicht, darauf wurde einleitend schon hingewiesen, mit diesem Werk eine empirische Theorie der kapitalistischen Wirtschaft vorgelegt zu haben. Sondern der von ihm unmissverständlich ausgeflaggte Gegenstand seiner Theorie ist der »ideale Durchschnitt« der kapitalistischen Produktionsweise (MEW25: 839). Dies sind, wenn man so möchte, all jene basalen Bestimmungen, die die moderne, ausdifferenzierte Ökonomie als solche kennzeichnen und von vormodernen Wirtschaftsweisen abheben. Davon unterscheidet Marx »die wirkliche Bewegung der Konkurrenz«, die »außerhalb unsers Plans liegt« (ebd.), also beispielsweise all das, was heute das Forschungsfeld der »Varieties of Capitalism«-Debatte bildet (vgl. Hall, Soskice 2001). Insofern ist es folgerichtig, wenn Marx seinen Bezugnahmen auf den empirischen englischen Kapitalismus seiner Lebenszeit den Status von »Illustrationen« (vgl. MEW23: 12) zuweist.[111] Noch einmal anders betrachtet, könnte man näherungsweise auch sagen: Das Theorem des idealen Durchschnitts besitzt bei Marx einen ähnlichen Abstraktionsgrad wie das Konzept funktionaler Differenzierung bei Luhmann. Es markiert grundlegende Charakteristika der modernen Gesellschaft bzw. Ökonomie, bestreitet aber gerade nicht (sondern impliziert notwendigerweise), dass es unterschiedliche konkrete raum-zeitliche Konstellationen gibt, in denen sich die Grundkonstellation jeweils darstellt.

Mit Blick auf unsere Fragestellung nach Einheit und Differenz von Wirtschaft und Finanzsphäre ist aber festzuhalten – auch dies wurde schon kursorisch bemerkt –, dass der Rekurs auf eben jenen Marxschen ›idealen Durchschnitt‹ auch die Grenzen in der Reichweite einer Analyse der Fi-

---

111 Der englische Kapitalismus des 19. Jahrhundert entspricht, so die These von Marx, am ehesten den reinen Begriffsbestimmungen, weil er sich bereits am weitestgehenden von den vorangegangenen Feudalstrukturen emanzipiert habe. Das Insistieren auf den allgemeinen Bestimmungen des Kapitals verdankt sich natürlich auch Marx' These – dies hatten wir im zweiten Kapitel bereits bemerkt – dass die Logik der Kapitals dazu treibt, vorgefundene Gesellschaftsstrukturen in solche umzugestalten, die seiner Reproduktion dienlich sind. Den Rezipienten im in der kapitalistischen Entwicklung noch weit zurückgebliebenen Deutschland anempfiehlt Marx denn auch im gleichen Atemzuge: »De te fabula narratur« (Es ist Deine Geschichte, die hier erzählt wird) (MEW23: 12).

nanzsphäre bestimmt. Der heutige Entkopplungsdiskurs verdankt sich augenscheinlich Entwicklungstendenzen der jüngeren Vergangenheit, im wesentlichen der Liberalisierung der internationalen Finanzmärkte nach dem Zusammenbruch des Systems fester Wechselkurse von Bretton Woods.[112] Dass Marx im *Kapital* solche Dynamiken weder konkret antizipiert noch sonst wie thematisiert hat, versteht sich von selbst. Deren erschöpfende empirische Analyse erfordert aber auch *grundsätzlich* einen Zugriff, der sich nicht auf die kategoriale Dimension beschränkt, sondern beispielsweise die Frage der institutionellen Ausgestaltung der Ökonomie und des Geldsystems mit einbezieht (also das, was wir einleitend als politisch-exogene Überformung des endogen emergierten Geldsystems bezeichnet haben). Andererseits ist aber davon auszugehen, dass – insofern der Marxsche Anspruch, den idealen Durchschnitt einer monetär ausdifferenzierten Ökonomie dargelegt zu haben, wenigstens in einigen maßgeblichen Punkten valide ist – sich das gewählte hohe Abstraktionsniveau auch als Vorteil erweisen könnte. Konkret bedeutet dies, dass die dem *Kapital* zu entnehmende Kategorialanalyse dazu in der Lage sein müsste, die formspezifischen Bedingungen der Möglichkeit der heutigen finanzmarktlichen Empirie samt ›Entkopplungsvorgängen‹ in wesentlichen Teilen analytisch einzuholen.

Eine weitaus größere Herausforderung stellt allerdings jene Thematik dar, die hier im Zuge einer zweiten einschränkenden Bemerkung vorausgeschickt werden soll und auf die wir bis dato noch gar nicht zu sprechen gekommen sind. Obgleich es Sinn macht, die verschiedenen Lesarten der Marxschen Ökonomietheorie entlang der Pole ›traditionell‹ und ›monetär‹ zu situieren, herrscht auch unter den Theoretikern des letztgenannten Feldes keine vollständige Einigkeit über das Potential der Kritik der politischen Ökonomie in Sachen Kredittheorie (vgl. exemplarisch die Auseinandersetzung von Ganßmann (1996) und Campbell (2002) zur Triftigkeit der Marxschen Unterscheidung von Monetarsystem und Kreditsystem). Während einige Protagonisten die These vertreten, dass die Marxsche Ökonomietheorie zwar – im eben erläuterten Sinne – jeweils historisch-spezifisch zu ergänzen wäre, ihrem Kernbestand an Theoremen nach aber als grundsätzlich zutreffend einzuschätzen sei, äußern sich andere Theoretiker wesentlich verhaltener. Auch dieser Sachverhalt verdankt sich unserer Auf-

112 Dies impliziert u.a. die Implementierung einer verallgemeinerten Währungskonkurrenz samt Preisbildung der Währungen auf Devisenmärkten, den Abbau von Kapitalverkehrskontrollen sowie die Liberalisierung des internationalen Handels.

fassung nach nicht bloß den Kontingenzen verschieden gearteter Rezeptionspraktiken, sondern hat seinerseits ein *fundamentum in re*. Es spricht vermutlich viel für die von Heinrich (2001) stark gemachte These, dass Marx mit seiner Ökonomiekritik zwar einerseits die Grenzen der klassischen politischen Ökonomie gesprengt und insofern durchaus eine – wenn auch wenig zur Kenntnis genommene – ›wissenschaftliche Revolution‹ (im Sinne der Wissenschaftstheorie) angezettelt hat, dass Marx aber andererseits an verschiedenen Stellen dem Feld der klassischen Ökonomie verhaftet geblieben ist (so auch die Einschätzung bei Kwack 2005).

Obwohl wir in dieser Arbeit, so weit wie sachlich vertretbar, von reiner, textexegetischer ›Marxforschung‹ absehen, kommen wir an dieser Stelle nicht ganz darum herum, wenigstens einige wenige, andeutende Sätze zu dieser Problematik zu verlieren. Denn es deutet vieles darauf hin, dass die von Heinrich für die Marxsche Ökonomietheorie diagnostizierte Ambivalenz, jenes Changieren zwischen klassischer Werttheorie und genuin Marxscher monetärer Werttheorie, sich nicht einfach dadurch aus der Welt schaffen lässt, dass man die entsprechenden Theoriebestandteile bei Marx fein säuberlich voneinander seggregiert. Die Textgrundlage ist hier einigermaßen kompliziert: Obgleich wir beim Fortgang durch die drei Bände ein stetig weiter fortgeschrittenes Niveau in der Durchdringung des Gegenstandes vor uns haben, ist das Manuskript des dritten Bandes jüngeren Datums als das Manuskript des von Marx selbst noch herausgegebenen ersten Bandes. Das heißt, die Marxsche Absetzungsbewegung gegenüber der traditionellen Werttheorie ist im ersten Band größer und deutlicher, die Behandlung des Gegenstandes dort aber abstrakter. Im dritten Band verhält es sich genau umgekehrt: Dort bewegt sich zwar die Durchdringung des Gegenstandes auf einem fortgeschritteneren Darstellungsniveau, zugleich ist es dort so, dass längst nicht alle auffindbaren Konzeptionen und materialen Abhandlungen sich auch konsequent auf dem Boden einer monetären Werttheorie bewegen. Wer also die drei Bände von vorne nach hinten ließt, der schreitet *vorwärts in die Vergangenheit.* Beziehen wir schließlich noch die bereits eingangs des zweiten Kapitels vermerkte These mit ein, dass der erste Band des *Kapital* wiederum Popularisierungen in der Darstellung enthält, dann wird das Feld nahezu vollends unübersichtlich. Zusammengenommen sind dies nicht nur denkbar schlechte Voraussetzungen für einen Umgang mit Marx im akademischen Kontext. Sondern darüber hinaus stellt dies auch jegliche Rezeption der Marxschen Theorie im Kontext von ›Protestbewegungen‹ – denen man vielleicht unterstellen darf, auf eine Simplifizierung von Theoriegebäuden zwingend angewiesen zu sein – vor eine große Hürde.

Der in dieser Arbeit forcierte Zugriff ist von dieser Problematik freilich nicht in Gänze betroffen. Weil wir weder über den Anspruch und die Mittel, noch über den Rahmen verfügen, die Marxschen kredittheoretischen Überlegungen auch nur ansatzweise vollständig und erschöpfend zu behandeln, müssen uns auch die vorliegenden Ambivalenzen nicht in Summa interessieren. Es muss aber wenigstens erwähnt werden, dass vor dem Hintergrund obiger Problematik das leitende Paradigma der »Rekonstruktion« (vgl. Backhaus 1997), unter dem die kritische Aneignung der Marxschen Kritik der politischen Ökonomie ab den späten 1960er Jahren angelaufen ist, zwar notwendig, aber bezüglich kredittheoretischer Fragestellungen nicht zureichend ist. Wir werden im Folgenden weiterhin so verfahren, wie wir bereits im zweiten Kapitel vorgegangen sind: Der Fokus wird auf die *qualitative Dimension der Formentwicklung* gelegt, um auf diesem Wege die Marxschen Argumente zu einer Emergenz des Monetären in möglichst soziologisch anschlussfähiger Weise zu diskutieren. Dass dies ein hochgradig selektives Vorgehen ist, dürfte sich von selbst verstehen.

Argumentationsgang dieses Unterkapitels: Das Unterkapitel zu Einheit und Differenz von Wirtschaft und Finanzsphäre bei Marx ist in *drei Teile* gegliedert. Der erste Teil kontextualisiert die anschließenden Ausführungen und liefert eine Reihe von Begriffsbestimmungen, die für das Verständnis des Fortgangs unerlässlich sind. Zunächst (1.1.) kommen wir ein weiteres Mal auf die *Grundrisse* zurück, die zwar keine systematische Entwicklung kreditärer Formen in sich bergen. Der dort zu findende Textkorpus enthält aber eine Reihe programmatischer Äußerungen Marxens zum logischen Ort des Kredits, die besonders unter methodischen Vorzeichen interessant sind. Hier sind zwei Leitmotive von Interesse, die uns schon bei unserem ersten Durchgang durch diese Schrift begegnet sind, und es soll aufgezeigt werden, dass sie auch im Kontext des Fortgangs der Darstellung von gleichbleibender Wichtigkeit sind, das Motiv der ›Morphogenese‹ sowie das Motiv des Kreditsystems als emergenter Form der Einheit der Wirtschaft. Daran anschließend (1.2.) werden Begrifflichkeiten erläutert, die für das Verständnis der Bände zwei und drei des *Kapital* unverzichtbar sind. An früherer Stelle hatten wir bereits ausgeführt, dass Marx die Kapitalkategorie geradezu kaskadenhaft verwendet, und es ist nun an der Zeit, einige der wichtigsten *funktionalen Differenzierungen des Kapitals* – wiederum mit Seitenblick auf die Theorie sozialer Systeme – begrifflich zu bestimmen.

Der zweite Teil (1.3.) wendet sich unter kredittheoretischer Perspektive dem zweiten Band des *Kapital* zu und fokussiert auf unser *erstes Leitmotiv*, das der Morphogenese. Hier soll anhand eines spezifischen Falls, nämlich der Behandlung von ›Schätzen‹, diskutiert werden wie Marx seine These entfaltet, wonach das moderne kapitalistische Wirtschaftssystem in notwendiger Weise – die Kontinuität seines Operierens vorausgesetzt – kreditäre Vermittlungsformen aus sich selbst heraussetzt. Hierfür wird in einem ersten Schritt (1.3.1.) die Argumentationsstruktur des zweiten Bandes des *Kapital* herausgearbeitet. Während uns die Kapitalzirkulation bislang nur als eine Art negative Kontrastfolie dienen konnte, um die ›Defizienz‹ der einfachen Zirkulation herauszupräparieren, ist es der zweite Band des *Kapital*, in dem eine positive Bestimmung dieser Kapitalzirkulation erarbeitet wird. Auf dieser Grundlage kann anschließend (1.3.2.) ein mikrologischer Blick auf die Schatzkategorie geworfen werden. Um seine These zu beweisen, wonach der moderne industrielle Kapitalismus aus sich selbst heraus ein Kreditsystem generiert, analysiert Marx das moderne Wirtschaftssystem unter Abstraktion von der empirisch-faktischen Existenz funktional ausdifferenzierter Kapitalformen (v.a. von Geschäftsbanken und Finanzintermediären) als *reine Zirkulation industrieller Kapitalien*. Er zeigt auf, dass der für das industrielle Kapital prototypische Formwechsel von Warenkapital, Geldkapital und produktivem Kapital periodisch zum ›Herausfallen‹ von Kapital aus dem wirtschaftlichen Reproduktionsprozess führt (dieses Kapital regrediert zum nur noch latenten bzw. potentiellen Kapital). Im Unterschied zum Warenkapital und zum produktiven Kapital ist das in diesem Zuge ›ausgeschwitzte‹ Geldkapital von besonderer Bedeutung: Obgleich funktional bestimmt als Moment der Metamorphosen des industriellen Kapitals, kann das Geldkapital als Geld zugleich Geldfunktionen verrichten und ist damit in einer Weise *konditionierbar*, die es vom produktiven Kapital und vom Warenkapital unterscheidet. Es gerinnt zu verschiedenen Typen von ›Fonds‹, die qua ihrer Geldförmigkeit ›sozialisierbar‹ sind, und bildet damit eine Grundlage des modernen Kreditsystems. Für den Marxschen Beweisgang ist entscheidend, dass mit dieser ›Ableitung‹ eine *systemische Erklärung des modernen Kreditsystems* geliefert wird, die ohne Rekurs auf Handlungsrationalität oder anderweitige psychologische Unterstellungen auskommt, wie sie etwa dem Keynesschen Theorem der Liquiditätspräferenz inhärent sind.

Der abschließende dritte Teil (1.4.) beleuchtet den dritten Band des *Kapital* und konzentriert sich schwerpunktmäßig auf unser *zweites Leitmotiv*, die

These vom Kreditsystem als emergenter Einheit oder als Steuerungszentrum des modernen Wirtschaftssystems. Hier werden zunächst (1.4.1.) die Kategorien des *zinstragenden Kapitals* und des *fiktiven Kapitals* diskutiert, die in bestimmter Hinsicht einen Kulminationspunkt sowohl von Marx' *Kapital* wie des empirischen Kapitals/Kapitalismus darstellen. Dabei wird zum einen Marxens Kernthese beleuchtet, die besagt, dass das moderne zinstragende Kapital in grundsätzlicher Weise von jeglichen vormodernen Formen von Zins und Kredit (›Wucher‹) zu unterscheiden ist. Der systematische Bezug von Wirtschaft und Finanzsphäre manifestiert sich vor allem in einer einheitlichen Zinsrate. Die auf dem zinstragenden Kapital aufsitzende Form des fiktiven Kapitals, die sich in der gegenwärtigen empirischen Ökonomie in der Form verschiedenster ›Finanzinnovationen‹ manifestiert (Optionen, Futures) – so wird im Anschluss erläutert – resultiert aus einer Art *generalisiertem Umkehrschluss*. Dieser ist aber nicht als Denkoperation anzusetzen, sondern emergiert im Objektbereich selbst aus dem ›Ineinanderreflektieren‹ ökonomischer Kategorialität. Das fiktive Kapital stellt traditionelle Repräsentationsverhältnisse auf den Kopf, indem es einen *Schatten ohne Körper* darstellt, der aber gleichwohl die faktische ökonomische Autopoiesis massiv affiziert. Im nächsten Unterkapitel (1.4.2.) werden sowohl die bei Marx aufzufindenden steuerungstheoretischen Implikationen des Kreditsystems diskutiert wie auch solche Aussagen, die in das Feld entkopplungstheoretischer Fragestellungen gehören. Hier ist die Kritik der politischen Ökonomie durch eine *Doppelgleisigkeit* charakterisiert: Einerseits insistiert Marx qua Arbeitswerttheorie und Formanalyse auf einem inneren Zusammenhang der Ökonomie. Von dieser Warte aus wird das Moment der Einheit von Wirtschaft und Finanzsphäre stark gemacht. Andererseits ist es ein immanenter Bestandteil der Entwicklung dieses inneren Zusammenhangs, dass sich an allen Ecken und Enden eine Emergenz des Monetären Geltung verschafft, die auf ein Moment der Differenz verweist. Zu diskutieren ist in diesem Zug die bei Marx zentrale These, wonach für den Fall der Ökonomie mit einem eigenartigen Verhältnis von Strukturlogik und wissenschaftlicher Reflexion zu rechnen ist, oder anders gefasst, dass das Prozessieren der ökonomischen Systemlogik in geradezu notwendiger Weise ›kognitive Verzerrungen‹ bei den Beobachtern und Akteuren zeitige. Schließlich soll in einem letzten Punkt auf die Marxsche Konzeption eines neuzeitlichen Kredit*systems* Bezug genommen werden (1.4.3.). Bei diesem Themenkomplex handelt es sich um einen Strukturzusammenhang, der erst auf Basis der Ableitung der Kategorie des zinstragenden Kapitals überhaupt sinnvoll angegangen werden kann. Zugleich kann unser Zugriff nur punktuell ansetzen, weil die entsprechenden Entwicklungsschritte bei Marx nicht zu Ende geführt sind und zudem nicht einmal – wie aus der Sekundärliteratur herangezogene Positionen verdeutlichen werden – alle Kernbegrifflichkeiten als vollständig geklärt gelten können. Wir engführen die Debatte durch eine kursorische Diskussion der Unterscheidung von Monetarsystem und Kreditsystem einschließlich der Marxschen These eines periodisch notwendigen ›Umschlags‹ des Letzteren in das Erstere.

1.1. Zum logischen Ort des Kredits in den *Grundrissen*: Zwei Leitmotive

Zu Beginn dieser Arbeit wurde kritisch angemerkt, dass die vielfach übliche Rezeptionspraktik, die sich damit begnügt, dem Gang der Marxschen Darstellung einer Verselbständigung des Werts nur bis zum »Geld als Geld« zu folgen, als problematisch einzustufen ist. Genau bis zu diesem Punkt sind wir dem Darstellungsgang in den *Grundrissen* bereits nachgegangen, haben uns also auf den ›Umschlag‹ von einfacher Zirkulation zur verallgemeinerten Kapitalzirkulation konzentriert. Wir hatten es dort – so kann man einer Charakterisierung von Marx entnehmen – zunächst mit jenen »Formen des Geldes« zu tun, »die unmittelbar aus dem Austausch der Waren herauswachsen«, aber noch nicht mit »einer höhern Stufe des Produktionsprozesses angehörigen Formen, wie zum Beispiel Kreditgeld« (MEW13: 49). Oder anders gefasst: Es handelte sich anfangs um jene Formen des Geldes, die daraus resultieren, dass das Geld »selbst ein Produkt der Zirkulation« ist (MEW42: 561). Zugleich hatten wir aber auch schon gesehen, dass Marx im Zuge der Kategorienentwicklung auf emergenztheoretische Argumentationsfiguren zurückgreift. Die einfache Zirkulation wurde aus der Perspektive der Kapitalzirkulation entfaltet, und letztere wurde als eine Art positive Negativfolie der Defizienz der einfachen Zirkulation bestimmt: All jene Geldfunktionen, die uns bereits auf der Ebene der einfachen Zirkulation begegneten, erschienen im Kontext der Kapitalzirkulation in einem ganz anderen, ›systemischen‹ Licht. Oben, im Zuge des Vorausblicks auf den Argumentationsgang dieses Kapitels, wurde vermerkt, dass die *Grundrisse* zwar keine systematische Entwicklung kreditärer Formen enthalten, dass sich dieser Schrift aber zwei perspektivische Formulierungen oder Leitmotive entnehmen lassen, die bereits die Marschrichtung späterer Marxscher Ausarbeitungen in den Bänden zwei und drei des *Kapital* grob umreißen.

So wird der »Kredit«, um das erste Leitmotiv aufzugreifen, bestimmt als eine »direkt vom Kapital gesetzte Form der Zirkulation [...] – die also spezifisch aus der Natur des Kapitals hervorgeht« (MEW42: 573). Es sei zu zeigen, so Marx, »wie das Kapital im Kredit neue Produkte der Zirkulation schafft« (MEW42: 561). Nun könnte wiederum eingewandt werden, dass es sich beim Kredit um eine Form handelt, die historisch betrachtet älter ist als der moderne, industrielle Kapitalismus, und dass es insofern wenig sinnvoll ist, den Kredit als Resultat eben dieser modernen Produktionsweise begreifen zu wollen. Dies gesteht allerdings auch Marx ausdrücklich zu: »Geborgt und geliehen ward auch in frühren Zuständen, und der Wucher ist sogar die älteste der antediluvianischen Formen des Kapitals« (MEW42: 441). Allerdings weist Marx auf eine Differenz hin, die zu berücksichtigen sei, wenn es weiter heißt: »Aber Borgen und Leihen konstituiert ebensowenig den *Kredit*, wie Arbeiten *industrielle Arbeit* oder *freie Lohnarbeit* konstituiert. Als wesentliches, entwickeltes Produktionsverhältnis erscheint der Kredit *historisch* auch nur in der auf das Kapital oder die Lohnarbeit gegründeten Zirkulation« (MEW42: 441). Wir kennen diese Argumentationsweise schon von der Entwicklung der basalen Geldfunktionen. Auch dort ist es, Marx folgend, nicht die *historische Vorgängigkeit* bestimmter Geldfunktionen, anhand derer die differentia specifica des modernen Geldes erklärt werden kann, sondern das moderne Geld(system) erhält seine neuartige Qualität auf Grundlage einer rekursiven Verknüpfung der historisch ungleichzeitig emergierten Geldfunktionen. Und *diese Qualität* ist es, die das eigentliche Explanandum darstellt. Ein analoges Argument bringt Marx auch bezüglich des Kredit*geldes* in Anschlag: Es ist nicht die historische Vorgängigkeit, sozusagen das ökonomische Erstgeburtsrecht, das über die Bedeutung kreditärer Formen entscheidet, sondern ihr Platz innerhalb eines systemischen Gefüges. Insofern wird man nicht fehl in der Annahme gehen, wonach die Kritik der politischen Ökonomie auch hierfür den Gedanken einer *Morphogenese* (vgl. MEW42: 203) ins Spiel bringt. Schon die *Grundrisse* enthalten jenen Kerngedanken, der dann im zweiten Band des *Kapital* wieder aufgegriffen wird und wonach das Kreditgeld ein genuines Produkt des modernen Kapitalismus darstellt:

»Das Geld in seiner unmittelbaren Form, wie es einer dem Kapital vorhergehnden Stufe der Produktion angehört, erscheint ihm daher als Zirkulationskost, *und das Bestreben des Kapitals geht daher dahin, es sich adäquat umzugestalten*; es daher zu machen zu einem keine Arbeitszeit kostenden, nicht selbst Wertvollen, Repräsentanten eines Moments der Zirkulation« (MEW42: 572, Herv.H.P., vgl. auch Fiehler 2004).

Nun zum zweiten Leitmotiv: Ganz im Sinne der These von Michael Heinrich (2004: 167f.), wonach Marx das Kreditsystem als eine »*strukturelle Steuerungsinstanz* der kapitalistischen Ökonomie« betrachtet, finden sich Hinweise in den *Grundrissen*, die in geradezu emphatischer Weise auf eine solche Zentralstellung verweisen. So ist dort notiert: »Im Geldmarkt ist das Kapital in seiner Totalität gesetzt; darin ist es *preisbestimmend, arbeitsgebend, die Produktion regulierend*, in einem Wort *Produktionsquelle*« (MEW42: 201). Ebenfalls begegnet uns in den *Grundrissen* anlässlich des Kredits – und dies ist besonders unter methodologischen Vorzeichen aufschlussreich – wieder jene Denkfigur des *konkreten Allgemeinen*, die oben in Kapitel 2 anlässlich des ›Tierbeispiels‹ diskutiert wurde. Es heißt:

»Ehe wir nun weitergehn, noch diese Bemerkung. Das *Kapital im allgemeinen*, im Unterschied von den besondren Kapitalien, erscheint zwar *1. nur als eine Abstraktion*; […] 2. aber ist das Kapital im allgemeinen *im Unterschied* von den besondren reellen Kapitalien selbst eine *reelle* Existenz. Es ist dies von der gewöhnlichen Ökonomie anerkannt, wenn auch nicht *verstanden*; und bildet ein sehr wichtiges Moment für ihre Lehre von den Ausgleichungen etc. […] Während das Allgemeine daher einerseits nur *gedachte* differentia specifica, ist sie zugleich eine *besondre* reelle Form neben der Form des Besonderen und Einzelnen« (MEW42: 362).

Dem unmittelbaren Kontext ist meines Wissens nach nicht eindeutig zu entnehmen, worauf sich diese Aussage inhaltlich bezieht (eine Durchsicht durch die einschlägige Sekundärliteratur fördert die absonderlichsten Interpretationen zu Tage). Postuliert wird in ihr – im Unterschied zum bereits diskutierten ›Tierbeispiel‹ nun aber auf der Ebene von Kapital anstelle von Geld –, dass neben und außer der Vielzahl einzelner, besonderer Kapitalien deren Einheit oder Allgemeinheit selbst noch neben und außer den empirischen Einzelkapitalien als operativ wirksames Moment existiere. Es liegt nahe, diese emergente Einheit der Gesamtheit der Kapitalien im *Kreditsystem* zu verorten, und diese Vermutung wird auch bestätigt, wenn man einen Blick auf einen in einem Brief enthaltenen Aufbauplan Marxens wirft.

Dort heißt es:

»Folgendes ist short outline of the first part. Die ganze Scheiße soll zerfallen in 6 Bücher: 1. Vom Kapital. 2. Grundeigentum. 3. Lohnarbeit. 4. Staat. 5. Internationaler Handel. 6. Weltmarkt. I. *Kapital* zerfällt in 4 Abschnitte. a) Kapital en general. *(Dies ist der Stoff des ersten Hefts.)* b) Die *Konkurrenz* oder die Aktion der vielen

Kapitalien aufeinander. c) *Kredit*, wo das Kapital den einzelnen Kapitalien gegenüber als allgemeines Element erscheint. d) Das *Aktienkapital* als die vollendetste Form (zum Kommunismus überschlagend), zugleich mit allen seinen Widersprüchen« (MEW29: 312).

Die letzte Bestimmung zum Aktienkapital dürfte wiederum als Reminiszenz der erst schrittweise überwundenen geschichtsphilosophischen Konstruktion aus der *Deutschen Ideologie* zu bewerten sein. Entscheidender ist aber die *Verortung des Kredits*, die Marx in diesem Aufbauplan vornimmt. Der Kredit wird bestimmt als jener Formzusammenhang, »wo das Kapital den einzelnen Kapitalien gegenüber als allgemeines Element erscheint« (ebd.). Er nimmt hier also exakt jene Stelle ein, die bezüglich der Totalität der Waren dem Geld zugeschrieben wurde. Mit diesen tentativen Bemerkungen sind die Weichen gestellt, um in den folgenden Unterkapiteln exemplarisch die beiden von Marx akzentuierten Leitmotive zu verfolgen: Erstens die These, wonach der industrielle Kapitalismus als verallgemeinerter Systemzusammenhang notwendig darauf angewiesen ist, kreditäre Vermittlungsformen aus sich heraus zu setzen. Und zweitens die These, wonach im modernen Kapitalismus ein Kreditsystem emergiert, das als nichtintentionale Steuerungsinstanz oder als Einheit der Ökonomie zu gelten hat.

1.2. Zur funktionalen Differenzierung des Kapitals: Begriffliche Klärungen

Bevor wir auf den Darstellungsgang in den Bänden zwei und drei des *Kapital* eingehen, um in selektiver Weise Kernaspekte ökonomischer Morphogenese näher zu betrachten, könnte es sinnvoll sein, einige *Begriffserklärungen* voranzuschicken, und zwar wiederum mit Seitenblick auf die Theorie sozialer Systeme.[113] Auch wenn sich zeigen wird, dass es nicht immer möglich ist, die Marxschen Kategorien bruchlos in die Sprache der Systemtheorie zu übersetzen, so ist es geboten, dann wenigstens die Differenzen herauszustellen. Im letzten Teil des zweiten Kapitels wurde nur auf die ›Kapitalkaskaden‹ bei Marx aufmerksam gemacht, und es wurden einige

113 Die meisten der an dieser Stelle vorweggenommenen Kategorien werden erst im dritten Band des *Kapital* bestimmt. Bis dorthin ist also eine Durststrecke zu überwinden. Dies verdankt sich der spezifischen Marxschen Weise von Komplexitätsentfaltung. Die vorgezogenen provisorischen Bemerkungen stellen also einen Versuch selektiv geleiteter Komplexitätsreduktion dar. Nicht mehr, aber auch nicht weniger.

Kategorien beispielhaft genannt. Für den Fortgang ist es aber unerlässlich, etwas präzisere Bestimmungen vorzunehmen. Dies betrifft vor allem die folgenden Marxschen Kategorien: industrielles Kapital, Warenhandlungskapital, Geldhandlungskapital, zinstragendes Kapital, fiktives Kapital.

Der Begriff des *industriellen Kapitals* bildet das A und O des Marxschen Zugriffs. Während die anderen genannten Kategorien erst im dritten Band des *Kapital* begrifflich vollständig bestimmt werden, bildet das Konzept des industriellen Kapitals das integrative Moment aller drei Bände. Mit der Kennzeichnung ›industriell‹ wird bei Marx eine *werttheoretische Dimension* adressiert: Marx zufolge ist das industrielle Kapital »die einzige Daseinsweise des Kapitals, worin nicht nur Aneignung von Mehrwert, resp. Mehrprodukt, sondern zugleich dessen Schöpfung Funktion des Kapitals ist« (MEW24: 61). Zu dieser Annahme kommt Marx aber nicht etwa, weil er von einer Produktionsfaktorentheorie ausgeht und in der dortigen Trias von Arbeit, Boden und Kapital alleine der Arbeit wertbildende Potenz zuspricht (eine solche Lesart der Marxschen Theorie lässt sich stellenweise bei Luhmann auffinden). Sondern der Bezugsrahmen der Produktionsfaktorentheorie wird selber als inadäquat zurückgewiesen, weil das dort zugrunde gelegte Unterscheidungskriterium unmittelbar von den empirischen Revenueformen (Arbeitslohn, Profit, Grundrente) Rückschlüsse auf Prozesse der Wertschöpfung zieht, was für Marx nichts anderes darstellt als eine *fallacy of misplaced concreteness* im Sinne Whiteheads.[114] Ganßmann (2006: 5) spricht bezüglich der Produktionsfaktorentheorie pointiert von einer ihr inhärenten »Suggestion« der »Gleichursprünglichkeit der Produktionsfaktoren«, die das Resultat einer »kognitive(n) Verzerrung« sei: »angelegtes Geld gilt nun von Natur aus als Kapital. Wenn man es in der Bank deponiert, wächst es wie die Bäume im Wald«. Macht man solchermaßen Arbeit, Boden (Natur) und Kapital zu ›dimensionsgleichen Kategorien‹, dann naturalisiert man die soziale Konstruktion Kapital und konfundiert sie mit überhistorischen Bedingungen des Wirtschaftens.

Allein von dieser Warte aus erschließt sich der Sinngehalt der Marxschen Werttheorie: In pointiertem »Gegensatz zu *aller* früheren Ökonomie, die *von vornherein* die besondren Fragmente des Mehrwerts mit ihren fixen Formen von Rente, Profit, Zins als gegeben behandelt«, so führt Marx aus, sei von ihm erstmals »die allgemeine Form des Mehrwerts, worin all das

---

114 Die Produktionsfaktorentheorie unterzieht Marx im Abschnitt über die »Trinitarische Formel« im dritten Band des *Kapital* einer harschen Kritik (vgl. MEW25: 822ff.). Ein ausführlicher Kommentar dazu findet sich bei Bischoff, Otto u.a. (1993).

sich noch ungeschieden, sozusagen in Lösung befindet, behandelt« worden (MEW32: 11). Und um diese allgemeine Form des Mehrwerts in reiner Form herauszuarbeiten, muss zunächst das industrielle Kapital als jener Formzusammenhang analysiert werden, der eine Einheit von Produktion und Zirkulation herstellt. Eine Verbindung zur Systemtheorie aufzumachen ist an dieser Stelle nicht ganz einfach, und zwar aus mindestens zweierlei Gründen. Einerseits könnte man sagen: Insofern Marx mit dem industriellen Kapital auf das genuin »Kapitalistische« an der modernen Wirtschaft abstellt, korreliert dieser Begriff mit dem, was bei Luhmann als *rentabilitätsorientierter Sektor* fungiert (so haben wir gegen Ende des zweiten Kapitels argumentiert).[115] Der Fortgang wird allerdings zeigen, dass dies nicht so einfach ist, weil auch das Warenhandlungskapital und das Geldhandlungskapitel rentabilitätsorientiert und insofern kapitalistisch operieren, Marx zufolge aber nicht direkt zur Mehrwertproduktion beitragen. Andererseits und mit anderem Akzent könnte man sagen: Das industrielle Kapital ist Marx zufolge die grundlegende Form, die System und Umwelt miteinander verknüpft. Auch diese Bestimmung korreliert nicht umstandslos mit Luhmanns Konzept des rentabilitätsorientierten Sektors, weil selbiger System und Umwelt nur mittelbar verknüpft, im Unterschied zu Steuern und Arbeit, die als direkte Kopplungsmechanismen adressiert werden. Zunächst reicht es uns aus, diese Differenz einfach nur zu markieren.

Die beiden Kategorien des *Warenhandlungskapitals* und des *Geldhandlungskapitals* sind aus den eben genannten Gründen ebenfalls nicht umstandslos in systemtheoretische Begrifflichkeiten zu übersetzen. Zunächst kann aber recht unproblematisch festgestellt werden: Ihr logischer und empirischer Ort sind an Wirtschaft beteiligte Organisationssysteme. Es handelt sich um spezifische *Programmformen*, die entweder als Kerngeschäft von nur auf diese Operationen spezialisierten Organisationen anzutreffen sind (Handelsunternehmen einerseits, Privatbanken und Finanzintermediäre andererseits), oder um solche Funktionen, die von industriellen Kapitalien neben ihren Kerngeschäften getätigt werden. Beide Begriffe werden von Marx auch unter den mehr an die Binnenperspektive der beteiligten Akteure sowie an die Geschichtsschreibung anschließenden Begriffe des Kauf-

115 Baecker (1991: 48) führt in diesem Sinne zu Unternehmen aus: »Profitabilität oder Rentabilität ist die Form, über die die Autopoiesis der Wirtschaft in die Entscheidungsprogramme der unternehmerischen Organisationen hineinkopiert wird«.

mannskapitals bzw. des Handelskapitals subsumiert.[116] Im Unterschied zum industriellen Kapital ist hier ein Doppeltes zu beachten: Es ist zwar einerseits so, dass Marx das Warenhandlungskapital und das Geldhandlungskapital vom industriellen Kapital unterscheidet, weil erstere als rein zirkulationsseitig angesiedelte Kapitalformen sich zwar Mehrwert aneignen und Mehrwert umverteilen, aber selbst keinen Mehrwert produzieren. Dies bedeutet aber andererseits gerade nicht, dass ihnen von Marx – wie dies im marxistischen Diskurs zuweilen suggeriert wird – notwendigerweise eine subalterne Stellung gegenüber dem industriellen Kapital zugeschrieben wird, sondern es verdankt sich obig skizzierter Logik der Darstellung, zunächst den Mehrwert in reiner Form herauszuarbeiten und erst anschließend dessen Metamorphosen und Modifikationen zu betrachten.[117] Marx versieht das Warenhandlungskapital und das Geldhandlungskapital auch mit der Bestimmung, »indirekt produktiv« (MEW25: 293) zu sein, um ihren Doppelcharakter herauszustreichen: Sie produzieren zwar selber keinen Mehrwert, rationalisieren und beschleunigen aber – gesamtwirtschaftlich betrachtet – die Operationen des industriellen Kapitals und tragen dadurch indirekt zur Mehrwertproduktion bei. Auch hier ist wieder zu beachten: Aus der ›Binnenperspektive‹ des Kaufmannskapitals stellen sich die Sachverhalte nicht in jener Weise dar, wie sie sich aus der systemischen Betrachtung von Marx darstellen. Denn insofern das Kaufmannskapital als selbstständig ausdifferenziertes Geschäft betrieben wird, wird es immer *auf eigene Rechnung* betrieben. Das heißt es geht aus einzelkapitalistischer Perspektive betrachtet auch dort um Verwertung, um G-W-G', und es wird auch dort Arbeitskraft unter der Prämisse von Profitgewinnung angewandt, wodurch keinerlei grundlegende Differenzen zum industriellen Kapital zu erkennen sind.[118] Man erkennt an dieser Stelle

---

116 Dazu führt Zerb (1976: 231) aus: »Unter ›kaufmännisches Kapital‹ versteht Marx sowohl *Warenhandlungskapital* (das entspricht wohl dem umgangssprachlichen Gebrauch von Kaufmanns- oder Händlerkapital) als auch *Geldhandlungskapital* (umgangssprachlich etwa Bankkapital; genauer jedoch nur eine technische Funktion, die unter anderem das Bankkapital heute ausführt).«

117 Es ließe sich auch sagen: Konstitutionstheoretisch und werttheoretisch sind das Warenhandlungskapital und das Geldhandlungskapital – Marx zufolge – in der Tat in einer ›subalternen‹ Position gegenüber dem industriellen Kapital. Ob sich dies aber auch empirisch so darstellt, das steht auf einem anderen Blatt. Die späteren Kapitelteile werden hierüber näherungsweise Auskunft erteilen.

118 Bei Campbell (1998: 133) wird hierzu bemerkt: »Because merchant's and money dealing capital are paid for the functions they perform, they seem to contribute to the value of

exemplarisch eine Kerndifferenz der Kritik der politischen Ökonomie und der Systemtheorie: Luhmann operiert mit seinen Begrifflichkeiten näher an der Binnenperspektive der Akteure (bzw. der an Wirtschaft partizipierenden Organisationssysteme) und unterzieht selbige einer Art systemtheoretischer ›Zweitbeschreibung‹. Marx diagnostiziert einen kategorialen Bruch zwischen der binnenperspektivischen Dimension und der systemischen Dimension und hält deswegen einen größeren Abstand gegenüber der ersteren.[119]

Sowohl das *zinstragende Kapital* wie auch das *fiktive Kapital*[120] unterscheiden sich in grundsätzlicher Weise von den zuvor genannten Kategorien, ja man könnte sogar sagen: Die Unterscheidung von zinstragendem Kapital und fiktivem Kapital ist orthogonal gebaut zu den eben erläuterten Unterscheidungen. Der einzige Punkt, der sich durchhält, ist die Annahme, dass auch das zinstragende Kapital und das fiktive Kapital nicht zur Produktion des Mehrwerts beitragen. Allerdings ist damit noch weniger als bezüglich des Warenhandlungskapitals und des Geldhandlungskapitals impliziert, dass diesen Formen von Marx eine irgend subalterne Rolle mit Blick auf das Gesamtsystem zugeschrieben wird. Eher das Gegenteil ist der Fall. Bei Krätke (2000: 70) wird zur Rolle des durch das zinstragende Kapital konstituierte Kreditsystem bei Marx unter anderem ausgeführt: »Mit dem Kredit verändern sich die Verlaufsformen der Geldzirkulation wie des Kapitalumschlags; der Kapitalumschlag wird dadurch nicht nur beschleunigt, die gesamte Zeitstruktur der Kapitalkreisläufe verändert sich – mit weitreichenden Folgen für die Kapitalverwertung«. In systemtheoretischer Lesart könnte man hinzufügen: Bei beiden ökonomischen Kategorien, dem zinstragenden Kapital und dem fiktiven Kapital, handelt es sich *nicht* um Programmformen, obgleich sie empirisch nur im Zusammenhang mit solchen faktisch realisiert werden, und auch *nicht* um Organisationssysteme (die aber in der Umwelt dieser Kategorien eine Rolle spielen mögen). Sondern beide Begriffe markieren eine *Potenz*, die dem *Medium* des Wirtschaftssystems, dem Geld, *als solchem zufällt*. Das Geld hat mit dem Zins einen »Preis

commodities. Since they are also confined to circulation, the idea that they create value implies that value originates, rather than just changes form, in circulation«.

119 Dies ist zugleich der Hauptgrund, warum die Begriffsstrategien von Systemtheorie und Kritik der politischen Ökonomie in diesem Kapitel recht stark voneinander divergieren.

120 Wir wollen uns an dieser Stelle mit unseren Erläuterungen auf das zinstragende Kapital beschränken, das fiktive Kapital setzt dann auf diesem auf und wird erst im Fortgang näher betrachtet. Es handelt sich dabei um eine Art »andere Seite« des zinstragenden Kapitals.

seiner selbst«[121]. Es prozessiert nicht nur den Warentausch entlang seiner eigenen Logik, sondern wird selbst zu einer *emergenten Ware sui generis.* Dies gilt aber, so könnte man auf den ersten Blick wiederum anmerken, ebenso für vormoderne Ökonomien wie für das moderne Wirtschaftssystem. Die Marxsche Frage bezüglich des zinstragenden Kapitals besteht nun aber darin, das hat schon der obige Rekurs auf die *Grundrisse* ergeben, ob selbiges in einem inhärenten oder kontingenten Verhältnis zum ökonomischen System der modernen Wirtschaft steht. Und diese Frage ist dem »erscheinenden Wissen«, also der bloßen Faktizität des Zinses, nicht zu entnehmen. Begreift man den Zins etwa ausgehend von faktischen Gläubiger/Schuldner-Verhältnissen, die auch schon in der Vormoderne anzutreffen sind, dann »desartikuliert« man die Frage nach dem Zusammenhang von Zins und ökonomischem Gesamtreproduktionsprozess.

Aus diesem Grunde ist ein erheblicher theoretischer Umweg zu nehmen. Die Marxsche Behandlung soll zeigen, dass das *vormoderne* zinstragende Kapital in keinerlei systematischer Verknüpfung zum ökonomischen Reproduktionsprozess der Gesellschaft stand. Es spielte gleichsam neben diesem her, während das *moderne* zinstragende Kapital Marx zufolge die Basis und den Ankerpunkt eines spezifisch kapitalistischen Kredit*systems* darstellt. Letzteres, so kann in systemtheoretischen Begrifflichkeiten ausgeführt werden, denkt Marx als ›Repräsentant‹ oder Form der Einheit der Ökonomie, eine Konstellation, die etwa zum Ausdruck gebracht wird, wenn Marx von der modernen Ökonomie als einem »Produktionssystem [spricht], wo der ganze Zusammenhang des Reproduktionsprozesses auf dem Kredit beruht« (MEW25: 507). Oder nochmals in Worten ausgedrückt, die man Luhmann in den Mund legen könnte: Das zinstragende Kapital konditioniert die Weitergabe von Zahlungsfähigkeit. Es operiert mittelbar nur auf der Innenseite des Systems, sorgt aber gerade deshalb in der Umwelt des Wirtschaftssystems für die größten Irritationen und Turbulenzen. Zusammenfassend kann vorerst und provisorisch festgehalten werden: Das industrielle Kapital markiert die stetige Aktualisierung der allein für die moderne Ökonomie prototypischen Einheit von Produktion

121 Marx selbst verwendet diese Bezeichnung, stellt aber heraus, dass er sie als ›irrationalen Ausdruck‹ versteht. Zu dieser Einschätzung führt ihn die Werttheorie, denn insofern das Geld im Zins einen von seinem eigenen Preis bzw. Wert abweichenden, *zusätzlichen* Preis erhält, verschwindet in der Form des Zinses die Genese des Mehrwerts aus der Arbeit. Möchte man Marx' werttheoretischen Prämissen nicht folgen, dann kann doch soviel an seiner Diagnose akzeptiert werden, dass mit dem Zins eine weitere Stufe der Emergenz des Monetären vorliegt.

und Zirkulation samt Mehrwertproduktion. Die anderen Formen werden als verschiedenartige funktionale Ausdifferenzierungen gedacht, die das industrielle Kapital aus sich heraussetzt,[122] und die zwar nicht zur Produktion des Mehrwerts beitragen, aber gleichwohl notwendige Leistungen für die wirtschaftliche Autopoiesis erbringen und zudem – man könnte hier möglicherweise den Begriff der ›Makrodetermination‹ (vgl. Heintz 2004) heranziehen – die Zustände des Systems insgesamt radikal verändern.

1.3. Zur Kredittheorie im zweiten Band des *Kapital:* Der moderne Kredit als notwendiges Resultat der Zirkulation des Kapitals

Solchermaßen gerüstet kann nun an den zweiten Band des *Kapital* herangetreten werden. Bei diesem Band, das sei vorweggenommen, handelt es sich um den in der bisherigen Rezeptionsgeschichte der Kritik der politischen Ökonomie am stiefmütterlichsten behandelten Abschnitt der Marxschen Theorie (vgl. Krätke 2001: 4ff.). Dies ist insofern verständlich, als dass Engels bereits während der Arbeit an der Zusammenstellung der Marxschen Manuskripte verlautbaren ließ, dass selbiger Band »die Vulgärsozialisten sehr enttäuschen« werde, weil er »fast nur streng wissenschaftliche, sehr feine Untersuchungen über Dinge, die innerhalb der Kapitalistenklasse selbst vorgehen«, enthalte. Der zweite Band offeriere hingegen »gar nichts«, so Engels weiter, »woraus man Stichwörter und Deklamation fabrizieren« könne (MEW36: 61).[123]

Die einzige gewichtige Ausnahme von dieser Regel der Nicht-Rezeption des zweiten Bandes bezieht sich auf die Debatten über die *Reproduktionsschemata* gegen Anfang des 20.Jahrhunderts (vgl. dazu die Hinweise bei Rosdolsky 1968).[124] Mit Bezug auf diese Schemata, die am Ende des zwei-

122 Empirisch ist der hier angesprochene Prozess des ›Heraussetzens‹ natürlich, auch das wurde schon vermerkt, nicht als *creatio ex nihilo* zu verstehen, sondern als schrittweise kapitalistische Umfunktionierung überlieferter vormoderner Kapitalformen.

123 Dem letzteren von Engels genannten Punkt ist umstandslos zuzustimmen. Anders sieht es mit der These aus, der zweite Band enthalte nur »Untersuchungen über Dinge, die innerhalb der Kapitalistenklasse selbst vorgehen«. Smith (1998) beispielsweise hat auf Basis der dortigen Analyse das Konzept der »lean production« einer kategorialen Bestimmung zugänglich gemacht.

124 Erst vor wenigen Jahren ist ein Sammelband erschienen, der sich explizit und alleinig dem zweiten Band des *Kapital* widmet und hierbei nicht auf die Reproduktionsschemata verkürzt ist, sondern Beiträge zu allen Abschnitten dieses Buchs enthält (vgl. Arthur, Reuten 1998).

ten Bandes entfaltet werden und ein erstes, abstraktes Konzept der Reproduktion des gesellschaftlichen Gesamtkapitals enthalten, wurde darüber gestritten, ob ein krisenhafter Kapitalismus wenigstens prinzipiell möglich sei oder nicht. In solchermaßen konkret politisch motivierten Lesarten, die im unmittelbaren Zusammenhang mit Strategiefragen der Arbeiterbewegung standen (›Reform‹ oder ›Revolution‹), wurde den Reproduktionsschemata aber eine Erklärungslast aufgebürdet, die sie schon aus systematischen Gründen nicht tragen können. Denn trotzdem sie, wie Heinrich (2004: 139) betont, zwar »eine Gesamtschau kapitalistischer Produktion und Zirkulation dar[stellen]«, liefern sie noch längst kein Abbild faktischer kapitalistischer Reproduktion. Die in ihnen abstrakt ausgedrückte »Einheit von Produktions- und Zirkulationsprozess« bildet vielmehr erst, so Heinrich (ebd.) weiter, »die Grundlage, auf der dann Kategorien wie Profit, Zins, Unternehmergewinn, Aktienkapital etc., in denen sich die konkreteren Verhältnisse ausdrücken, überhaupt sinnvoll abgehandelt werden können«. Richten wir das Augenmerk bei einer Betrachtung des zweiten Bandes des *Kapital* also nicht vorschnell auf quantitativ-reproduktionstheoretische Aspekte, sondern auf die *qualitative, kategoriale Dimension* und hier – entsprechend der Fragestellung dieses Kapitels – auf die Frage kreditärer Vermittlungsformen bzw. auf die Emergenz des Geldes.[125]

Wir hatten schon vorweggenommen, dass uns nun in erster Linie das Moment der Morphogenese, das heißt des Formwandels, interessieren soll. Dieser Punkt kann durch Zuhilfenahme zweier Stimmen aus der Sekundärliteratur präzisiert werden. Campbell (2002: 212) referiert mit Blick auf den zweiten Band des *Kapital*: Marx »derives the credit system from capital, which he initially presents as industrial capital by itself. That is, he appeals to the requirements and inherent tendencies of industrial capital to explain why the credit system evolves«. Bei Itoh/Lapavitsas (1999: 61) heisst es dazu ergänzend: »This process provides an objective social foundation for the credit system«. Mit anderen Worten: Das moderne Kreditsystem als solches adressiert Marx zwar erst im dritten Band des *Kapital*. Es ist aber eine Aufgabe des zweiten Bandes, die kategorialen Implikationen und Voraussetzungen dieses Systems schrittweise zu entwickeln, womit zwei miteinander zusammenhängende Ziele erreicht werden sollen. Es soll erstens gezeigt werden, dass der ›Basalmodus‹ eines monetär ausdifferenzier-

125 Dazu findet sich bei Krätke (2001: 5) der Hinweis: »Die Analyse des Kapitalumschlags und die geld- und kredittheoretischen Untersuchungen im zweiten Band sind [...] – auch im Marxismus – fast unbemerkt geblieben«.

ten Wirtschaftssystems, von Marx im zweiten Band als Zirkulationsprozess des Kapitals thematisiert – die Kontinuität seines Operierens vorausgesetzt – in notwendiger Weise kreditäre Vermittlungsformen aus sich selbst hervortreibt. Damit soll zugleich und zweitens eine Erklärung der modernen Finanzsphäre gegeben werden, die nicht voluntaristisch oder psychologisch argumentiert, sondern genuin systemisch ansetzt.[126] Bei Krätke (2001: 7) wird zu dieser Herangehensweise ausgeführt: »Also ist vom Kredit hier schon die Rede, obwohl der Zins und das zinstragende Kapital systematisch noch gar nicht an der Reihe sind und sein können«.

1.3.1. Erläuterungen zum Darstellungsgang im zweiten Band des ›Kapital‹

Wir können an dieser Stelle jenen Faden wieder aufnehmen, der sich am Ende der Betrachtung der Kapitalzirkulation in Kapitel 2 ergeben hatte: Als emergentes, systemisches Feature des modernen, industriellen Kapitalismus hatte Marx herausgestellt, dass die kapitalistische ›Weltformel‹ G-W-G' als *verallgemeinertes* Strukturmuster nur möglich ist, wenn Zirkulationssphäre und Produktionssphäre ihre vormalige Äußerlichkeit verlieren und zu einem systemischen Nexus integriert werden. Im Unterschied zur subalternen Stellung des Geldes in sämtlichen tauschtheoretisch fundierten ökonomischen Theorien hat Marx bereits anlässlich des Übergangs von der einfachen Zirkulation zur Kapitalzirkulation auf die *Notwendigkeit des Geldes* innerhalb der kapitalistischen Produktionsweise hingewiesen, ein Argument, das im zweiten Band des *Kapital* mit der Formulierung wiederholt wird, wonach »die Verdopplung der Ware in Ware und Geld« ein »Gesetz der Darstellung des Produkts als Ware« sei (MEW24: 355). Während in den *Grundrissen* die einzelnen Geldfunktionen im Kontext des Stellenwechsels von Ware und Geld entwickelt wurden (ähnlich auch im ersten Band des *Kapital*), also aus der *Zirkulation des Geldes* heraus, geht es nun um die fortgeschritteneren Bestimmungen, die dem *Zirkulationsprozess des Kapi-*

126 Itoh und Lapavitsas (1999: 66) haben zutreffend hervorgehoben – um eine weitere Theorie ins Spiel zu bringen – dass »this approach to money hoarding differs substantially from Keynesian liquidity preference. The latter ultimately relies on unexplained personal and psychological motivations for the hoarding of money«. Dies ist sicherlich besonders für die Theorie sozialer Systeme ein nicht ganz uninteressanter Gedanke: Keynes' Konzept von der Liquiditätspräferenz rekurriert in der Tat auf individuelle Präferenzen, während im Marxschen Zugriff, wie es im Fortgang bei Itoh und Lapavitsas heißt, »hoarding takes place as capital traverses the circuit for objective reasons pertaining to the circuit itself« (ebd.).

tals entspringen.[127] Campbell (1998: 129) hat in diesem Kontext festgehalten, dass »the theory of money in Volume Two is about the new features that emerge from this standpoint: the features of money as a form of capital«. Oder in den Worten von Marx selbst: Die »Geldzirkulation« wird nun thematisiert als »immanentes Moment des jährlichen Reproduktionsprozesses« einer Totalität industrieller Kapitalien (MEW24: 474). In der Terminologie der Systemtheorie gefasst geht es also darum, *wie die Zirkulation des Kapitals die Zirkulation des Geldes in sich aufnimmt und einer Zweitcodierung unterwirft.* Wir wollen einige Kernaspekte des zweiten Bandes streifen, müssen aber hinzufügen, dass dies in ähnlich komprimierter und schematischer Weise geschieht, wie im zweiten Kapitel beispielsweise Luhmanns Theorie sozialer Evolution als aufeinander aufbauender Zusammenhang von Sprache, Schrift und symbolisch generalisierten Kommunikationsmedien skizziert wurde.

Im ersten von drei Abschnitten des zweiten Bandes[128], der den Titel *Metamorphosen des Kapitals* trägt, setzt Marx wieder an bei der Formel G-W-G' als der *allgemeinen Formel des Kapitals*, die nun aber im Zuge einer veränderten Betrachtungsweise als *Kreislauf des Kapitals* (G-W…P…W'-G') analysiert wird. Es geht, in den Worten von Marx, um die »verschiednen Formen, worin das Kapital in seinen verschiednen Stadien sich kleidet, und die es bei wiederholtem Kreislauf bald annimmt, bald abstreift« (MEW24: 31). Die Abkürzung ›P‹ in obiger Formel markiert den (kapitalistisch betriebenen) Produktionsprozess, die Gesamtformel beschreibt den Zyklus des *industriellen Kapitals*, der nach Marx den eigentlichen Nukleus des modernen Wirtschaftssystems darstellt. Wollte man das ganze Arrangement modelltheoretisch fixieren (was bei Marx aber nicht so gemeint ist), so ließe sich sagen: Auf der Darstellungsebene des zweiten Bandes wird eine Ökonomie gedacht, die ausschließlich aus industriellen Kapitalisten und

---

127 Angemerkt werden muss, dass auch die *Grundrisse* schon einen ersten Konzipierungsversuch jener Zirkulation des Kapitals enthalten, wie er dann in ausgearbeiteter Form im zweiten Band des *Kapital* vorliegt. Rosdolsky (1968) hat hierzu einen ausführlichen Kommentar erstellt.

128 Zur Gesamtstruktur des zweiten Bandes sei hier nur ausgeführt: Die ersten beiden Abschnitte des zweiten Bandes behandeln die *Metamorphosen des Kapitals* (MEW24: 31–153) und den *Umschlag des Kapitals* (MEW24: 154–350). Das Bezugssystem der Analyse bildet in beiden Abschnitten jeweils ein (abstraktes) *Einzelkapital.* Der dritte Abschnitt (MEW24: 351–520) behandelt hingegen die *Reproduktion und Zirkulation des gesellschaftlichen Gesamtkapitals*, d.h. das Bezugssystem bildet nun die Einheit der vielen Einzelkapitale, oder anders ausgedrückt: Ein abstrakter Begriff des gesellschaftlichen Gesamtkapitals.

deren Lohnarbeitern besteht, von allem Anderen (Kaufmannskapital, zinstragendem Kapital, Bankensystem, Finanzmärkte) wird abstrahiert (vgl. Krätke 2001: 6). Nun gibt es, je nachdem wie man die Anfangs- und Endpunkte im Kreislauf des Kapitals bestimmt, drei Möglichkeiten der Betrachtung. Marx unterscheidet den *Kreislauf des Geldkapitals* (G-W...P... W'-G', vgl. MEW24: 31ff.), den *Kreislauf des produktiven Kapitals* (P...W'-G'-W...P, vgl. MEW24: 69ff.) und den *Kreislauf des Warenkapitals* (W'-G'-W...P...W', vgl. MEW24: 91ff., siehe auch Rakowitz 2000: 198ff.).

Diese Konstellation ist uns bislang nur an einer Stelle in dieser Arbeit begegnet, nämlich im Abschnitt über die Reflexionstheorien des ökonomischen Systems, wo aber auf eine eingehende Erläuterung der Kategorien verzichtet werden konnte. Nun muss zumindest ergänzend hinzugefügt werden, was es mit den Bestimmungen Geldkapital, Warenkapital und produktives Kapital auf sich hat, zumal die ersten beiden Kategorien (Geldkapital und Warenkapital) nicht identisch sind mit den oben bereits kursorisch eingeführten Begriffen von Geldhandlungskapital und Warenhandlungskapital. Während letztere Bestimmungen empirisch selbständige, ausdifferenzierte Kapitalsorten bzw. Geschäftszweige bezeichnen, stellen Geldkapital und Warenkapital *analytische Abstraktionen* dar. Marx hält hierzu unmissverständlich fest, dass »Geldkapital, Warenkapital, produktives Kapital [...] nicht selbständige Kapitalsorten [bezeichnen], deren Funktionen den Inhalt gleichfalls selbständiger und voneinander getrennter Geschäftszweige bilden« (MEW24: 56), sondern dass es sich um »nur besondre Funktionsformen des industriellen Kapitals, das sie alle drei nacheinander annimmt«, handelt (ebd.).[129] Hier gerät exemplarisch die postempiristische und postnaturalistische Epistemologie des Marxschen Verfahrens der Kategorienentwicklung in das Blickfeld, denn einem ›positivistischen‹ Zugriff folgend lassen sich diese Kategorien – Geldkapital, Warenkapital und produktives Kapital – gar nicht als solche identifizieren: Alles, was in den

129 Innerhalb der Marxschen Zugriffsweise stellen die Kategorien des Geldkapitals und des Warenkapitals ein begriffliches Fundament dar, um dann im dritten Band die empirischen Formen von Warenhandlungskapital und Geldhandlungskapital zu analysieren. Mit den Worten von Campbell (1998: 133): »...under capitalist conditions, merchant's and money dealing capital carry out fragments of the complete circuit of capital. If they are considered as independent forms of capital, the need for their functions and constraints on their behavior disappear«. »By contrast«, so Campbell (ebd.: 131f.) weiter, »if merchant's and money dealing capital are regarded as equal partners with industrial capital, the results are likely to conflate characteristics of their precapitalist and capitalist forms«.

Analysefokus gerät, ist weiterhin der Stellenwechsel von Ware und Geld (in der Sphäre der Zirkulation) sowie ein naturalistisch ausgefasster Produktionsprozess (etwa: die konkrete Stofflichkeit der Maschinerien oder die intentionale Koordination von Teilarbeiten).[130]

Die Differenz zur schon diskutierten einfachen Zirkulation wollen wir nur anhand eines einzigen, insofern hochgradig stellvertretenden Beispiels, erläutern, das gleichwohl den zur Debatte stehenden Unterschied sehr plastisch machen kann. Zwar wurde schon im zweiten Kapitel mit dem Unterschied von einfacher Zirkulation und Kapitalzirkulation gearbeitet, trotzdem hat uns die Kapitalzirkulation dort in erster Linie als *negative Kontrastfolie* gedient. Sie wurde als ein Strukturzusammenhang betrachtet, der die ›Defizite‹ der einfachen Zirkulation ›löst‹, wenn wir als Maßstab der Betrachtung die Frage eines Systemcharakters ökonomischer Kategorialität anlegen. Gleichwohl blieb das dortige Differenzkriterium recht vage. Es konnte lediglich aufgezeigt werden, dass die Bewegung W-G-W gar keinen ökonomischen Systemzusammenhang konstituiert, weil das Geld nur als vermittelndes Zirkulationsmedium dient, aber keinen selbstbezüglichen Operationsmodus inhäriert. Etwas anders sah es bei der Betrachtung der Formel G-W-G' aus: Dort trat zwar mit den Funktionen des Geldes als Schatz und als Zahlungsmittel ein Moment der Selbstzweckhaftigkeit und Selbstbezüglichkeit des Monetären hinzu, es wurde aber deutlich, dass auch vormoderne Reproduktionszusammenhänge das Geld in dieser Funktion bereits gekannt haben: Mit dem vormodernen Handelskapitalisten und dem vormodernen Schatzbildner wurde – so könnte man abermals mit Seitenblick auf die Systemtheorie sagen – die Ökonomie lediglich *auf Rollenebene* ausdifferenziert. Die Organisation des Stoffwechselprozesses mit der Natur verblieb nach wie vor in traditionellen Bahnen. In diesem Zuge hat Marx (aus etwas anderem Blickwinkel heraus) zum vormodernen Handelskapital ausgeführt:

»Das Handelskapital ist im Anfang bloß die vermittelnde Bewegung zwischen Extremen, die es nicht beherrscht, und Voraussetzungen, die es nicht schafft. […] Die Handelsvölker der Alten existierten wie die Götter des Epikur in den Inter-

---

130 Andererseits wird an diesem Vorgehen auch die Hypothek kenntlich, mit der die Marxsche Theorie aus der Perspektive heute vorherrschender Epistemologien ›belastet‹ ist und die sich im Wertbegriff zusammenzieht. Marx denkt den zirkulierenden Wert als eine Entität, die sich im Formwechsel von Geldkapital, Warenkapital und produktivem Kapital durchhält. Und genau diese Konzeption muss von der Warte des Positivismus aus als Metaphysik erscheinen.

mundien der Welt oder vielmehr wie die Juden in den Poren der polnischen Gesellschaft. Der Handel der ersten selbständigen, großartig entwickelten Handelsstädte und Handelsvölker beruhte als reiner Zwischenhandel auf der Barbarei der produzierenden Völker, zwischen denen sie die Vermittler spielten« (MEW25: 342).

Die Konstellation im zweiten Band ist natürlich eine ganz andere, es wird ausgegangen vom durchgesetzten, aber begrifflich noch unterbestimmten modernen Kapitalismus. Die Perspektive, aus der die Zirkulation des Geldes dort in den Fokus genommen wird, ist jene, »als Existenzform des Kapitals« (MEW24: 37) gesetzt zu sein. Der analysierte *Kreislauf des Geldkapitals* stellt sich formelhaft dar als G-W…P…W'-G'. Die Ware, von der hier die Rede ist (W und W') – um wiederum nur ein Moment herauszugreifen – unterscheidet sich von der bis dato thematisierten Ware dadurch, dass es sich um *Warenkapital* handelt, das durch einen kapitalistischen Produktionsprozess (P) hervorgebracht wird (vgl. dazu und zum Folgenden Rakowitz 2000: 199ff.). Es handelt sich nicht länger um einen lediglich formellen Stellenwechsel, sondern um eine wirkliche Verwandlung: W' enthält gegenüber W nicht nur einen Mehrwert, sondern es handelt sich auch stofflich betrachtet um eine andere Ware. Im Kontext der einfachen Zirkulation fiel der Gebrauchswert der Ware ausschließlich in den Bereich der Konsumtion, also in die Umwelt des Systems (wenn man dort überhaupt von einem System sprechen möchte). Nun, auf der Ebene der Zirkulation des Kapitals, steht die Ware in einem intrinsischen Verhältnis zum ökonomischen Gesamtreproduktionsprozess: Die Ware als Warenkapital ist nicht mehr kontingenter Gebrauchswert für eine außerhalb des ökonomischen Systemzusammenhangs angesiedelte Konsumtion, sondern »funktionelle Daseinsform« (MEW24: 43)[131] des Systems selbst. Als »produktive Konsumtion«, das heißt sofern durch den Konsum der Ware Mehrwert geschaffen wird, »fällt sie in den Kreislauf des Kapitals« (MEW24: 79). Die Zugriffsweise in den Abschnitten 2 und 3 des zweiten Bandes wollen wir an dieser Stelle nicht gesondert betrachten, sofern dortige Argumente im Fortgang benötigt werden, greifen wir im Text selektiv auf sie zurück.[132]

131 Allein die Terminologie im zweiten Band ist sehr aufschlussreich: Die Begriffe ›Funktion‹ samt entsprechender Wortzusammensetzungen tauchen auf den gut 500 Seiten des dortigen Textkorpus über 300 mal auf.

132 Hier sei dazu lediglich angemerkt: Im Anschluss an den im ersten Abschnitt des *Kapitals* abgehandelten *Kreislauf des Kapitals* thematisiert Marx im zweiten Abschnitt den *Umschlag*

1.3.2. Zum logischen Ort der ›Schatzbildung‹ im zweiten Band des ›Kapital‹

Dass Marx sich ausgerechnet einer vermeintlich altertümlichen Kategorie wie der des ›Schatzes‹ bedient, um Grundzüge der Funktionsweise des modernen Kreditsystems zu erklären, verdankt sich abermals der Motorik der Kategorienentwicklung: Kreditäre Formen sollen nicht einfach aus der Empirie aufgenommen werden, sondern begrifflich entwickelt werden. Und dazu ist es notwendig, mit wenig voraussetzungsvollen und komplexen Formen zu beginnen, um aus selbigen die höherstufigen Kategorien ›abzuleiten‹. Wir hatten Marx im Kapitel zwei schon mit der Bemerkung zitiert: Die politische Ökonomie habe »nicht das Interesse, die verschiednen Formen genetisch zu entwickeln, [...] weil sie von ihnen als gegebnen Voraussetzungen ausgeht« (MEW26.3: 491). Dass sich Marx darüber im Klaren ist, dass das im zweiten Band herangezogene Konzept des Schatzes von einer empirischen Warte aus betrachtet unrealistisch[133] ist, zeigt unter anderem die folgenden Textstelle:

»Mit der Entwicklung des Kreditwesens, welche der Entwicklung der großen Industrie und der kapitalistischen Produktion notwendig parallel geht, fungiert dies Geld nicht als Schatz, sondern als Kapital, aber in der Hand nicht seines Eigentümers, sondern andrer Kapitalisten, denen es zur Verfügung gestellt ist« (MEW24: 182).

---

des Kapitals (vgl. MEW24: 154ff.) und sodann im dritten Abschnitt die *Reproduktion und Zirkulation des gesellschaftlichen Gesamtkapitals* (vgl. MEW24: 351ff.). Der Abschnitt zum Umschlag des Kapitals betrachtet wiederum den Kreislauf des Kapitals, nun aber nicht mehr länger »als vereinzelte(n) Vorgang, sondern als periodische(n) Prozeß« (MEW24: 156f.). Wichtig wird an dieser Stelle die *Zeitdimension*, und deren Schlüsselgröße ist die *Umschlagszeit*. Ist das Bezugssystem zunächst – d.h. sowohl im ersten und zweiten Abschnitt – ein individuelles Kapital (vgl.MEW24: 353), so erweitert der dritte Abschnitt die gleiche Thematik hinsichtlich des *gesellschaftlichen Gesamtkapitals als Einheit aller Einzelkapitalien*. Dazu bemerkt Marx: »Die Bewegung des gesellschaftlichen Kapitals besteht aus der Totalität der Bewegung seiner verselbständigten Bruchstücke, der Umschläge der individuellen Kapitale. Wie die Metamorphose der einzelnen Ware ein Glied der Metamorphosenreihe der Warenwelt – der Warenzirkulation – ist, so die Metamorphose des individuellen Kapitals, sein Umschlag, ein Glied im Kreislauf des gesellschaftlichen Kapitals« (MEW24: 351f.). Erst hier wird – und auch nur unter der Voraussetzung der oben vermerkten Einschränkungen (Abstraktion vom Kreditsystem etc.) – jene Ebene erreicht, die gemeinhin den Gegenstandsbereich von Makroökonomik und Volkswirtschaftslehre darstellt.

133 Es finden sich auch mehrfach Bemerkungen, in denen Marx seinen begrifflichen Zugriff davon abgrenzt, »wie sie (die Sache) sich in der Wirklichkeit ereignet« (MEW24: 349).

Oder nochmals anders formuliert:

»Was den Prozeß des Schatzbildens selbst betrifft, so ist er aller Warenproduktion gemein und spielt als Selbstzweck eine Rolle nur in den unentwickelten vorkapitalistischen Formen derselben. Hier aber [das heißt in der Darstellung des zweiten Bandes, H.P.] erscheint der Schatz als Form des Geldkapitals und die Schatzbildung als ein Prozeß, der die Akkumulation des Kapitals vorübergehend begleitet, weil und sofern das Geld hier als *latentes Geldkapital* figuriert; weil die Schatzbildung, der Schatzzustand des in Geldform vorhandnen Mehrwerts ein außerhalb des Kreislaufs des Kapitals vorgehendes, funktionell bestimmtes Vorbereitungsstadium für die Verwandlung des Mehrwerts in wirklich fungierendes Kapital ist« (MEW24: 88, vgl. ebenso MEW24: 350).

Marx interessiert der Schatz demnach also nicht länger als selbstzweckhafter Prozess der Reichtumsanhäufung per se und damit als Endzweck, der in keinerlei intrinsischen Relation zur Wirtschaft steht, sondern als *Funktionsmoment ökonomischer Autopoiesis*. Dass Marx dennoch auf die Kategorie des Schatzes rekurriert, leitet sich daraus ab, dass die darin enthaltene Funktion des Wertaufbewahrungsmittels bereits im ersten Band des *Kapital* bzw. in den *Grundrissen* entwickelt wurde (nämlich als eine Qualität des in der dritten Funktion fungierenden Geldes), wohingegen uns Kreditkategorien im fortgeschritteneren Sinne noch nicht als analytisch durchdrungene zur Verfügung stehen.

Kommen wir jetzt näher auf die Vorgehensweise zu sprechen. Als Fluchtpunkt oder analytischer Rahmen der materialen Argumentation können uns wiederum Aussagen aus der Sekundärliteratur dienen. So hält Campbell (1998: 130) fest: »As for the link with Volume Three, Marx argues that the hoards required for the circulation of capital are the source of funds in the credit system (the banking system and stock and bond markets)«. Im dritten Band des *Kapital* geht Marx von einer »concentration of all hoards in the banking system« aus, die Banken werden dort bestimmt als »the ›general managers of money capital‹ in charge of the system of payment and of lending« (Campbell 2002: 213ff.).[134] Oder in den Worten

134 Eine zweite Thematik, mit der Marx ebenfalls im zweiten Band kategoriale Voraussetzungen des modernen Kreditsystems diskutiert, die wir aber nicht näher betrachten können, betrifft den sogenannten *kommerziellen Kredit*. »This type of credit arises when one capitalist sells commodities to another in exchange for a bill of exchange – a promise to pay by a certain date – rather than for money. Trade credit can be extended beyond two capitalists to the group of capitalists that is linked by regular transactions because the different individual capitals in it carry out different stages of the circuit of one product. Within such a group, the bill arsing in one transaction can, in turn, be used

von Itoh und Lapavitsas (1999: 65): »The credit system transforms stagnant money into a homogeneous commodity, gives to it the character of interest-bearing capital, and systematically channels it back to accumulation. The intentions of lender and borrower, and the actual use to which the money is put, are entirely irrelevant in this respect«. Aber bei dem, was Marx als »Kreditsystem« bezeichnet, sind wir bei weitem noch nicht angelangt. Als *Motorik der Darstellung* dient im zweiten Band eine Art *Normalitätskriterium*, das vorausgesetzt wird und nach dessen *Bedingungen der Möglichkeit* dann in einem nächsten Schritt gefragt wird. An der Differenz zwischen beiden Punkten entzündet sich wiederum der Fortgang der Analyse. Zunächst zum Normalitätskriterium: Marx geht davon aus – dies lässt sich bereits den *Grundrissen* entnehmen – dass es ein inhärentes Moment des modernen Kapitalismus ist, dass seine Reproduktion nicht länger äußerlich vorgegebenen Bahnen folgt, sondern im Sinne eines *positive feedback* maßgeblich bestimmt wird durch das Prozessieren monetärer Selbstreferenz selbst. Im zweiten Band wird dazu in aller Deutlichkeit bemerkt:

»Der Umfang der von der kapitalistischen Produktion erzeugten Warenmassen wird bestimmt durch die Stufenleiter dieser Produktion und das Bedürfnis der beständigen Ausdehnung dieser letztren, nicht durch einen prädestinierten Kreis von Nachfrage und Angebot, von zu befriedigenden Bedürfnissen« (MEW24: 80).

Anders ausgedrückt: Moderne kapitalistische Reproduktion ist *erweiterte Reproduktion*, Summenkonstanz ist ausgeschlossen, weil systemgefährdend.[135] Nachdem dieses Normalitätskriterium (das durch alle vorangegangenen Bestimmungen fundiert wurde), festgelegt ist, fragt Marx nach den Bedingungen der Möglichkeit solchermaßen ›normaler‹ Reproduktion und benennt auch schon mögliche Ausnahmesituationen:

»Der Kreislauf des Kapitals geht nur normal vonstatten, solange seine verschiednen Phasen ohne Stockung ineinander übergehn. Stockt das Kapital in der

---

by the creditor to buy on credit. […] The reason to replace money with credit is that this reduces both the total capital and the amount of capital in money (i.e., idle) form that each capitalist needs in order to function. Commercial credit, however, can only replace money to a limited extent« (Campbell 2002: 213f.).

135 Dazu heißt es ferner: »Kontinuität ist aber das charakteristische Merkmal der kapitalistischen Produktion und durch ihre technische Grundlage bedingt, wenn auch nicht immer unbedingt erreichbar« (MEW24: 106). Der Verweis auf die technische Grundlage dürfte bezogen sein auf die mit der Genese des modernen Kapitalismus einhergehenden Strukturveränderungen auf der Ebene des unmittelbaren Produktionsprozesses (›reelle Subsumtion‹), und dort wiederum speziell auf das Anwachsen des fixen Kapitals.

ersten Phase G-W, so erstarrt das Geldkapital zum Schatz; wenn in der Produktionsphase, so liegen die Produktionsmittel funktionslos auf der einen Seite, während die Arbeitskraft auf der andern unbeschäftigt bleibt; wenn in der letzten Phase W'-G', so versperren unverkäuflich aufgehäufte Waren den Zirkulationsfluß« (MEW24: 56).[136]

Marx versieht jene Kapitalbestandteile, die im Prozess der Zirkulation des industriellen Kapitals brachgelegt bzw. freigesetzt werden, mit dem Begriff »latentes Kapital« (vgl. MEW24: 83), im dritten Abschnitt bevorzugt er die Begriffe »potentielles Kapital« (vgl. MEW24: 488) und »virtuelles Kapital« (vgl. MEW24: 493), die aber allesamt den gleichen Sachverhalt bezeichnen.[137] Marx weist nun nach, dass – unter der Voraussetzung, dass die gesamte Ökonomie ausschließlich aus industriellen Kapitalien und deren Lohnarbeitern besteht – das Prozessieren der Gesamtheit der Kapitalien dazu führt, dass regelmäßig und an verschiedenen Stellen des Reproduktionsprozesses Formen von Kapital hervorgebracht werden, die aus selbigem Reproduktionsprozess für eine gewisse Zeit herausfallen. Dieses nur noch potentielle Kapital, so lautet dann der Fortgang des Arguments, widerspricht aber dem kapitalistischen Normalitätskriterium, es stellt ein Hemmnis für die erweiterte Reproduktion dar, und Marx fragt entsprechend danach, wie das System auf solche selbstgenerierten ›constraints‹ reagiert.

An dieser Stelle tritt ein interessanter Aspekt hinzu: Es ist recht einfach einzusehen, dass die drei Momente oder Phasen, die das industrielle Kapital in seinem Kreislauf nacheinander annimmt, nämlich Warenkapital, produktives Kapital und Geldkapital, systemtheorienah formuliert, *unterschiedlichen Konditionierungsmöglichkeiten* zugänglich sind: Produktionsmittel und Arbeitskräfte als Momente des produktiven Kapitals bleiben im Falle von Stockungen des Gesamtprozesses einfach unbeschäftigt, produziertes Warenkapital, das nicht absetzbar ist, häuft sich an. Davon unterscheidet sich aber das *Geldkapital*, das neben seiner Eigenschaft als funktionaler

136 Bekanntlich verfügt die monetär ausdifferenzierte Ökonomie nicht über ein in intentionaler Weise koordinierendes Zentrum, das von Außen steuernd und regulierend für eine Kongruenz oder Proportionalität der ökonomischen Objekte sorgen würde. Insofern ist keinesfalls gewährleistet, dass das produzierte Warenkapital (W') tatsächlich in toto abgesetzt, d.h. auf dem Markt zunächst in Geldkapital (G') transformiert werden kann, um schließlich erneut – auf erweiterter Stufenleiter – in produktives Kapital (P in Form von Produktionsmitteln und Arbeitskraft) umgewandelt zu werden.

137 Siehe zur Erläuterung der Begriffsverschiebung Engels' Redaktionskommentar in MEW24: 83.

Bestandteil des industriellen Kapitals zusätzlich über *Geldeigenschaften* verfügt (etwa: Teilbarkeit, Übertragbarkeit, Speicherbarkeit). Zum hier in Erscheinung tretenden ›Doppelcharakter‹ des Geldkapitals hält Marx fest:

»Als Geldkapital befindet es sich in einem Zustand, worin es Geldfunktionen vollziehen kann [...]. Diese Fähigkeit entspringt nicht daraus, daß das Geldkapital Kapital, sondern daraus, daß es Geld ist. Andererseits kann der Kapitalwert auch nur Geldfunktionen, und keine andern, verrichten. Was diese letztren zu Kapitalfunktionen macht, ist ihre bestimmte Rolle in der Bewegung des Kapitals [...]« (MEW24: 34)[138].

Systemtheoretisch ausgedrückt könnte man sagen: Wir haben es hier mit *zwei verschiedenen Bezugssystemen oder Codierungsformen des Geldes* zu tun, die sich ineinander verschlingen und in dieser Verschlingung abermals emergente Effekte auslösen. Der Form nach handelt es sich bei diesem Geldkapital um nichts weiter als die schon im ersten Band des *Kapital* und in den *Grundrissen* erläuterte ökonomische Kategorie der Wertaufbewahrung bzw. des Geldes als Schatz. Aber der Kontext, innerhalb dessen diese Funktionen nun im zweiten Band stehen, ist ein ganz anderer.

Gehen wir nun einen Schritt weiter und diskutieren kurz, wie Marx den solchermaßen stetig emergierenden ›Schatz‹ im Einzelnen bestimmt. Marx subsumiert die verschiedenen Funktionsgestalten brachliegenden Geldkapitals unter den Oberbegriff der ›Fonds‹. Er unterscheidet mindestens zwischen folgenden Typen solcher Fonds: Geldakkumulationsfonds, Reservefonds, Amortisationsfonds. Die wenige vorliegende Sekundärliteratur (vgl. dazu Krätke 2001: 16ff.; Itoh, Lapavitsas 1999: 66ff. und Campbell 2002: 137ff.) verfährt in ihrer Diskussion dieser Sachverhalte uneinheitlich. Wir werden abermals nur punktuell ansetzen können. Es geht weniger um einen erschöpfenden Abriss der materialen Argumente bei Marx als vielmehr darum, zu verdeutlichen, dass auch die Diskussion der Schatzkategorie im zweiten Band in die Abteilung ›Kategorienentwicklung‹ gehört. Wir beginnen mit den *Geldakkumulationsfonds*, wie sie Marx auf der Ebene des ersten Abschnitts des zweiten Bandes diskutiert, wobei aber sogleich angemerkt werden muss, dass die von Marx funktional bzw. kategorial voneinander geschiedenen Typen von Fonds empirisch ineinander verschlungen sein können (und dies in der Praxis auch regelmäßig sind). Der

138 Zugleich liegt hier – vielleicht ist es überflüssig dies eigens nochmals explizit zu betonen – ein weiteres Argument vor, warum das Geld kein bloßes technisches Hilfsmittel der modernen Ökonomie darstellt (etwa zur Einsparung von Transaktionskosten), sondern sowohl inhärentes wie emergentes Moment der Kapitalzirkulation ist.

Fortgang der Diskussion wird dies zeigen. Der in einem kapitalistischen Geschäft realisierte Mehrwert (G'), so beginnt Marx seine Ausführungen zu den Geldakkumulationsfonds, ist zwar funktional zu weiterer Verwertung bestimmt, das heißt dazu, erneut umgesetzt zu werden, zunächst in Produktionsmittel und Arbeitskräfte (P), dann in Warenkapital (W') und schließlich wieder in Geldkapital (G'). Um aber wirklich als zuschüssiges Kapital fungieren zu können, muss der realisierte Mehrwert zu einem *bestimmten quantitativen Umfang* heranwachsen. Denn der Produktionsprozess operiert auf einer technologischen Basis (Maschinerien etc.) und ist nicht beliebig erweiterbar, weshalb *mehrere Perioden* von Kapitalumschlag notwendig sind, um einen Mehrwert in Geldform entstehen zu lassen, der groß genug ist, um zur Erweiterung des Produktionsprozesses herangezogen werden zu können. Marx hält dazu fest:

»In der Zwischenzeit wird also g angehäuft und seine Anhäufung ist nicht seine eigne Funktion, sondern das Resultat wiederholter P … P. Seine eigne Funktion ist sein Verharren im Geldzustand, bis es aus den wiederholten Verwertungskreisläufen, also von außen, Zuschuß genug erhalten hat, um die zu seiner aktiven Funktion erheischte Minimalgröße zu erreichen, die Größe, in der allein es wirklich als Geldkapital, im gegebnen Fall als akkumulierter Teil des in Funktion begriffnen Geldkapitals G, mit in die Funktion dieses letztren eingehn kann« (MEW24: 88).

Mit anderen Worten: Der aus kapitalistischen Geschäften resultierende Mehrwert in Geldform erstarrt solange zum Schatz und bildet in dieser Form nur latentes Geldkapital, wie er nicht als produktiv konsumiertes Warenkapital in eine erweiterte Reproduktion eingehen kann (vgl. MEW24: 83). Dieser Schatzbildung kommt also ein Doppelcharakter zu: Einerseits ist die Schatzbildung hier ein »innerhalb des kapitalistischen Akkumulationsprozesses einbegriffnes, ihn begleitendes […] Moment«, andererseits ist sie aber zugleich ein »wesentlich von ihm unterschiednes Moment« (ebd.). Die Schatzbildung ist dem kapitalistischen Akkumulationsprozess inhärent, weil sie in notweniger Weise aus ihm resultiert. Sie ist unterschieden vom kapitalistischen Akkumulationsprozess, weil sie nicht *unmittelbar* zu seiner Erweiterung beitragen kann. Marx hält dazu fest: »Der Mehrwert erstarrt also zum Schatz und bildet in dieser Form latentes Geldkapital. Latent, weil es, solange es in der Geldform verharrt, nicht als Kapital wirken kann« (MEW24: 83).[139]

---

139 Auch im Zuge der Erläuterung der Geldakkumulationsfonds weist Marx explizit auf seine methodische Abstraktion vom Kredit- und Bankensystem hin: »Was die andren Formen betrifft, wo dies latente Geldkapital in der Zwischenzeit selbst in Gestalt von

Die Kategorie der *Reservefonds* diskutiert Marx auf der Ebene des ersten Abschnitts des zweiten Bandes unmittelbar im Anschluss an die der Geldakkumulationsfonds. Dort erklärt er nicht eigens die Genese von Reservefonds, sondern vermerkt vielmehr, dass das als Geldakkumulationsfond aufgeschatzte Geld auch »besondre Nebendienste verrichten« könne, die darin bestehen, »in den Kreislaufsprozeß des Kapitals ein[zu]gehen, ohne daß dieser die Form P … P' besitzt, also ohne daß die kapitalistische Reproduktion erweitert ist« (MEW24: 89). Die Reservefonds tragen demnach *nicht* zur *erweiterten Reproduktion* bei, sondern werden gehalten, »um Störungen des Kreislaufs auszugleichen« (MEW24: 89), die sich daraus ergeben, dass sich der Prozess des Verkaufs von kapitalistisch produziertem Warenkapital (also die Metamorphose W'-G') verzögern kann. An dieser Stelle kann das in der Form von Reservefonds gehaltene Geld dazu verwendet werden, ungleichartige Zeithorizonte auszugleichen.[140] Es ermöglicht vorgezogene Käufe zu tätigen, das heißt solche, die dem Verkaufsakt des produzierten Warenkapitals vorgelagert sind. Als letzten Typus der bei Marx diskutierten Fonds wollen wir uns kurz den *Amortisationsfonds* zuwenden, die vor allem im 15. Kapitel thematisiert werden, das die »Wirkung der Umschlagszeit auf die Größe des Kapitalvorschusses« diskutiert (vgl. MEW24: 260ff.). Bei den Amortisationsfonds handelt es sich um »hoards associated with the unity of production and circulation, or with the turnover of capital as a whole« (Itoh, Lapavitsas 1999: 67). Marx nimmt bei der Analyse des Kapitalumschlags eine Differenzierung des produktiven Kapitals in fixes und flüssiges/zirkulierendes Kapital vor, wobei das Unterscheidungskriterium hier nicht in stofflichen Eigenschaften besteht, also etwa zwischen beweglichen und unbeweglichen Dingen (vgl. Heinrich

---

Geld heckendem Geld existiert, z.B. als zinstragendes Depositum in einer Bank, in Wechseln oder Wertpapieren irgendeiner Art, so gehören sie nicht hierher. Der in Geld realisierte Mehrwert verrichtet dann besondre Kapitalfunktionen außerhalb des Kreislaufs des industriellen Kapitals, dem er entsprungen; Funktionen, die erstens mit jenem Kreislauf als solchem nichts zu tun haben, zweitens aber von den Funktionen des industriellen Kapitals unterschiedne Kapitalfunktionen unterstellen, die hier noch nicht entwickelt sind« (MEW24: 89).

140 Campbell (1998: 139f.) weist darauf hin, dass Marx mit diesen Ausführungen ein Argument fortführt, das er bereits im ersten Band des *Kapital* gegen die *Quantitätstheorie* ins Feld geführt hat: »Against its claim that prices are determined by the money supply, Marx argues that hoards allow the quantity of money in circulation to adjust to the amount of commodity value to be realized, showing that the latter determines the former«.

2004: 135)[141], sondern in der Art und Weise der *Zirkulation des Werts*. »Die Formbestimmtheiten von fixem und flüssigem Kapital«, so erläutert Marx,

> »entspringen [...] aus dem verschiednen Umschlag des im Produktionsprozeß fungierenden Kapitalwerts oder *produktiven Kapitals*. Diese Verschiedenheit des Umschlags entspringt ihrerseits aus der verschiednen Weise, worin die verschiednen Bestandteile des produktiven Kapitals ihren Wert auf das Produkt übertragen« (MEW24: 168).

Zur Erinnerung: Als produktives Kapital bezeichnet Marx Arbeitskräfte und Produktionsmittel, die im kapitalistischen Produktionsprozess miteinander kombiniert werden. Während das flüssige Kapital sich unmittelbar und vollständig auf den Wert des Produkts überträgt, überträgt sich der Wert des fixen Kapitals erst im Verlauf mehrerer Produktionsperioden: »Der Umschlag des fixen Kapitalbestandteils, also auch die dazu nötige Umschlagszeit, umfaßt mehrere Umschläge der flüssigen Kapitalbestandteile. In derselben Zeit, worin das fixe Kapital einmal umschlägt, schlägt das flüssige Kapital mehrmals um« (MEW24: 168). Nun ist, je größer das fixe Kapitals ist, dessen Umschlag umso langsamer. Entsprechend muss sich ein Amortisationsfond bilden, der proportional zur Verwertungsdauer des fixen Kapitals gestaltet ist (vgl. Krätke 2001: 17). Marx adressiert hier ein Phänomen, das auch für den praktisch tätigen Unternehmer von unmittelbarer Relevanz ist und in der Betriebswirtschaftslehre noch heute unter der Bezeichnung ›Amortisationsrechnung‹ bekannt ist (vgl. Gabler-Wirtschaftslexikon 2000: 109). Dort geht es um eine Form der Wirtschaftlichkeitsrechnung, die Investitionsrisiken dadurch zu bestimmen versucht, dass die Amortisationsdauer des investierten Kapitals antizipiert wird. Demgegenüber stellt Marx aber auf den systemischen Effekt der Bildung von Amortisationsfonds ab, wenn er feststellt: »Das so durch den bloßen Mechanismus der Umschlagsbewegung freigesetzte Geldkapital [...] muß eine bedeutende Rolle spielen, sobald sich das Kreditsystem entwickelt, und muß zugleich eine der Grundlagen desselben bilden« (MEW24: 284).

Der Rekurs auf die Marxsche Abhandlung von ›Schätzen‹ bzw. ›Fonds‹, der nun beendet wird, sollte Aspekte verdeutlichen bzw. präzisieren, die

141 Einen solchen Vorwurf erhebt Marx einmal mehr gegen die klassische politischen Ökonomie. Sie konfundiert Warenkapital und Geldkapital mit dem zirkulierenden Teil des produktiven Kapitals: »Weil aber diese beiden Formen des Kapitals [Geldkapital und Warenkapital, H.P.] die Zirkulationssphäre behausen, hat sich die Ökonomie seit A.Smith [...] verleiten lassen, sie mit dem flüssigen Teil des produktiven Kapitals unter der Kategorie: zirkulierendes Kapital zusammenzuwerfen« (MEW24: 168).

sich nach zwei Dimensionen aufteilen lassen. Unter *methodologischer Perspektive* ging es darum, aufzuzeigen, dass auch im zweiten Band die Kategorialanalyse fortgeführt wird. Die weitverbreitete Praxis, nach der Lektüre des ersten Bandes des *Kapital* unmittelbar überzugehen zum Anfang des dritten Bandes verkennt demnach genau diese Dimension. Der *inhaltliche Aspekt* hängt damit aufs engste zusammen und kann durch eine Bemerkung Marxens vergegenwärtigt werden, die sich ebenfalls im zweiten Band finden lässt und die sowohl das dortige Programm semantisch zusammenzieht wie auch unmittelbar an unsere Fragestellung nach Einheit und Differenz von Wirtschaft und Finanzsphäre anschließt. Marx kritisiert die gängige Auffassung, der zufolge »Naturalwirtschaft, Geldwirtschaft und Kreditwirtschaft als die drei charakteristischen ökonomischen Bewegungsformen der gesellschaftlichen Produktion einander gegenübergestellt« (MEW24: 119) werden könnten. Seine Kritik ist gegen zeitgenössische Autoren gerichtet, die, ganz ähnlich wie wir es heute im Entkopplungsdiskurs finden können, eine Art absolute Differenz zwischen Geldökonomie und Kreditökonomie aufmachen. Dieser Einteilung hält Marx die These entgegen, dass »(d)ie sogenannte Kreditwirtschaft […] selbst nur eine Form der Geldwirtschaft [ist]«, »Geldwirtschaft und Kreditwirtschaft« entsprächen so »nur verschiednen Entwicklungsstufen der kapitalistischen Produktion«, seien aber »keineswegs selbständige Verkehrsformen gegenüber der Naturalwirtschaft«. In diesem Punkt wird der gesamte uns bis dato begegnete Argumentationsstrang zusammengezogen: Die Zirkulation des industriellen Kapitals setzt mit Notwendigkeit bzw. naturwüchsig Formen aus sich selbst heraus, die die Grundlage der Genese eines spezifisch neuzeitlichen Kreditsystems darstellen. Hier wird also ganz dezidiert der Akzent auf die *Einheit von Wirtschaft und Finanzsphäre* gelegt bzw. das Emergieren der Finanzsphäre als Vorgang der Binnendifferenzierung der kapitalistischen Geldwirtschaft beschrieben. Andererseits – und dies ist mit Blick auf den Fortgang der Kategorienentwicklung im dritten Band von einigem Interesse – führt Marx sein Argument mit den Worten weiter, wonach die Geldwirtschaft »(i)n der entwickelten kapitalistischen Produktion« nur noch »als Grundlage der Kreditwirtschaft« (ebd.) erscheine. Hiermit akzentuiert er also einen Aspekt der *Differenz von Wirtschaft und Finanzsphäre*, oder, anders akzentuiert: Marx stellt eine ›Überformung‹ der Geldwirtschaft durch die Kreditwirtschaft in Aussicht, die das eigentliche Kennzeichen der modernen Ökonomie sei.

Schon der zweite Band enthält neben den Argumenten der Notwendigkeit der Schatzbildung zugleich Hinweise auf die Defizite der solchermaßen gestifteten einzelkapitalistischen Anhäufung von Geldkapital. Hier argumentiert Marx von der Warte des im dritten Band thematisierten Kreditsystems, also im Sinne eines *vorausgezogenen Rückblicks*. Wir wollen wieder nur exemplarisch auf einen einzigen Punkt abstellen. Als Defizit der oben zuerst diskutierten Geldakkumulationsfonds hält Marx fest, dass jedes Einzelkapital für sich selbst eine monetäre Reserve schaffen muss, bevor dieses nur latente Geldkapital tatsächlich zur Erweiterung des Reproduktionsprozesses beitragen kann. Campbell (1998: 149) führt dazu aus:

»The credit system reduces the size of the hoard that any one capitalist must amass because it makes the collective hoard of the capitalist class available to individual capitalist borrowers. This allows large-scale and long-term projects, previously undertaken only by the state, to be undertaken on a capitalist basis«.

Beim modernen Kreditsystem, so wollen auch wir gleichzeitig abschließend und vorwegnehmend zu Denken geben, handelt es sich um eine äußerst interessante Strukturform: Wir hatten Marx (vgl. MEW29: 312) oben mit der beiläufigen Bemerkung zitiert, wonach er das Aktienkapital als wesentliches Moment des modernen Kreditsystems als »die vollendetste Form (zum Kommunismus überschlagend)« begriffen hat. Abgesehen davon, dass sich den unterstellten Automatismus betreffend ein Kernmotiv des historischen Materialismus in die Kritik der politischen Ökonomie eingeschlichen hat bzw. dort durchhält, hat Marx sicher dennoch einen richtigen Punkt getroffen: Wenn das grundlegende Systemproblem der modernen Ökonomie darin besteht, eine gesellschaftliche Produktion privater Produzenten darzustellen, dann lässt sich die Genese eines Kreditsystems samt Aktiengesellschaften begreifen als *Kapitalismus-immanente »Überwindung« der Differenz von Privatheit und Gesellschaftlichkeit*: Das Geldkapital der Gesellschaft wird über die Finanzmärkte und das Bankensystem ›sozialisiert‹, ohne dabei seines *statu nascendi* als Privateigentum verlustig zu gehen. Jeder Wirtschaftsteilnehmer kann – im Rahmen seiner ökonomischen Möglichkeiten – auf die dortigen monetären Waren zugreifen, um einen Kredit aufzunehmen oder um das eigene Vermögen als zinstragendes Kapital fungieren zu lassen. Sehen wir im Folgenden nach, wie Marx diesen Strukturzusammenhang diskutiert.

1.4. Das moderne Kreditsystem als Steuerungszentrum der kapitalistischen Ökonomie: Kredittheoretische Aspekte im dritten Band des *Kapital*

Im dritten Band des *Kapital* erreicht Marx schrittweise ein kategoriales Level, auf dem seine Kategorien – jedenfalls unter der einschränkenden Prämisse, dass es sich um Aussagen zum ›idealen Durchschnitt‹ der kapitalistischen Ökonomie handelt – jenes Niveau eingeholt haben, mit dem sich unmittelbar empirische Aussagen treffen lassen.[142] Es wundert insofern nicht, dass sich Positionen finden lassen, die zu aktuellen empirischen Phänomenen Stellung beziehen und auf Basis von Kategorien gearbeitet sind, die dem dritten Band entnommen sind. Wir finden beispielsweise bei Altvater eine auf Marx Bezug nehmende Version der Entkopplungsthese, die den Finanzmärkten zwar nicht bescheinigt, sich seit geraumer Zeit im referenzlosen Medium der Hyperrealität verloren zu haben. Aber Altvater akzentuiert sehr wohl *Verschiebungen im Relationengefüge von Wirtschaft und Finanzökonomie*. Beispielhaft sei folgende Aussage zitiert:

»In einem nun ›finanzgetriebenen‹ Akkumulationsregime […] können die bislang gedeckelten Renditeerwartungen der Finanzmarktakteure so sehr nach oben schnellen, dass die Profitraten des realen Kapitals nicht ausreichen, um die monetären Forderungen dauerhaft zu erfüllen. Es ist nichts Neues, dass in bestimmten Konjunkturphasen die Zinsen steigen und auf Profiten und Lohneinkommen der realen Ökonomie drücken. Eine solche Situation gehört sozusagen zum klassischen Szenario des Konjunktur- und Krisenzyklus. Doch ist der Tatbestand der die reale Leistungsfähigkeit überfordernden hohen Realzinsen heute kein konjunkturelles, sondern ein strukturelles, und zwar globales Problem. Renditen von 15 bis 20 Prozent werden zur ›benchmark‹ auf globalen Finanzmärkten durch Rating Agencies und Fondsmanager im Interesse ihrer finanzkräftigen Anleger erklärt, obwohl die Profitraten auf Realkapital niemals dauerhaft auf ein vergleichbares Niveau gesteigert werden können und die realen Wachstumsraten des BIP beträchtlich darunter liegen« (Altvater 2004: 3).

---

142 Das bedeutet im Umkehrschluss nicht, dass es gänzlich unzulässig wäre, mit vorher erarbeiteten Bestimmungen empirische Sachverhalte zu erklären. So kann beispielsweise die bereits den *Grundrissen* und dem ersten Band des *Kapital* abgelauschte Erkenntnis, wonach die kapitalistische Ökonomie zu ihrer Reproduktion stets erweiterte Produktionszyklen einschlagen muss, natürlich auch empirische Validität beanspruchen. Trotzdem ist Vorsicht geboten, wenn es um eine direkte Applikation abstrakter Theoreme auf die Empirie geht.

Auch Altvater bedient sich der in der vorliegenden Arbeit kritisierten Kategorie der ›realen Ökonomie‹, zugleich präzisiert er seine Argumente allerdings mittels eines Bezugs auf Marxsche Kategorien, und hieran lässt sich erkennen, dass er nicht jene Differenz im Sinn hat, die wir in der Einleitung zu diesem Kapitel kritisiert haben. Der Begriff des ›realen Kapitals‹ wäre also durch ›industrielles Kapital‹ zu ersetzen, womit dann deutlich wird, dass es nicht um ein stoffliches Abgrenzungskriterium geht.

Bevor wir selber jenes kategoriale Niveau erreichen, auf dem obige Überlegungen angesiedelt sind, müssen wir abermals einige noch fehlende Zwischenschritte des Marxschen Darstellungsgangs skizzieren. Denn obgleich im dritten Band die empirische Oberfläche des kapitalistischen Wirtschaftssystems eingeholt wird, so ist selbige noch nicht zu Beginn dieses Bandes erreicht. Bis dato sind wir der Marxschen Rekonstruktion so weit gefolgt, dass sich die moderne Ökonomie dargestellt hat als ein Ineinandergreifen einer Totalität von Kapitalkreisläufen, die zusammengenommen die Reproduktion und Zirkulation des gesellschaftlichen Gesamtkapitals bilden (vgl. MEW24: 351ff.). Für die im zweiten Band erreichte Abstraktionsebene ist unter anderem kennzeichnend, dass Marx das Kapital, wie Reuten (2002: 8) ausführt, als »organic unity« behandelt. Denn bei jenen Unterscheidungen in vorgeschossenes Geldkapital, produktives Kapital und Mehrwert beinhaltendes Warenkapital, das dann erneut in Geldkapital verwandelt wird (vgl. Heinrich 2001: 285), handelt es sich, dies wurde schon vermerkt, um – zwar nicht kontingent gewählte, aber gleichwohl – *analytische Differenzierungen* des industriellen Kapitals. Empirisch unterstellt Marx zwar eine Totalität von Einzelkapitalien, die zusammen ein gesellschaftliches Gesamtkapital konstituieren, aber alle die vielen Einzelkapitalien sind einander darin gleich, dass es sich um industrielle Kapitalien handelt. Diese Betrachtungsweise, die von einer realen Ausdifferenzierung des Kapitals in empirisch und organisatorisch selbständige Kapitalfunktionen (Warenhandlungskapital, Geldhandlungskapital) ebenso abstrahiert wie vom selbständigen zinstragenden Kapital, wird auch in den *ersten drei Abschnitten* des dritten Bandes noch beibehalten.[143]

Der *erste Abschnitt* schafft mit der »Verwandlung des Mehrwerts in Profit und der Rate des Mehrwerts in Profitrate« die kategorialen Voraussetzungen

143 Wir halten uns der Einfachheit halber an jene Strukturierung, die Engels im Zuge seiner Herausgabe vorgenommen hat, wohl wissend, dass Engels in diesem Falle nicht nur als bloßer Herausgeber tätig war, sondern in kompositorischer Weise aus einer Vielzahl Marxscher Manuskripte einen veröffentlichungsfähigen Textkorpus produzieren musste.

zung, auf deren Grundlage dann im *zweiten Abschnitt* – trotz aller Mangelhaftigkeit der Marxschen Argumentation – die »Verwandlung des Profits in Durchschnittsprofit« entwickelt werden kann. Zur Erinnerung: Gegen Ende des Teils zu Marx im zweiten Kapitel haben wir ausgeführt, dass es in diesen beiden Abschnitten darum geht, die basalen arbeitswerttheoretischen Prämissen aus dem ersten Band des *Kapital* mit der empirischen Faktizität von Produktionspreisen zu vermitteln. Während das von Marx präsentierte quantitative Lösungsverfahren verschiedene Defizite und Fehler aufweist, über deren Richtigstellung bis heute gestritten wird, geht es im Zuge einer qualitativen Lesart nur darum, sich der Fortbestimmung des Bezugssystems zu vergewissern. Referiert der im ersten Band thematisierte *Tausch zu Werten* ausschließlich auf das Verhältnis der individuell verausgabten Arbeit zur gesellschaftlichen Gesamtarbeit, um die Austauschverhältnisse der Waren zu bestimmen, so wird nun auch das Verhältnis der Größe des individuellen Kapitals zum gesellschaftlichen Gesamtkapital als determinierender Faktor in die Analyse mit einbezogen. Am Ende des zweiten Abschnitts hat Marx die Kategorie der *gesellschaftlichen Durchschnittsprofitrate* entwickelt, also jene Größe, die jedes Kapital unter den Bedingungen einer monetär ausdifferenzierten Ökonomie durchschnittlich erwirtschaftet. Im *vierten Abschnitt* (MEW25: 278ff.)[144], in dem Marx die »Verwandlung von Warenkapital und Geldkapital in Warenhandlungskapital und Geldhandlungskapital« thematisiert, wird erstmals das Abstraktionsniveau des Kapitals als *organischer Einheit* überschritten. Denn Warenhandlungskapital und Geldhandlungskapital, so führen Bischoff, Otto und andere (1993: 98) zutreffend aus, gelten bei Marx als Momente einer »funktionale(n) Ausdifferenzierung des gesellschaftlichen Gesamtkapitals« (vgl. auch MEW25: 278ff. und Reuten 2002: 9). Es geht darum, mit welchen Modifikationen der Reproduktion des Gesamtsystems zu rechnen ist, wenn die rein zirkulationsseitigen Kapitaloperationen (Warenkapital und Geldkapital) als Warenhandlungskapital und als Geldhandlungskapitel eine *selbständige Form* annehmen, das heißt zur »ausschließliche(n) Operation einer besondren Gattung von Kapitalisten«

144 Den dritten Abschnitt lassen wir hier beiseite. Er enthält die Marxschen Überlegungen zum tendenziellen Fall der Profitrate, die im marxistischen Diskurs zumeist als Zentraltheorem der Kritik der politischen Ökonomie interpretiert wurden. Von der Warte einer monetären Lesart der Marxschen Theorie aus ist dieser Auffassung mit Skepsis zu begegnen, weil die dortigen krisentheoretischen Überlegungen von der Kreditsphäre völlig abstrahieren.

(MW25: 281) gerinnen.[145] Wir hatten bereits ausgeführt, dass Marx diese Kapitalformen als *indirekt produktiv* begreift: Sie produzieren zwar selber keinen Mehrwert, tragen aber durch die Beschleunigung der Zirkulation zur Rationalisierung des ökonomischen Gesamtprozesses bei. Im dritten Band geht es bei der Abhandlung zu diesen beiden Formen vor allem darum, ihren Einfluss auf die Zusammensetzung der gesellschaftlichen Durchschnittsprofitrate zu bestimmen (eingehende Erläuterungen dazu bei Bischoff, Otto 1993: 94ff.). Wir haben jetzt die Voraussetzungen wenigstens skizziert, auf denen die Behandlung des zinstragenden Kapitals und des fiktiven Kapitals aufsitzt, und mit denen die Kritik der politischen Ökonomie in eine neue Runde geht.

1.4.1. Zinstragendes Kapital und fiktives Kapital als Kulminationspunkte der Kategorienentwicklung

Die Systematik der Darstellung betreffend wird mit dem zinstragenden Kapital »eine neue Stufe in der Verselbständigung des Werts« (Heinrich 2001a: 10) erreicht, oder, mit etwas negativerer Konnotation ausgedrückt: »In interest-bearing capital, which is capital in its most fetishistic form, we see another culmination of capital and of *Capital*« (Reuten 2002: 10). Warum ist dies so? Und wie stellt sich der Übergang zu diesem neuartigen ›Emergenzniveau‹ dar? Marx spricht gleich zu Beginn des ersten Kapitels zur Kategorie des zinstragenden Kapitals davon, dass nunmehr die »fertige Gestalt der Durchschnitts[profit]rate« (MEW25: 350) begrifflich bestimmt sei, und kommentiert dies folgendermaßen: »Ob das Kapital innerhalb der Produktionssphäre industriell oder in der Zirkulationssphäre merkantil angelegt, es wirft pro rata seiner Größe denselben jährlichen Durchschnittsprofit ab« (MEW25: 350). Aus dem *Resultat* des vorangegangenen Abschnitts, der Genese einer gesellschaftsweiten Durchschnittsprofitrate nicht als heuristisches Artefakt sondern als Entität im Objektbereich, ergibt sich zugleich eine neuartige *Startkonstellation* für den Fortgang der Analyse: *Weil* jedes Kapital, ganz gleich in welcher Sphäre es angelegt wird, einen gleichartigen Profit abwirft, erhält *das Geld als solches* eine neuartige, durch-

145 Dass eine solche Diremtion in einer systemisch ausdifferenzierten, sich selbst steuernden Ökonomie überhaupt stattfinden *muss*, war eine der Beweisabsichten bei der Argumentation im zweiten Band des *Kapital*, wo gezeigt wurde, dass der Zirkulationsprozess des Kapitals immer wieder zum ›Ausschwitzen‹ von Geldkapital führt, das als nur noch latentes Kapital seinem eigenen Begriff widerspricht.

aus emergente Potenz.[146] Vorwegnehmend hatten wir bereits darauf aufmerksam gemacht, dass die Marxsche Bestimmung des zinstragenden Kapitals – näherungsweise übersetzt in systemtheoretische Begrifflichkeiten – orthogonal angelagert ist zu den Konzepten des Geldhandlungskapitals und des Warenhandlungskapitals: Der Begriff markiert nicht in erster Linie organisatorische Differenzierungen, sondern beschreibt eine Qualität, die dem *Medium Geld als solchem* in der modernen Wirtschaft zukommt. Und es wurde ebenfalls angemerkt, dass es sich hierbei um eine Qualität handelt, die *allein* in der modernen Ökonomie anzutreffen ist, was aber die Frage aufgeworfen hat, wie sich dann vormoderne Gläubiger/Schuldner-Verhältnisse, die ebenfalls den Zins kennen, von dieser Konstellation unterscheiden. Bislang konnten wir die zur Debatte stehende Differenz allein dadurch markieren, dass darauf verwiesen wurde, das vormoderne zinstragende Kapital stünde in keiner systematischen Verbindung zur Gesamtökonomie, wohingegen das moderne zinstragende Kapital eine Zentralkategorie der monetär ausdifferenzierten Ökonomie darstelle.

Dieses Argument kann nun wesentlich differenzierter betrachtet werden. Auch Marx kommt im dritten Band unter dem Titel »Vorkapitalistisches« (vgl. MEW25: 606ff.) erneut auf das vormoderne zinstragende Kapital (»Wucher«) zu sprechen, und an dieser Stelle ›fällt der Groschen‹, respektive, es wird das Unterscheidungskriterium herausgearbeitet: »Im Mittelalter herrschte in keinem Lande ein allgemeiner Zinsfuß. [...] Es herrschte große Verschiedenheit sowohl des Zinsfußes wie der Begriffe vom Wucher« (MEW25: 611).[147] Die Form des zinstragenden Kapitals als solche ist vergleichsweise wenig voraussetzungsvoll: Sobald die Charaktermasken (Marx) bzw. Rollen (Luhmann) von Gläubiger und Schuldner ausdifferenziert werden, und dies kann auch schon unter prämonetären

146 Heinrich (2001: 286, Herv.H.P.) macht drauf aufmerksam, dass zu diesem Zeitpunkt auch die »Analyse der allgemeinen Formel des Kapitals G-W-G', mit der im ersten Band begonnen wurde, [...] ihren Abschluß [findet], es ist jetzt diejenige Profitrate abgeleitet, die jedes Kapital, gleichgültig, ob es im industriellen oder im merkantilen Bereich angelegt ist, unter durchschnittlichen Bedingungen abwirft. *Geld erhält damit eine neue Bestimmung.*«

147 Als empirisch informierter Theoretiker fügt Marx hinzu: »Zu Karls des Großen Zeit galt es für wucherisch, wenn jemand 100% nahm. Zu Lindau am Bodensee nahmen 1344 einheimische Bürger 216 ⅔ %. In Zürich bestimmte der Rat 43 ⅓ % als gesetzlichen Zins. In Italien mußten zuweilen 40% gezahlt werden, obgleich vom 12.–14. Jahrhundert der gewöhnliche Satz 20% nicht überschritt. [...]« (MEW25: 611). Das Argument ist lediglich: Die Höhe des vormodernen Zinses ist von lokalen und historischen Zufällen bestimmt und insofern ökonomisch kontingent.

Verhältnissen stattfinden oder unter solchen, wo Geld nur als beiherspielendes Tauschmittel fungiert, haben wir es mit der Form des zinstragenden Kapitals zu tun.[148] Zugleich zeigt die Tatsache, auf die Marx insistiert, dass diese Strukturform zunächst keinerlei systemische Qualität besitzt. An der *Uneinheitlichkeit der Höhe des Zinses*, daran, dass es *keinen einheitlichen Zinsfuß* gibt, lässt sich ablesen, das dessen Größe keinen ökonomischen Gesetzmäßigkeiten geschuldet ist, sondern sich kontingenten außerökonomischen Einflussfaktoren verdankt. Demgegenüber markiert die Gegebenheit, dass es unter Bedingungen moderner, monetär ausdifferenzierter Ökonomien eine gesellschaftsweit einheitliche Höhe des Zinses gibt, *die systematische Verbindung der Kategorie des zinstragenden Kapitals mit dem Gesamtprozess gesellschaftlicher Knappheitskommunikation*: »Meteorologische Berichte zeichnen nicht genauer den Stand von Barometer und Thermometer auf, als Börsenberichte den Stand des Zinsfußes, nicht für dieses oder jenes Kapital, sondern für das auf dem Geldmarkt befindliche, das heißt überhaupt verleihbare Kapital« (MEW25: 380).[149]

Kwack (2005: 79) fasst die Differenz des modernen Kreditsystems zu vormodernen Kreditverhältnissen in folgenden Kernaussagen zusammen: Der kapitalistische Kredit setzt voraus

»1) die Konzentration der Verleiher, 2) die Zentralisation der Borger und 3) die Ansammlung kleiner Beiträge«. Daraus folgen die weiteren Bestimmungen: »1) Das Finanzkapital selbst wird kapitalistisch betrieben. 2) Die Borger sind das industrielle und das Handelskapital. 3) Das Geldkapital des Finanzkapitals konstituiert sich nicht durch den einzelnen Geldkapitalisten, sondern durch die Ansammlung kleiner Beträge von vielen Mitgliedern der Gesellschaft«.

---

148 Vom Verweis auf historiographische Detailuntersuchungen soll an dieser Stelle abgesehen werden. Bei Baecker (1991:67) lässt sich u.a. der folgende Hinweis finden: »Schon in Babylon findet man seit dem 21. Jahrhundert v. Chr. den Agrar-, Handels- und Konsumkredit. Es gibt sogar bereits negoziable Kreditschuldscheine. […] Die erste berufsmäßig betriebene Depositenbank […], in der aus den Einlagen Kredite vergeben wurden, scheint von den Griechen nach der Ausbreitung der Geldwirtschaft gegen Ende des 5. Jahrhunderts v. Chr. eingerichtet worden zu sein, nachdem die Berufe des Geldwechslers und Münzprüfers schon im 4. Jahrhundert entstanden waren«.

149 Entsprechend ändern sich auch die normativen und rechtlichen Einstellungen dem zinstragenden Kapital gegenüber: War noch Luther, wie Marx hämisch gegen moralisierende Kritiken des Geldes bemerkt, mit einer »naiven Polterei gegen den Wucher […] beschäftigt« (MEW25: 407), so kommt es in der Moderne zu einer Umkehrung des allgemeinen Bewusstseins: »Statt des Bannfluchs gegen das zinstragende Kapital überhaupt, ist es daher umgekehrt seine ausdrückliche Anerkennung, wovon die Initiatoren des modernen Kreditsystems ausgehen« (MEW25: 614).

Wir haben nun jene Bestimmung eingeholt, die Marx bereits in den *Grundrissen* in abstrakter Weise antizipiert hatte, und wonach in den Formen des Kreditsystems den Kapitalien eine *höherstufige Einheit ihrer selbst* im Objektbereich gegenübertritt.[150] Sehen wir nun nach, wie sich der Argumentationsgang im Einzelnen darstellt, das heißt in welcher Weise Marx die *kategorialen Dimensionen* des zinstragenden Kapitals und des darauf aufsitzenden fiktiven Kapitals diskutiert.[151]

a) Zinstragendes Kapital: Als Formel des zinstragenden Kapitals bestimmt Marx die Folge G-G-W-G'-G' (vgl. MEW25: 353), an der zunächst nur ins Auge fällt, dass gegenüber vorherigen Formeln aus dem ersten und zweiten Band zwei Momente verdoppelt sind: Erstens die Verausgabung des Geldes als Kapital (G-G) und zweitens sein Rückfluss als realisiertes Kapital (G'-G'). Geld, so bestimmt Marx einleitend die Form des zinstragenden Kapitals weiter,

»erhält [...] außer dem Gebrauchswert, den es als Geld besitzt, einen zusätzlichen Gebrauchswert, nämlich den, als Kapital zu fungieren. Sein Gebrauchswert besteht hier eben in dem Profit, den es, in Kapital verwandelt, produziert. In dieser Eigenschaft als mögliches Kapital, als Mittel zur Produktion des Profits, wird es Ware, aber eine Ware sui generis. Oder, was auf dasselbe herauskommt, Kapital als Kapital wird zur Ware« (MEW25: 351).

Hierbei handelt es sich um eine grundsätzlich neuartige Bestimmung, weshalb man sich die zur Debatte stehende Differenz genau vor Augen führen muss. Wir folgen aus diesem Grund einigen Marxschen Erläuterungen. Als Abgrenzungskriterium, um den *neuartigen Gebrauchswert des Geldes, als Kapital fungieren zu können*, zu präzisieren, erinnert Marx an die (analytischen) Bestimmungen des Warenkapitals und des Geldkapitals, wie sie als Momente der Zirkulation des industriellen Kapitals im zweiten Band diskutiert wurden. Obgleich auch die dortigen Formen von einem be-

150 Davon zu unterscheiden ist die These von Marx, wonach es keinerlei innerökonomische Kriterien gibt, um die *jeweilige Höhe* der Durchschnittsrate des Zinses zu bestimmen. Insofern ergibt sich auch das Verhältnis von Unternehmergewinn/Profitrate und Zinsrate nicht aus ökonomischen Gesetzen, es gibt keine allgemeine ›natürliche‹ Zinsrate, sondern diese Relation ist abhängig von ökonomisch-politischen Machtverhältnissen.

151 Von dieser kategorialen Dimension, die im *Kapital* in einer weitestgehend als ausgearbeitet zu bezeichnenden Form vorliegt, sind weitere Bestimmungen zum Kreditsystem zu unterscheiden, die auf der Entwicklung dieser Kategorien aufsitzen, deren Ausarbeitungsgrad allerdings bestenfalls als fragmentarisch zu bezeichnen ist. Dieser zweiten Problematik werden wir uns erst weiter unten zuwenden.

stimmten Bezugssystem aus betrachtet – nämlich des Gesamtprozesses – Kapital darstellen, so fungieren sie doch nicht unmittelbar als solches: Das Warenkapital (W') als Resultat eines kapitalistischen Produktionsprozesses ist deswegen eine Form des Kapitals, weil es einen Mehrwert enthält, der im Zuge eines kapitalistischen Produktionsprozesses entstanden ist. Aber wenn es auf den Markt geworfen wird, um als Ware verkauft zu werden, dann »fungiert es einfach als Ware. Der Kapitalist erscheint hier nur als Verkäufer von Ware, wie der Käufer als Käufer von Ware« (MEW25: 354). Ebenso verhält es sich beim Geldkapital (G): Dass es sich beim Geldkapital um Kapital handelt, »geht nicht hervor aus dem Akt des Kaufens, aus der wirklichen Funktion, die es hier als Geld verrichtet; sondern aus dem Zusammenhang dieses Aktes mit der Gesamtbewegung des Kapitals, indem dieser Akt, den es als Geld verrichtet, den kapitalistischen Produktionsprozeß einleitet« (ebd.). Resümierend wird dann zum Geldkapital und Warenkapital vermerkt: »Als Kapital existiert das Kapital, in der wirklichen Bewegung, nicht im Zirkulationsprozeß, sondern nur im Produktionsprozeß, im Ausbeutungsprozeß der Arbeitskraft« (MEW25: 355). *Und genau diese Sachverlage ändert sich mit dem zinstragenden Kapital*:

»Der Geldbesitzer, der sein Geld als zinstragendes Kapital verwerten will, veräußert es an einen dritten, wirft es in Zirkulation, macht es zur Ware *als Kapital*; nicht nur als Kapital für ihn selbst, sondern auch für andre; es ist nicht bloß Kapital für den, der es veräußert, sondern es wird dem dritten von vornherein als Kapital ausgehändigt, als Wert, der den Gebrauchswert besitzt, Mehrwert, Profit zu schaffen; als ein Wert, der sich in der Bewegung forterhält und zu seinem ursprünglichen Ausgeber, hier dem Geldbesitzer, nachdem er fungiert hat, zurückkehrt« (ebd.).

Im Fortgang seiner Entwicklung des zinstragenden Kapitals beschäftigt sich Marx noch einmal eingehender mit der Frage der *kategorialen Verselbständigung*. Bis hierher wurde einfach *übergegangen* von der Herausbildung einer wirtschaftssystemischen Durchschnittsprofitrate zur hierauf gegründeten Kategorie des zinstragenden Kapitals, es wurde also ein Emergenzsprung benannt. Dieser muss aber, so der dezidiert hegelianische Anspruch von Marx, mikrologisch bestimmt werden, das heißt selber noch in seiner Genese ›abgeleitet‹ werden. Hierzu versetzt sich Marx in eine Art *generalisierte Binnenperspektive des Unternehmers*, und zugleich liegt hier eine von ganz wenigen Stellen vor, an denen Marx an das populäre Hegelsche Theorem eines *Umschlags von Quantität in Qualität* tatsächlich anschließt. Die Ausgangskonstellation bestimmt Marx wie folgt:

»Die Frage, die sich nun aufwirft, ist diese. Wie kommt es, daß diese rein quantitative Teilung des Profits in Nettoprofit und Zins in eine qualitative umschlägt? In anderen Worten, wie kommt es, daß auch der Kapitalist, der nur sein eignes, kein geliehenes Kapital anwendet, einen Teil seines Bruttoprofits unter die besondre Kategorie des Zinses rangiert und als solchen besonders berechnet? Und daher weiter, daß alles Kapital, geliehenes oder nicht, als zinstragendes von sich selbst als Nettoprofit bringendem unterschieden wird?« (MEW25: 385).

Diese Ausgangssituation mag zum jetzigen Zeitpunkt noch reichlich verworren daherkommen, im Folgenden geht es darum, ihren Sinngehalt schrittweise zu explizieren. Anfangs wendet Marx erneut eine analytische Abstraktion an, also einen Kunstgriff: Er arbeitet mit der Unterstellung,

»daß Geldkapitalist und produktiver Kapitalist sich wirklich gegenüberstehen, nicht nur als juristisch verschiedne Personen, sondern als Personen, die ganz verschiedne Rollen im Reproduktionsprozeß spielen oder in deren Hand dasselbe Kapital wirklich eine doppelte und gänzlich verschiedne Bewegung durchmacht. *Der eine verleiht nur, der andre wendet es produktiv an*« (MEW25: 385, Herv.H.P.).

Insofern es Marx um die kategoriale Genese des zinstragenden Kapitals zu schaffen ist, abstrahiert er von selbiger Form als bereits eigenständig auf Funktionssystemebene ausdifferenzierter und wendet sich der vergleichsweise weniger komplexen und voraussetzungsvollen *Rollenebene* zu. Das, was später als systemische Kategorie des zinstragenden Kapitals zu erweisen ist, wird hier als ›Geldkapitalist‹ thematisiert, das heißt als ein Eigentümer, der sein Geld an ›produktive Kapitalisten‹ ausleiht, um dafür einen Zins zu erhalten. Der produktive Kapitalist, von dem hier die Rede ist, ist der Repräsentant des industriellen Kapitals: Er schießt (geliehenes) Geld vor, um einen Produktionsprozess aufzuziehen, der ein mit Mehrwert geschwängertes Warenkapital hervorbringt, das auf dem Markt verkauft werden soll, um eine größere Summe Geldes einzubringen. Diese Konstellation bezeichnet das, was Marx im Zitat oben als »rein quantitative Teilung des Profits in Nettoprofit und Zins« beschrieben hat.[152] Im *empirischen Kapitalismus* liegt aber eine qualitative Differenz beider ökonomischer Kategorien vor, die gegenüber den tatsächlichen Rollen bzw. Charaktermasken in ähnlicher Weise orthogonal angelagert ist, wie bei Parsons das Verhältnis von analytisch bestimmten, funktional differenzierten Subsyste-

152 Nocheinmal anders ausgedrückt: »Der fungierende Kapitalist ist hier unterstellt als Nichteigentümer des Kapitals. Das Eigentum an Kapital ist ihm gegenüber vertreten durch den Verleiher, den Geldkapitalisten« (MEW25: 387).

men einerseits und konkreten Organisationen/Institutionen andererseits gedacht wird. Dazu kommen wir aber erst im übernächsten Schritt.

Die Situation ist eindeutig, wenn wir uns als erstes einem produktiven Kapitalisten zuwenden, der, wie eben markiert, *vollständig mit geliehenem Kapital arbeitet.* Ihm »zerfällt der Bruttoprofit in zwei Teile, den Zins, den er dem Verleiher zu zahlen hat, und den Überschuß über den Zins, der seinen eignen Anteil am Profit bildet« (MEW25: 386). Dies lässt sich an der oben schon präsentierten Formel des zinstragenden Kapitals veranschaulichen: G-G-W-G'-G' (vgl. MEW25: 353). Der erste Schritt G-G bezeichnet die Summe Geld, die vom Geldkapitalisten an den fungierenden Kapitalisten ausgeliehen wird. Die Mittelglieder G-W-G' sind bekannt, zu ergänzen wäre die Formel in diesem Fall um den Produktionsprozess (P), so dass die vollständige Formel in ihrem Mittelteil lauten würde: G…P…W'-G'. Der letzte Schritt G'-G' bezeichnet den Rückfluss des geliehenen Geldes vom fungierenden Kapitalisten zum Geldkapitalisten. Das erste G' ist der *Bruttoprofit*, den der fungierende Kapitalist als Resultat des Verkaufs der produzierten Waren erhält, das zweite G' bezeichnet jenen Anteil, den der fungierende Kapitalist dem Geldkapitalisten als *Zins* zu zahlen hat.[153] Die Differenz beider Summen kann der fungierende Kapitalist als seinen *Unternehmergewinn* einstreichen. Nun ist in diesem kategorialen ›Setting‹ Marx zufolge eine »kognitive Verzerrung« (Ganßmann 2006: 5) auf Seiten der beteiligten Akteure bzw. Personen anzutreffen: Die Werttheorie hat das Resultat ergeben, dass das eigentliche Produkt des Kapitals der Mehrwert bzw. Profit ist, der sich aus der kapitalistischen Anwendung von Arbeitskraft ergibt. Aber für den obigen fungierenden Kapitalisten, der mit geborgtem Kapital arbeiten lässt, stellt sich der Sachverhalt anders dar: Was in seine Kalkulation als *im vornherein feststehende Größe* eingeht, ist der Zins, den er dem Geldkapitalisten nach erfolgtem Produktionsprozess zu zahlen hat, denn es existiert in jedem Augenblick ein *allgemeiner Zinsfuß als empirisches Faktum*, möge die selbige Größe in der Zeit auch gewissen Marktschwankungen unterworfen sein. Der Zinsfuß, so Marx, »ist in seiner […] Allgemeingültigkeit ein täglich fixiertes Faktum, ein Faktum, das dem industriellen und merkantilen Kapital sogar als Voraussetzung und Posten in der Kalkulation bei seinen Operationen dient« (MEW25: 380).

Was für den fungierenden Kapitalisten hingegen als variabel und kontingent bzw. unsicher erscheint, das ist die Größe des Profits, den sein

153 Es ist evident, dass die beiden G' in der Formel unterschiedlich große Summen von Geld darstellen.

Unternehmen qua kapitalistischem Produktionsprozesse überhaupt einbringen kann, und von dem wiederum sein Unternehmergewinn abhängt. Dies hängt einerseits damit zusammen, dass sich der Erfolg oder Misserfolg von Investitionsprogrammen grundsätzlich erst im Nachhinein herausstellt, andererseits aber steht nicht einmal ein empirischer Fixpunkt als Maßstab für Kalkulation im Voraus zur Verfügung. Der Durchschnittsprofit, Marx zufolge in der Form der Durchschnittsprofitrate *das Medium ökonomischer Synthesis*, erscheint – im Unterschied zum handgreiflichen Zinsfuß – »nicht als unmittelbar gegebne Tatsache, sondern erst durch die Untersuchung festzustellendes Endresultat der Ausgleichung entgegengesetzter Schwankungen« (MEW25: 380), er ist bloß ein »verschwimmendes Nebelbild« (MEW25: 381).[154] Marx jedenfalls konstatiert in diesem Zuge, dass die Scheidung in Zins und Unternehmergewinn »keineswegs bloß subjektive Auffassung des Geldkapitalisten hier und des industriellen Kapitalisten dort« sei, sondern »auf objektiver Tatsache« beruhe: »der Zins fließt dem Geldkapitalisten [...] zu [...]; und der Unternehmergewinn fließt dem bloß fungierenden Kapitalisten zu« (MEW25: 387f.). Hier ist bereits ein Effekt angesprochen, dem im Fortgang noch eine weit größere Bedeutung zukommt, und die wir im Zuge vorwegnehmender Kategorienerklärungen auch schon angesprochen hatten: Die einzigen Größen, die empirisch das Handeln der ›Akteure‹ beeinflussen, sind die unmittelbaren Revenuequellen, aber selbige desartikulieren Marx zufolge systematisch den eigentlichen Modus ökonomischer Autopoiesis.

Zunächst aber weiter im Kontext. Interessant wird es, wenn Marx die Frage aufmacht, wie es sich für solche fungierenden Kapitalisten darstellt, *die ausschließlich mit eigenem Kapital arbeiten lassen*. Man könnte auf den ersten Blick vermuten, dass für diese Protagonisten die Differenz von Zins und Unternehmergewinn keine Rolle spielt, da sie keinerlei monetäre Verpflichtungen gegenüber Geldkapitalisten haben. Genau dies ist aber nicht der Fall, denn hier greift wiederum eine Emergenz des Monetären: *Der geldbesitzende, fungierende Kapitalist in spe berücksichtigt bei seiner Kalkulation nämlich ebenfalls die Zinsrate.* Denn er ist keinesfalls verpflichtet, sein Geld tat-

154 Mit aller Vorsicht gesagt: Die im Zuge volkswirtschaftlicher Statistiken aufaddierten Wertsummen, die den Namen Bruttosozialprodukt tragen, lassen sich in der Zeit miteinander vergleichen. Das solchermaßen identifizierte jährliche ›Wirtschaftswachstum‹ einer ›Volkswirtschaft‹ lässt sich mitunter als statistisches Artefakt des Marxschen Konzepts der Durchschnittsprofitrate ansetzen. Inwieweit solche Artefakte in die Kalkulation von Unternehmern eingehen, wird sich hingegen kaum umstandslos ermitteln lassen.

sächlich den Unsicherheiten eines eigenständigen Produktionsprogrammes auszusetzen, sondern er könnte dieses Geld auch als zinstragendes Kapital auf den Finanzmärkten bzw. Banken verleihen und dafür den üblichen Zins einstreichen. Insofern affiziert das kalkulative ›Ins-Verhältnis-Setzen‹ des sicher zu erwartenden Zinsrückflusses mit der Unsicherheit, ausreichenden Gewinn aus einem Produktionsprogramm zu ziehen, selber noch das Ausmaß, in dem tatsächlich in industrielle Kapitalien investiert wird. Die auf Funktionssystemebene ausdifferenzierten Revenuequellen generieren bereits *als solche* Rentabilitätskriterien für ›sinnvolle‹ Kapitalverwendung überhaupt. Als ›benchmark‹ industriell-kapitalistischer Investitionen gilt nicht das bloße Profitmachen, also ein Kapitalrückfluss, der größer ist als der Kapitalvorschuss, sondern die (erwartete) Differenz zwischen beiden Größen muss auch mindestens die Höhe der Zinsrate nicht unerheblich übersteigen.

Hieraus zieht Marx die Konsequenz: »Der Anwender des Kapitals, auch wenn er mit eignem Kapital arbeitet, zerfällt in zwei Personen, den bloßen Eigentümer des Kapitals und den Anwender des Kapitals« (MEW25: 388). Und weiter mit Blick auf die kategoriale Dimension:

»Auch wenn er mit eignem Kapital arbeitet, spaltet sich sein Profit in Zins und Unternehmergewinn. *Hiermit wird die bloß quantitative Teilung zur qualitativen*; sie findet statt unabhängig von dem zufälligen Umstand, ob der Industrielle Eigentümer oder Nichteigentümer seines Kapitals ist. Es sind nicht nur an verschiedne Personen verteilte Quota des Profits, *sondern zwei verschiedne Kategorien desselben*, die in verschiednem Verhältnis zum Kapital [...] stehen« (MEW25: 388f.).

Man könnte auch formulieren: War die Differenz von Unternehmergewinn und Zins eingangs nur vorhanden mit Bezug auf sehr bestimmte Rollenverhältnisse, so wird mit der »Verknöcherung und Verselbständigung der beiden Teile des Rohprofits gegeneinander« (MEW25: 388) dieselbe Differenz *als Systemlogik implementiert*, die durch die konkreten Personen und Organisationen hindurchgeht und sich als soziale Tatsache zementiert. Reichelt, an dessen soziologisch informierte Rekonstruktion der dialektischen Entwicklungsmethode wir im zweiten Kapitel an zahlreichen Stellen angeknüpft haben, zieht bei seiner Diskussion der Kategorie des zinstragenden Kapitals explizit eine Verbindungslinie zur Theorie der Wertverselbständigung aus den *Grundrissen*. Er charakterisiert das zinstragende Kapital »als eine neue Form der Verselbständigung«. Hatte die Rekonstruktion der zentralen Passagen der *Grundrisse* im Kontext der einfachen Zirkulation das Moment der Wertvergrößerung zunächst im

Schatzbildner und im vormodernen Handelskapitalisten identifiziert, deren Bestimmung es war, schrittweise Geld der Zirkulation zu entziehen und somit aufzuspeichern, so wird diese ›Gedankenbewegung‹, wie man dialektisch sagen könnte, nun ›im Verhältnis selbst gesetzt‹: Die »Wertvergrößerung wird *als Wertvergrößerung* in der Zinsform *gegenständlich*, die Geldsumme hat einen Gebrauchswert, nämlich die Fähigkeit sich zu vergrößern, es ist Geld als Ware, das zusätzliches Geld abwirft, den Zins« (Reichelt 2006: 25, Herv.H.P.). Entscheidend sind die hervorgehobenen Wörter, also der Hinweis, wonach die *Bewegung als Bewegung* im zinstragenden Kapital ›gegenständlich‹ wird. Bei diesem Attribut oder dieser Dimension der Gegenständlichkeit handelt es sich natürlich nicht um etwas Materielles, Dingliches, sondern es wird erneut ein emergenztheoretisches Argument in Anschlag gebracht: Jene Bewegung, die zunächst nur in der Kalkulation des Schatzbildners und Handelskapitalisten präsent gehalten wurde, wird mit dem zinstragenden Kapital *unmittelbar im Objektbereich selbst ›installiert‹*, als emergente ökonomische Form. Auch Marx zieht explizit eine Verbindung zum vormodernen Schatzbildner, wenn er verlautbaren lässt: »So ist im zinstragenden Kapital (und alles Kapital ist seinem Wertausdruck nach Geldkapital oder gilt jetzt als der Ausdruck des Geldkapitals), der fromme Wunsch des Schatzbildners realisiert« (MEW25: 406).[155]

Nachdem wir mit dem zinstragenden Kapital die Zentralkategorie rekonstruktiv betrachtet haben, die bei Marx das Fundament seiner Überlegungen zum modernen Kreditsystem bildet, müssen wir uns noch einer weiteren Kategorie zuwenden. Das fiktive Kapital diskutiert Marx als eine Form, die uno actu mit dem zinstragenden Kapital ›ins Leben tritt‹ und empirisch nicht ohne weiteres von diesem zu unterscheiden ist. Die Differenz beider Formen ergibt sich vielmehr aus den jeweils zugrundeliegenden Repräsentationsverhältnissen, die das fiktive Kapital als erneute Steigerung einer Emergenz des Monetären kenntlich machen.

155 Mit dem Hinweis auf den ›frommen Wunsch‹ des Schatzbildners spielt Marx möglicherweise abermals auf den Zusammenhang von protestantischer Prädestinationslehre und kapitalistischem Gewinnstreben an. Nur handelt es sich deshalb nur um einen ›Wunsch‹, weil es gar nicht im Ermessen des vormodernen Schatzbildners liegt, ob *sein* Anhäufen des Reichtums sich auch tatsächlich als Anhäufen *des Reichtums* herausstellt. Ist die Ökonomie nicht als ganze dem Motiv erweiterter Reproduktion unterworfen – und dies ist nur die moderne Ökonomie – dann löst sich die Realisierung des frommen Wunsches des Schatzbildners ebenso in Indifferenz auf wie die von uns im zweiten Kapitel hinlänglich diskutierte einfache Zirkulation.

b) Fiktives Kapital: Marx diskutiert das fiktive Kapital als eine Form, die unmittelbar aus dem zinstragenden Kapital hervorgeht, das er im selben Zuge pointiert als »die Mutter aller verrückten Formen« (MEW25: 483) bezeichnet. Ist also das zinstragende Kapital die *Mutter* aller verrückten Formen, so das fiktive Kapital deren *Ausgeburt*. Das, was bei Marx mit dieser Bezeichnung abgehandelt wird, ist bezogen auf heutige empirische Finanzmärkte von stetig zunehmender Wichtigkeit. »Die ›Finanzinnovationen‹, die in den letzten Jahrzehnten auf den Finanzmärkten entwickelt wurden, in dem neue Arten von Ansprüchen (zum Beispiel auf in Geld umgerechnete Indexpunkte eines Aktienindex) geschaffen wurden«, so stellt Heinrich (2003: 406) fest, »stellen nichts anderes als immer neue Konstruktionen von fiktivem Kapital dar«. Worum es sich beim fiktiven Kapital handelt kann in propädeutischer Weise durch folgenden Hinweis veranschaulicht werden: Eine Eigentümlichkeit beim fiktiven Kapital besteht darin, dass es das klassische Repräsentationsverhältnis, wonach monetäre Formen als Repräsentanten von etwas zu Repräsentierendem gedacht werden, gehörig durcheinanderwirbelt. Das fiktive Kapital, so kann als erste Kennzeichnung ausgesagt werden, *repräsentiert eine Summe Kapital, bzw. den daraus resultierenden Zinsanspruch, die es gar nicht gibt.*[156] Sofern die Rede einer Hyperrealität des Monetären einen Sinn hat, dann hat sie denselben im Kontext des fiktiven Kapitals, was allerdings nicht bedeutet, dass es nicht möglich wäre, den Formgehalt dieser Kategorie in rationaler Weise zu bestimmen. Oder anders ausgedrückt: Die Genese der Hyperrealität ebenso wie die Grenzen der Hyperrealität selbst noch genetisch abzuleiten. Denn die bloße Form des fiktiven Kapitals – im Unterschied zu dessen zugegebenermaßen verschlungener empirischer Wirkungsweise – so kann sogar gesagt werden, ist vergleichsweise einfach zu bestimmen. Als zweites ist vorauszuschicken, dass das fiktive Kapital trotzdem alles andere als eine illusorische Denkform ist. Im Gegenteil affiziert es, so Krätke (2001: 72),

> »die Kapitalbewegungen ebenso wie die Form und Zusammensetzung des gesellschaftlichen Reichtums im Kapitalismus. […] Das Kapital löst sich keinesfalls in eine bloße Form, einen bloßen Namen auf; die einmal etablierte Form des fiktiven Kapitals hat Folgen für die Bewegung des realen Kapitals und dessen Ver-

156 Allgemein lässt sich sagen, dass sich mit der Entwicklung eines modernen Kreditsystems »alles Kapital zu verdoppeln und stellenweis zu verdreifachen [scheint], durch die verschiedne Weise, worin dasselbe Kapital oder auch nur dieselbe Schuldforderung in verschiednen Händen unter verschiednen Formen erscheint« (MEW25: 488).

wertung; es kann sich ›verselbständigen‹, sich aber von seiner realen Grundlage nie vollständig lösen«.

Sehen wir nun das Argument etwas präziser an, in dem einige Marxsche Textstellen zitiert und kommentiert werden. Beim fiktiven Kapital sieht Marx eine Art *generalisierten Umkehrschluss* am Werke – er spricht von »Kapitalisieren« (vgl. MEW25: 484) – der zur Verrücktheit dieser Form führt. »Die Form des zinstragenden Kapitals bringt es mit sich«, so referiert Marx, »daß jede bestimmte und regelmäßige Geldrevenue als Zins eines Kapitals erscheint, sie mag aus einem Kapital entspringen oder nicht. *Erst wird das Geldeinkommen in Zins verwandelt, und mit dem Zins findet sich dann auch das Kapital, woraus es entspringt*« (MEW25: 482, Herv.H.P.). Der letzte, hervorgehobene Satz ist entscheidend. Im ersten Teil wird ein bekannter Sachverhalt benannt: Es ist eine Qualität des zinstragenden Kapitals, dass jeder Summe Geld unter den Bedingungen der modernen Ökonomie die Potenz bzw. der Gebrauchswert zuwächst, einen der jeweiligen Zinsrate entsprechenden Zins abzuwerfen. Zwar sitzt diese Potenz systemisch betrachtet auf erheblichen Voraussetzungen auf, aber an der bloßen Form ebenso wie in der empirischen Anschauung sind diese Voraussetzungen abschattiert. Nun hat diese Konstellation, die selbst schon, obgleich einfach erscheinend, in Wirklichkeit ein Reflexionsverhältnis darstellt, noch eine andere Seite, die Marx im zweiten Teil der zuletzt zitierten Textstelle benennt, und wo es hieß: »...und mit dem Zins findet sich dann auch das Kapital, woraus es entspringt«. Hier liegt der oben von uns so bezeichnete *generalisierte Umkehrschluss* vor. Marx erläutert diese ›andere Seite‹ des Verhältnisses von zinstragendem Kapital und Zins folgendermaßen:

»Die Sache ist einfach: Gesetzt, der Durchschnittszinsfuß sei 5 Prozent jährlich. Eine Summe von 500 Pfd.St. würde also jährlich, wenn in zinstragendes Kapital verwandelt, 25 Pfd.St. einbringen. Jede feste jährliche Einnahme von 25 Pfd.St. wird daher als Zins eines Kapitals von 500 Pfd.St. betrachtet. *Dies ist und bleibt jedoch eine rein illusorische Vorstellung, außer in dem Fall, daß die Quelle der 25 Pfd.St., sei diese nun ein bloßer Eigentumstitel resp. Schuldenforderung oder sei sie ein wirkliches Produktionselement, wie etwa ein Grundstück, direkt übertragbar ist oder eine Form erhält, worin sie übertragbar wird*« (MEW25: 482, Herv.H.P.).

Der erste Satz macht keinerlei Schwierigkeiten, er referiert abermals Altbekanntes. Jede Summe Geld bringt, angewendet als zinstragendes Kapital, jährlich einen durch den Durchschnittszinsfuß in seiner Höhe bestimmten Zins. Wenn dies so ist, dann kann man allerdings auch auf die Idee kommen, wie Marx im zweiten Satz ausführt, jede jährliche Einnahme einer bestimmten Größe *als Zinsertrag einer zugrundeliegenden Kapitalsumme* zu betrachten. Dazu ist bei Marx wenig später zu lesen: »Die Bildung des fiktiven Kapitals nennt man kapitalisieren. Man kapitalisiert jede regelmäßig sich wiederholende Einnahme, indem man sie nach dem Durchschnittszinsfuß berechnet, als Ertrag, den ein Kapital, zu diesem Zinsfuß ausgeliehen, abwerfen würde« (MEW25: 484). Marx sagt nun im letzten zitierten Satz der vorletzten Textstelle, dieser Umkehrschluss sei grundsätzlich eine »rein illusorische Vorstellung«, *außer aber in dem Fall, in dem die Quelle des Zinsertrages die Form der Übertragbarkeit besitzt!* Was ist damit gemeint?

Im Zitat oben ist die Rede von Eigentumstiteln und Schuldenforderungen. Marx verdeutlicht die Struktur des fiktiven Kapitals unter anderem anhand der *Staatsschuld*, weil dort – das heißt bei der Ausgabe von Staatsanleihen – ein vergleichsweise einfacher Fall vorliegt: Der Staat leiht sich Geld und gibt als Gegenleistung seinen Gläubigern einen Besitztitel, der diesen einen Zins abwirft, dessen Zahlung gespeist wird aus staatlichen Steuereinnahmen. Der Gläubiger kann hier zwar »nicht seinem Schuldner aufkündigen«, er kann aber »die Forderung, seinen Besitztitel darüber, verkaufen« (MEW25: 482). Diese Möglichkeit, seinen Schuldschein auf den Staat an andere Wirtschaftsteilnehmer zu verkaufen, repräsentiert für den ›ursprünglichen‹ Gläubiger A des Staates den *möglichen Rückfluss der Hauptsumme*. Verkauft der Gläubiger A die Staatsanleihe an einen Geldbesitzer B, so ist von dessen Privatstandpunkt aus sein Kapital als zinstragendes Kapital angelegt. »Der Sache nach« aber, so bemerkt Marx, »ist er bloß an die Stelle von A getreten und hat dessen Schuldforderung auf den Staat gekauft« (MEW25: 483). Was ist unterdessen mit der dem Staat geliehenen Hauptsumme geschehen? »Das Kapital selbst ist aufgegessen, verausgabt vom Staat. Es existiert nicht mehr« (MEW25: 482). Und mehr noch: »Nicht nur, daß die Summe, die dem Staat geliehen wurde, überhaupt nicht mehr existiert. Sie war überhaupt nie bestimmt, als Kapital verausgabt, angelegt zu werden, und nur durch ihre Anlage als Kapital hätte sie in einen sich erhaltenden Wert[157] verwandelt werden können« (MEW25: 483). Das Geld, das sich der Staat auf dem Wege von Staatsanleihen beschafft hat, ist

157 An dieser Stelle sieht man noch einmal exemplarisch, warum Marx die den gängigen Epistemologien nach nichtempirische Kategorie ›Wert‹ als Einheit des Systems bestimmt. Der Wert repräsentiert nicht nur die Weitergabe von Zahlungen, sondern von zukünftiger Zahlungsfähigkeit.

längst im Staatskonsum aufgezehrt worden, es hat sich in der einfachen Zirkulation verflüchtigt.

Der Schuldschein freilich zirkuliert weiter und wirft Zinsen ab, erscheint also als Frucht eines Kapitals, obgleich es sich lediglich um einen ›Schatten ohne Körper‹[158] handelt. Den nicht existierenden Körper, der aber gleichwohl einen Schein von Existenz dadurch besitzt, dass ein Schatten existiert, der auf ihn, den Nichtexistierenden, verweist, nennt Marx fiktives Kapital. Auf die Systemebene bezogen vermerkt Marx: »Diese Transaktionen mögen sich noch so sehr vervielfältigen, das Kapital der Staatsschuld bleibt ein rein fiktives, und von dem Moment an, wo die Schuldscheine unverkaufbar würden, fiele der Schein dieses Kapitals weg« (MEW25: 483). Andererseits ist Marx natürlich kein konservativer Kulturkritiker, dem allein schon die Vorstellung solch eigentümlicher Reflexionsverhältnisse Sorge bereitet. Wir werden im Anschluss sehen, dass es Marx durchaus um einen Einblick in die *Funktion* dieser spezifischen ökonomischen Form geht, nicht aber darum, sie pauschal als ›unseriös‹ zu denunzieren.[159] Zuvor sei noch ein Seitenblick auf eine weitere Form des fiktiven Kapitals erlaubt, bei dem die Sachlage sich etwas komplizierter darstellt. Denn im Falle von Staatsanleihen ist es evident, dass das Geld, das vom Staat geliehen wird, nicht dafür vorgesehen ist, als Kapital zu fungieren. Wie aber verhält es sich im Falle von Aktien und Aktiengesellschaften, wo doch davon auszugehen ist, dass genuin kapitalistische Verwertung stattfindet? Marx stellt interessanter Weise fest: »Auch da, wo der Schuldschein – das Wertpapier – nicht wie bei den Staatsschulden rein illusorisches Kapital vorstellt, ist der Kapitalwert dieses Papiers rein illusorisch« (MEW25: 484). Warum soll dies so sein und wie ist das Argument gemeint?

Zunächst stellt Marx fest:

> »Man hat [...] gesehn, wie das Kreditwesen assoziiertes Kapital erzeugt. Die Papiere gelten als Eigentumstitel, die dies Kapital vorstellen. Die Aktien von Eisenbahn-, Bergwerks-, Schiffahrts- etc. Gesellschaften stellen wirkliches Kapital vor, nämlich das in diesen Unternehmungen angelegte und fungierende Kapital oder die Geldsumme, welche von den Teilhabern vorgeschossen ist, um als Kapital in solchen Unternehmungen verausgabt zu werden« (MEW25: 484).

---

158 Dieser Ausdruck findet sich in einer etwas anderen Verwendungsweise bei Fiehler (2004).

159 Marx' Kritik zielt bekanntlich aufs Ganze, nicht darauf, einzelne Momente des ökonomischen Systemzusammenhangs gegenüber anderen zu verteufeln.

Hier wird zunächst eine Differenz zur Staatsschuld aufgemacht: Aktien stellen wirkliches Kapital vor. Die Struktur des fiktiven Kapitals ergibt sich für Marx daraus, dass auch im Falle von Aktien ein *Verdopplungseffekt* eintritt, denn das Kapital scheint nun »einmal als Kapitalwert der Eigentumstitel, der Aktien, und das andre Mal als das in jenen Unternehmen wirklich angelegte oder anzulegende Kapital« (MEW25: 484). Tatsächlich aber, so Marx, existiere das Kapital »nur in jener letztern Form, und die Aktie ist nichts als ein Eigentumstitel, pro rata, auf den durch jenes zu realisierenden Mehrwert« (MEW25: 485). Diese Konstellation ändert sich natürlich auch nicht grundsätzlich dadurch, dass die Aktien selber als Waren auf den Finanzmärkten zirkulieren. Eine *tendenzielle Auflösung des Verdopplungseffekts* sieht Marx in der Krise gegeben: »In Zeiten einer Klemme im Geldmarkt werden diese Wertpapiere also doppelt im Preise fallen; erstens, weil der Zinsfuß steigt, und zweitens, weil sie massenhaft auf den Markt geworfen werden, um sie in Geld zu realisieren« (MEW25: 485).

1.4.2. Entkopplungs- und selbststeuerungstheoretische Implikationen des Kredits

Wir haben uns jetzt durch die zugegebenermaßen etwas mühsame Diskussion der bei Marx für das moderne Kreditsystem fundamentalen Kategorien des zinstragenden Kapitals und des fiktiven Kapitals eine Ausgangsbasis geschaffen, um zu zwei Themenkomplexen Stellung beziehen zu können, die auch die gegenwärtige Diskussion um die internationalen Finanzmärkte bestimmen. Gemeint ist einmal die Frage, welche Steuerungsleistungen die Finanzsphäre für die Ökonomie erbringt, zum anderen die Frage, in welcher Weise von einer Eigenlogik der Finanzsphäre auszugehen ist. Natürlich ist in Rechnung zu stellen, dass das angelegte Abstraktionsniveau immer noch ein sehr hohes ist. Dass die Kritik der politischen Ökonomie auf den ›idealen Durchschnitt‹ einer monetär ausdifferenzierten Ökonomie abstellt, ist also auch bei den folgenden, ein Stück weit auf Empirie gemünzten Ausführungen, im Hinterkopf zu behalten. Während Marx bezüglich der Eigenlogik der Finanzsphäre eine ganze Reihe von Argumenten anbringt, die in das Herz auch noch der heutigen Debatte treffen, enthalten seine Überlegungen zur Selbststeuerung der Wirtschaft durch Finanzmärkte nur ganz wenige Hinweise auf jene Aspekte, die heute als die vorherrschenden diskutiert werden: Die Betrachtung der Finanzmärkte als Informationsgeneratoren und die Betrachtung finanzökonomischer Waren als Risikoinstrumente.

a) Steuerungsleistungen des Kredits: Im 27. Kapitel (MEW25: 451–457) präsentiert Marx eine *Zusammenschau allgemeiner Bestimmungen*, in denen er auf die Leistungen der Finanzsphäre für die Wirtschaft abstellt, und auf die wir uns zunächst beziehen können. Kritisch anzumerken ist, dass Marx – wie öfter, wenn es um eine kondensierte Präsentation von Ergebnissen geht – dazu neigt, gesicherte Forschungsresultate mit keinesfalls gesicherten Zukunftsdiagnosen zu amalgamieren und zu konfundieren. Marx nennt *vier Hauptpunkte*, die dann jeweils in mehrere Unterpunkte aufgegliedert werden. Die ersten beiden Punkte können wir umstandslos akzeptieren: Das Kreditsystem sei erstens notwendig, um die *Ausgleichung der Profitrate* zu vermitteln. Es wurde bereits gezeigt, dass die Ausgleichung der Profitrate den basalen Regulationsmechanismus der monetär ausdifferenzierten Ökonomie darstellt. Der Ausgleichungsprozess der Profitrate, auch als *Wertgesetz* bezeichnet, nimmt in der Kritik der politischen Ökonomie jene Stellung ein, die in der klassischen Ökonomie bei Smith als ›unsichtbare Hand des Marktes‹ bezeichnet wurde. Die Syntheseleistung besteht darin, eine Verteilung der lebendigen und der im Kapital vergegenständlichten Arbeit in die verschiedenen Produktionssphären zu ermöglichen, ohne dass es dafür eines in intentionaler Weise steuernden Zentrums bedarf. Kapital wird aus jenen Branchen abgezogen, die eine niedrigere Durchschnittsprofitrate abwerfen, und in jenen investiert, die eine höhere Durchschnittsprofitrate besitzen. Die Kapitalisten als bewusste Träger der Kapitalbewegung sind unmittelbar alleinig daran interessiert, ihren Profit kurzfristig zu maximieren, etablieren aber durch ihr intentionales rationales Handeln einen Mechanismus, der langfristig eine einheitliche Durchschnittsprofitrate hervorbringt: Die Bewegungen der Profitraten verhalten sich umgekehrt zu den Wanderungsbewegungen der Kapitale, die konkurrenzvermittelten Ausgleichungsprozesse halten solange an, bis sich die Profitraten zwischen den Branchen ausgleichen. Im empirischen Kapitalismus aber, so kommt nun der Kredit in den Fokus, verlaufen die Ausgleichsprozesse zwischen den Unternehmen und den Branchen zu wesentlichen Teilen über eine *Verlagerung der Kreditströme* (vgl. MEW25: 451). Es wird nicht nur produktives Kapital von fungierenden Kapitalisten in jeweils anderen Sphären angelegt, sondern die mit der Form des zinstragenden Kapitals generierte Möglichkeit, Anspruchstitel auf Zins, also Zahlungsversprechen, selbst zum Handelsgegenstand zu machen, sorgt für eine Beschleunigung des Ausgleichs der Profitraten. Es ist erneut die Geldeigenschaft, die Möglichkeit einer andersartigen Konditionierung des Kapitals als Geld, die hier zu Buche schlägt. Als zweiter Punkt wird bei Marx ausgeführt, das Kreditsystem trage zur *Verringerung der Zirkulationskosten* bei (vgl. MEW25: 451f.). So weit das Geld einen Selbstwert hat, stellt es eine wesentliche Zirkulationskost dar, und damit ein Hindernis für die stetig erweiterte Reproduktion des Systems. Dieses Hindernis kann umgangen werden durch die Ersetzung von Goldgeld durch Papiergeld, also durch einen Träger, der selbst nicht wertvoll ist. Aber der Kredit sorgt auch für eine Ökonomisierung der Zirkulation: Bei vielen Transaktionen fällt eine reale monetäre Vermittlung gänzlich weg, es treten bloße Umbuchungen an deren Stelle. Schließlich wird auch die Metamorphose des Warenkapitals erhöht, indem Käufe schon dann getätigt werden können, wenn produziertes Warenkapital noch gar nicht in Geldform rückverwandelt wurde.

Bei den Punkten drei und vier, in denen Aktiengesellschaften und Finanzmärkte diskutiert werden, ist es einerseits so, dass Marx deren Funktionen *innerhalb* der kapitalistischen Ökonomie herausarbeitet. Zum zweiten formuliert er eine Reihe von Überlegungen, in denen er diese Strukturformen als Mechanismen oder Momente des Übergangs zu einer postkapitalistischen Vergesellschaftungsweise darstellt. Blicken wir als erstes auf die unproblematischen Annahmen des ersten Feldes. Aktiengesellschaften, so wird im dritten Punkt ausgeführt, stellen eine Möglichkeit dar, *die Stufenleiter der Produktion auszudehnen*, so dass auch solche Vorhaben als kapitalistische Unternehmungen durchführbar sind, die zuvor bzw. ohne ein entwickeltes Kreditsystem in den Bereich staatlicher Hoheit fallen (bei Marx fungiert als an der amerikanischen Empirie seiner Zeit abgelesenes Beispiel immer wieder die Errichtung von Eisenbahnsystemen). Weiter wird als neuartige Erscheinung von Aktiengesellschaften genannt, dass der wirklich fungierende Kapitalist sich verwandelt »in einen bloßen Dirigenten, Verwalter fremde(n) Kapitals« (MEW25: 452). Diese Diagnose verdichtet bzw. generalisiert Marx zu der Überlegung: »In den Aktiengesellschaften ist die Funktion [des Kapitals, H.P,] getrennt vom Kapitaleigentum« (MEW25: 453). Als vierten und letzten Punkt hält Marx fest, dass der »Kredit dem einzelnen Kapitalisten […] eine innerhalb gewisser Schranken absolute Verfügung über fremdes Kapital und fremdes Eigentum und dadurch über fremde Arbeit« (MEW25: 454f.) biete. Hiermit wird jenes Moment angesprochen, das sich schon im oben zitierten Aufbauplan finden lässt, und wonach im Kredit »das Kapital den einzelnen Kapitalien gegenüber als allgemeines Element erscheint« (MEW29: 312).

Kommen wir nun zu den bei Marx angesprochenen systemtranszendierenden Potenzen des Kreditsystems. Hinsichtlich der Aktiengesellschaften wird vermerkt, sie seien eine Art »Aufhebung des Kapitals als Privateigentum innerhalb der Grenzen der kapitalistischen Produktionsweise selbst« (MEW25: 452, instruktive Überlegungen dazu bei Bischoff, Otto und anderen. 1993). Den latenten Doppelcharakter von Aktiengesellschaften bestimmt Marx dabei durchaus zutreffend:

»Das Kapital, das an sich auf gesellschaftlicher Produktionsweise beruht und eine gesellschaftliche Konzentration von Produktionsmitteln und Arbeitskräften voraussetzt, erhält hier direkt die Form von Gesellschaftskapital (Kapital direkt assoziierter Individuen) im Gegensatz zum Privatkapital, und seine Unternehmungen treten auf als Gesellschaftsunternehmungen im Gegensatz zu Privatunternehmungen.« (MEW25: 452).

Problematisch wird das Argument dann, wenn Marx umstandslos auf Zentraltheoreme des historischen Materialismus zurückgreift, um seinen Aussagen die Tendenz einer Notwendigkeit zu geben: »Sie [die Aktiengesellschaften, H.P.] zeigen, wie, auf einer gewissen Entwicklungsstufe der materiellen Produktivkräfte und der ihr entsprechenden gesellschaftlichen Produktionsformen, naturgemäß aus einer Produktionsweise sich eine neue Produktionsweise entwickelt und herausbildet« (MEW25: 456). Der Zeitraum, der mittlerweile zwischen dieser Marxschen Prognose und der Gegenwart liegt, hat zwar gezeigt, dass Aktiengesellschaften und Finanzmärkten in der Tat ein morphogenetisches Potential eigen ist. Bislang hat sich dieses Potential allerdings *systemimmanent* geltend gemacht, als stetige Anpassung der kapitalistischen Ökonomie an ihre gesellschaftliche und natürliche Umwelt. Finanzmärkte und Aktiengesellschaften erweisen sich aus dieser Perspektive vor allem als Hebel, das ökonomische System mit Varietät anzureichern und zu irritieren und sich auf eine offene Zukunft einzustellen (vgl. Piel 2003). Man denke etwa an die Forcierung von Prozessen technologischen Wandels, die erhebliche monetäre Vorleistungen bei weitestgehender Unsicherheit zukünftigen Gewinns voraussetzen.

Diese heute im Zentrum der Aufmerksamkeit stehende, auf die Zukunft gerichtete *Zeitdimension der Finanzsphäre*, findet sich bei Marx nur in wenigen gedrängten Hinweisen. Bezüglich des Handels mit fiktiven Kapitalien vermerkt Marx, dass der »Marktwert dieser Papiere [...] nicht nur durch die wirkliche Einnahme, sondern durch die erwartete, vorweg berechnete bestimmt ist« (MEW25: 485). Dies deutet immerhin darauf, dass es nicht unproblematisch ist, die Kritik der politischen Ökonomie schon deshalb als antiquiert zurückzuweisen, weil sie zu sehr an vergangener Arbeit und Akkumulation orientiert sei und damit der Zukunft nicht gerecht werde. Es bleibt aber festzustellen, dass Marx diesen Vermutungen nicht im Detail nachgegangen ist, was allerdings auch mit der Systematik seines Zugriffs zusammenhängt: Die Preisbewegungen fiktiver Kapitalien folgen nach Marx Determinanten, die sich werttheoretisch in ihrem konkreten Verlauf nicht mehr erschließen lassen. Marx markiert diesen Punkt lediglich mit dem Hinweis einer »selbständige(n) Bewegung des Werts dieser Eigentumstitel« (MEW25: 485).[160] Um der konkurrenzvermittelten Bewegungsstruktur solcher Zahlungsversprechen nachzugehen, erscheint es uns unerlässlich, die Kritik der politischen Ökonomie durch eine Theorie der Erwartungen zu erweitern, ein Feld, das bekanntlich nicht nur von der Systemtheorie bereits bearbeitet wurde, sondern bereits bei Keynes einen festen Platz besaß.

b) Entkopplungsdiskurs: Die zuletzt genannte Frage der Bewegungsstruktur des fiktiven Kapitals leitet zugleich über zur Frage, in welcher Weise sich bei Marx entkopplungstheoretische Argumente auffinden lassen, oder solche, die kritisch auf entkopplungstheoretische Thesen Bezug nehmen. Auch wenn, wie eben ausgeführt, Marx kaum Anstrengungen unternommen hat, die Marktbewegungen fiktiver Kapitalien analytisch einzuholen, so enthält seine Darstellung doch eine ganze Reihe an Argumenten, die die *Relation von industriell-kapitalistischer Verwertung und finanzökonomischen Transaktionen* umreißen. Vorauszuschicken ist, dass es der Kritik der politischen Ökonomie nicht um eine Denunziation des zinstragenden Kapitals und der Finanzsphäre geht. Ihr geht es um eine *Kritik des Gesamtsystems*, und in diesem Zuge steht es an, den Zins nicht gegenüber einer vermeintlich soliden Normalwirtschaft zu separieren, sondern dessen *Funktion* innerhalb des Gesamtsystems zu bestimmen. Obgleich zwar das zinstragende Kapital als ›verrückte Form‹ bezeichnet wird, handelt es sich hierbei nicht um eine normative Wertung, sondern um eine analytische Bestimmung, die sich aus dem werttheoretischen Fundament der Marxschen Theorie ergibt. Um noch einmal die Grundkonstellation zu vergegenwärtigen: Indem Marx eine Werttheorie vertritt, die Wertschöpfung auf

---

160 Zur Preisstruktur des fiktiven Kapitals führt Heinrich (2003: 406) aus: »Der Markt- oder Kurswert dieser Titel ergibt sich im Prinzip aus der Diskontierung der jeweiligen Gewinnerwartung mit dem aktuellen Marktzins und einem vom Gegenstand und der jeweiligen Situation abhängigen Risikoauf- oder -abschlag«.

das Operieren industrieller Kapitalien bezieht, ist es evident, dass sich die Finanzsphäre niemals vollständig von der Ökonomie entkoppeln kann. Dieses Argument besagt allerdings nicht, dass finanzökonomischen Kontexturen keine Eigenständigkeit zukommt, das werttheoretische Fundamentaltheorem ist auf den Gesamtreproduktionsprozess bezogen. Sehen wir nun einige Aspekte nach, die sich bei Marx zum Entkopplungsdiskurs finden lassen und gucken wir im Anschluss, wie diese Argumente in der aktuellen Sekundärliteratur diskutiert werden. In einem weiteren Schritt wollen wir abschließend die entkopplungstheoretische Dimension zum Anlass nehmen, den Kritiktypus der Marxschen Theorie zu umreißen.

Marx referiert im Anschluss an die Ableitung der Diremtion des Bruttoprofits in Unternehmergewinn und Zins das Argument, wonach es für »den einzelnen Kapitalisten [...] praktisch richtig« sei, dass er »die Wahl« habe, sein Kapital entweder »als zinstragendes Kapital [zu] verleihen«, oder aber »als produktives Kapital selbst [zu] verwerten« (MEW25: 390). Mit Bezug auf die Gesamtwirtschaft fügt Marx allerdings hinzu:

»Allgemein gefaßt, das heißt auf das ganze Gesellschaftskapital angewendet, wie dies von einigen Vulgärökonomen geschieht [...], ist dies natürlich verrückt. Die Verwandlung des sämtlichen Kapitals in Geldkapital, ohne daß Leute da sind, die die Produktionsmittel kaufen und verwerten, [...] – dies ist natürlich Unsinn« (MEW25: 391).

»Wollte«, so Marx weiter, »ein ungebührlich großer Teil der Kapitalisten sein Kapital in Geldkapital verwandeln, so wäre die Folge ungeheure Entwertung des Geldkapitals und ungeheurer Fall des Zinsfußes; viele würden sofort in die Unmöglichkeit versetzt, von ihren Zinsen zu leben, also gezwungen, sich in industrielle Kapitalisten zurückzuverwandeln« (ebd.).

Im Kontext der Systemtheorie, das heißt ohne Zugrundelegung einer objektiven Werttheorie, hat Baecker (2001: 314) den gleichen Sachverhalt umrissen, und zwar in dem einleitend schon referierten Hinweis, dass die »Selbstreferenz des Kapitals, wie vermittelt auch immer, auf Fremdreferenzen angewiesen ist, die an Investitionen in die Riskanz von Realkapitalpositionen ihre Anhaltspunkte haben«. Das zinstragende Kapital, so können wir hinzufügen, bewegt unmittelbar nur die Selbstreferenz der Wirtschaft, das industrielle Kapital sorgt für die Kopplung von System und Umwelt, zugleich sind beide Funktionsbestimmungen des Kapitals, obgleich kategorial geschieden, nicht unabhängig voneinander. Insofern aber das zinstragende Kapital seiner unmittelbaren Form nach keinerlei Verbindung zum ökonomischen Gesamtsystem und dessen Umwelt zeigt – im »zinstragenden Kapital ist die Bewegung des Kapitals ins Kurze zusammengezogen; der vermittelnde Prozeß ist weggelassen« – betrachtet Marx es als »reine Fetischform, G-G' als Subjekt« (MEW25: 406).[161] Im gleichen Sinne gilt es Marx auch als »die begriffslose Form des Kapitals« (MEW25: 505), in der Formel G-G' erscheine »die Verkehrung und Versachlichung der Produktionsverhältnisse in der höchsten Potenz« (MEW25: 405). Die *Einheit von Selbstreferenz und Fremdreferenz*, die das Kapital gesamtwirtschaftlich qua seines notwendigen Bezugs auf Arbeit und Umwelt darstellt, erscheint im zinstragenden Kapital als *reine Selbstreferenz des Monetären*: »In dem zinstragenden Kapital ist aber die Vorstellung vom Kapitalfetisch vollendet, die Vorstellung, die dem aufgehäuften Arbeitsprodukt, und noch dazu fixiert als Geld, die Kraft zuschreibt, durch eine eingeborne geheime Qualität, als reiner Automat, in geometrischer Progression Mehrwert zu erzeugen« (MEW25: 412).

Nun ist es aber eine Frage, ob sich auf kategorialer Ebene nähere Verhältnisbestimmungen über die Relation von industriellem und zinstragendem Kapital aufstellen lassen. Bei Baecker (2001: 314) ist zu lesen, die Wirtschaft habe

»im Finanzierungskalkül des Risikos von Investitionen in Unternehmen und andere Vermögenspositionen ihr ›sharp-valued unit event‹ (Pask 1981, 270), das als solches, das heißt in der Differenz von Kapitalbindung und Kapitalbewegung der Gegenstand von ›Wirtschaft‹ ist [...]. Das Kapital ist als Kapitalposition in der Balance verschiedenster Vermögenspositionen (Gurley/Shaw 1960) Ausdruck und Wahrnehmung jener ›Risikostrukturen‹, in denen die Wirtschaft sich historisch und empirisch jeweils reproduziert«.

Aber lassen sich darüber präzisere Aussagen treffen? Für Marx stellt sich die Sachlage werttheoretisch einerseits eindeutig dar: Bezogen auf die Gesamtökonomie ergeben die Prämissen der Kritik der politischen Ökonomie, die den Zins als Teil des Mehrwerts begreift, den Mehrwert wiederum aus der kapitalistischen Anwendung von Arbeitskraft im Produktionsprozess industrieller Kapitalien hergeleitet hat, *ein eindeutiges Resultat*: »Jedenfalls ist die Durchschnittsprofitrate des Profits als die endgültig bestimmende Maximalgrenze des Zinses zu betrachten« (MEW25: 372). Beispielhaft erläutert anhand eines vollständig mit geliehenem Kapital arbeitenden fun-

161 Im Kaufmannskapital, dem die Formel G-W-G' angehört, so führt Marx kontrastierend aus, »ist wenigstens die allgemeine Form der kapitalistischen Bewegung vorhanden, obgleich sie sich nur in der Zirkulationssphäre hält« (MEW25: 404).

gierenden Kapitalisten: Wäre der Zins genau so groß wie der Profit, dann wäre der Unternehmergewinn gleich null. Marx deutet lediglich »einzelne Fälle« an, wo der Zins »tatsächlich größer als der Profit sein« könne, aber dann kann der Zins jedenfalls nicht ausschließlich aus dem Profit gezahlt worden sein (MEW25: 370). Auf das Gesamtsystem bezogen jedenfalls sei es nicht möglich, dass die Zinsrate dauerhaft höher ist als die Durchschnittsprofitrate. Andererseits: Erinnern wir uns noch einmal an die ebenfalls schon gestreifte ökonomische Zeitdiagnose von Altvater, für deren Verständnis nun die kategorialen Grundlagen eingeholt wurden. Altvater (2004) hatte als Merkmal des gegenwärtigen »finanzgetriebenen Akkumulationsregimes«[162] ein massives Auseinanderdriften der Profitraten des industriellen Kapitals und der sich in hohen Realzinsen manifestierenden Renditeerwartungen der Finanzmarktakteure festgestellt. In einem älteren Text sucht Altvater (1987: 96f.) einen deutlicheren Bezug zu Marx und stellt fest, dass jene in der obigen Textstelle von Marx beschriebenen »einzelnen Fälle«, in denen der Zins höher ist als der Unternehmergewinn, »seit Beginn der 80er Jahre zur Regel geworden« seien.

Geht man von der Validität der Marxschen Theorie aus, und unterstellt man zugleich, dass auch die Diagnose von Altvater zutreffend ist, dann müsste sich die Ökonomie – bei anhaltendem Trend – asymptotisch auf eine Akkumulationskrise zu bewegen. Eine solche Überlegung findet sich auch bei Hübner (1996: 30), der zu dem Befund kommt:

»Wenn Transaktionen im monetären Weltmarkt überdurchschnittliche Pioniergewinne und allgemein gesprochen finanzielle Renditen versprechen, dann sinkt relativ dazu der Anreiz für realwirtschaftliche Investitionen [lies: Investitionen in industrielles Kapital, H.P.]. Auch ohne das Trauma finanzieller Zusammenbrüche zu beschwören, implizieren die Verselbständigungstendenzen eine Beeinträchtigung der realwirtschaftlichen Wachstums- und Akkumulationsdynamik, insoweit *rent-seeking-Aktivitäten* potenzielle *wealth-creating-Aktivitäten* verdrängen«.

Insofern hier dezidiert nicht einer Finalkrise das Wort geredet wird, stehen diese Aussagen sicherlich im Einklang mit der Kritik der politischen Ökonomie, die unter einer Krise – ganz im Sinne der etymologischen Herkunft des Wortes – soviel versteht wie ›Trennung‹, ›(Unter)-scheidung‹ oder ›Entscheidung‹. Krisenhafte Dynamiken, dies wurde Marx im Zuge der Durchdringung des ökonomischen Feldes schrittweise (d.h. vor allem *nach*

162 Dieser Begriff entstammt den regulationstheoretischen Forschungsprogrammen (vgl. Boyer 2000; Aglietta 2000).

der Niederschrift der *Grundrisse*) klar, stellen einen Mechanismus der *Selbststeuerung heterarchischer Systeme* dar[163], geben aber keinen Hinweis auf Zusammenbruchstendenzen solcher Systeme (vgl. Heinrich 2001: 341ff. sowie Kwack 2005: 141ff. für ausführliche Abhandlungen zu krisentheoretischen Überlegungen bei Marx). Trotzdem ist es zum einen fraglich, ob die unterstellte empirische Diagnose zutreffend ist, der zufolge seit einigen Jahrzehnten die Rentabilität des Finanzkapitals prinzipiell höher ist als die industrieller Kapitalien (und ob, wenn ja, sich dieser Trend in die Zukunft verlängern wird), zum anderen ist es unklar, ob die Auslegung der Marxschen Kategorien triftig ist. Kwack (2005: 153ff.) weist auf eine ganze Reihe von Aspekten hin, die das Bild wesentlich verkomplizieren und von Kausalschlüssen eher abraten lassen. Wir wollen nur selektiv einige der dortigen Gegenargumente nennen: (1.) Die Höhe der Zinsrate sei kein eindeutiger Indikator, um die Rentabilität des Finanzkapitals zu bestimmen. Zu berücksichtigen wäre die Relation zwischen zufließendem und abfließendem Zins, und diese habe sich in den letzten Jahrzehnten vergleichsweise wenig verändert. (2.) Zinserhöhungen führen zu Bankrotten der Kreditnehmer, diese wiederum verursachen Schäden auf Seiten der Kreditgeber. (3.) Das Argument, wonach das Anschwellen der Finanzmärkte notwendigerweise auf Kosten der Akkumulation des industriellen Kapitals vonstatten geht, unterstellt, dass die Geldmenge gleich bleibt, was aber nicht der Fall sein muss.

Diese Diskussion sensibilisiert also auch dafür, dass selbst bei einer Erklärung empirischer Vorgänge mit Kategorien, die dem dritten Band entnommen sind, Vorsicht geboten ist. Trotzdem zeigt die Marxsche Theorie bis dato doch immerhin soviel, dass sich *erstens* das Prozessieren des gesellschaftlichen Gesamtkapitals *auf der Ebene der Empirie* zu wesentlichen Teilen darstellt als, wie es bei Hein (1998: 158f.) ausgedrückt wird, »trilateraler Verteilungskonflikt zwischen industriellen Kapitalisten, Geldkapitalisten und Arbeitern und damit zwischen industrieller Profitrate, Geldzinssatz und Reallohn«. Und es ist *zweitens* aufgezeigt, dass der Zins für Marx weit mehr ist, als der schon zitierte Paul (2004: 30) wissen möchte, demzufolge der Zins laut Marx »bloß ein Derivat und folglich ein Bruchteil des Mehr-

163 Nur beschwört Marx mit seinem Hinweis auf Krisen als Mechanismen der Selbststeuerung nun keinesfalls eine positiv konnotierte Idee der ›Selbstheilungskräfte des Marktes‹. Bei Marx ist auch der Begriff des ›Gleichgewichts‹ nicht positiv besetzt. Gleichgewicht und Integration sind in der Krise anzutreffen als Momente einer Validierung, in der sich entscheidet, welche Kapitalien als zukünftig leistungsfähig gelten und welche nicht.

werts [ist], ein den Kapitalisten von den Bankiers clever abgeluchster Extraprofit«. Dass Marx den Zins genetisch aus dem Mehrwert herleitet, schließt es nicht aus, sondern – wenn man den kategorialen Kontext berücksichtigt, in dem diese Aussage steht – ein, dass die Zinsrate als empirisches Faktum das Gesamtsystem ›makrodeterministisch‹ affiziert.

Konkretere Stellungnahmen zu entkopplungstheoretischen Fragestellungen würden es erforderlich machen, den Abstraktionsgrad der Marxschen Theorie zu erweitern durch Einbezug institutioneller Faktoren. Da wir uns in dieser Arbeit allerdings darauf beschränken möchten, den Kernargumenten der drei Bände des *Kapital* zu folgen, bietet es sich zum Abschluss dieses Unterkapitels an, die entkopplungstheoretische Dimension noch einmal aus einer anderen Perspektive zu betrachten. Indem wir noch einmal auf das arbeitswerttheoretische Fundament der Kritik der politischen Ökonomie zu sprechen kommen, wird es möglich, den bei Marx implizierten *Kritiktypus* näher zu beleuchten. Wir hatten bereits im zweiten Kapitel eine Negativabgrenzung insofern vorgenommen, als dass darauf verwiesen wurde, dass die im *Kapital* entfaltete Theorie Marx' eigenem Selbstverständnis zufolge kein normatives Fundament inhäriert, das als Maßstab der Kritik fungiert. Erst an dieser Stelle ist es aussichtsreich, den vorliegenden Kritiktypus in positiver Weise zu umreißen. Die im *Kapital* entfaltete dialektische Entwicklungsmethode enthält neben dem ›positiven‹ Aspekt der Kategorienentwicklung, der Einblicke in die basale Strukturlogik der kapitalistischen Ökonomie gewährt, zugleich einen weiteren Argumentationsstrang. Wir hatten Marx schon mit der Bemerkung zitiert, bei seinem Projekt handele es sich um eine »*Kritik der ökonomischen Kategorien* oder, if you like, das System der bürgerlichen Ökonomie kritisch dargestellt«, das dort Geleistete sei zugleich »Darstellung des Systems und durch die Darstellung Kritik desselben« (MEW29: 550). Wir können jetzt anschaulich demonstrieren, was Marx mit dieser *Einheit von Darstellung und Kritik* meint. Es handelt sich nämlich um das Aufzeigen, dass mit der Entfaltung monetärer Eigenlogik gleichsam eine *kognitive Verzerrung* auf Seiten der beteiligten Akteure zu verzeichnen ist, jedenfalls wenn man das Marxsche arbeitswerttheoretische Fundament als eine valide Ausgangsbasis ansieht. Marx geht aus von einer kategorialen Differenz zwischen dem inneren Band der Ökonomie und der Art und Weise, wie sich die Ökonomie dem wissenschaftlichen oder praktisch tätigen Beobachter empirisch präsentiert.

Gehen wir zunächst zurück zum ersten Band des *Kapital*: Dort wurde festgehalten, dass es die kapitalistisch angewendeten Arbeitskräfte – und sie allein – sind, die den Wert der Waren produzieren. Der Mehrwert kommt Marx zufolge zustande durch die Differenz zwischen notwendiger Arbeit und Mehrarbeit. Die Relation von Kapital und Arbeit erscheint hier, das heißt auf der Ebene von unmittelbarem Produktionsprozess (Marx) bzw. Organisationssystem (Luhmann), unmittelbar als *antagonistisches Verhältnis*: Je kleiner der Anteil notwendiger Arbeit, desto größer der Anteil unbezahlter Mehrarbeit, desto größer die Ausbeutungsrate (vgl. MEW23: 226ff.). Schon ganz anders stellen sich die entsprechenden Sachverhalte dar, wenn wir im Gang der Darstellung fortschreiten bis zu jenem Punkt, der in den ersten beiden Abschnitten des dritten Bandes erreicht wurde: Im Zuge der konkurrenzvermittelten Herausbildung einer gesamtökonomischen Durchschnittsprofitrate verschwindet die Einsicht in die Genese des Werts aus der Arbeit: Jedes Einzelkapital erwirtschaftet ungefähr den gesellschaftlichen Durchschnittsprofit, ganz gleich, ob es viele oder wenige Arbeitskräfte beschäftigt. Ein Gegensatz von Arbeit und Kapital ist nur noch auf der Ebene der Gesamtgesellschaft bzw. des Funktionssystems Wirtschaft abzulesen: Wenn das Lohnniveau (also der durchschnittliche Wert der Ware Arbeitskraft) ansteigt, dann sinkt die Durchschnittsprofitrate (vgl. MEW25: 207ff.).

Berücksichtigt man schließlich noch das zinstragende Kapital, dann ist erkennbar, dass sowohl jeglicher Antagonismus zwischen Arbeit und Kapital vollständig desartikuliert wird, wie auch der Zusammenhang zwischen Arbeit und Wertschöpfung sich vollständig verflüchtigt. Was sich empirisch zeigt, ist eine Art Verteilungskonflikt zwischen fungierenden Kapitalisten und Geldkapitalisten: Je höher der Zins ist, desto geringer ist der Anteil des Unternehmergewinns am Bruttoprofit, eine Relation, die sich gesamtwirtschaftlich darstellt als Verhältnis der Durchschnittsprofitrate zur Zinsrate. Der Unternehmer deutet seinen Gewinn als Leistung (Lohn!) für seine Tätigkeit als Manager, womit er als ein besonderer Arbeiter neben den anderen Arbeitern erscheint.[164] Oder in den süffisanten Worten von Marx:

---

164 In den Worten von Marx: »Ein Teil des Profits, im Gegensatz zu dem andren, löst sich ganz von dem Kapitalverhältnis als solchem los und stellt sich dar als entspringend nicht aus der Funktion der Ausbeutung der Lohnarbeit, sondern aus der Lohnarbeit der Kapitalisten selbst« (MEW25: 837).

»Es entwickelt sich daher notwendig in seinem Hirnkasten die Vorstellung, daß sein Unternehmergewinn – weit entfernt, irgendeinen Gegensatz zur Lohnarbeit zu bilden und nur unbezahlte fremde Arbeit zu sein – vielmehr selbst *Arbeitslohn* ist, Aufsichtslohn, wages of superintendence of labour, höherer Lohn als der des gewöhnlichen Lohnarbeiters« (MEW25: 393).

Der Zins schließlich erscheint als Frucht des Geldes, es wird »Eigenschaft des Geldes, [...] Zins abzuwerfen, wie die eines Birnbaums, Birnen zu tragen« (MEW25: 405). Hier liegt jene Konstellation vor, die Marx mit der Bezeichnung »trinitarische Formel« (MEW25: 822) versah, und die die materiale (aber Marx zufolge verkehrte) Grundlage von Produktionsfaktorentheorien jeglicher Art darstellt. Als letzter Punkt wäre noch die von Marx nicht mehr en detail analysierte politische Überformung des Monetären qua zweistufigem Bankensystem sowie die Bedeutung des fiktiven Kapitals in Rechnung zu stellen, die beide gleichermaßen das Bild nochmals verkomplizieren. Der Marxsche Kritiktypus, so wollen wir abschließend nur festhalten, bezieht nicht ein abstraktes Sollen auf ein faktisches Sein, sondern hat zum Thema die These, dass die unterliegenden Strukturen der Ökonomie sich auf deren empirischer Oberfläche verkehrt darstellen. Kritischer Theorie kommt in diesem Zuge die Aufgabe zu, eine Kritik des Bewusstseins ganz im Hegelschen Sinne zu leisten: Sie muss rekonstruieren, wie sich die Binnenperspektive der Akteure konstituiert, und aufzeigen, in welcher Weise die Defizienz dieser Bewusstseinsform mit der Struktur der Ökonomie im Zusammenhang steht.

1.4.3. Zum Fragmentcharakter der Marxschen Kredittheorie: Die unvollendete Unterscheidung von Kreditsystem und Monetarsystem

Nachdem bis dato auf Grundlage der recht konsistenten und vollständigen Marxschen Bestimmungen zur kategorialen Dimension des zinstragenden Kapitals und des fiktiven Kapitals einige Bemerkungen zur Entkopplungsdebatte getätigt werden konnten, ist es geboten, abschließend auf den *Fragmentcharakter der Marxschen Kredittheorie* einzugehen. Denn evidenter Weise ist mit der Diskussion jener beiden Kategorien noch nicht das Feld zureichend erschlossen, das bei Marx unter der Bezeichnung ›Kreditsystem‹ fungiert, und das er von einem ›Monetarystem‹ unterschieden wissen möchte (vgl. dazu etwa MEW25: 552, 587). Wie wir unten zeigen werden, kommt genau dieser Unterscheidung aber auch und vor allem im Kontext entkopplungstheoretischer Diskussionen eine Zentralstellung zu. Zu seinem Zugriff aufs Kreditsystem im allgemeinen hält Marx fest:

»Die eingehende Analyse des Kreditwesens und der Instrumente, die es sich schafft (Kreditgeld usw.), liegt außerhalb unsers Planes. Es sind hier nur einige wenige Punkte hervorzuheben, notwendig zur Charakteristik der kapitalistischen Produktionsweise überhaupt. Wir haben es dabei nur mit dem kommerziellen und Bankierkredit zu tun. Der Zusammenhang zwischen dessen Entwicklung und der des öffentlichen Kredits bleibt außer Betracht« (MEW25: 413).

Es gibt Aspekte, von denen recht einfach festgestellt werden kann, dass sie nicht in den Bereich von Marxens ›Plan‹ fallen. Anlässlich seiner schon genannten Verlautbarung, die kapitalistische Produktionsweise »sozusagen in ihrem idealen Durchschnitt darzustellen« (MEW25: 839), wird eindeutig vermerkt, was Marx von diesem idealen Durchschnitt unterscheidet und als »wirkliche Bewegung der Konkurrenz« (ebd.) bezeichnet, die er nicht zu behandeln beansprucht. Hierunter fallen die »Konjunkturen, die Bewegung der Marktpreise, die Perioden des Kredits, die Zyklen der Industrie und des Handels, die Abwechslung der Prosperität und Krise« (ebd.).

Weitaus schwieriger dürfte die Frage zu beantworten sein, *bis zu welchem Grade überhaupt der Kredit und das Kreditsystem auf der von Marx gewählten allgemeinen Abstraktionsstufe behandelt werden können.* Heinrich (2003: 407) gibt zutreffend zu bedenken, dass sich die »konkrete Funktionsweise des Kreditsystems [...] erheblich mit der Geldverfassung, der Organisation des Bankenwesens, der Einrichtung einer staatlichen Zentralbank etc.« ändert. Und diese Phänomene und Einrichtungen bezeichnen allesamt Sachverhalte, die Marx aus seiner Darstellung mehr oder minder kategorisch ausschließt. Mit dieser Schwierigkeit hängt noch ein weiteres Problem zusammen: Bei Krätke (2000: 65ff.) ist zu lesen, dass der fünfte Abschnitt des dritten Bandes, in dem sich vieles von dem findet, was zur ›fertigen‹ Marxschen Theorie des kapitalistischen Gesamtprozesses gehört, zu den unfertigsten Teilen des *Kapital* zu zählen sei. Betrachten wir eine Stellungnahme von Engels, der – bezogen auf seine Editionsschwierigkeiten bei der Herausgabe des dritten Bandes des *Kapital* – zum fünften Abschnitt ausgeführt hat: »Hier liegt also nicht ein fertiger Entwurf vor, nicht einmal ein Schema, dessen Umrisse auszufüllen wären, sondern nur ein Ansatz von Ausarbeitung, der mehr als einmal in einen ungeordneten Haufen von Notizen, Bemerkungen, Materialien in Auszugsform verläuft« (MEW25: 12). Mit anderen Worten: Liegt die kategoriale Dimension des zinstragenden Kapitals und des fiktiven Kapitals betreffend eine weitgehend befriedigende begriffliche Entwicklung vor, so verläuft sich die Analyse des auf Basis dieser Formen gestifteten genuin kapitalistischen Kreditsystems zunehmend in einem bloßen Forschungsprotokoll. Jegliche Beschäftigung mit der Marxschen Kredittheorie sieht sich demnach der *doppelten Schwierigkeit* gegenüber, dass einerseits der allgemeine Abstraktionsgrad der Zugriffsweise im *Kapital* zu berücksichtigen ist, dass wir aber andererseits aufgrund des fragmentarischen Ausarbeitungsgrades nicht einmal ein gesichertes Wissen darüber haben, was Marx selbst unter dessen Einzugsbereich subsumiert hätte. Mit Blick auf die Markierung dieser grundsätzlichen Schwierigkeiten wollen wir uns damit bescheiden, abschließend einige tentative Bemerkungen anzustellen, was Marx mit seiner Unterscheidung von Kreditsystem und Monetarsystem inhäriert, wohl wissend, dass die vorliegenden Texte mehrere Deutungsvarianten zulassen.

Marx' Behandlung des Kreditsystems inkorporiert neben Kategorien wie dem fiktiven Kapital und dessen rein konkurrenzbestimmten Marktbewegungen auch die Frage des Kredit*geldes* und dessen Beziehung zu ›wirklichem Geld‹. Dieser Fragenkomplex ist uns zwar bis dato insofern schon begegnet, als dass wir die Genese kreditärer Formen im *Kapital* nachgezeichnet haben, und darauf verweisen konnten, dass Marx von einer Notwendigkeit solcher Formen für das Prozessieren des modernen Kapitalismus ausgeht. Damit ist aber die Frage noch nicht zureichend beantwortet, ob Marx ein ökonomisches System für denkbar gehalten hat, das alleinig auf Kreditgeld beruht. Es ist bis heute in der Sekundärliteratur umstritten, ob Marx selbst von der Notwendigkeit eines intrinsisch wertvollen Warengelds bzw. einer Geldware als Fundament des Systems ausgegangen ist, oder ob der in seinen Texten aufzufindende Bezug auf Gold als Geldware sich nicht vielmehr ebenfalls noch darstellungslogischen Implikationen verdankt. Campbell (1988: 135f.), um hier eine Extremposition herauszugreifen, vertritt die These, dass Marx sich *vollständig darüber im Klaren war*, dass unter den Bedingungen des modernen Kapitalismus einzig und alleine nicht selbst wertvolles Geld die adäquate Form des allgemeinen Äquivalents ist. Sie argumentiert, dass sich Marx' Rekurs auf Goldgeld selber noch einer *methodologischen Implikation* verdankt.[165] Heinrich (2001,

165 Dazu führt sie aus: »There [in Band 1 des Kapital, H.P.] the point is to show that commodity exchange presupposes money. Because gold is itself a commodity (although as money, it is not a commodity like any other), it can be used to show that the nature of commodity values requires that one of their number serve to embody value. [...] Similarly, precious metal money in Volume II of Capital expresses the objective character of

2004) dagegen vertritt diese Gegenthese, dass *Marx selbst* bis zuletzt *für einige Geldfunktionen* (Schatz, Zahlungsmittel, Weltgeld) von der konstitutiven Relevanz einer intrinsisch wertvollen Geldware ausgegangen ist. Davon unterscheidet Heinrich allerdings die *Marxsche Theorie*, die ohne eine solche Annahme auskomme.[166] In diesem Sinne argumentiert auch Foley (2005: 47f.), der für den Fall des Weltgeldes davon ausgeht, dass an die Stelle einer bei Marx unterstellten konstitutiven Relevanz eines Goldgeldes heute die Konkurrenz nationaler Gelder um die Position als Leitwährung als *funktionales Äquivalent* getreten sei, dass dieser Vorgang aber die Marxsche Theorie nicht vor ernsthafte Probleme stelle:

»Since state credit, like land or other fictitious capital assets, is exchanged against produced commodities (though it is not a produced commodity) there is no formal inconsistency in viewing it as a general equivalent or socially accepted general equivalent in the framework of Marx' theory of forms of value. This line of thinking preserves the integrity of Marx' theory by extending it to embrace new historical institutions« (ebd.).

Vor diesem Hintergrund können wir nicht einmal die Frage eindeutig beantworten, worauf sich Marx mit seinem verstärkt im dritten Band geäu-

---

money's normal functions by presenting them ›independently of the credit system‹ (Marx 1885:577). From this point, Marx can show how the credit system arises from and reproduces these same functions«. Diese Position kann sich durchaus auf Hinweise von Marx berufen, so etwa auf die folgende Textstelle aus dem zweiten Band: »Wir nehmen bei der Betrachtung der allgemeinen Formen des Kreislaufs und überhaupt in diesem ganzen zweiten Buch, Geld als metallisches Geld, mit Ausschluß von symbolischem Geld, bloßen Wertzeichen, die nur Spezialität gewisser Staaten bilden, und von Kreditgeld, das noch nicht entwickelt ist. Erstens ist das der historische Gang; Kreditgeld spielt keine oder nur unbedeutende Rolle in der ersten Epoche der kapitalistischen Produktion. Zweitens ist die Notwendigkeit dieses Gangs auch theoretisch dadurch bewiesen, daß alles, was bisher Kritisches über die Zirkulation des Kreditgelds von Tooke und andren entwickelt worden ist, sie zwang, immer wieder zur Betrachtung zurückzukehren, wie sich die Sache auf Grundlage bloß metallischer Zirkulation darstellen würde« (MEW24: 116).

166 Dazu wird dann erörtert: »Marx selbst konnte sich zwar kein kapitalistisches Geldsystem ohne Geldware vorstellen, doch folgt dies keineswegs aus seiner Analyse von Ware und Geld. Im Rahmen der Wertformanalyse hatte er die *Formbestimmungen* des allgemeinen Äquivalents entwickelt, und die Analyse des Austauschprozesses ergab, dass die Warenbesitzer ihre Waren tatsächlich auf ein allgemeines Äquivalent beziehen müssen. Dass das allgemeine Äquivalent aber unbedingt eine Ware sein müsse, hatte Marx aber nicht gezeigt, sondern unterstellt. Was als allgemeines Äquivalent dient (ob es sich um eine Ware handelt, oder um bloßes Papiergeld), kann jedoch auf der Ebene der einfachen Zirkulation noch gar nicht bestimmt werden« (Heinrich 2004: 68).

ßerten Verdacht bezieht, wonach »in den Krisen« mit einem »plötzliche(n) Umschlag des Kreditsystems in das Monetarsystem« (MEW25: 552) zu rechnen sei. Seine Bestimmungen verbleiben stets so kryptisch wie es etwa in folgender Textstelle zum Ausdruck kommt, die sich an einer Analogiebildung mit der Sphäre der Religion versucht:

»Das Monetarsystem ist wesentlich katholisch, das Kreditsystem wesentlich protestantisch. ›The Scotch hate Gold‹. Als Papier hat das Gelddasein der Waren ein nur gesellschaftliches Dasein. Es ist der *Glaube*, der selig macht. Der Glaube in den Geldwert als immanenten Geist der Waren, der Glaube in die Produktionsweise und ihre prädestinierte Ordnung, der Glaube in die einzelnen Agenten der Produktion als bloße Personifikationen des sich selbst verwertenden Kapitals. So wenig aber der Protestantismus von den Grundlagen des Katholizismus sich emanzipiert, so wenig das Kreditsystem von der Basis des Monetarsystems« (MEW25: 606).

Es lässt sich erahnen, dass Marx den Katholizismus als vergleichsweise handfesten Fetischismus begreift, wohingegen der Protestantismus als sublimiertere, rationalisiertere Form eines Fetischismus erscheint. Die Einheit beider Formen der Sozialität besteht darin – hier wiederholt Marx die Religionskritik Feuerbachs – dass sie *als Religionen* durch eine Subjekt-Objekt-Verkehrung gekennzeichnet sind, die ihnen selbst nicht zugänglich ist. Aber, um wieder auf das Feld der Ökonomie zurückzukommen: *Was*, so wäre zu fragen, schlägt hier *worin* um? Auch ein Blick in die Sekundärliteratur ergibt – wenn der Themenkomplex überhaupt explizit angesprochen wird – nicht nur Uneinigkeiten über die Validität der Marxschen These des ›Umschlags‹, sondern schon hinsichtlich der Frage, was Marx überhaupt unter den Begrifflichkeiten ›Monetarsystem‹ und ›Kreditsystem‹ versteht, besteht kaum Einigkeit. Wir wollen das Feld nur grob abstecken, indem erneut zwei Extremalpositionen herausgegriffen werden, deren kursorische Diskussion es im Anschluss ermöglichen soll, eine eigene Forschungsperspektive zu skizzieren. Ganßmann (1996) interpretiert den von Marx im dritten Band wiederholt geäußerten Verdacht eines notwendigen Umschlags des Kreditsystems ins Monetarsystem (vgl. MEW25: 552, 587, 606) »als Bestätigung seiner [Marxens, H.P.] Theorie vom Geld als Ware«, also jener im ersten Band des *Kapital* geäußerten These, der zufolge »sich das kapitalistische System nicht von seinen barbarischen, fetischistischen Wurzeln ablösen [könne], die darin bestehen, daß die gesellschaftlich einem Objekt zugeschriebenen Eigenschaften (Gold, das als allgemeines Äquivalent dient) als dessen natürliche Eigenschaften gelten«. Während, so referiert Ganßmann (ebd.: 218) seine Interpretation von Marx weiter, »es sich beim Kreditgeld und den Kreditbeziehungen offensichtlich um soziale Artefakte handelt, bringt deren Kollaps die unterliegenden Eigenschaften einer kapitalistischen Ökonomie zum Vorschein« (ebd.: 218). Er schlussfolgert dann mit der in diesem Kontext wohl nur noch rhetorisch gemeinten Frage:

»Ist die Marxsche Auffassung immer noch gültig, daß Kreditkrisen eine mehr oder weniger spontane Rückkehr zu mehr oder weniger archaischen Geldformen mit sich bringen? Und daß dieser Vorgang sowohl für unser Verständnis des Geldes im allgemeinen als auch für unser Kapitalismusverständnis von Bedeutung ist?« (ebd.: 219).

Wenden wir uns nun ebenso schlaglichtartig der Gegenposition von Campbell (2002) zu. Sie wirft die Frage auf, ob das, was bei Marx unter dem Stichwort des Umschlags vom Monetarsystem ins Kreditsystem verhandelt wird, überhaupt identisch ist mit der bei Ganßmann angenommenen Lesart einer Regression des Kreditsystems hin zu einer goldgedeckten Währung. Sie setzt dem folgende These entgegen:

»Thus one meaning of Marx's claim that the credit system is not ›emancipated from the monetary system‹ is that ideal values, provisionally validated by credit, must ultimately be realized [...]. This is the original and most basic monetary constraint; it has nothing to do with the metallic form of money« (ebd.: 223).

Der Umschlag vom Monetarsystem ins Kreditsystem sei nicht als Regression der modernen Ökonomie auf intrinsisch wertvolles (Gold-)Geld zu verstehen, sondern beschreibe vielmehr eine Art *Zurückfallen des Kredits in seine naturwüchsige Basis*: »The credit system is eliminated in the sense that credit reverts to commercial credit by itself, outside the credit system (i.e., with no acces to the pool of funds the credit system creates)« (ebd.). Mit aller Vorsicht könnte man sagen: Im Falle einer allgemeinen Banken- und Finanzmarktkrise regressiert der empirische Kapitalismus auf jenes Niveau, das Marx im zweiten Band des *Kapital* analytisch unterstellt hat: Die Einzelkapitalien haben die Möglichkeit des Kredits nicht mehr als allgemeine Instanz im Banken- und Finanzsystem vor sich, sondern sind auf Eigenfinanzierung oder auf Formen des kommerziellen Kredits[167] zurückgewor-

167 Zur Erinnerung: Unter *kommerziellem Kredit* versteht Marx die Zirkulation von Zahlungsversprechen zwischen zwei oder mehreren Kapitalisten ohne Dazwischenkunft des Bankensystems: »This type of credit arises when one capitalist sells commodities to another in exchange for a bill of exchange – a promise to pay by a certain date – rather

fen. Anders ausgedrückt: Die höherstufige Steuerungsinstanz, die die kapitalistische Ökonomie dadurch aus sich herausgesetzt hat, dass den Einzelkapitalien ihre eigene Einheit im Objektbereich selbst gegenübertritt – als Möglichkeit der Verfügung über gesellschaftliches Kapital – tritt zeitweise außer Kraft und wirft die Ökonomie auf eine naturwüchsige Form ihrer selbst zurück.

So weit wir sehen können, lässt sich auf Basis des vorliegenden Textmaterials nicht eindeutig für eine der beiden referierten Positionen optieren. Auch hier begegnet einem nicht zuletzt die bereits referierte Problematik, dass jenes Manuskript, das Engels zur Zusammenstellung des dritten Bandes verwendet hat, älteren Datums ist als der von Marx selbst herausgegebene erste Band sowie die Manuskripte zum zweiten Band. Es ist gut möglich, dass es selbst noch innerhalb der Kerntexte zur Kritik der politischen Ökonomie ein Changieren in Marxens Verständnis ökonomischer Objektivität gegeben hat. Diesen Verdacht würde ein exegetischer Zugriff darauf bestätigen – der hier aber unterbleiben soll – in welcher Weise Marx, angefangen mit der vor der Niederschrift der *Grundrisse* verfassten ›Einleitung‹ von 1857 (siehe MEW42: 19ff.) und endend beim zuletzt verfassten ersten Band des *Kapital*, die Termini von Monetarsystem und Kreditsystem jeweils gebraucht. Die Äußerungen im dritten Band stellen hierin nur ein Durchgangsstadium dar. Praktikabler, als diesen verschlungenen Pfaden en detail nachzugehen, scheint uns ein Hinweis, der die Fortschreibung des Marxschen Theorieunternehmens betrifft, und der insofern davon abstrahieren kann ›what Marx really meant‹. Ist die oben zitierte Aussage Ganßmanns (1996: 218, Herv.H.P.) wirklich zutreffend, dass es sich »beim Kreditgeld und den Kreditbeziehungen offensichtlich um *soziale Artefakte* handelt«, wohingegen »deren Kollaps« – gedacht als Regression des Geldsystems auf Goldgeld – »die *unterliegenden Eigenschaften* einer kapitalistischen Ökonomie zum Vorschein« bringe? Oder ist es nicht vielmehr so, dass Kreditgeld ebenso wie Goldgeld uno actu ebenso soziale Artefakte wie Ausdruck der unterliegenden Eigenschaften der kapitalisti-

than for money. Trade credit can be extended beyond two capitalists to the group of capitalists that is linked by regular transactions because the different individual capitals in it carry out different stages of the circuit of one product. Within such a group, the bill arsing in one transaction can, in turn, be used by the creditor to buy on credit. […] The reason to replace money with credit is that this reduces both the total capital and the amount of capital in money (i.e., idle) form that each capitalist needs in order to function. Commercial credit, however, can only replace money to a limited extent« (Campbell 2002: 213f.).

schen Ökonomie darstellen? Besteht die Objektivität des Werts und Gelds als Einheit des ökonomischen Systems nach Marx tatsächlich in dessen letzter Verankerung im Gold als einem handgreiflichen Fetisch? Oder besteht die Objektivität der modernen Ökonomie nicht einfach darin, einen rekursiven Zusammenhang emergenter Formen zu bilden, der sich ebenso wenig intentional erschließen wie kausal steuern lässt? Genau diesen Punkt hat Campbell (2002: 226) unseres Erachtens treffend zum Ausdruck gebracht, auch wenn sie ihre Position umstandslos mit der Marxschen in eins setzt, ohne einen Beweis für die Berechtigung dazu beizubringen: »In Marx's view at least, as long as production ›decisions‹ are left to the market, money, since it realizes value, is the thing by which the social conflict (among capitalists and between capitalists and workers) is managed. In this sense, credit money is just as much a thing as gold money«.

Vielleicht können wir uns sogar noch einen weiteren Schritt vorauswagen, nun aber ein Gelände betretend, für das sich bei Marx selbst noch weniger eindeutige Hinweise auffinden lassen. Ist die gängige ›Sublimierungsthese‹, also die Annahme immer abstrakterer Geldträger (Naturalien, Gold, Papier, elektronisches Geld), so wäre zu fragen, überhaupt stichhaltig, jedenfalls bezogen auf den vermeintlichen Startpunk einer rein metallischen Zirkulation? Ganßmann hat in seiner Auseinandersetzung mit Marx die These ins Spiel gebracht, der zufolge jede Generation von der vorherigen ein spezifisches Geldsystem ›erbt‹ und die evolutionäre Gesamtbewegung, die Aufeinanderfolge verschiedener Organisationsweisen des Geldes, insofern als *sozialer Lernprozess* beschrieben werden kann. Die Gesellschaft weiß mitunter zwar nicht, was es mit der Funktion des Geldes in letzter Instanz auf sich hat, sie ist aber mittlerweile dazu in der Lage, die ererbten sozialen Artefakte mindestens so zu integrieren und sozial einzubetten, dass die Gefahr eines Kollapses des Gesamtsystems mehr oder minder gebändigt werden kann. Dies alles wollen wir ausdrücklich nicht in Zweifel ziehen, aber gleichwohl kann die Frage gestellt werden, *ob es überhaupt jemals eine rein metallische Zirkulation gegeben hat*: Man könnte die Gegenthese vertreten, dass die Zeit des Frühkapitalismus realiter durch ein diffuses Neben- und Gegeneinander verschiedenster Geldträger und Anspruchstitel geprägt war, und die Annahme einer einheitlichen Goldwährung demgegenüber ein *semantisches Artefakt darstellt, das von den ökonomischen Reflexionstheorien selbst in die Welt gesetzt wurde* (so das äußerst subtile Argument bei Fiehler 2004): Um sich die komplexe Funktionsweise der

Banknotenzirkulation und des Kreditsystems zu erklären, entwickeln die Ökonomen des beginnenden 19. Jahrhunderts ›in ihrem Hirnkasten‹ (Marx) die Theorie einer vergleichsweise einfachen, metallischen Zirkulation, auf deren Grundlage die verschlungenen Pfade von Banknotenzirkulation und Kredit erklärbar werden sollen. Wie auch an anderen Stellen in der ökonomischen Theoriebildung zu beobachten, neigt der dortige Diskurs immer wieder dazu, einfache ökonomische Konstellationen, die erst im Zuge von Modellbildungen zur Erklärung der modernen Ökonomie generiert wurden, *als reale Fakten in die Vergangenheit zu projizieren.* Man denke beispielsweise an die bekannten Robinsonaden (Smith) und Naturzustände (Hobbes), die sich im Zuge solider empirisch-historischer Forschung allesamt als Fiktion erwiesen haben, die in der Selbstreflexion der Gesellschaft aber die Funktion und Stellung eines *Gründungsmythos* einnehmen. Ob Marx den solchermaßen durch den Objektbereich gestifteten kognitiven Verzerrungen bereits auf die Schliche gekommen ist oder ihnen nicht selber aufgesessen ist, lässt sich für den Fall der Goldwährung wohl nicht eindeutig herausfinden.

Recht eindeutig lässt sich an dieser Stelle aber die Marschrichtung angeben, die bei zukünftigen Auseinandersetzungen mit der Marxschen Theorie eingeschlagen werden müsste. Eine große Preisfrage dürfte darin bestehen, das von Marx nur skizzenhaft umrissene Kreditsystem begrifflich und empirisch schärfer zu konturieren. Erst auf diesem Feld einer *Kritik der politischen Ökonomie zweiter Ordnung* werden sich die zu lösenden Fragen in einer sinnvollen und erschöpfenden Art und Weise bearbeiten lassen. Ob sich den durch die Kategorien von zinstragendem Kapital und fiktivem Kapital generierten neuen Etagen ökonomischer Kategorialität mittels quantitativer werttheoretischer Verfahren zu Leibe rücken lässt, das kann wohl bezweifelt werden, entspricht aber auch nicht dem Sinngehalt der Marxschen Theorie. Gleichwohl wäre hier die Stelle, an der die von Baecker (1988: 7) bei Marx vermisste *Theorie ökonomischer Erwartungsstrukturen* ins Spiel treten könnte, etwa auf dem Wege einer Inkorporierung Keynesscher oder systemtheoretischer Überlegungen in das durch qualitative Formanalyse bereitete Feld. Schließlich könnte man als letzten Punkt perspektivisch die Frage aufmachen, inwieweit nicht durch die verschlungenen Pfade ineinandergreifender fiktiver Kapitalien tatsächlich so etwas stattfindet wie eine ›soziale Integration‹ der Weltwirtschaft. Die aufeinanderverweisenden Anspruchs- und Schuldstrukturen, die sich verdichten zu ganzen Kaskaden von Geldkreisläufen und Defizitkreisläufen, wären mitunter ein gutes Forschungsobjekt für ein Programm, das mit dem Titel ›negative politische Ökonomie‹ zu versehen wäre. In diesem Sinne ist zu konstatieren, wie Krätke (2000: 65) vermerkt, dass sich die anstehenden Probleme zwar »nicht durch Marx-Philologie beseitigen [lassen], sondern nur durch Versuche, die von Marx gemeinte *monetäre* Werttheorie durchzuführen«. Allerdings, so sein weiteres Argument, »ist dafür Marx-Philologie eine Voraussetzung«.

2. Einheit und Differenz von Wirtschaft und Finanzsphäre bei Luhmann

Nachdem wir die Marxsche Kritik der politischen Ökonomie in einer Tiefe behandelt haben, die zwar theorieimmanent betrachtet kaum mehr als einen Kurzkommentar einiger wichtiger Entwicklungen darstellt, zugleich aber im Rahmen eines Theorienvergleichs von manchen Lesern schon als grenzwertig angesehen werden könnte, stellt sich die Frage, in welcher Weise wir zur Luhmannschen Theorie zurückkehren sollten. In der Einleitung zu diesem Kapitel wurde darauf hingewiesen, dass es zwar auch bezogen auf den Themenkomplex von Einheit und Differenz von Wirtschaft und Finanzsphäre eine ganze Reihe inhaltlicher Überschneidungen zwischen Marx und Luhmann gibt. Desgleichen wurde aber in Aussicht gestellt, dass die Theorieunternehmen sich im Zuge der Entfaltung ihrer je spezifischen Binnenkomplexität begrifflich zunehmend weiter voneinander entfernen, eine These, die sicherlich im Zuge der vorangegangenen Ausführungen ein ganzes Stück weit verdeutlicht werden konnte. Die Systemtheorie ist in den vorherigen Erläuterungen zu Marx immer wieder in Seitenbemerkungen mitgelaufen. Und obwohl es durchaus möglich war, hier und da begriffliche Übersetzungsleistungen herzustellen, so sind die Differenzen doch nicht zu übersehen. Diese Kluft zwischen den jeweiligen, bereits epistemologisch angelegten Unterschieden, kann und soll hier auch gar nicht überwunden werden. Ein solches Verfahren würde – früher oder später – doch wieder auf eine blindwütige Amalgamierung heterodoxer Begriffsgebäude hinauslaufen, mit der niemandem ernsthaft geholfen sein dürfte. Wir wollen die Thematik des Theorienvergleichs zu diesem Zeitpunkt mehrheitlich zurückstellen, weil es als sinnvoller erscheint, zunächst der Systemtheorie in weitgehend immanenter Weise zu folgen. Einschübe zu Marx beschränken sich darauf, so möglich, einzelne Argumente und Kategorien abzugleichen. Wenn weiter unten allerdings die Frage eines eigenständigen Finanzsystems in ›weltgesellschaftlicher Perspektive‹ erörtert wird, bietet es sich an, wieder etwas deutlicher auf die Kritik der politischen Ökonomie Bezug zu nehmen, und unsere beiden Referenztheorien als einander ergänzende Beobachtungspositionen in Anschlag zu bringen.

Weil hinsichtlich der Systemtheorie von Wirtschaft und Finanzsphäre, anders als im Falle der Marxschen Theorie, weder die Perlen noch der Schutt eines ganzen Jahrhunderts an Interpretationen sondiert werden müssen, kann sofort in medias res gegangen werden.

Argumentationsgang dieses Unterkapitels: Dieses Unterkapitel zur Theorie sozialer Systeme lässt sich überblicksartig in *vier Hauptteile* auseinanderlegen. Eingangs (2.1.) erfolgt ein erneuter Seitenblick auf die Parsonssche Theorie. Im zweiten Teil (2.2.) werden Annahmen Luhmanns zur Zentralstellung von Finanzmärkten und Banken im Wirtschaftssystem zusammengetragen und systematisiert. Daran anschließend (2.3.) betrachten wir systemtheoretische Anschlussarbeiten vor allem von Baecker, die uns näheren Aufschluss über die Eigenlogik finanzökonomischer Strukturen geben. Abschließend (2.4.) wird diskutiert, was eine über Luhmann hinausgehende Konzeptualisierung der Finanzsphäre als Finanz*system* bedeuten würde, wobei hier die allgemeine Ebene begrifflicher Bestimmungen erweitert wird durch einen weltgesellschaftstheoretischen Bezugsrahmen. Zu den Abschnitten im Einzelnen: Das Unterkapitel 2.1. blendet erneut die Parsonssche Theorie ein, die uns in dieser Arbeit bereits mehrfach als Kontrastfolie gedient hat, um begriffliche Re-Arrangements und Neukonzeptualisierungen bei Luhmann zu konturieren. Es geht nun weniger um das dortige Theoriegebäude im Allgemeinen, als vielmehr darum, in welcher Weise sich bei Parsons bereits Überlegungen zu einer Eigendynamik der Finanzsphäre auffinden lassen. Zum Teil wird uns Altbekanntes begegnen, die Pointe besteht allerdings darin, dass aufgezeigt werden kann, wie sich die bereits diagnostizierten Probleme auch bezogen auf eine Analyse der Finanzsphäre geltend machen.[168] Das Unterkapitel 2.2. leitet über zur Luhmannschen Theorie und hebt an mit einer Diskussion des Marktkonzepts der Theorie sozialer Systeme, das Märkte als durch

168 Es geht dabei – um dies eigens zu betonen – mitnichten um eine Fundamentalkritik an der einschlägigen Studie *Economy and Society* (Parsons, Smelser 1956), die nach wie vor einen der ganz wenigen soziologischen Versuche einer gesellschaftstheoretischen Betrachtung der Ökonomie darstellt.

Beobachtungen gestiftete *Strukturvorgaben des Strukturverzichts* begreift, durch die das System seine Selbstbeobachtung realisiert (2.2.1.). Diese begriffliche Fassung, so wird argumentiert, verdankt sich einerseits einer kritischen Reflexion des in der neoklassischen Schulökonomie vorherrschenden ›Modellplatonismus‹, der durch unterstellte Rationalitätsprämissen die Ebenen konkreter Situationsdefinitionen und ökonomisch-systemischer Syntheseleistungen tendenziell konfundiert. Andererseits wird mit dem Marktkonzept eine allgemeine These der Theorie sozialer Systeme bereichsspezifisch respezifiziert, die darin besteht, dass *Beobachtungen zweiter Ordnung* als fundamental für die Operationsweise der modernen, funktional differenzierten Gesellschaft angesehen werden. Solchermaßen gerüstet können im nächsten Abschnitt (2.2.2.) Überlegungen zur Zentralstellung von Finanzmärkten und Bankensystem ›im‹ bzw. ›für‹ das Wirtschaftssystem zusammengetragen werden, die sich den Luhmannschen Texten entnehmen lassen. Während, so lautet ein dort aufzufindendes Argument, das ausdifferenzierte Wirtschaftssystem grundsätzlich durch einen heterarchischen Operationsmodus gekennzeichnet ist, liegen sowohl mit den Finanzmärkten wie mit dem Bankensystem Strukturzusammenhänge vor, in denen die *Einheit des Systems* in je unterschiedlicher Weise präsent gehalten wird.

Das nächste Unterkapitel 2.3. geht über den Stand des bei Luhmann selbst Geleisteten hinaus und wendet sich Überlegungen zu, die sich vor allem in den Arbeiten Baeckers finden lassen. Obgleich Baecker selbst die Finanzsphäre nicht als eigenständiges System begreift, sondern – wie sich vielleicht sagen ließe – als Einheit der Differenz von Finanz*märkten* und Banken*system*, so können uns die dort aufzufindenden Konzepte sehr wohl einen Leitfaden an die Hand geben, wie die Eigenlogik der Finanzsphäre zu denken ist. In einem ersten Zugriff wird ein Blick auf das Marktkonzept bei Baecker geworfen, das sich dadurch auszeichnet, die in den Texten Luhmanns nur mehr oder minder abstrakt skizzierte Differenz von Produktmärkten und Finanzmärkten präziser zu entfalten. Einerseits begegnen uns dort jene Kategorien, die bei Marx unter den Begriffen des zinstragenden Kapitals und des fiktiven Kapitals fungieren, zum anderen wird aber auch deutlich, dass die Systemtheorie das Moment der Finanzmärkte als Steuerungsinstanzen weiter ins Zentrum rückt.

Anschließend werden kurz die Argumente Baeckers zum Verhältnis von Banken und Wirtschaftssystem zusammengetragen. Hier wird die Differenz von Wirtschaft und Finanzsphäre nicht entlang der Unterscheidung von Produktmärkten und Finanzmärkten betrachtet, sondern anhand der Unterscheidung von Unternehmen, die Güter und Dienstleistungen herstellen, und solchen, die genuin finanzökonomische Leistungen (Zahlungsversprechen) anbieten. Der letzte Teil (2.4.) erörtert schließlich die Frage, inwieweit es geboten oder auch nur sinnvoll sein könnte, die Eigenlogik der Finanzsphäre dadurch begrifflich zu erschließen, dass man sie als eigenständiges System begreift. Zunächst wird das Feld abgesteckt und argumentiert, dass mit der Bearbeitung dieser Frage die Dimension möglicher struktureller Veränderungen des teilsystemischen Ordnungsgefüges der Moderne hinzutritt. Es geht schwerpunktmäßig nicht allein um den allgemeinen Begriff der modernen Gesellschaft, ihre funktionale Primärdifferenzierung, sondern um die historische Evolutionsdynamik einzelner Teilsysteme selbst. Hierfür ist es geboten (2.4.1.), bei Luhmann aufzufindende Gedanken zur Frage reflexiver Systemdifferenzierung bzw. zur Binnendifferenzierung sozialer Systeme kontextspezifisch zusammengetragen. Inwieweit können, so ist zu klären, die dort vorherrschenden Bestimmungen zur mediengeleiteten Ausdifferenzierung der primären gesellschaftlichen Funktionssysteme auch für Prozesse von deren interner Differenzierung herangezogen werden? Im gleichen Zuge wird auf neuere Beiträge zur Theorie sozialer Systeme Bezug genommen, in denen sich einige Änderungen am Kategoriengebäude abzeichnen, die unsere Fragestellung betreffen. Lassen sich, so das dortige Hauptargument, die Letztelemente im Fall der Unterscheidung der Dimensionen von Leben, Bewusstsein und Kommunikation eindeutig und trennscharf identifizieren, so ist dies bei internen Differenzierungen des Sozialen, also etwa bei der Differenzierung der Gesellschaft in eine Mehrzahl von Funktionssystemen und bei deren interner Differenzierung, nur bedingt der Fall. Damit verbunden ist die Schwierigkeit des bei Luhmann als nicht-gradualisierbar gedachten Autopoiesis-Begriffs, durch die Fragen nach dem Vorliegen oder Nichtvorliegen sozialer Systeme eine Entweder/Oder-Entscheidung abverlangt wird. Weil wir dies im Kontext evolutionstheoretischer Überlegungen für problematisch halten, wird dafür optiert, im Fortgang auf das Konzept finanzökonomischer Kontexturen abzustellen. Solchermaßen aufgestellt und vorbereitet wird im Abschnitt 2.4.2. die Frage nach Einheit und Differenz von Wirtschaft und Finanzsphäre aus einer weltgesellschaftstheoretischen Perspektive beleuchtet. Die Antwort einen eigenständigen Systemcharakter der Finanzsphäre betreffend fällt – um dies vorwegzunehmen – uneindeutig aus. Einerseits, so lautet ein Kernargument, ist es nicht zwingend notwendig, auf den Systembegriff zu referieren, um die Eigenlogik der Finanzsphäre respektive das ›Abheben der Märkte‹ zu beschreiben. Für diese Diagnose reichen jene Bestimmungen aus, die sich im wesentlichen mittels des Marktkonzeptes der Theorie sozialer Systeme einholen lassen. Anders stellt sich die Situation dar, wenn die Ebene des allgemeinen Begriffs der modernen Gesellschaft als Ensemble funktional ausdifferenzierter Teilsysteme überschritten wird, und das Augenmerk auf die sich heute abzeichnende neuartige *globale Entwicklungsdynamik der Wirtschaft* gelegt wird. Wir skizzieren in diesem Zuge das theoretische Fundament eines Forschungsprogramms, das danach trachtet, die unterschiedlichen Formbildungen im Medium des Geldes ihren räumlichen und zeitlichen Strukturen nach zu sondieren. Auf dieser Grundlage wird vermutet, dass einer Differenzierung nach Zentrum und Peripherie auf dem Feld von Wirtschaft und Finanzsphäre auch in Zukunft eine maßgebliche Rolle zukommen wird, dass sich das Arrangement dieser gegenüber der funktionalen Differenzierung zwar sekundären, aber deshalb nicht weniger wichtigen Differenzierungsform aber gänzlich anders ausprägen wird als es im 20.Jahrhundert der Fall war.

2.1. Die Finanzsphäre als Thema in *Economy and Society*: Ein erneuter Seitenblick auf Parsons

Schon in den ersten beiden Kapiteln hat es sich als hilfreich erwiesen, gelegentlich die Begriffsarchitektur des Parsonsschen Theorieunternehmens einzublenden und als Kontrastfolie mitlaufen zu lassen, um die Neubegründung systemtheoretischer Konzepte bei Luhmann schärfer zu konturieren. Wenn es im Folgenden darum gehen soll, zu fragen, wie bei Parsons finanzökonomische Aspekte diskutiert werden, dann ist genau diese Zielsetzung im Auge zu behalten. Es geht mitnichten darum, eine erschöpfende Abhandlung zum hierzu einschlägigen Werk von Parsons abzuliefern, dem gemeinsam mit Smelser geschriebenen Buch *Economy and Society* (Parsons, Smelser 1956, vgl. dazu auch Hessling, Pahl 2006). Selbiges enthält – bei aller Kritik, die anzubringen ist – einen der ganz wenigen durchgearbeiteten gesellschaftstheoretischen Beiträge zu Wirtschaft und Finanzökonomie, den die Soziologie bislang vorgelegt hat. Wir wollen ganz bewusst hochgradig punktuell am dortigen Begriffsgebäude ansetzen, und zwar mit einer *doppelten Fragestellung*. Erstens wäre zu klären, ob unsere bis dato gelegentlich geäußerte Vermutung verifiziert werden kann, dass der

Kategorienapparat der Parsonsschen Differenzierungstheorie – trotz seines universalistischen Zuschnitts – an gewichtigen Stellen präformiert ist durch Parsons' eigenen Erfahrungshorizont. Der Stand der Dinge bestand hier in der Vermutung, dass der modernisierungstheoretische ›Gestus‹ dieser Theorie, manifestiert vor allem im harmonistisch gedachten Zusammenspiel von Differenzierung und Integration, sich zuvorderst Parsons' eigener historischer Erfahrung verdankt: Dem nationalstaatlich integrierten und sozialstaatlich flankierten Kapitalismus der Nachkriegszeit. Wenn dies so ist, dann muss gerade ein näherer Blick auf die Finanzökonomie weitere Argumente in der gleichen Richtung herausarbeiten können, was es zugleich ermöglicht, die Absetzungsbewegung der Luhmannschen Systemtheorie perspektivisch weiter zu konturieren. Zum zweiten geht es uns aber auch darum, solche Momente in der Thematisierung der Finanzsphäre bei Parsons zu identifizieren, die sowohl als anknüpfungswürdig wie als ausbaufähig erscheinen. Der erste Aspekt, soviel sei vorweggenommen, bezieht sich vor allem auf das Verhältnis von Wirtschaft und Gesellschaft auf der Ebene der primären Subsysteme, der zweite Aspekt auf einige, zugegebenermaßen eher tentative Bemerkungen, die sich bei Parsons zur Dynamik von Finanzmärkten finden lassen.

Noch einmal zur Erinnerung: Parsons prozessiert seine Analysen der Gesellschaft mittels einer repetitiven Verschachtelung des AGIL-Schemas. Auf einer ersten Ebene werden vier primäre Subsysteme der Gesellschaft analytisch unterschieden (Wirtschaftssystem, politisches System, System der gesellschaftlichen Gemeinschaft, Treuhandsystem), denen jeweils die Bedienung einer gesellschaftlichen Funktion zugeschrieben wird (adaptation, goal attainment, integration, latent pattern maintenance).[169] Der Wirtschaft wird die Funktion der Anpassung (adaptation) des Gesellschaftssystems an seine Umwelt zugeschrieben (ebd.: 47). Es stellt

»in Form von Gütern und Dienstleistungen Mittel der gesellschaftlichen Bestandserhaltung und Zielerreichung bereit, indem es zur Bedürfnisbefriedigung der Gesellschaftsmitglieder als Verhaltensorganismen und Persönlichkeitssysteme beiträgt, wozu es sich technologisch der Natur bemächtigt« (Schimank 2000: 98; vgl. Parsons, Smelser 1956: 47ff.).

Dem politischen System wird die Funktion der Zielerreichung (goal attainment) zugeschrieben. Es realisiert gemeinsame Ziele der Gesell-

169 Die Übersetzung der Parsonsschen Bezeichnungen ins Deutsche variiert. Obige Vorschläge sind Schimank (2001: 98f.) entnommen.

schaftsmitglieder, vor allem durch kollektiv bindende Entscheidungen. Die Grenzprozesse zwischen den vier primären gesellschaftlichen Subsystemen denken Parsons und Smelser, angelehnt an makroökonomische Kreislaufmodelle, entlang von Input- und Outputbeziehungen. So bestünde – um nur den für uns relevanten Fall herauszugreifen – der Output der Ökonomie für die Gesellschaft im Bereitstellen von materiellem Reichtum bzw. Einkommen, während der Input aus Macht qua Kreditschöpfung (Politik), Solidarität (in Form von normativ integriertem Handeln) und Respekt (als Anerkennung für wertkonformes Handeln) bestünde (vgl. Beckert 1997: 237). Für die Grenzprozesse von Wirtschaft und Politik führen Parsons und Smelser (1956: 59) genauer aus:

»Hence the adaptive boundary of the economy [...] is contiguous with the adaptive boundary of the polity [...]. The flow from the polity into the economy is the creation of capital funds through credit; the reverse flow is the control of the *productivity* of the economy. [...] So the economy and polity stand in a reciprocally adaptive relationship to each other«.

Bereits hier wären zwei miteinander verkoppelte Punkte anzumerken, die aber analytisch auseinander gezogen werden können. Der erste Punkt ist vergleichsweise trivial und bezieht sich auf die basalen Funktionszuschreibungen. Es stellt sich die Frage, ob nicht – und zwar durch die grundbegrifflich zugesicherte Äquivalenz bzw. Nichtsubstituierbarkeit der primären Funktionssysteme subtil hindurchgreifend – in impliziter Weise ein *Primat der Politik* in das Fundament der Gesellschaftstheorie eingeschrieben wird. Wird der Politik die Funktion der ›Zielerreichung‹ zugesprochen, der Ökonomie aber diejenige der ›Anpassung‹, dann wird, und zwar obwohl beide Funktionen als gleichermaßen notwendig gedacht werden, die Ökonomie implizit in die subalterne Rolle eines bloßen Zulieferers für politische Zielsetzungen gerückt. Beckert (1997: 233) hat in diesem Sinne kritisch nachgefragt, inwiefern nicht auch »durch die Ökonomie gesellschaftliche Prozesse [...] präjudiziert« werden können und diagnostiziert bei Parsons eine »Tendenz zur Ausblendung der gesellschaftsstrukturierenden Bedeutung ökonomischer Prozesse«. Noch einmal anders gefasst: Auch der auf Vollständigkeit und die Berücksichtigung einer Vielzahl von Systemreferenzen fokussierte Ansatz von Parsons scheint nicht davor gefeit zu sein, die Wirtschaft nur selektiv in das Blickfeld zu bekommen. Inwieweit die Ökonomie der Gesellschaft nicht nur Mittel zur anderweitigen Nutzung zur Verfügung stellt, sondern die anderen gesellschaftlichen Funktionsbereiche auch durch eigenlogisch generierte Bestandserhaltungsimperative vor massive Probleme stellen kann, wird in *Economy and Society* jedenfalls kaum thematisiert. Wir haben schon in Kapitel eins gesehen, dass man zur Bearbeitung einer solchen Fragestellung nicht notwendigerweise auf die These eines Primats der Ökonomie zurückgreifen muss, sondern dass es an der jeweiligen Ausformulierung einer Differenzierungstheorie hängt, ob und wie mögliche Präponderanzen einzelner Teilsysteme in das Blickfeld geraten können.

Nochmals deutlicher kann der genannte Punkt herausgearbeitet werden, wenn wir nun zweitens die oben schon genannten *Grenzprozesse* zwischen Politik und Wirtschaft genauer in die Betrachtung miteinbeziehen, und zwar speziell das Moment der Kreditschöpfung, das die Autoren als Input des politischen Systems in das Wirtschaftssystem auffassen. Wie skizziert betrachten Parsons und Smelser (ebd.: 63f.) den Kreditmechanismus als Instrument eines »›elasticizing‹ or ›loosening‹ of economic processes by political agencies above and beyond the level permitted by self-financing«. Insofern die Verfügung über Geld in der Wirtschaft eine Bedingung der Möglichkeit für die Beschaffung und Kombination von Produktionsfaktoren darstellt, wird durch den Kreditmechanismus das Summenkonstanzprinzip älterer Wirtschaftsformen systematisch aufgehoben und eine Kontextsteuerung ökonomischer Eigenlogik durch die Politik institutionalisiert. Die Kreditversorgung sei, so wird bei Parsons und Smelser festgestellt, »a conditional faciliation of goal-attainment«, und die Zinsrate symbolisiere den Grad erwarteter Zielerreichung: »The expected level of goal-attainment is usually symbolized by the interest rate« (ebd.). Durch künstliche Verknappung oder Entknappung des Geldmediums wird es möglich, von ›außen‹ Einfluss auf Kontraktionen und Expansionen des Wirtschaftssystems zu nehmen, ohne dessen systemische Eigenlogik als solche einer kausalen Fremdbestimmung zu unterwerfen.[170]

Nun gestehen Parsons und Smelser (ebd.: 57) selbst zu, dass die Kreditschöpfung in modernen Gesellschaften ein Geschäft ist, das zu wesentlichen Teilen über Organisationen vermittelt wird, die eher der Ökonomie als der Politik zuzurechnen seien: »In our society credit creation is centered

---

170 Der Hinweis auf die Zinsrate als entscheidender Größe ist natürlich besonders vor dem Hintergrund der Ausführungen zur Marxschen Theorie interessant. Denn es war ja gerade ein dortiges Argument, dass diese ›Entität‹ tatsächlich auf der Ebene der Empirie unmittelbar handlungs- und orientierungsrelevant ist. Marx optiert allerdings wesentlich vorsichtiger als Parsons und Smelser was die Möglichkeit einer politischen Beeinflussung der Höhe der Zinsrate betrifft.

more in what in common-sense terms we think of as ›economic‹ as opposed to ›political‹ organizations, such as banks, even though the latter are subject to certain governmental controls«. Diese Einsicht verleitet sie allerdings nicht dazu, ihre Konzeptualisierung als solche zu überprüfen. Sondern Parsons und Smelser führen vielmehr ihre Differenz von analytisch und organisatorisch/konkret ins Feld, um die These aufrecht zu erhalten, dass Kreditschöpfung – funktional betrachtet – in die Sphäre des Politischen falle: »It is important to note that political controls are not coterminous with governmental in this context« (Parsons, Smelser 1956: 57). Diesen Gedanken fortentwickelnd kommen Parsons und Smelser (ebd.: 60f.) zu einer eigenartig anmutenden Bestimmung des Politischen:

»A wide range of ›private‹ agencies, e.g., insurance, which are ›affected with a public interest‹ also have definite political components. Hence our use of the concept of ›political‹ is wider than its common-sense application. […] In principle every concrete organization participates to some degree on all four functional subsystems – the differences are those of rank-order of relative primacies«.

Dies sind einerseits, gerade mit Blick auf gegenwärtig diskutierte Formen einer *Governance without Government* (Rosenau, Czempiel 1992) sowie von *Private Authorities* (Cutler, Haufler, Porter 1999) weitsichtige Erkenntnisse. Andererseits verwundert die Art und Weise, mit der Parsons und Smelser auch den kreditvergebenden Organisationen umstandslos zuschreiben, am öffentlichen Interesse orientiert zu sein (»affected with a public interest«) und politische Zielsetzungen (»political components«) ihr Eigen zu nennen. Denn, so kann hier noch einmal ein Einwand von Beckert (1997: 266f.) aufgegriffen werden, »Referenzpunkt für die Kreditvergabe privater Organisationen sind ökonomische Kriterien der Profiterwartung und der Risikoabschätzung und nicht gesellschaftliche Zielvorstellungen«, weshalb es angebracht sei, die Allokation von Kapital nicht wie bei Parsons als Grenzprozess zwischen Ökonomie und Politik zu verstehen, »sondern als innerökonomisches Problem«. Es drängt sich mitunter der Eindruck auf, dass Parsons und Smelser zwar einen empirisch wichtigen Punkt berühren, nämlich die Bedeutung privater kreditschöpfender und kreditvergebender Organisationen für die Gesamtgesellschaft, dass sie aber andererseits durch kategoriale Vorentscheidungen dazu genötigt werden, eine Präponderanz des Politischen dort zu postulieren, wo vielleicht gar keine ist.

Interessanterweise zeigt ein Blick in die weiteren Verästelungen der in *Economy and Society* entfalteten Differenzierungstheorie ein anderes Bild. Und es wäre zu fragen, wie die dortigen Erkenntnisse mit der modernisierungstheoretischen Konstellation auf der Ebene der primären Funktionssysteme zu vermitteln wären. Wir kommen damit zugleich zur zweiten einleitend aufgemachten Frageperspektive, in der es um die anschluss- und ausbaufähigen Momente der Parsonsschen Theorie der Wirtschaft geht. Auf die Behandlung der Zwischensystembeziehungen der primären Funktionssysteme folgend wenden sich Parsons und Smelser (ebd.: 196ff.) der *internen Differenzierung des Wirtschaftssystems* zu, das wiederum entlang der vier funktionalen Imperative dekomponiert wird.[171] Parsons verortet die Finanzmärkte als »boundary mechanisms« zwischen dem »investment-capitalization subsystem« und dem »production subsystem« (vgl. Hessling, Pahl 2006). Die Betrachtung der Input- und Outputbeziehungen zwischen dem »investment-capitalization subsystem« und dem »production subsystem« lässt sich in gewisser Weise als mikrologische Fortführung jener oben diskutierten Austauschbeziehungen zwischen politischem und wirtschaftlichem System verstehen. Wieder geht es um die Frage nach den Konditionierungen und Bedingungen ökonomischer Produktionsprogramme, nun aber auf einer fortgeschritteneren, wirtschaftssysteminternen Ebene der Betrachtung. So wie oben die Zinsrate als Indikator für jene Erwartungshaltungen dargestellt wurde, die von Seiten des politischen Systems jeweils an das Wirtschaftssystem gestellt werden, verorten Parsons und Smelser (1956: 234) nun das kumulative Investitionsverhalten auf Finanzmärkten als »the locus of an elaborate system of signs concerning the condition and success of the economy's functioning. [...] It is the most sensitive indicator that the factors of production are or are not being combined in the most productive way«. Die über Finanzmärkte nach innerökonomischen Kriterien ablaufende Versorgung von Unternehmen mit Kredit wird als »performance-sanction system« bestimmt und Parsons und Smelser halten – fast schon im Sinne einer Luhmannschen Leitdifferenz – als Operationsty-

171 Selbiges wird, so die wenig überraschende Fortführung, nun seinerseits analytisch dekomponiert. In den Worten von Parsons und Smelser: »...what may be treated as a unit for purposes of one level of analysis may be treated as a system for purposes of another. To illustrate, when the system level is the society as a whole, the economy is a unit functionally differentiated along the adaptive dimension. At the next lower level of analysis the economy becomes a system with four units representing solutions to *its* system problems. We now propose to shift the point of reference once again toward the microscopic, and analyse each of the four units of the economy as systems in themselfes. In particular, we will treat production, finance and capitalization, entrepreneurship, and economic commitments as sub-systems maintaining boundaries relative to each other« (Parsons, Smelser 1956: 196).

pik der Finanzmärkte fest: »The goal elements of the interchange are investment funds as balanced against investment returns« (ebd.: 235).

Vermittelt über Finanzmärkte, so lautet ihr Kernargument, kommen ›investor‹ und ›business executive‹ zusammen. Die ökonomische Performance im ›production subsystem‹, so legen die Autoren nun nahe, verdankt sich einer echtzeitlichen ›Fremdbegutachtung‹ durch Finanzmarktakteure, womit die Finanzmärkte durchaus als eine Art Zentrum oder Evaluierungsregime der Wirtschaft als Ganzer ausgewiesen werden (eine Position, die, wie noch präziser gezeigt werden soll, auch bei Luhmann aufgefunden werden kann). Es ist schwierig zu entscheiden, ob Parsons und Smelser eine irgendwie geartete Hierarchie zwischen den einzelnen, qua analytischer Dekomposition jeweils herauspräparierten Erkenntnissen im Sinn haben. In unserem Falle könnte eine Anschlussfrage beispielsweise lauten: In welchem Verhältnis steht die politisch mehr oder minder zu beeinflussende ›Kreditschöpfung aus dem Nichts‹ (Riese) qua ›Lender of Last Resort‹-Funktion der Zentralbank zur kapitalmarktlichen Kreditversorgung, oder, etwas anders fokussiert: Wie verhalten sich bankzentrierte zu marktzentrierten Finanzsystemen im Hinblick auf das Zusammenspiel von Finanzierung und Investition? Die Idee einer kybernetischen Kontrollhierarchie, wonach Systeme, die viel Information und wenig Energie brauchen, diejenigen Systeme kontrollieren, die wenig Information und viel Energie gebrauchen, entwickelt Parsons erst in den 1960er und 1970er Jahren (vgl. Ganßmann 1986: 16). Und auch dieses Konzept bietet nicht umstandslos Antworten auf obige Fragen. In *Economy and Society* heisst es nur pauschal, »that fully to characterize the related phenomena of lending, investment, and capitalization [...] requires reference to several interchanges at several different system-levels« (Parsons, Smelser 1956: 61). Später wird hinzugefügt: »In what follows we will discuss, in a preliminary way, some of the determinants of investment behaviour which emerge from analysis at a more microscopic system level, but which are not independent of the higher system levels« (ebd.: 233).

Lassen wir diese Fragen ruhen und wenden uns abschließend kurz einigen Überlegungen zu, die sich bei Parsons und Smelser zur Dynamik von Finanzmärkten finden lassen. Vor allem durch Bezug auf die Keynesche Theorie, in der bereits der Bedeutung von Erwartungsstrukturen ein fester Platz bei der Analyse der Finanzsphäre zugeschrieben wurde, deuten Parsons und Smelser Themenfelder an, die gegenwärtig weit höher im Kurs stehen als zum Zeitpunkt des Erscheinens von *Economy and Society*. Sie vermuten beispielsweise (vgl. ebd.: 234), dass Risiko und Unsicherheit zu den situationsbestimmenden Faktoren auf Finanzmärkten gehören, und erläutern diese Prämisse anhand einer Unterscheidung von strukturierten und unstrukturierten Situationen. Während strukturierte Situationen durch ein Minimum an Optionsmöglichkeiten und Handlungsfreiheit gekennzeichnet seien, zeichnen sich unstrukturierte Situationen durch ein fast vollständiges Fehlen von gesicherten Orientierungspunkten und damit durch hochgradige Kontingenz aus. Zu den Finanzmärkten wird festgehalten:

»The investment market fails to adhere to any of these characteristics of a structured situation: the range of adaptive responses (i.e., speculation) is not limited in a formal sense; there is a great deal of room to manoeuvre, as the daily quotations on the stock market show; and the loose definition of the apprpriate adaptions (i.e., moves all made on the basis of ›hunches‹, ›tips‹, ›shrewdness‹, etc.) produces a great deal of psychological confusion and strain. *The investment market is a prototype of the unstructured situation*« (ebd.: 236, Herv.H.P.).

Parsons und Smelser stellen – gleichsam Forschungsfragen der Risikosoziologie (Systemrisiken/Systemvertrauen) und der Behavioral Finance vorwegnehmend – zwei typische Reaktionsformen heraus, mit denen im Falle unstrukturierter Situationen zu rechnen sei: »psychologically irrational mass phenomena, and deviance of several types« (ebd.: 237). Besteht aber auf Finanzmärkten ein Dauerzustand maximaler Entscheidungsfreiheiten bei einem ebenso dauerhaftem Minimum sowohl an normativen Prädispositionen wie an kognitiv gesicherten Orientierungsmöglichkeiten (vgl. Beckert 1997: 273), dann treten, so die Argumentation, zunehmend ›magisch‹-konnotierte Substitute als *Vertrauensäquivalente* an deren Stelle:

»Where there can be no reliable prediction of some future state, there arise extremely important attempts to interpret the significance of some plausible and tangible ›sign‹ of what is going to happen. In the case of speculation this often takes the form of basing decisions not on the available facts of market developments, but on the indications of the *opinion* of these developments on the part of the ›one who knows‹, the alleged insider, or the fellow with a reputation for shrewdness; or the speculator may rely on traditionalized ›rules of thumb‹, which may or may not be ›objective‹« (Parsons, Smelser 1956: 238).

Investoren, so die Vermutung, orientieren sich – wenn kein Durchgriff auf brauchbare Fakten möglich ist – an den Meinungen von Leitfiguren, denen kognitive Autorität zugeschrieben wird (vgl. abermals Beckert 1997: 273).

Vielleicht ist mit Blick auf die vorangegangenen Äußerungen die Kritik Baeckers (1988: 24) leicht überzogen, wonach bei Parsons grundsätzlich »ein Verständnis der Leistungen des Marktes im Wirtschaftssystem für die Konstitution und die Dynamik des Systems« fehlt. Andererseits ist in der Tat zu konstatieren, dass Parsons und Smelser ihre Einsichten nicht zu einer eigenständigen Theorie der Dynamik der Finanzsphäre verdichten, sondern auch weiterhin die Analyse der »multiplicity of system references« (ebd.: 233) im Zentrum ihres Zugriffs steht. Ein ausgefeiltes systemtheoretisches Marktkonzept – dies sei mit Blick auf den Fortgang dieses Kapitels gesagt – lässt sich aus *Economy and Society* nicht abdestillieren. Ein solches wäre aber nötig, um jene Fragen systemtheoretisch zu bearbeiten, die seitens des Entkopplungsdiskurses zur Autonomie der Finanzökonomie mehr aufgeworfen denn beantwortet wurden. Und auch im Vergleich zu der doch sehr avancierten Marxschen Beschreibung ökonomischer Strukturlogiken nimmt sich der Beitrag von Parsons und Smelser eher bescheiden aus. Die Mechanismen, die in *Economy and Society* zur Kopplung von Wirtschaft und Politik beschrieben wurden, haben sich ihrem Wahrheitsgehalt nach mittlerweile als äußerst zeitabhängig erwiesen. Was als allgemeine Theorie der Moderne ausgeflaggt wurde, erweist sich aus heutiger Perspektive, jedenfalls bezogen auf die Kopplungen von Politik und Ökonomie, als Generalisierung einer historisch hochgradig singulären Konstellation des modernen Kapitalismus.

2.2. Die Zentralstellung von Finanzmärkten und Banken im Wirtschaftssystem bei Luhmann

Im nun folgenden Unterkapitel gilt es, jene Theoreme Luhmanns zu beleuchten, die uns einen Einblick in eine Systemtheorie der Finanzsphäre geben. Wie es sich für einen Mittelteil anschickt, knüpfen die Überlegungen an die offenen Fragen des vorangegangenen Teils an und stellen gleichermaßen ein Sprungbrett für später folgende Untersuchungen dar. Im ersten Schritt wird mit dem Marktkonzept der Systemtheorie derjenige Theoriebaustein erläutert, dessen Fehlen es im Falle des Zugriffs von *Economy and Society* vermutlich verhindert hat, weiter zur Eigenlogik der Finanzsphäre vorzudringen. Dieser, zunächst bewusst zurückgehaltene Teil, komplettiert zugleich unsere Erläuterung der Systemtheorie der Wirtschaft, wie sie im zweiten Kapitel gegeben wurde. Darauf aufbauend können zweitens jene Prämissen diskutiert werden, die sich bei Luhmann zur Zentralstellung von Finanzmärkten und Banken im Wirtschaftssystem finden lassen. Mehr als ein Torso liegt zwar nicht vor – der Ausarbeitungsgrad ist bezüglich kredittheoretischer Fragestellungen mit den Marxschen *Grundrissen* vergleichbar. Aber ebenso wie die Marxschen *Grundrisse* eine Reihe von Kernmotiven enthalten, die dann später in den Bänden zwei und drei des *Kapital* zu großen Teilen materialiter eingelöst wurden, so weisen auch Luhmanns tentative Bemerkungen den Weg, auf dem die Systemtheorie der Finanzsphäre weitergeführt wurde und noch werden müsste.

2.2.1. Märkte als beobachtungsgestiftete interne Umwelt(en) des Wirtschaftssystems

Das Marktkonzept der Theorie sozialer Systeme unterscheidet sich von dem in den Wirtschaftswissenschaften üblichen Verständnis in grundlegender Weise. Ohne detailliert auf die kaum übersehbare wirtschaftswissenschaftliche Literatur eingehen zu müssen, soll hier nur daran erinnert werden, welchen logischen Ort die Marktkategorie innerhalb des traditionellen, schulökonomischen Horizonts besetzt. Dazu ist es sinnvoll, bis zu Smith' Metapher der ›unsichtbaren Hand des Marktes‹ zurückzugehen, zu der Baecker (1988: 21f.) ausgeführt hat: »Die ›invisible hand‹ steht bei Smith [...] für die Zweckumwandlung eigennütziger Handlungen in nichtintendierte, [...] gemeinwohlerhöhende Folgen« (vgl. auch Willke 2002: 75). Der Markt, so können wir diese Einsicht generalisierend festhalten, stellt innerhalb der Schulökonomik eine Art Übersetzungsregel dar, gleichsam ein Bindeglied von rationaler Handlungstheorie und Ordnungstheorie bzw. Aggregationstheorie. Der Zugriff der Theorie sozialer Systeme aber, so hat die Diskussion in Kapitel zwei ergeben, steht orthogonal zu allen Theorieprogrammen, die auf individuelle Handlungsrationalität abstellen und das Soziale als Kumulation solcher ›Rationalitätspartikel‹ begreifen. Für den Spezialfall des wirtschaftswissenschaftlichen Verständnisses des Marktes hat Luhmann (1988: 91) darauf hingewiesen, dass in den dortigen Ansätzen »die Begriffe Wirtschaft und Markt [...] gleichgesetzt werden, beide dasselbe System bezeichnen«, und dass ein solches Verständnis für die Systemtheorie als wenig sinnvoll einzuschätzen sei. Baecker (1988: 23f.) hat deutlichere Einwände gegenüber dem tradierten Marktverständnis formuliert und stellt in seiner Kritik vor allem auf den bloß modelltheoretischen Status selbigen Räsonierens ab: »Die Annahmen postulieren, was erklärt werden müßte. Markt und Gleichgewicht, Effizienz und Rationalität der Wirtschaft werden modelltheoretisch abgeleitet, ohne daß deutlich würde, welche soziale Dynamik all dem zugrunde liegt«. In eine ähnliche Richtung zielen die Einwände von Spahn (2002: 53), der notiert hat, dass es sich bei heuristischen Theoremen wie dem »Auktionator« von Walras oder der »sozialen Buchhaltung« Schumpeters um Metaphern handelt, »die für die ökonomisch notwendige Herstellung einer gesellschaftlichen Kompatibilität und Kohärenz individueller Aktivitäten stehen«, dass selbige analytischen Konstrukte aber keine praktische, institutionelle Entsprechung in der modernen Ökonomie haben. Und bezüglich des Geldes als Medium wirtschaftlicher Synthesis wird ausgeführt:

»Die bloße Betrachtung des Geldes als tauscherleichterndes Medium greift zu kurz, weil die Frage nach der Herstellung des Marktgleichgewichts dabei ausgespart bleibt und suggeriert wird, dass die Marktinteraktion notfalls auch ohne Geld stattfinden könnte; nicht ohne Grund hat es jedoch reine Tauschwirtschaften niemals gegeben«. Baecker (1988: 27f., 41f.)

weist darauf hin, dass die Wirtschaftswissenschaften zwar das Moment einer Selbstbeobachtung der Wirtschaft durch die Wirtschaft kennen, dass diese Idee jedoch nicht konsequent verfolgt, sondern von Modellanalysen verdrängt wurde. Demgegenüber gebe erst die Systemtheorie uns brauchbare Mittel an die Hand, »das soziale System der Wirtschaft als ein beobachtendes System zu beschreiben«. Ihr müsse es im Unterschied zur traditionellen Wirtschaftstheorie darum gehen, »wie in der Wirtschaft selbst beobachtet wird, was in der Wirtschaft geschieht« (ebd.: 7).

Es ist diese Ausgangssituation, aus der sich das systemtheoretische Verständnis des Marktes als *wirtschaftsinterne Umwelt der partizipierenden Systeme des Wirtschaftssystems* herleitet. Märkte emergieren, so die dortige Kernannahme, als Resultate wechselseitiger Beobachtungen von Wirtschaftsunternehmen und anderen an Wirtschaft beteiligten Systemen. Märkte stellen damit einen Spezialfall bzw. ein Anwendungsgebiet für eine grundlegende These der Systemtheorie dar, die besagt, dass mit der Ausdifferenzierung von Funktionssystemen die Bedeutung von *Beobachtungen zweiter Ordnung* in rasanter Weise zunimmt: »Wohl alle Funktionssysteme beobachten ihre eigenen Operationen auf der Ebene der Beobachtung zweiter Ordnung. [...] Die Funktionssysteme müssen entsprechende Formen und Gelegenheiten für Selbstbeobachtung einrichten und können nur auf diese Weise Realität konstruieren« (Luhmann 1997: 766f.). Die solchermaßen gestiftete wirtschaftsinterne Umwelt ist zugleich für jedes der an Wirtschaft beteiligten Systeme eine andere Umwelt wie auch für alle die gleiche, eine Situation, die man auch mit dem auf Günther (1976) zurückgehenden Begriff der Polykontexturalität besetzen könnte. Auf diesem Wege einer prozesshaften Einheit von Einheit und Differenz, so der Fortgang des Arguments bei Luhmann (1988: 94f.), »macht sich das Wirtschaftssystem selbst zur Umwelt seiner eigenen Aktivitäten«, um »Reduktionen zu erreichen, mit denen es sich selbst und anderes *in* einer Umwelt beobachten kann«. Auf diesem Wege, so könnte man nochmals anders formulieren, verhilft der Markt der Wirtschaft zu einer Transformation unbestimmter gesellschaftlicher Komplexität in bestimmbare wirtschaftliche Komplexität (vgl. Strulik 2000a: 143). Die Vermutung, wonach die Strukturform ›Markt‹ uno actu Einheitlichkeit und Verschiedenheit prozessiert, lässt sich durch einen einfachen Hinweis auf die *Funktion von Preisen* demonstrieren: Preise sind auf Märkten je eindeutig identifizierbar und können gleichwohl für verschiedene Teilnehmer am Wirtschaftssystem ganz Verschiedenes bedeuten (vgl. Luhmann 1988: 110). Die allgemeine und unfassbare Komplexität der äußeren Umwelt des Wirtschaftssystems wird im System ›umgerechnet‹ auf die Form jeweils eindeutig zu identifizierender, aber genuin instabiler Preise. Und genau dieser Vorgang ist es, der bei Luhmann (1988: 31) als »wirtschaftsinterne, schon präparierte Umwelt« bezeichnet wird, an der sich dann die einzelnen an Wirtschaft partizipierenden Systeme orientieren. Das Moment der *Selbstbeobachtung* erschließt sich, wenn man darauf abstellt, dass die Operationen des Systems, also Zahlungen und Nicht-Zahlungen, nicht *nur* Operationen darstellen, sondern immer auch das »Resultat einer über Preise orientierten *Beobachtung* des Verhaltens anderer« sind (Luhmann 1988: 125).

Märkte haben dem Verständnis der Systemtheorie folgend keinerlei intern abgesicherte Stabilität, es handelt sich nicht um ›einheitliche‹ Entitäten, sondern um solche, die einzig als »Integration [...] der Umweltperspektiven einer Vielzahl von Teilnehmern« existieren (Luhmann 1988: 115). Diesen Punkt herausstellend hat Baecker (1988: 198) Märkte als »Strukturvorgaben des Strukturverzichts« bezeichnet. Märkte konstituieren eine »Reflexionsordnung [...], in der Beobachtungen und Operationen wechselseitig aufeinander bezogen werden und sowohl mit identischen wie auch unterschiedlichen Differenzen und Referenzen arbeiten können« (Baecker 1988: 199). Märkte ermöglichen zwar die Selbstbeobachtung des Wirtschaftssystems, aber nicht auf dem Wege, so Luhmann (1988: 96), dass »›die‹ Wirtschaft als Einheit ›sich selbst‹ als Einheit beobachtet«, sondern dadurch, dass die Wirtschaft »durch Differenzierung zur Umwelt für partizipierende Systeme wird, die dann jeweils ihre Umwelt beobachten können«. So wirkt, um ein Beispiel zu geben, der Markt als Spiegel, mit dem Unternehmen sich selbst und ihre Konkurrenten (und sich selbst als Konkurrenten der Konkurrenten) ins Visier nehmen können (vgl. Luhmann 1988: 73f.). Durch die Gesamtheit solcher Reflexionsverhältnisse wird – obgleich faktisch nichts anderes vorliegt als eine Art von Spiegelkabinett, ein Reflektieren von Reflexionen – eine Integration der an Wirtschaft partizipierenden Systeme (Unternehmen, Haushalte) möglich. Oder anders und auf die Wirtschaft als Ganze referierend ausgedrückt: Mittels verschachtelter Marktarchitekturen gelingt es dem Wirtschaftssystem, System/Umwelt-Grenzen in sich selbst einzuführen, über die hinweg es sich beobachten kann (vgl. Luhmann 1988: 95). Der Fortgang unseres Kapitels wird noch zeigen, dass dieses Marktkonzept in den Arbeiten Baeckers wesentlich präzisiert und erweitert wurde, und dass erst diese Erweiterung uns Instrumente an die Hand gibt, um die spezifische Eigenlogik von Finanzmärkten in differenzierterer Weise zu beleuchten.

2.2.2. Zur Funktion von Finanzmärkten und Banken

Zuvor sollen allerdings erst einmal jene Überlegungen aufgegriffen werden, die sich den Texten Luhmanns zu Finanzmärkten und zu Banken entnehmen lassen. Es geht dabei um eine grundlegende Verortung, wie selbige im Kontext des ökonomischen Systems platziert werden. Detailliertere Analysen zur Eigendynamik finanzwirtschaftlicher Strukturzusammenhänge finden sich bei Luhmann nur wenige. Dies wurde offensichtlich als Aufgabe betrachtet, die den Horizont des in der *Wirtschaft der Gesellschaft* dargelegten ›allgemeinen Begriffs‹ einer monetär ausdifferenzierten Wirtschaft transzendiert. Es kann damit eingesetzt werden, dass die Systemtheorie die interne Struktur des Wirtschaftssystems als eine *Heterarchie* beschreibt. Damit ist »ein komplexes System [gemeint], in dem alle Operationen mit naheliegenden anderen vernetzt und durch sie konditioniert sind, ohne daß irgendwo, sei es an der Spitze, sei es in der Mitte, sei es als in das System eingeführtes Modell des Systems, die Einheit des Systems zu beobachten wäre« (Luhmann 1988: 126f.). Im Falle der Ökonomie ist also an die Autopoiesis von Zahlungen samt der marktgestifteten Möglichkeit einer reflexiven Beobachtung von Zahlungen (und Nichtzahlungen) zu denken. Im Unterschied zu Kommandoökonomien jeglicher Spielart zeichnet sich die monetär ausdifferenzierte Wirtschaft dadurch aus, dass es eine Vielzahl ebenso autonomer wie interdependenter Entscheidungszentralen und Beobachtungspositionen gibt, die zusammengenommen die Autopoiesis des Systems prozessieren. Nun nennt Luhmann allerdings zwei einschränkende Bedingungen dieses heterarchischen Operationsmodus, einerseits das *Bankensystem* und andererseits die *Finanzmärkte.* Beide Strukturformen werden als Instanzen begriffen, mittels derer das ausdifferenzierte Funktionssystem auf sein eigenes Komplexitätswachstum und seine eigene zunehmende operative Unzugänglichkeit reagiert. Dazu gilt allgemein bei Luhmann (1984: 624): »Um als Einheit des Systems im System erscheinen zu können, muß die Komplexität reduziert und dann sinnhaft re-generalisiert werden«. Dies geschieht im Falle der Wirtschaft einmal darüber, dass die Kontrolle des Fluktuierens der Preise über Geldkosten geregelt wird: »Die Verteuerung des Kredits limitiert das Steigen der Preise. Die Schranken von Instabilität werden im Wirtschaftssystem selbst geregelt, und zwar durch Instabilitäten einer höheren Ebene der Reflexivität: durch den Preis nicht für Waren, sondern durch den Preis für Geld« (Luhmann 1988: 25). Die andere Lösung liegt, so Luhmann (ebd.) »im Rückgriff auf die Instabilitäten eines anderen Funktionssystems; sie nimmt kollektiv bindende Entscheidungen des politischen Systems in Anspruch, zum Beispiel in der Form von Rechtspolitik, Geldpolitik, Strukturpolitik oder auch durch Einrichtung regulativer oder administrativer Organisationen«.

Zur Zentralbank, um damit zu beginnen, heißt es bei Luhmann (1988: 147) unter Rückgriff auf Kant, dass diese »gewissermaßen das Ich des Systems [sei], das alle seine Zahlungen muß begleiten können«. Die Zentralbank könne zwar keinesfalls »qua Herrschaft die Zustände des Systems bestimmen und über Leistungen des Systems entscheiden«. Aber in dem sie in begrenztem Umfang die Bedingungen, unter denen das Medium des Geldes für Weiterleitung von Zahlungsfähigkeit bzw. Zahlungsunfähigkeit zur Verfügung steht, kontrollieren könne, verfüge die Zentralbank »über gewisse, an keiner Stelle des Systems überbietbare Möglichkeiten, auf Ereignisse, die das System betreffen, zu reagieren«. Wir kennen ähnliche Vermutungen Luhmanns auch aus den Beschreibungen anderer Funktionssysteme, nämlich immer dann, wenn hervorgehoben wird, dass ein Funktionssystem über ein *organisiertes Zentrum* verfügt. Im Falle der Wirtschaft vermutet Luhmann (1991b: 193), dass die monetäre Systemlogik flankiert wird von einer hierarchischen Bankenstruktur (Zentralbank, Geschäftsbanken, Bankkunden)[172], und dass Hierarchie als Modus der Steuerung des Bankensystems demselben eine größere Distanz zum Marktgeschehen ermögliche (vgl. Luhmann 1988: 117). Eine ausgearbeitete Theorie der Banken ist den Texten Luhmanns nicht zu entnehmen. Es finden sich aber Hinweise, dass die »Ausdifferenzierung eines Bankensystems [...] im 18.Jahrhundert« als »Schlußstein« der Ausdifferenzierung der Wirtschaft betrachtet wird (Luhmann 1988: 144). Und es findet sich ebenfalls die Bemerkung, nach der es für eine soziologische Theorie, welche »die innergesellschaftliche Ausdifferenzierung des Wirtschaftssystems auf das symbolisch generalisierte Kommunikationsmedium Geld zurückführt«, eher nahe liege, »den Banken (und nicht der Industrie) eine Zentralstellung zuzuweisen« (Luhmann 1991b: 192). Baecker (1991: 13), um hier vorzugreifen, formuliert eindeutiger, wenn er herausstellt, dass die Banken im Unterschied zu anderen Wirtschaftsteilnehmern, die »auf externe Sachverhalte wie Arbeit, Güter und Dienstleistungen zurück[greifen], um Mittel und Wege zu finden, ihre Zahlungsfähigkeit zu reproduzieren«, die »Selbstreferenz der Wirtschaft« bewegen. Banken transformieren damit, so der Fortgang des Arguments, das generelle Problem der Wirtschaft – die Schaffung, Kontinuierung und Erweiterung der Zahlungsfähigkeit – in befristete Lösungen (vgl. dazu auch Strulik 2000a: 141ff.). Der von Zentralbanken, die ihrerseits nicht zahlungsunfähig werden können, betriebene »Kreditmechanismus«, so wird wiederum bei Luhmann (1986b: 111f.) ausgeführt, schafft Spielräume, auch dort Zahlungsfähigkeit zu erzeugen, »wo sie sich nicht aus der Zirkulation von selbst ergibt«, wobei Luhmann es aber für fragwürdig hält, ob sich über das Ausmaß solcher Kreditschöpfung irgendwelche eindeutigen Kriterien angeben lassen, »– einmal abgesehen von der bloßen Absicht, die Zukunftsperspektiven des Systems zu normalisieren«.[173]

---

172 Für die internationale Ebene wird daran anschließend ausgeführt: »Daß sich für den internationalen Geldmarkt die Hierarchie mit einer Bank der Notenbanken, mit der Bank für Internationalen Zahlungsausgleich, eine weitere Stufe zulegen muß, entspricht genau dieser Logik der Hierachisierung« (Luhmann 1988 :117).

173 Nicht zu unterschlagen ist aber, dass auch die neuere Systemtheorie jene Fragen nicht zureichend beantwortet, die uns schon bei Parsons begegnet sind: Wie ist es um die Autonomie der Zentralbank bestellt? In welchem Verhältnis steht die ›staatliche‹ Kreditschöpfung zur finanzmarktlichen Selbstversorgung mit Kredit etc.? Gut möglich, dass auch Luhmann dies für Spezialfragen gehalten hat, die den Wirtschaftswissenschaften zu überlassen seien. Dort besteht allerdings, so weit wir das Feld überblicken, ebenfalls keine Einigkeit über die Frage der Fundierung und Verankerung des Geldmediums (siehe exemplarisch Heinsohn, Steiger 2002: 41f.). Luhmann (1991b: 193) bescheidet

Den Finanzmärkten wird von Luhmann grundsätzlich eine ähnliche Funktion und ein ähnlicher logischer Ort zugeschrieben wie dem Bankensystem. Auch sie werden als Einrichtungen verstanden, die die Einheit des Systems im System in spezifischer Weise präsent halten und damit zugleich die Funktion der Wirtschaft ›verdichten‹. Allerdings unterscheiden sich die Finanzmärkte unter anderem dadurch vom Bankensystem, dass sie in weitaus geringerem Maße in Organisation und Hierarchie fundiert sind: Der »Geldmarkt«, wie es bei Luhmann (1988: 116) zumeist pauschalisierend heißt, ist ein »Eigenmarkt des Wirtschaftssystems«. Auf ihm geht es nicht um Kauf oder Verkauf von Waren oder Arbeitskräften, sondern um den Kauf und Verkauf des systemeigenen Mediums selbst, des Geldes, und es geht auch um die Bedingungen, unter denen Käufe und Verkäufe des Geldes jeweils möglich sind. Der Geldmarkt zeichne sich einerseits im Unterschied zu anderen Märkten wie Produktmärkten oder Arbeitsmärkten dadurch aus, dass auf ihm Anhaltspunkte, die in die Umwelt des Systems verweisen, nur hochgradig vermittelt zur Verfügung stehen. »Die Operationen dieses Marktes«, so vermutet Luhmann (1988: 116) »sind im Höchstmaße selbstreferentiell bestimmt, das heißt: an der Selbstreferenz des Wirtschaftssystems und an der Reflexivität seines Mediums Geld orientiert«. Gleichzeitig und andererseits ist der Geldmarkt als einziger Markt mit allen anderen Märkten der Wirtschaft verschachtelt, weshalb er »am ehesten die Einheit des Systems im System« repräsentiere (ebd.: 118). Zusammengenommen lässt sich also festhalten: Der Geldmarkt beeinflusst alle anderen Märkte der Ökonomie, operiert selbst aber fast ohne Variationszusammenhang mit der Umwelt des Systems (vgl. Luhmann 1986b: 108). Es lässt sich den Texten Luhmanns nicht eindeutig entnehmen, ob dort eine Position vertreten wird, die vollständig oder überwiegend mit der maßgeblich im Kontext keynesianischer und postkeynesianischer Ansätze forcierten These einer *Hierarchie der Märkte* übereinstimmt. Danach ›determiniert‹, verkürzt gesprochen, der auf Finanzmärkten jeweils generierte Preis des Geldes den Umfang wirtschaftlicher Aktivitäten, die Finanzmärkte gelten als oberste Ebene einer wirtschaftlichen Hierarchie. Evident ist aber, dass die Finanzmärkte von der Systemtheorie als Spiegel der Pro-

---

sich mit dem Hinweis, wonach »man die Funktion der Banken (anders als die Funktion der Produktion) als eine Verdichtung der Funktion des Wirtschaftssystems schlechthin begreifen« könne. Bei Baecker (2001, 2005) finden sich Andeutungen über eine Kompatibilität der systemtheoretischen Position mit der federführend von Heinsohn und Steiger (2002) ausgearbeiteten ›Eigentumstheorie des Wirtschaftens‹.

duktmärkte und der Wirtschaft gedacht werden: Ihr Thema ist die Evaluierung der Erwartung zukünftiger Zahlungen (vgl. Baecker 1988: 281f.). Über Prozesse reflexiver Beobachtung fungieren die Finanzmärkte als »Selbstaufklärer des Wirtschaftssystems« (Piel 2003: 23), und insgesamt werden sie so als Instanzen gedacht, »auf denen die Autopoiesis der Wirtschaft selbst zur Debatte steht« (Baecker 1988: 281).

Darüber hinaus ist den einschlägigen Texten Luhmanns zu entnehmen, dass für die jüngere Vergangenheit und für die Gegenwart eine *relative Bedeutungsverschiebung zwischen bankenzentrierter und finanzmarktlicher Finanzintermediation* diagnostiziert wird. Im gleichen Zusammenhang fällt auch der Hinweis auf Mechanismen finanzmarktlichen ›positive feedbacks‹:

»Spekulation orientiert sich an Spekulation. Anders gesagt: Die Beobachtung der Beobachtung des Marktes richtet sich mehr und mehr nach den Prognosen anderer und nicht nur nach der Form, in der sie ihr eigenes Geschäftsergebnis kalkulieren. Solche Finanzinstrumente kommen selbstverständlich nicht ohne Mitwirkung von Banken zustande. Aber soweit sie sich durchsetzen, läßt sich die allgemeine Form der Risikoübernahme nicht mehr gut als Hierarchie beschreiben. Eher handelt es sich um eine ›Heterarchie‹, um eine ›modulare‹ Organisation, die einzelne Informationsverarbeitungszentren vernetzt, das heißt: mit jeweils benachbarten Zentren verknüpft, ohne dafür vom Gesamtsystem her ein Ordnungsschema vorzugeben« (Luhmann 1991b: 198).

Vergleichsweise wenig Aufmerksamkeit hat Luhmann aber der Frage gewidmet, wie solche Strukturzusammenhänge zu beschreiben sind, und wie sich eine solche Beschreibung in den Kategorienapparat der Systemtheorie einfügen könnte. Dies mag auch damit zusammenhängen, dass Luhmann bis zuletzt von einer *relativen Präponderanz der Zentralbanken* ausgegangen ist, und hier vielleicht eine Konstellation überverallgemeinert hat, die heute in ihrer historischen Kontingenz deutlicher sichtbar geworden ist. Jene vergleichsweise dominante Stellung der Zentralbanken galt hauptsächlich für die Nachkriegsökonomien Deutschlands und Japans, die beide als Musterbeispiele eines »bank-based financial system« begriffen werden konnten, »with close ties between industry and banks and relatively unimportant capital markets, expressed in low rates of capitalization, centralized shareholdings etc.« (Stockhammer 2004: 6f.). Auch wenn bis dato weiterhin regionale Unterschiede zu verzeichnen sind, so ist doch unübersehbar, dass die starke Stellung der Finanzmärkte, die traditionell im angloamerikanischen Einzugsbereich ausgeprägt war, längst auf globaler Ebene zu diffundieren begonnen hat. In einem »finanzgetriebenen Akkumulationsregime«, so lesen wir hierzu bei Sablowski und Alnasseri (2001: 136f.), »wäre also die Stabilität des Kapitalmarktes von zentraler Bedeutung für die Geldpolitik – und nicht mehr nur die Preisstabilität«. Damit ist ein *Funktionswandel der Zentralbanken* verbunden, ihr primärer Fokus ist nun nicht länger nach ›Innen‹ gerichtet, sondern nach ›Außen‹, auf Versuche zur Steuerung einer Zinsrate, die im wesentlichen von der Eigendynamik internationaler Finanzmärkte determiniert wird.

2.3. Die Finanzsphäre als Einheit der Differenz von Finanzmärkten und Bankensystem bei Baecker

Bevor im nächsten Unterkapitel die Frage erörtert wird, inwieweit es geboten sein könnte, vom Emergieren eines Finanzsystems auszugehen, wollen wir zunächst wie angekündigt durch Einbezug systemtheoretischer Anschlussarbeiten unser Verständnis finanzökonomischer Strukturzusammenhänge präzisieren. Vor diesem Hintergrund bietet es sich an, die weit ausgearbeiteten Überlegungen Baeckers zur ›Reflexionsspirale‹ der Finanzmärkte zu betrachten, ergänzt um einige Aspekte zu Banken als organisierten finanzökonomischen Systemen.[174] Obgleich Baecker die Finanzsphäre dezidiert *nicht* als eigenständiges System begriffen wissen möchte, enthalten seine Ausführungen zahlreiche weiterführende Hinweise zur Eigenlogik eben dieser Sphäre. Anders als Luhmann differenziert Baecker zwischen den verschiedenen Typen von Finanzmärkten und konturiert deren Differenz gegenüber anderen Märkten weitaus präziser. Und auch seine Betrachtung von Banken geht über die eher tentativen Ausführungen Luhmanns ein ganzes Stück hinaus und adressiert vor allem das im vorliegenden Kontext interessierende Thema, wie Banken ihre wirtschaftsinterne Umwelt als Medium für eigene Formbildungen nutzen.

Baecker hat eine Art ›Stufenfolge‹ respektive ›Typologie‹ von Märkten entworfen, die insbesondere unter dem Blickwinkel der Verschachtelung von Selbstreferenz und Fremdreferenz aufschlussreich ist. Schon den oben angeführten Luhmannschen Argumenten konnte entnommen werden, dass die Systemtheorie von der Annahme ausgeht, dass sich das Verhältnis von Selbstreferenz und Fremdreferenz in dem Maße verschiebt, in dem ›höherstufige Märkte‹ es ermöglichen, die marktgestiftete Beobachtung von

174 Daneben ziehen wir zusätzlich die bei Schmidt (1996) auffindbaren Überlegungen in die Diskussion mit ein, die ihrerseits an Baecker anknüpfen.

Beobachtungen selbst noch auf ein neuartiges Reflexionsniveau zu heben. In seiner Studie über *Information und Risiko in der Markwirtschaft* hat Baecker (1988: 253ff.) vier Markttypen (Produktmärkte, Arbeitsmärkte, Finanzmärkte und Zukunftsmärkte) unterschieden, und die diese Märkte jeweils konstituierenden Beobachtungsverhältnisse zu systematisieren versucht. Als Ausgangspunkt dient ihm der bereits gegebene Hinweis, dass Märkte als »Strukturvorgaben des Strukturverzichts«[175] zu verstehen seien. Das von Baecker vorgeschlagene Marktkonzept erweitert das Moment einer systemischen Selbstorganisation qua *Beobachtungsfähigkeit*, und zwar sowohl in Absetzung zum originären Autopoiesiskonzept von Maturana, dem das soziologisch entscheidende Moment der Selbstbeobachtung fremd ist (vgl. ebd.: 223), wie auch als Alternative zu den Marktkonzepten der Wirtschaftswissenschaften, die das Moment der Beobachtung zwar grundsätzlich kennen, qua vorgeschalteter Modelltheorie aber kaum auf Tuchfühlung mit den empirischen Beobachtungsverhältnissen im Objektbereich selbst gehen.

Baeckers (ebd.: 226) Überlegungen setzen ein mit der in dieser Arbeit in Kapitel zwei entfalteten Überlegung, wonach sich die Autopoiesis der Wirtschaft durch die Zweiwertigkeit ihrer Operationen auszeichnet, adressiert nun aber stärker die hierauf aufsetzende Frage, wie – sobald die zweiwertige Logik der Operationen gesichert ist – »auf der Ebene der mehrwertigen Logik Systemoperationen und Umweltoperationen relationiert werden« können. Er vertritt die These, dass es der Markt ist, der qua Beobachtungen zweiter Ordnung *eine mehrwertige Logik generiert und in die Wirtschaft prozediert* (ebd.), die System und Umwelt aufeinander bezieht.[176] Theoriearchitektonisch wird hiermit ein Bereich betreten, der sich zwar

175 Dieser Ausdruck beschreibt, wenn man ihn beim Wort nimmt, eine paradoxale Situation, und Baecker fundiert seine Theorie der Märkte – angeleitet von paradoxietheoretischen Überlegungen Luhmanns, aber dennoch etwas anders ansetzend – als Frage danach, welche Wege in der Wirtschaft selbst eingeschlagen werden, um trotz (oder auch: auf Grundlage) allgegenwärtiger Paradoxien operationsfähig zu sein (vgl. ebd.: 222).

176 Allgemeiner ausgedrückt geht es also um eine Forschungsperspektive, die genau jenen Problemkomplex vertieft, den wir bereits in Kapitel zwei als eigentliche Pointe systemtheoretischer Begriffsmanöver herausgestellt haben: die Frage des Verhältnisses von Offenheit und Geschlossenheit unter den Bedingungen selbstreferentiell operierender Systeme. Baecker geht davon aus, dass Marktteilnehmer mehr oder weniger selbstverständlich mit einer *mehrwertigen Logik der Beobachtung von Operationen* umgehen: »Über Preise, die man verlangt beziehungsweise zu zahlen bereit ist, wird mehrwertig entschieden, obwohl die Entscheidung ihrerseits dann nur einen zweiwertigen Ausdruck finden kann« (Baecker 1988: 251).

unmittelbar aus den basalen Theorieentscheidungen der Systemtheorie ergibt, gleichwohl aber zu den am schwierigsten zu oparationalisierenden Konstellationen zählen dürfte (siehe auch Luhmann 1988: 87). Es geht, so stellt Baecker selbst fest, um die Frage, »wie eine auf eine mehrwertige Logik von Beobachtungen rekurrierende Markttheorie mit der die zweiwertige Logik des Codes herausarbeitenden Medientheorie (Geldtheorie) kombiniert werden kann« (Baecker 1988: 242). Baecker bringt eine *Differentialmatrix* zur Analyse der verschiedenen marktspezifischen Beobachtungskonstellationen in Anschlag, und beansprucht, wiederum wohl nicht zuletzt gegen traditionelle ökonomische Modellbildungen gerichtet: »*Die Differentialmatrix ist im System selbst wirksam*« (ebd.: 229, Herv.H.P.). Oder anders ausgedrückt: »Die Hypothese ist, daß die durch soziologische Beobachtungen identifizierte Differentialmatrix wirtschaftliche Beobachtungen ordnet, die in der Wirtschaft selbst wirksam sind« (ebd.). Zur Erinnerung: Oben wurde schon darauf verwiesen, dass wirtschaftliche Zahlungsoperationen nicht nur *Operationen* darstellen, sondern immer auch Resultate von *Beobachtungen* sind wie ihrerseits *weitere Beobachtungen* ermöglichen. Hierauf aufbauend wird bei Baecker stärker als bei Luhmann das Moment wirtschaftlicher Beobachtungen als Beobachtungen zweiter bzw. n-ter Ordnung ausbuchstabiert. Solche Konstellationen liegen beispielsweise vor, wenn ein Unternehmen (oder ein anderes an Wirtschaft beteiligtes System) nicht nur die tatsächlichen Operationen anderer wirtschaftlicher Teilsysteme erfasst, sondern im Horizont eigener geplanter Operationen auch darauf blickt, *welche Beobachtungen den anderen Teilsystemen (Marktteilnehmern) überhaupt zugänglich sind und deren Kalküle möglicherweise anleiten.* Es würde den Rahmen des vorliegenden Zugriffs sprengen, wenn wir das solchermaßen bei Baecker entfaltete hochkomplexe Konzept der Differentialmatrix in Länge diskutieren würden.[177] Stattdessen wollen wir nur selektiv auf die damit möglich werdenden Unterscheidungen Bezug nehmen und unsere Diskussion auf drei Fragenkomplexe engführen: (1.) Wie unterscheidet Baecker Finanzmärkte von Produktmärkten mit Blick auf die jeweiligen Operationen, die Erwartungsstrukturen und das Verhältnis von System und Umwelt? (2.) Wie unterscheidet er – unter den gleichen Fragestellun-

---

177 Hier sei nur angefügt, dass Baecker (1988: 230) mit Hilfe einer Kreuztabellierung beansprucht, »die Gesamtheit der in Märkten dem Wirtschaftssystem überhaupt zugänglichen Perspektiven, an die sich die einzelnen Teilsysteme in beliebiger Kombination und Varianz anhängen können«, zu beschreiben. Damit wird allerdings das Feld mehrwertiger Logik betreten.

gen – primäre Finanzmärkte von sekundären Finanzmärkten? (3.) Wie unterscheiden sich Banken als finanzökonomische Organisationssysteme von Unternehmen, die Investitionsprogramme in ›Realkapital‹ tätigen? Wo es sich anbietet, werden vereinzelnd Querverweise zur Marxschen Theorie gezogen.

Zunächst zum ersten Punkt, den Unterschieden von Produktmärkten und Finanzmärkten: Auf Produktmärkten geht es, so könnte man formulieren, um »Erwartungen erster Ordnung« (Baecker 1988: 282). Bei den dort anzutreffenden Operationen handelt es sich um Zahlungen, die erfolgen mit Blick auf dafür zu erhaltene *Leistungen*, also Güter und Dienste aller Art. Obgleich solche Leistungen unter der Bedingung einer monetär ausdifferenzierten Wirtschaft nur uno actu mit Preisen bzw. Zahlungen anzutreffen sind, verweisen die *Voraussetzungen, die eine Leistung konstituieren*, auf die Umwelt des Systems. Sie gehören, so Baecker (1988: 67), »einer energetischen, materiellen, technischen, motivationalen oder gesellschaftlichen Realität an, die als Umwelt des Systems diesem nur über Reduktionsleistungen zugänglich ist«. Für Produktmärkte gilt also, dass Zahlungen die Selbstreferenz des Systems prozessieren, während Leistungen auf die Umwelt des Systems verweisen.[178] Auf Finanzmärkten hingegen sind alle diese Dimensionen anders gelagert: Auf ihnen geht es um »Erwartungen zweiter Ordnung« (Baecker 1988: 282), nämlich um *Erwartungen von Zahlungen für Zahlungen*. Bei den Operationen auf Finanzmärkten handelt es sich um Zahlungen, die die Reproduktion von Zahlungen durch Zahlungen antizipieren (ebd.: 283), und dies impliziert, dass es auf Finanzmärkten um ganz andere Formen von Leistungen geht als auf Produktmärkten (und Arbeitsmärkten), und dass damit eine ganz anders geartete System/Umwelt-Relation vorliegt. Die Zahlungen verweisen hier nicht unmittelbar auf Umweltaspekte, sondern sind *als Zahlungen zugleich Leistungen*. Appräsentieren auf Produktmärkten Preise die Selbstreferenz der Wirtschaft, während

---

178 Hier geht es also mit Marx gesprochen um Waren (und kapitalistische Dienstleistungen) als Einheit von Gebrauchswert und Tauschwert. Gegenüber bekannten Kritikmustern von links wie rechts, in denen in einseitig negativ konnotierter Weise auf eine Art Subsumtion der Leistungen (Gebrauchswerte) unter die Preise/Zahlungen (Tauschwerte) abgestellt wird, optiert Baecker (ebd.: 68) vorsichtiger und macht auch auf gegenteilige Effekte aufmerksam: Man könne vermuten »und wohl auch belegen, daß die Reflexion auf die Leistung als Leistung zu neuen, vormals unwahrscheinlichen und gesteigerten Ansprüchen an diese führt. Die Ökonomie bevölkert das Universum mit unerwartet neuen Objekten. Das schließt die positive Valuierung des Häßlichen, Monströsen, Negativen nicht aus, sondern gerade ein«.

die Fremdreferenz sich auf die Qualität von Leistungen bezieht, so sind auf Finanzmärkten sowohl die selbstreferentiellen wie auch die fremdreferentiellen Operationen Zahlungen. Für die Dimension der Fremdreferenz wird bei Baecker (ebd.: 283) notiert: »Die Fremdreferenz gilt Zahlungen, die als Leistungen zur Regeneration von Zahlungsfähigkeit im Reproduktionsprozeß der Zahlungen auf anderen Märkten wie auch auf dem Finanzmarkt selbst eingesetzt werden können«. Mit Blick auf die Dimension der Selbstreferenz finanzmarktlicher Zahlungen kommt der *Zins* ins Spiel. Diesen begreift Baecker (ebd.) einerseits als Preis des Geldes, andererseits aber auch, und dies ist entscheidend, als »Reflexionsindikator«, der markiert, dass es um Zahlungen für Zahlungen geht: »Die Selbstreferenz der Zahlungen wird ihrerseits selbstreferentiell ausgewiesen, und das kann nur heißen: sie wird in Differenz zu sich selbst gesetzt und kann so reflektiert werden«. Die auf den Finanzmärkten generierten *Finanztitel* lassen sich begreifen als Relationierung der Einheit der Differenz von Zahlung und Zins (vgl. Schmidt 1996: 186).

Es könnte auf den ersten Blick vermutet werden, dass die Systemtheorie schon mit dem Hinweis, dass auf Finanzmärkten sowohl die Fremdreferenz wie die Selbstreferenz auf Zahlungen bezogen ist, ein entkopplungstheoretisches Argument vorbringt, insofern nämlich der Bezug auf die Umwelt des Systems sich verflüchtigt zu haben scheint. Das Gegenteil ist allerdings der Fall, denn die Systemtheorie schreibt – hierin im Einklang mit der ökonomischen Theorie – den auf primären Finanzmärkten zustande kommenden originären Finanzbeziehungen eine wesentliche *Informationsfunktion* für Produktmärkte zu (vgl. Schmidt 1996: 187ff.): Baecker (1988: 289) spricht von einer *Doppelreflexion des Risikos*, um den Sachverhalt zum Ausdruck zu bringen, wonach, für den Fall, dass Investitionsprogramme mit geliehenem Geld stattfinden, nicht nur der Investor das Risiko seiner Entscheidungen reflektiert, sondern auch der (potentielle) Geldgeber. Zusammenfassend heißt es dazu:

> »(D)ie Finanzmärkte stellen Chancen bereit, die Beobachtung von Beobachtungen generell zu forcieren und fallweise zu explizieren. Sie installieren außerhalb der Produktmärkte dritte Positionen, die einen Informationstransfer organisieren, der es erlaubt, die *Unterstellungen* der denkbaren Operationen und Beobachtungen anderer Marktteilnehmer, mit denen Beobachtungen von Beobachtungen normalerweise operieren müssen, zu konsolidieren« (ebd.: 290).

Damit verbunden ist ein weiterer Aspekt, der uns schon in Kapitel zwei begegnet ist, der nun aber fortbestimmt bzw. präzisiert werden kann. Wir hatten dort auf Luhmanns Konzept der *Zweitcodierung des Eigentums durch das Geld* hingewiesen, und erläutert, dass hierin eines der Unterscheidungskriterien von vormoderner und moderner Wirtschaft zu sehen ist. Während man das vormoderne Eigentum als »rechtlich gedeckte Sachherrschaft« (Luhmann 1988: 189) begreifen kann, die nur sehr begrenzt ökonomisch konditionierbar ist, führt die spezifisch moderne Dominanz des Zweitcodes Geld über den Primärcode Eigentum dazu, dass das Eigentum »unter dem Gesichtspunkt möglicher transaktioneller Verwertung bzw. einer nur momentan illiquiden Fixierung als investiertes Kapital bewertet« wird (Luhmann 1995b: 456). Wir haben jetzt den Punkt erreicht, an dem ein konkreter Mechanismus dieser Überformung des Eigentums durch das Geld bestimmt werden kann. Hatte schon die Diskussion der Marxschen Theorie zu dem Ergebnis geführt, dass den einzelnen Kapitalien im Kreditsystem eine *höherstufige Einheit ihrer selbst* gegenübertritt, so können wir diesen Aspekt nun systemtheoretisch beschreiben. Die von Baecker genannte Doppelreflexion des Risikos führt dazu, dass »nur noch solche Entscheidungen getroffen (werden), deren Anreiz hoch genug erscheint, um einen Teil des erwarteten Gewinns in Form von Zinszahlungen an den Geldgeber weiterzugeben« (Baecker 1988: 289). Beide Akteure bzw. Systeme, der Anbieter von Finanzmarktzahlungen ebenso wie der Erwerber einer Finanzmarktzahlung, »vergleichen die Zinsinformation mit Investitionserwartungen« (ebd.: 291) und prozessieren damit die oben genannten Erwartungen zweiter Ordnung.

Eine entkopplungstheoretische Perspektive tritt vor allem dann hinzu, wenn wir einen Schritt weiter gehen und uns zweitens den *sekundären Finanzmärkten*[179] zuwenden. Hierunter sind jene Märkte zu verstehen, die es

179 Bei Huffschmid (2002: 25) findet sich die folgende Übersicht über die ›Staffelung‹ der Finanzmärkte: »1. Der *Kreditmarkt*, mit den Banken als Gläubigern auf der einen, Unternehmen, Regierungen und Privatpersonen als Schuldnern auf der anderen Seite. 2. Der *Primärmarkt für Wertpapierfinanzierung*, auf dem sich Unternehmen durch die Ausgabe von Aktien oder die Auflage von Anleihen und Regierungen durch Anleihen Finanzierungsmittel direkt beim Publikum beschaffen. Dies ist der klassische Kapitalmarkt, der überwiegend über die Börse abgewickelt wird. Finanzunternehmen sind hierbei nicht als Kreditgeber, sondern als Vermittler zwischen Kapitalgebern und Kapitalnehmern tätig. 3. Der *Sekundärmarkt für den Wertpapierhandel*. Auf ihm werden bereits existierende Wertpapiere, deren Finanzierungsfunktion also bereits erfüllt ist, gehandelt. Dabei tritt das Anlegerinteresse an hohen Renditen und steigenden Kursen gegenüber dem Finanzierungsinteresse in den Vordergrund. 4. Der *Markt für Währungen*. Er ist zur Abwicklung des internationalen Handels sowie grenzüberschreitender Investitionen erforderlich, hat sich aber weit über diese Funktion hinaus zu einem der bevorzugten Spekulationsmärkte

ermöglichen, »originäre Finanzbeziehungen – soweit diese fungibel sind – von ihrer Bindung an spezifische Geldgeber unabhängig zu machen, indem die ursprünglich begründete Position eines Geldgebers durch den Verkauf des Kontrakts geräumt werden kann« (Schmidt 1996: 189). Wir erreichen an dieser Stelle jene Bestimmung, die bei Marx vor allem unter dem Titel des *fiktiven Kapitals* fungiert. Zur Erinnerung: Die Genese fiktiven Kapitals erblickt Marx dort, wo es möglich wird, Schuldforderungen (also Quellen eines Zinsertrages) selber noch als Waren auf Märkten zu handeln. Statt das ausgeliehene Geld vom Kreditnehmer zurückzufordern, kann der Finanzkontrakt an andere Marktteilnehmer verkauft werden (vgl. Schmidt 1996: 189). Der Zirkulation solcher Anspruchstitel kommt nun ein *Doppelcharakter* zu, der sich folgendermaßen umreißen lässt: Einerseits kann vermutet werden, so Baecker (1988: 297f.), dass die hier anzutreffenden Finanzentscheidungen »sich an spekulativen Anreizen (orientieren), die mit den langfristig identifizierbaren Erwartungen der Produktionsinvestitionsentscheidungen oft wenig zu tun« haben. Mit »zunehmender Inklusion eines breiten Publikums« wird vermutet, so Baecker (ebd.) weiter, »verliere sich das Realwissen um die Investitionschancen und überwiege die Spekulation«. Dieses Moment ist uns oben bereits im Zuge der Rekapitulation der Parsonsschen Theorie in dem Hinweis begegnet, dass (sekundäre) Finanzmärkte als prototypisch unstrukturierte Situationen begriffen werden können, so dass sich die Entscheidungsfindung in Ermangelung anderweitiger Kriterien regelmäßig am Verhalten anderer Marktteilnehmer orientiert (vgl. Parsons, Smelser 1956: 238).[180] Dies ist wenig verwundernswert, wenn man berücksichtigt, dass Finanzmarktgeschäfte auf eigene Rechnung betrieben werden und der Erfolg solcher Investitionen weniger von dem Erfolg des jeweils finanzierten Projekts abhängt als vielmehr von günstigen Preisbewegungen auf dem Markt für Finanztitel selbst (vgl.

---

entwickelt. 5. Der *Markt für abgeleitete Finanzinstrumente'* (Derivate), die sich auf finanzielle Forderungen und Verpflichtungen in der Zukunft beziehen. Dabei steht zum einen ihre Sicherungsfunktion gegen Preisänderungen, zum anderen die Spekulation im Vordergrund«.

180 In diesem Sinne auch die Bemerkung bei Piel (2003: 25): »Sind Selbstreferentialität und Beobachtung zweiter Ordnung in diesem Zugang also schon immer marktkonstituierend und insofern der Normalmodus wirtschaftlichen Prozessierens […], so sind gerade die Märkte der Neuen Ökonomie durch komplexere Formen im Sinne einer ins Extrem gesteigerten Selbstreferentialität geprägt. Die Marktteilnehmer orientieren sich – insbesondere mit fortschreitender Staffelung der Märkte – primär nicht an den fundamentalen Knappheitsverhältnissen, sondern am (erwarteten) Marktverhalten der anderen«.

Schmidt 1996: 190). Sowohl in der Sachdimension wie in der Zeitdimension entstehen hier genuin *finanzökonomische Kontexturen*, die zwar nicht ohne das Wirtschaftssystem denkbar sind, zugleich aber entlang eigenständiger Reproduktionszyklen eine eigene Autopoiesis der Zahlungen begründen.[181]

Andererseits kann aber ebenso vermerkt werden, dass durch sekundäre Finanzmärkte die Steuerungsfunktion der Finanzmärkte gesteigert wird, indem die Operationsmöglichkeiten der Marktteilnehmer wesentlich erweitert werden. Schmidt (1996: 189) spricht in diesem Kontext von der »Möglichkeit der *Anpassung an veränderliche Risikostrukturen*«. Die Marktbeobachtungen können jederzeit in Zahlungsoperationen umgesetzt werden, die Preise für die einzelnen Finanztitel variieren entsprechend dem Verhältnis von Angebot und Nachfrage. Auch Baecker (1988: 298) verweist unter Bezug auf Keynes auf den hohen Grad an »Reliquidisierbarkeit der Investitionsentscheidung« als der eigentlichen Qualität sekundärer Finanzmärkte. Die Anleger lassen sich nur deshalb auf die Unsicherheit des Geschäfts mit Zahlungsversprechen ein, anstatt ihr Geld zu horten, weil sie flexibel darüber disponieren können, welchen Zahlungsversprechen sie vertrauen und welchen nicht. Das oben bereits diskutierte Moment der Doppelreflexion des Risikos wird auf diesem Wege gleichsam verallgemeinert: Es sind nicht länger primäre Gläubiger-Schuldner-Verhältnisse, durch die ein evaluatives Moment in die Wirtschaft eingeführt wird, sondern mit der Möglichkeit des Wertpapierhandels emergiert ein ganzes Regime vernetzter Anspruchs- und Schuldforderungen. Dazu führt Piel (2003: 26f.) aus:

»Mit der Börse steht im Wirtschaftssystem somit eine zentrale Stelle zur Verfügung, an der nicht in erster Linie ›*gehandelt*‹ wird, sondern an der – in Form der Kursverläufe – abgelesen, also: *beobachtet* werden kann, wie im System beobachtet wird. [...] An der Börse beobachtet das Wirtschaftssystem nicht einfach die eigenen Operationen – es beobachtet sich selbst aufgrund der Unterscheidung von System und Umwelt, von Selbstreferenz und Fremdreferenz (Beobachtung zweiter Ordnung)«.[182]

---

181 Willke (2006: 53) spricht an dieser Stelle von einem »financial system [...] based on a self-referential circle of investments, mediated through returns on investments (ROIs)«.

182 Als Höhepunkt der »Reflexionsspirale der Zahlungen« schließlich begreift Baecker (1988: 286f.) die Zukunftsmärkte bzw. die Terminkontraktmärkte. Dort gehe es nicht mehr um Zahlungen für die Erwartung von Zahlungen, sondern um *Zahlungen für die Erwartung der Erwartung von Zahlungen*. Hier hat jene Diagnose ihren Platz, die wir einlei-

Kommen wir nun drittens kurz auf Banken zu sprechen: Die dazu auffindbaren Überlegungen nähern sich unserem Thema von einer etwas anderen Seite. Die Systemreferenz ›Organisation‹ wurde bis dato nur implizit mitgeführt. Im Blickfeld unserer Recherche nach Momenten einer Differenz von Wirtschaft und Finanzsphäre stand vor allem die Unterscheidung von Produktmärkten und Finanzmärkten. Diese Perspektive soll nun ergänzt werden durch Fokussierung auf die Differenz von Banken und (produzierenden) Unternehmen als zwei unterschiedlichen Formen organisierter Sozialsysteme im Kontext der Wirtschaft. Im Unterschied zu den Ausführungen Luhmanns zum Bankensystem steht bei Baecker nicht die Zentralbank als Organisation an der Schnittstelle von Politik und Wirtschaft im Zentrum der Analyse, sondern es sind die *Praktiken der Geschäftsbanken*, nach deren Besonderheit und wirtschaftlicher Funktion gefragt wird. Der Übersicht halber und um die Bezugssysteme deutlicher voneinander zu separieren sei noch einmal eine Seitenbemerkung auf entsprechende Marxsche Begrifflichkeiten eingeschoben: Die vorangegangenen Ausführungen haben vor allem Sachverhalte thematisiert, die im Kontext der Kritik der politischen Ökonomie mit den Begriffen des zinstragenden Kapitals und des fiktiven Kapitals eingefangen werden. Hierbei handelt es sich um Kategorien, die auf Funktionssystemebene angelagert sind, sie bezeichnen spezifische Formbildungen im Medium des Geldes. Darüber hinaus hatten wir aber auch schon darauf hingewiesen, dass Finanzmarkttransaktionen jeweils auf eigene Rechnung betrieben werden, wofür bei Marx der Begriff des Geldhandlungskapitals steht, der sich auf organisierte Sozialsysteme bezieht. Konkrete Bankgeschäfte ebenso wie konkrete Finanzmarktoperationen ›enthalten‹ in der Regel beide kategorial voneinander unterschiedenen Dimensionen, und insofern geht es in den folgenden Überlegungen nicht um gänzlich neuartige Sachverhalte, sondern vielmehr darum, die Finanzsphäre aus anderem Blickwinkel zu betrachten.

Die Funktionszuschreibung der Banken deckt sich bei Baecker im wesentlichen mit der Funktion der Finanzmärkte. Banken, so wird festgehal-

---

tend mit dem Hinweis vorweggenommen haben, wonach »die ›Primärargumente‹ der Rejektion oder Akzeption von Transaktionen verschwinden und nur noch die ›eigenvalues‹ der Preisstruktur eine Rolle spielen« (Baecker 1988: 303). Auch diesen Strukturzusammenhängen ist ein Doppelcharakter inhärent. Einerseits ist hier einfach eine weitere Möglichkeit entstanden, die Selbstreferenz der Zahlungen privatkapitalistisch durch den Handel mit abgeleiteten Zahlungsversprechen auszubeuten. Andererseits verweisen die Zukunftsmärkte auf eine kognitive Dimension, insofern sie wirtschaftliche Risiken und Informationen generieren, verteilen und bewältigen.

ten, »transformieren das generelle Problem der Wirtschaft, die Schaffung, Kontinuierung und Erweiterung der Zahlungsfähigkeit in der Zeit, in provisorische und darum befristete Lösungen dieses Problems« (Baecker 1991: 13). Allerdings steht bei einer Betrachtung finanzökonomischer Kontexturen aus der Perspektive von Banken das Verhältnis von Geldmedium und formaler Organisation im Vordergrund. Dazu heißt es bei Baecker (1991: 48): »Die Bank beschreibt und reflektiert sich selbst als ein Unternehmen der Wirtschaft. Alle Ungewissheiten über diesen Punkt können immer wieder dadurch ausgeräumt werden, daß die Bank Profitziele verfolgt«. Als Unterscheidungskriterium zu anderen an Wirtschaft beteiligten Organisationen (Unternehmen) hält Baecker (ebd.: 13) fest:

»Banken handeln mit Geld und mit Zeit. Gegenüber anderen Wirtschaftsteilnehmern zeichnet sie aus, daß sie dies ohne Umschweife tun. Andere Wirtschaftsteilnehmer greifen auf externe Sachverhalte wie Arbeit, Güter und Dienstleistungen zurück, um Mittel und Wege zu finden, ihre Zahlungsfähigkeit zu reproduzieren. Die Banken dagegen bewegen die Selbstreferenz der Wirtschaft«. Etwas anders fokussiert lässt sich auch sagen: Während Unternehmen, die mit ›Realkapital‹ operieren, die Differenz von Zahlungen und Nicht-Zahlungen *sachlich* entfalten, entfalten Banken die selbe Differenz in der *Zeitdimension* (vgl. ebd.: 52).

Hier liegt eine systemtheoretische Variante jener Unterscheidung vor, die Marx als Differenz von industriellem Kapital und Geldhandlungskapital gefasst hat. Der Unterschied zwischen der Kritik der politischen Ökonomie und der Systemtheorie besteht darin, um dies noch einmal zu betonen, dass erstere qua Arbeitswerttheorie Bankgeschäfte als rein zirkulationsseitig angesiedelte Metamorphosen des Kapitals als ›nur‹ indirekt produktiv begreift (vgl. MEW25: 292ff.), während die Theorie sozialer Systeme hier weniger eindeutig (oder auch: weniger festgelegt) votiert. Allerdings findet sich auch bei Baecker (ebd.: 30) der Hinweis, dass Banken in erster Linie als *Informationsproduzenten* aufgefasst werden müssten. Und auch wenn diese Dimension bei Marx nicht dezidiert entfaltet wird, haben wir doch bereits gesehen, dass Marx das Geldhandlungskapital als Einrichtung bzw. ›Organ‹ begreift, das den Gesamtreproduktionsprozess der Wirtschaft qua interner funktionaler Differenzierung rationalisiert.

Betrachten wir nun abschließend einige Bestimmungen, mit denen die Systemtheorie die unterschiedlichen Operationsweisen von Unternehmen und Banken beschreibt, und zwar wiederum mit Blick auf das Verhältnis von System und Umwelt. Zur Risikoverarbeitung von Unternehmen, die Güter und Dienstleistungen produzieren, bemerkt Baecker (ebd.: 13f.), dass selbige »auf Bedürfnisstrukturen rekurrieren, die Erwartungen darüber auszubilden erlauben, wie stark die zahlungsfähige Konsumbereitschaft ist, die bestimmten Produkten gegenübersteht«. Laut Baecker geschieht dies in der Regel aber nicht durch direkten Blick auf die Konsumenten, sondern auf dem Umweg, dass Unternehmen andere Unternehmen daraufhin beobachten, mit welchen Produkten jene bereits Erfolg haben. Diese Praxis einer Beobachtung der Konkurrenten im Spiegel des Marktes wird zwar auch von Banken getätigt, allerdings nicht »im Hinblick auf die Bedürfnisstrukturen, die von außen an die Wirtschaft herangetragen werden«, sondern, so Baecker (ebd.: 14) weiter, »im Hinblick auf Fristen und auf Konditionen, zu denen sie bereit sind, provisorisch Zahlungsfähigkeit an die Stelle von Zahlungsunfähigkeit (Kredite) oder zukünftige Zahlungsfähigkeit an die Stelle gegenwärtiger Zahlungsfähigkeit (Einlagen) zu setzen« (Baecker 1991: 14). Die Kaufs- und Verkaufsakte der Banken beziehen sich nicht auf fremdreferentielle Leistungen, sondern auf das Medium der Wirtschaft selbst. Banken handeln mit *Zahlungsversprechen*: Wenn Banken einen Kredit vergeben, dann ›kaufen‹ sie die Zahlungsunfähigkeit ihrer Kunden, und zwar gegen den Erwerb von Zahlungsfähigkeit (Zinsen). Etwas anders gelagert ist die Sache bei Einlagen: Hier kaufen die Banken von ihren Kunden heutige Zahlungsfähigkeit im Austausch gegen zukünftige (vermehrte) Zahlungsfähigkeit und bezahlen hierfür ihrerseits einen Zins. Betrachtet man die Einheit beider Geschäftspraktiken, dann lässt sich auch sagen, dass Banken darauf spezialisiert sind, »geliehenes Geld auszuleihen, also ihre Schulden mit Gewinn zu verkaufen« (Baecker 1991: 25). Mit Unternehmen, die Güter und Dienstleistungen produzieren, haben es Banken also gemeinsam, Leistungen anzubieten, die zur Regeneration von Zahlungsfähigkeit plus Gewinn beitragen. Man könnte auch sagen: Ebenso wie diese binden auch Banken ihre eigenen Entscheidungsprozesse an die Bedingungen der Autopoiesis der Wirtschaft. Eine Bank unterscheidet sich von Unternehmen aber dadurch, dass sie zugleich einen »Beobachtungsposten« einzunehmen gezwungen ist, weil ihr »über die Formen, die sie produziert und in der Wirtschaft verkauft, ein unmittelbarer Zugriff auf den Reflexionswert der Wirtschaft (Nicht-Zahlungen) nicht nur möglich, sondern laufend abverlangt wird« (Baecker 1991: 52). Es ist der Handel mit der spezifischen *Ware des Zahlungsversprechens*, der die Banken »zur Beobachtung sowohl der in Aussicht gestellten Zahlungsfähigkeit als auch der immer denkbaren Zahlungsunfähigkeit dessen, der das Versprechen abgibt«, zwingt (ebd.: 50f.). In diesem Sinne tragen auch Banken dazu bei, die

Risikostrukturen der modernen Wirtschaft zu reflektieren und operativ handhabbar zu machen.

Zusammenfassend wollen wir festhalten, dass der Blick auf die Finanzmärkte und auf Banken als organisatorisch ausdifferenzierte Finanzintermediäre gezeigt hat, dass sehr verschiedenartige Formbildungen im Medium des Geldes möglich sind, und dass – systemisch betrachtet – die Funktion finanzmarktlicher Operationen nicht in jedem Falle unmittelbar am einzelnen Vorgang der Zahlung abgelesen werden kann. Ebenso wenig dürfte es möglich sein, dies wird weiter unter noch eingehender thematisiert, einzelne Zahlungen als Letztelemente entweder der Wirtschaft oder der Finanzökonomie zu bestimmen. Sollen weitere Bestimmungen zur Frage von Einheit und Differenz von Wirtschaft und Finanzsphäre möglich sein, dann ist es geboten, den bisher gewählten allgemeinen Abstraktionsgrad zu überschreiten.

2.4. Das Emergieren eines Finanzsystems als Wiederholung von Systembildung ›im‹ Wirtschaftssystem?

In diesem Kapitelteil zur Systemtheorie der Wirtschaft muss einiges zusammengedacht werden. Das Fragezeichen in der Überschrift verweist darauf, dass es weder mit Blick auf die Arbeiten Luhmanns noch unter Einbeziehung von Folgearbeiten einen Königsweg gibt, der vorschreibt, mittels welcher Begrifflichkeiten die Finanzsphäre beschrieben werden sollte. Den Texten Luhmanns lassen sich keine Hinweise entnehmen, die Finanzsphäre als in der Wirtschaft ausdifferenziertes System zu denken. Es lassen sich aber ebenso wenig prinzipielle Einwände gegen ein solches Unterfangen dort auffinden. Die Sekundärliteratur und die einschlägigen Anschlussarbeiten setzen unterschiedlich an: Baecker (1988, 1989, 1991, 2001), das wurde bereits gezeigt, hat bis dato einen Zugriff gewählt und sehr weit ausgearbeitet, der die Finanzsphäre *nicht* als eigenständiges System begreift, sondern von zwei unterschiedlichen Warten aus in den Blick nimmt: *als Einheit der Differenz von Finanzmärkten und Bankensystemen.* Anders optieren Willke (1998, 2006), Schmidt (1996) und Borgmann (2005), die allesamt die Finanzsphäre ganz dezidiert als eigenständiges System konzeptualisieren.[183]

183 Ähnliche Ansätze finden sich auch bei Strulik 2000a und Piel 2003.

Es stellt sich die Frage, ob man beiderlei Verfahrensweisen überhaupt als einander ausschließend zu denken hat. Aber genau ein solcher Eindruck kann sich aufdrängen, wenn die zur Debatte stehenden Sachverhalte in einer spezifischen Art und Weise *enggeführt* werden. Wir hatten schon im Zuge der Diskussion Marxscher Überlegungen zum Verhältnis von Wirtschaft und Finanzsphäre die Position Baeckers eingeblendet, derzufolge die Selbstreferenz des Kapitals aufs Ganze gesehen darauf angewiesen ist, durch Fremdreferenz vermittelt zu werden. Im selben Zuge hat Baecker (2001: 314) die Annahme kritisiert, die Wirtschaft könne in die »zwei Bereiche der ›Realökonomie‹ und der ›Symbolökonomie‹« auseinanderdividiert werden. Bei Willke (2003a: 126) findet sich genau hierauf antwortend der Hinweis: »Auch angesichts dieses Arguments halte ich daran fest, dass sich die Anhaltspunkte für Transaktionen des Geldkapitals vorrangig selbstreferentiell in den Erwartungen und Unterstellungen des Finanzsystems als ›Symbolökonomie‹ finden«. Nun lässt sich unschwer erkennen – auch dieses Argument konnte bereits bei Marx aufgefunden werden –, dass die Finanzsphäre durch *beides* gekennzeichnet ist: Konstitutiv ist sowohl ein intrinsischer Zusammenhang von Kreditsystem und Wirtschaft als auch eine selbstbezügliche Eigenlogik kreditärer Formen. Die Differenz in den Argumenten von Willke und Baecker ergibt sich nicht zuletzt aus *unterschiedlichen Bezugssystemen*, die gegeneinander ausgespielt werden, wo sie doch nur zwei Seiten einer Medaille darstellen. Willke begründet die Eigenlogik der Finanzsphäre mit Hinweis auf die kumulativen Effekte finanzspezifischer Erwartungsstrukturen, die sich durch einen hohen Grad an Selbstbezüglichkeit auszeichnen und Fremdreferenz, etwa einen Bezug auf wirtschaftliche Fundamentaldaten, vermissen lassen. Baecker hingegen akzentuiert Vermittlungsnotwendigkeiten kapitalistischer Selbstreferenz und kommt von dieser Warte aus zum Befund einer Einheit in der Differenz von Wirtschaft und Finanzsphäre. Man könnte allerdings fragen, ob es ergiebig genug ist und dem Begriffsinstrumentarium der Systemtheorie gerecht wird, beide Positionen als polare Entgegensetzungen stehen zu lassen, oder ob nicht die eigentliche Pointe darin bestünde, eine integrierende Beschreibungsmöglichkeit zu finden.

Als gesichertes Wissen kann allemal gelten, dass im Sinne Luhmanns unter einem Finanzsystem kein bloßes heuristisches Artefakt zu verstehen wäre, wird doch von der Theorie sozialer Systeme beansprucht, die »Engstinterpretation der Systemtheorie als eine bloße Methode der Wirklichkeitsanalyse« zu überwinden (Luhmann 1984: 30). Stattdessen wird beansprucht, im Zuge der Beschreibung des Sozialen eine begriffliche Rekonstruktion der »Selbstabstraktionen in den Gegenständen« (ebd.: 16) bzw. der »System/Umwelt-Differenz, wie sie im System selbst verwendet wird« (ebd.: 25), zu leisten. Baecker (1988: 45) hat im gleichen Sinne für einen systemtheoretischen Zugriff auf Wirtschaft festgehalten, dass das Programm einer »allgemeinen Theorie des Wirtschaftssystems« darin bestehen müsse, »im Anschluß an die Wirtschaft selbst, also nicht nach analytischem Gutdünken, die Systemereignisse zu identifizieren«, sowie »anhand der von der Wirtschaft verwendeten System/Umwelt-Differenz die Konstitution des Systems zu beschreiben«. Diese Forderung nach einer *operationenorientierten Zugriffsweise* gilt mutatis mutandis auch für die Frage einer Systemtheorie des Finanzsektors, zu der bei Willke (2006: 38) ausgeführt wird: »How can we describe the operative logic of a complex symbolic system of communication that is centered around the function of a self-referential mode of saving and investing money?«. Bereits diese Frageperspektive unterscheidet die Systemtheorie in diametraler Weise von den in den Wirtschaftswissenschaften gängigerweise anzutreffenden Methoden. Dort wird der finanzielle Sektor beispielsweise definiert als »*gedankliche Einheit* aller derjenigen Wirtschaftseinheiten, deren Betriebszweck im Sinne des Sachziels darin besteht, monetäre Problemlösungen für den Zahlungs-, Kredit- und Kapitalverkehr anzubieten« (Deppe zitiert nach Schmidt 1996: 183, Herv.H.P.). Die Verwendung des Ausdrucks ›gedankliche Einheit‹ ist es, der die Trennlinie zur Theorie sozialer Systeme eindrucksvoll markiert. Denn damit wird jeglicher Anspruch, auf Tuchfühlung mit dem Objektbereich selbst zu gehen, von vornherein unterlaufen und abermals – wir hatten dies bereits anlässlich der Marktkategorie herausgestellt – auf Modellbildung abgestellt. Gleichwohl lassen sich auch in den Wirtschaftswissenschaften kritische Stimmen antreffen, die auf die Notwendigkeit von Alternativen zur Modellschreinerei pochen, so etwa wenn es bei Schmidt, Hackethal und Tyrell (2001: 2) heißt:

»So far, the convergence of entire financial systems is a topic that has barely been addressed in the economic literature, just as financial systems in their totality and in general terms – in contrast to individual aspects and parts of financial systems and the financial systems of individual countries – have so far been largely neglected by researchers. This points to the existence of methodological problems. One particularly important problem of this type is the fact that it is difficult to define the term ›financial system‹: What forms part of a financial system, or, to put it differently, where do its boundaries lie?«.

Unsere bisher angestellten Rekonstruktionen zur systemtheoretischen Beschreibung finanzwirtschaftlicher Strukturen kam zum Ergebnis, dass man nicht zwangsläufig auf den Systembegriff rekurrieren muss, um die durch Selbstbezüglichkeit gestiftete Eigenlogik des finanzökonomischen Geschehens zu beschreiben. Die Operationen auf den sekundären Finanzmärkten, der Handel mit abgeleiteten Finanztiteln, dass, was bei Marx vor allem unter dem Begriff fiktives Kapital fungiert, bekommt die Theorie sozialer Systeme auch anderweitig auf ihren Analysebildschirm. Um den Sinngehalt zu verdeutlichen, den wir darüber hinausgehend mit einer Beschreibung der Finanzsphäre als Finanz*system* verbinden, muss etwas weiter ausgeholt werden. Es wurde schon anlässlich der Diskussion der Luhmannschen Konzeption von Wirtschaft als gesellschaftlichem Funktionssystem darauf hingewiesen, dass die theoriearchitektonischen Begriffsbestimmungen sowie die materialen Analysen der Wirtschaft von Luhmann vor allem vor dem Hintergrund erfolgt sind, die These einer funktionalen Primärdifferenzierung der modernen Gesellschaft zu ›beweisen‹. Insofern ging es darum, zunächst einmal die Autopoiesiskonzeption für die primären Funktionssysteme durchzuarbeiten. Wie Kneer (2004: 38, Herv.H.P.) ausführt, hat sich Luhmann in seinen Ausarbeitungen »primär für den Übergang von der vormodernen zur modernen Gesellschaft interessiert und nur eher beiläufig *die Transformationen der Subsysteme innerhalb der Moderne* thematisiert«. Insofern stellt sich als Aufgabe für jeglichen systemtheoretisch angeleiteten Versuch, der darum bemüht ist, solche Transformationsprozesse zu erforschen, die Aufgabe, die allgemeinen Konzeptionen der ausdifferenzierten Teilsysteme zu respezifizieren. Oder abermals in den Worten von Kneer ausgedrückt: Gefordert ist eine »Forschungsperspektive [...], die den endogenen Dynamiken der Teilsysteme bei der Handhabung ihrer Selbstreferenz [...] nachgeht«, und zwar unter besonderer Berücksichtigung der »strukturellen Veränderungen des teilsystemischen Ordnungsgefüges der Moderne« (ebd.). In eine ähnliche Richtung weisen auch Anmerkungen Willkes (2005: 145), der hervorgehoben hat, »dass die weitere interne Differenzierung der Symbolsysteme durch Variation kaum thematisiert ist«, und im Anschluss daran vermerkt: »Die Steigerung des Elements der Zahlung (im Fall des Funktionssystems der Ökonomie) zu Zahlungserwartungen und zu Erwartungen von Zahlungserwartungen [...]

zeigen aber die Richtung an, in der genauere Beobachtungen Einsichten versprechen«.[184]

Natürlich sind bereits Luhmanns Schriften durchaus durch eine Art von *Doppelläufigkeit* gekennzeichnet. In ihnen wird einerseits eine allgemeine Theorie der modernen Gesellschaft entfaltet. Zugleich finden sich immer wieder andeutungsweise Aussagen und Passagen, die einen zeitdiagnostischen Gehalt haben, und sich auf Phänomena jüngeren Datums beziehen. Oben hatten wir schon darauf hingewiesen, dass sich bei Luhmann die These einer relativen Dominanzverschiebung von einer bankenzentrierten Finanzintermediation hin zu einer mehr marktzentrierten Form von Kreditversorgung finden lässt. Und in der *Gesellschaft der Gesellschaft* hat Luhmann – freilich eher en passant – von den internationalen Finanzmärkten als den »Zentren der Weltgesellschaft« gesprochen (Luhmann 1997: 808). Damit ist evidenter Weise keine Rücknahme des Theorems funktionaler Differenzierung impliziert, wohl aber die Vermutung, dass eine Differenzierung nach Zentrum und Peripherie, von Luhmann mit Blick auf primäre gesellschaftliche Differenzierungsformen en gros als vormoderner Sachverhalt bestimmt, in der Wirtschaft bis heute eine entscheidende Rolle zu spielen scheint. Hierbei geht es um die *interne Differenzierung des Wirtschaftssystems*, und man ist geneigt, sogleich an jene Forschungsprogramme zu denken, die im Zuge einer Gegenbewegung zu den Modernisierungstheorien der 1950er und 1960er Jahre auf die Persistenz von Ungleichheit und strukturellen Abhängigkeitsverhältnissen auf globaler Ebene gepocht haben: Die Dependencia-Theorie und die Wallersteinsche Weltsystemtheorie (vgl. dazu Greve, Heintz 2005). Nur wird sich die Theorie sozialer Systeme weder dem dortigen Ökonomismus anschließen, noch ist sie dazu verpflichtet, die Differenz von Zentrum und Peripherie umstandslos und ausschließlich *räumlich* anzusetzen. Jedenfalls nicht in dem Sinne, dass ›Raum‹ als ontologische Tatsache aufgefasst wird, gleichsam als Container, der aller Sozialität immer schon äußerlich vorgegeben ist (kritisch dazu Läpple 1991). Instruktiver dürfte es sein, den Differenzierungsmodus nach Zentrum und Peripherie als sekundäre Differenzierungsform

184 Auch Huber (1991: 128) hält es für geboten, einen schärferen Trennstrich zu ziehen zwischen dem Übergang zu einer funktionalen Ausdifferenzierung der Gesellschaft und der damit verbundenen Eigendynamik der Funktionssysteme selber, denn »das Tempo, in dem sich das Recht ändert, das Tempo, in dem neue Theorien geschaffen werden, das Tempo, in dem Kunst auf vorherige Kunst mit Überbietungsgesten oder mit Variationen reagieren muß« variieren weitgehend unabhängig voneinander.

mittels eines soziologisch reflektierten Raumkonzepts stärker an die Netzwerkforschung anzuschließen, und so eine flexiblere Perspektive zu gewinnen.

Genau in diesem Kontext könnten jene Überlegungen zur unterschiedlichen Logik ökonomischer und finanzökonomischer Codierungen des Geldes platziert werden, die wir in diesem Kapitel bislang herausgearbeitet haben. Und in diesen Zusammenhang sollten u.E. auch die Überlegungen bei Willke (1998: 9) eingeordnet werden, in denen das »globale Finanzsystem« – verstanden als »weltweite Vernetzung und (teilweise) Selbststeuerung der Finanz- und Geldmärkte« – als Prototyp eines *lateralen Weltsystems*[185] begriffen wird. Das System der Finanzmärkte bleibe zwar auch weiterhin »Teil der Ökonomie«, ließe sich »aber zunehmend organisatorisch und operativ als ausdifferenzierter Bereich trennen«.[186] Auch bei Willke (2006: 39) ist zu lesen, dass die Beschreibung der Finanzsphäre als System nicht jener These Vorschub leisten soll, wonach ein solches System als autark zu denken ist. Das Argument lautet allerdings, *dass es das Finanzsystem selbst ist,* »that defines the avenues and gates through which it is willing to relate to the social context« (ebd.). Unseres Erachtens ermöglicht es gerade der Bezug auf die Raumdimension und die Zeitdimension (mehr dazu unten) als ›Indikatoren‹, den unterschiedlichen Funktionslogiken und Eigenstrukturen von Wirtschaft und Finanzsphäre ebenso wie deren Interferenzen besser auf die Spur zu kommen. Bevor wir daran gehen werden, einige weiterführende Überlegungen zu dieser Forschungsperspektive anzustellen, soll im nächsten Abschnitt zunächst noch einmal nachgesehen werden, welche begrifflichen Mittel bei Luhmann angeboten werden, um Prozesse der internen Differenzierung des Sozialen bzw. der Gesellschaft zu denken. Dies geschieht nicht zuletzt aus dem Grund, weil seitens neuerer Beiträge zur Systemtheorie mittlerweile versucht wird, die tradierten Komplementärbegrifflichkeiten von systemischer operativer Geschlossen-

---

185 Vgl. Willke 1998 und 2000 zur Differenz zwischen der Luhmannschen Konzeption der Funktionssysteme als Weltsysteme und der Theorie lateraler Weltsysteme.

186 Konkretisierend heißt es hierzu: »The financial system is by now a global ›regime‹, including structures (principles, norms, values), procedures and rule systems. It consists of a loosely coupled set of powerful states such as the G7 and international, transnational and global institutions such as the World Bank, the IMF, the BIS and the Basel Committee on Banking Superivsion, the IOSCO (International Organization of Securities Commissions) and the IAIS (International Association of Insurance Supervisors), the Central Banks of large economies and new institutions like the Financial Stability Forum« (Willke 2006: 37).

heit und wechselseitiger Irritationen ›zwischen‹ Systemen vermittels struktureller Kopplungen einer spezifischen Überarbeitung zu unterziehen.

2.4.1. *Reflexive Systemdifferenzierung bei Luhmann und im systemtheoretischen Diskurs*

Prozesse reflexiver Systemdifferenzierung, das heißt die Verschachtelungen von Systemen ›in‹ Systemen, wurden in den Arbeiten Luhmanns schwerpunktmäßig auf zwei Wegen thematisiert: Im Zentrum stand einmal die code-geleitete Ausdifferenzierung der primären Funktionssysteme in der Gesellschaft, dass andere mal die dazu komplementär angelagerte Herausbildung organisierter Sozialsysteme. Als weitere, etwas weniger durchgearbeitete Perspektive, finden sich Überlegungen zur internen Differenzierung der primären Funktionssysteme, beispielsweise die These einer segmentären Differenzierung des weltpolitischen Systems in eine Pluralität von Nationalstaaten oder die Differenzierung der Wissenschaft in Disziplinen. Im Verhältnis zum differenzierungstheoretischen Kategorienapparat bei Parsons unterscheidet sich Luhmanns Zugriff in allen diesen Dimensionen. Weder handelt es sich bei den von Luhmann beschriebenen primären Funktionssystemen um eine geschlossene, deduktiv begründbare Liste[187], noch ist – im Unterschied beispielsweise zur wiederholten Anwendung des analytisch konzipierten AGIL-Schemas bei Parsons – ein einheitliches Muster für Vorgänge systemischer Binnendifferenzierung, in unserem Fall also der Frage einer Wiederholung von Systembildungen im Wirtschaftssystem – vorgegeben. Die theoriebautechnischen Vorgaben sind in beiden Fällen nicht grundsätzlich kontingent, ihrer konkreten Ausgestaltung nach aber offen und an die Empirie gebunden.

187 Nassehi (2003: 162) hat dies bestimmt als »jene Version einer Differenzierungstheorie, die über die *empirische* Rekonstruktion der Herausbildung *symbolisch generalisierter Kommunikationsmedien* zur Erhöhung bestimmter Annahmewahrscheinlichkeiten von Kommunikation die spezifische Differenziertheit der modernen Gesellschaft als funktional differenzierter Gesellschaften beschreibt [...]. Der derzeitige Bestand und die derzeitige Verfassung gesellschaftlicher Funktionssysteme sind also alles andere als das Ergebnis einer funktionalen *Notwendigkeit*, sondern ausschließlich das Ergebnis eines historisch kontingenten Prozesses«. Und mit Blick auf die Anzahl der primären Funktionssysteme ist bei Kneer (2004: 41) zu lesen: »In der systemtheoretischen Literatur werden als weitere Kandidaten etwa die Medizin, der Sport, das Militär und die Sozialarbeit genannt, ohne dass sich hier bislang eine Einigkeit abzeichnen würde«.

Zur Ausdifferenzierung sozialer Systeme im allgemeinen wird bei Luhmann (1997: 562) festgestellt:

»Der theoretische Ausgangspunkt hätte im Problem der gesellschaftlichen Verschachtelung operativ geschlossener autopoietischer Systeme zu liegen, also in der Frage, wie es möglich ist, daß ein soziales System in einem anderen eine eigene autopoietische Reproduktion auf der Basis operativer Geschlossenheit einrichten kann«.

Dazu heißt es weiterhin:

»Systemdifferenzierung heißt dann: Wiederholung der Differenzierung von System und Umwelt innerhalb von Systemen. Dadurch entsteht eine ›interne Umwelt‹ – eine gesamtsysteminterne Umwelt der Teilsysteme des Systems. Die Außengrenzen des Gesamtsystems ermöglichen bereits eine Spezifikation und Domestikation dieser internen Umwelt. In ihr gelten bereits Sonderbedingungen, die man nicht überall findet. Diese Filterleistung, diese Reduktion von Komplexität, diese Ausdifferenzierung relativ unwahrscheinlicher Ordnungsleistungen kann dann im System nochmals wiederholt und dadurch gesteigert werden« (Luhmann 1988: 93).

Für den spezifischen Fall der Ausdifferenzierung der *primären Funktionssysteme* steht bei Luhmann (1997: 563f.) – wir haben dies für den Fall der Wirtschaft ausführlich diskutiert – die These im Zentrum, dass es die binären Codes sind, die »diejenigen Scharniere [...] bilden, an denen sich die Tore zu Teilsystemevolutionen in der Gesellschaft öffnen«.

Es stellt sich die Frage, ob diese Zugriffsform auch dazu in Anschlag gebracht werden sollte, Prozesse der internen Differenzierung der Funktionssysteme begrifflich zu artikulieren, in unserem Fall also die Frage des Emergierens eines Finanzsystems ›im‹ Wirtschaftssystem. Hinsichtlich der Frage der jeweiligen internen Differenzierung der primären Funktionssysteme findet sich bei Luhmann (1997: 760f., Herv.H.P.) insbesondere die These, dass hierbei

»wieder alle Formen der Systemdifferenzierung zur Verfügung [stehen], sowohl Segmentierung als auch Zentrum/Peripherie-Differenzierung, Hierarchiebildung ebenso wie weitere funktionale Differenzierung. *Im einzelnen unterscheiden sich die Funktionssysteme erheblich, die Komplexitätssteigerung nach innen folgt keinem gemeinsamen Muster*«.

Zur internen Differenzierung des Weltwirtschaftssystems wird festgehalten:

»Das Weltwirtschaftssystem kann man am besten als eine Differenzierung von Märkten begreifen, die als Umwelt für Organisationsbildungen (Unternehmen)

dienen, die sich ihrerseits durch Blick auf ihren Markt als Konkurrenten wahrnehmen. Dabei entsteht keinesfalls eine strikte Gleichheit der Segmente, man denke nur an die Sonderstellung der Finanzmärkte und der Banken, oder auch an die sehr unterschiedliche Empfindlichkeit von Arbeits-, Rohstoff- und Produktmärkten für Außeneinwirkungen« (ebd.).

Unsere bisherigen Überlegungen zur Beschreibung der Finanzökonomie stehen durchaus im Einklang mit den eben rekapitulierten Begriffsvorschlägen Luhmanns: Innerhalb der durch den Code Zahlen/Nicht-Zahlen schon wirtschaftsspezifisch reduzierten Komplexität werden Formbildungen möglich, die das Medium Geld in spezifischer Weise codieren. So wie Kommunikation das gemeinsame Element ist, das die Genese einer Vielzahl funktionsspezifischer symbolisch generalisierter Kommunikationsmedien erlaubt, so ist für den Fall der Ökonomie Geld das allgemeine Element, das seinerseits eine Vielzahl unterschiedlicher Operationen ermöglicht. Spätestens bei der Betrachtung sekundärer Finanzmärkte kommt die Genese genuin *finanzökonomischer Eigenwerte* in das Blickfeld, die sich nicht mehr umstandslos aus der bloßen Differenz Zahlen/Nicht-Zahlen erklären lassen, sondern ein Resultat finanzökonomischen *positive feedbacks* darstellen. Dazu heißt es allgemein bei Luhmann (1990a: 449f.): »In dem Maße also, wie es zu Differenzierungen in Differenzierungen in Differenzierungen kommt und Systembildungen nach innen wiederholt werden, gewinnt das System Unabhängigkeit von Strukturvorgaben«. *Eine ganz andere Frage besteht aber darin, ob für diese Differenzierungsvorschläge erneut auf das Autopoiesis-Paradigma zurückgegriffen werden sollte.* Es wurde im zweiten Kapitel schon darauf hingewiesen, dass bei Luhmann eine Ambivalenz angetroffen werden kann, was die Verwendungsweise des Attributs ›autopoietisch‹ betrifft. Einerseits, so wurde gezeigt, lehnt Luhmann eine Gradualisierung des Autopoiesis-Konzepts strikt ab. Insofern die Elemente eines Systems als Resultate von dessen autopoietischer Reproduktionsweise begriffen werden, muss gesagt werden, dass ein System entweder autopoietisch operiert oder aber nicht-autopoietisch operiert. Tertium non datur.[188] Andererseits finden sich natürlich auch in den Texten Luhmanns – vor allem im Kontext evolutionstheoretischer Überlegungen – Passagen, die

188 Dazu heißt es kritisch bei Koschorke und Vismann (1999: 12): »Luhmann hat Herkunftsfragen bekanntlich mit dem Konzept der Autopoiese beantwortet. […] Die Fragen danach, wie Systeme aufkommen, sich bilden oder instituiert werden, welche Gründungsgewalten dabei im Spiel sind, unter welchen Umständen sie zu ihren operativen Schließungen gelangen«, würden von der Systemtheorie aber nur wenig thematisiert.

auf Gradualisierung abstellen. Systembildung sei, so heißt es in diesem Zuge, »kein einfaches, durch einen Gründungsakt etabliertes Faktum«, es entscheide »die Differenzierung der Differenzen über den Grad an ›Systemheit‹ eines Systems – über Ausmaß und Intensität, mit denen ein System ein System ist« (Luhmann 1984: 265).[189]

Unseres Erachtens ist das Problem zu lokalisieren im Begriff des Letztelementes bzw. der Letzteinheiten. Mit der Inkorporierung des Autopoiesis-Konzepts in die Soziologie hält Luhmann die beiden traditionell anzutreffenden Ansichten für überholt, dass solche Letzteinheiten entweder als substantiell bzw. ontologisch vorgegeben zu denken seien, wie es im Falle der Einheit der Handlung durch die Intention des Handelnden bei Weber postuliert wird, oder aber als rein analytische Konstrukte anzusetzen wären, wie Parsons es mit dem Konzept des unit acts inauguriert. Stattdessen macht Luhmann die These stark, dass die Letzteinheit des Sozialen als Einheit eines selbstreferentiellen Systems zu denken sei: »Es ist weder von sich her Einheit noch allein durch die Selektionsweise eines Beobachters, es ist weder objektive noch subjektive Einheit, sondern Bezugsmoment der Verknüpfungsweise des Systems, das sich durch eben diese Verknüpfung reproduziert« (Luhmann 1984: 240f.). Wir wollen im Folgenden durch Bezug auf neuere Beiträge zur Theorie sozialer Systeme die These etwas näher entfalten, warum diese Bestimmung sich zwar dazu eignet, das Soziale als emergente Ebene sui generis zu unterscheiden von den Dimensionen des Lebens und des Bewusstseins, dass aber mit Folgeproblemen gerechnet werden muss, wenn der Begriff der Letzinheiten dazu eingesetzt wird, interne Differenzierungen des Sozialen zu beschreiben. Im Anschluss daran wird die Frage erörtert, was dies für unsere Fragestellung impliziert und wir werden einen provisorischen Lösungsvorschlag unterbreiten.

Es liegen mindestens drei Beiträge neueren Datums vor, die gleichermaßen die gängige Verwendungsweise des Autopoiesis-Konzepts samt der darin einbegriffenen Kategorie des Letztelements zur Beschreibung von Prozessen sozialer Differenzierung problematisieren. Clam (2004: 166f., Herv.H.P.) schlägt vor, die »Ausprägung der Autopoiesis auf dem Grunde des fundamentalen Prozessierens des Sinns in Beobachtung als den einzi-

---

189 Hierauf stellt denn wohl auch Teubner (1987: 423f.) mit der Frage ab: »Wie wird man der Besonderheit gesellschaftlicher Teilsysteme, sich als autopoietische Systeme innerhalb des autopoietischen Systems der Gesellschaft auszudifferenzieren, begrifflich gerecht? Wie erfaßt man verschiedene Grade, Abstufungen, Schattierungen der Verselbständigung von Teilsystemen im gesellschaftlichen Differenzierungsprozeß?«.

gen basalen und robusten Typus von Autopoiesis im Raume von Sinnsystemen zu differenzieren«, und regt, damit verbunden, an, »die in der Selbstreferenzialisierung von sozialen Systemen der modernen Gesellschaft implizierten Autopoieseis als *derivative Autopoieseis* zu betrachten«. Als Unterscheidungskriterium von basaler/robuster Autopoiesis und derivativer Autopoiesis führt Clam (ebd.: 167) an, dass die Dimensionen von Leben, Bewusstsein und Kommunikation »vollends autopoietisch von Urbeginn« an seien:

»Ihre Systeme weisen ihre operative Schließung sozusagen mit ihrer ersten Operation schon auf. [...] Es gibt keine Zweideutigkeiten in der Zuschreibung irgendeiner sich ereignender Operation zu dem adäquaten System, in dem sie generiert wird. Man kann weder eine Operation des Bewusstseins mit einer Operation des Lebens, noch eine Operation der Kommunikation mit einer Operation des Bewusstseins verwechseln. Diese basalen Systeme sind Instanzen strenger, unbiegsamer Autopoiesis. Sie entsprechen dem reinsten und forderndsten Paradigma von Autopoiesis überhaupt«.

Davon seien autopoietische Prozesse zu unterscheiden, die sich *innerhalb der basalen Autopoiesis der Kommunikation* ereignen, also all jene Phänomena, die in der Theorie sozialer Systeme als interne Differenzierungen des Sozialen bzw. des Gesellschaftssystems diskutiert werden. Die dortigen Operationen seien, so Clam (ebd.: 168) weiter, »nicht immer präzise zum einen oder anderen autopoietischen sozialen System zuzuordnen«.

Bei Baecker (2006: 121f.) finden sich Überlegungen, die in eine ähnliche Richtung weisen wie jene bei Clam. Es wird eine Position offeriert, »die die Grenzziehung, Ausdifferenzierung und Autopoiesis eines sozialen Systems für die Gesellschaft akzeptiert und innerhalb dieser Gesellschaft unterschiedliche Formen der Kommunikation untersucht«. Der erste Teil der Aussage besagt Ähnliches wie das, was Clam als basale/robuste Autopoiesis bezeichnet, also die Abgrenzung von Kommunikation als genuin sozialem Geschehen gegenüber Bewusstsein und Leben. Für Prozesse der internen Differenzierung des Sozialen hingegen möchte Baecker, darin noch einen Schritt weiter gehend als Clam, vom Konzept der Autopoiesis überhaupt abrücken und stattdessen auf Formtheorie umschalten. Dazu heißt es: »Innerhalb der Systemtheorie tauschen wir damit den Leitbegriff der Autopoiesis gegen den Leitbegriff der Form aus, ohne damit die Einsichten in die Form der pertubierten Rekursion von Kommunikation zu verschenken, die aus dem Autopoiesisbegriff gewonnen werden konnten«

(ebd.). Baecker beruft sich für diesen Begriffsvorschlag selbst noch auf die (späten) Arbeiten Luhmanns, der in der *Gesellschaft der Gesellschaft*

»die These der Funktionssystemdifferenzierung zwar nicht aufgibt [...], sie aber doch in den Kontext der Untersuchung von Formkommunikationen rückt, die vorsichtiger in der Einschätzung von Interdependenzen und Interdependenzunterbrechungen zwischen unterschiedlichen Systemen (Funktionssystemen einerseits, aber auch Interaktion, Organisation und Gesellschaft andererseits) sind, als es die Anwendung des Autopoiesiskonzepts auf eine mögliche Subsystemdifferenzierung der Gesellschaft nahe legt« (ebd.).

Als Beispiel für die hier nur abstrakt skizzierte Ersetzung (oder je nach dem: Ergänzung) der System/Umwelt-Differenz durch die Unterscheidung von Medium und Form, können wir auf eine Aussage Baeckers aus dem Kontext seiner Theorie der Banken zurückgreifen, wo Baecker (1991: 49) mit der Formulierung aufwartet, dass »*die Bank ihre Umwelt als Medium reinterpretiert, in dem eigene Formbildungen möglich sind*« (Baecker 1991: 49).

Drittens schließlich, und damit rücken wir noch näher an unsere spezifische Fragestellung heran, sei auf eine Aussage hingewiesen, die sich bei Willke (2006: 54) finden lässt. Willke begreift das Geld im Zuge einer Bestimmung von Einheit und Differenz von Wirtschaft und Finanzsphäre als »the superlanguage, the medium of communication for both systems«. Diese Charakterisierung übereinstimmt mit unseren bislang angestellten, bereits mehrfach referierten Überlegungen, wonach sowohl ökonomische wie finanzökonomische Kommunikationen im Medium des Geldes operieren. Entscheidender ist der Fortgang des Arguments, wo ausgeführt wird:

»Whether a communication via the medium of money relates to the economy or to the financial system, depends on the core perspective, or intentions or core differences of the actors involved: when a payment is related to acquiring or selling goods we are entering the territory of the economy; when a payment is related to investing in deferred payments or reaping the returns on investment the actors have entered the land of finance. It is even possible that one and the same payment is interpreted by different actors as pertaining to different systems. One communication can *uno actu* have effects in different social systems and fuel the operations of different systems« (Willke 2006: 54).

Auch Willke benennt hier das Problem der Identifizierung systemspezifischer Letztelemente, und das Argument ist ein ähnliches wie jenes bei Clam oben herausgestellte. Im Falle der internen Differenzierung des Sozialen kann ein und das selbe Element, etwa eine Zahlung, ›Objekt‹

verschiedenster Funktionssysteme sein und insofern ganz Verschiedenes bedeuten.

Es stellt sich die Frage, ob der Bezug auf das Konzept des autopoietischen Letztelements in unserem Falle überhaupt ein taugliches Mittel darstellt, um das Verhältnis von Wirtschaft und Finanzökonomie zu bestimmen. Denn finanzökonomische Kontexturen ebenso wie finanzökonomische Eigenwerte, so haben wir schon ausgeführt, gehören in instrinsischer Weise zum Basalmodus einer monetär ausdifferenzierten Ökonomie. Ein solchermaßen heterarchisches System ist zwingend darauf angewiesen, Mechanismen der Selbststeuerung zu generieren, ganz gleich wie selbige historisch-konkret jeweils ausgestaltet sein mögen. Insofern hat man es im Falle der modernen Ökonomie beim Letztelement der Zahlung immer schon mit einem Element zu tun, das sowohl ökonomisch wie finanzökonomisch codiert wird. Ohne dass es notwenig erscheint, uns in dieser Arbeit eindeutig für oder gegen die Verwendung des Autopoiesis-Konzepts auf dem Feld der internen Differenzierung des Sozialen zu entscheiden – man darf gespannt sein, was in den einschlägigen Diskursen in Zukunft vorgelegt wird – wollen wir im Folgenden jedenfalls vom Konzept des Letztelementes in autopoietischer Lesart provisorisch Abstand nehmen, und uns damit bescheiden, auf die Begriffe der Leitdifferenz und der Kontextur Bezug zu nehmen.

2.4.2. Finanzökonomische Kontexturen: Umriss einer weltgesellschaftstheoretischen Perspektive

Eingangs dieser abschließenden Überlegungen zu einer weltgesellschaftstheoretischen Perspektive auf das Verhältnis von Wirtschaft und Finanzsphäre soll erneut auf die Kritik der politischen Ökonomie zurückkommen werden, und zwar weil gezeigt werden kann, dass einige der Probleme, die uns bei der Diskussion der Fortschreibung der Luhmannschen Theorie begegnet sind, auch bei Marx anzutreffen sind. Denn auch für den Fall der Aktualisierung der Marxschen Theorie begegnet einem die Frage, wie die dortigen allgemeinen Bestimmungen zum ›idealen Durchschnitt‹ der kapitalistischen Produktionsweise zu vermitteln sind mit der Frage der Erfassung von Momenten der empirischen Evolution des modernen Kapitalismus, was darauf verweist, dass hier ein Problem vorliegt, dem sich jede umfassende Gesellschaftstheorie zu stellen hat. Wir müssen etwas weiter ausholen, der Bezug auf unsere Fragestellung sollte aber sehr bald deutlich werden.

Geht man vom ursprünglichen ›Sechs-Bücher-Plan‹ des *Kapital* aus, dann ist es evident, dass Marx seinen Lesern unter anderem Bücher zur Politik und zum Weltmarkt schuldig geblieben ist. Vor diesem Hintergrund ist es nur wenig verwundernswert, dass die Versuche zur Rekonstruktion und Fortschreibung der Marxschen Theorie, wie sie in den 1960er und 1970er Jahren angegangen wurden, sich vor allem auf diese beiden Dimensionen konzentriert haben. Während die Frage einer kritischen Theorie des Politischen vor allem in der sogenannten ›Staatsableitungsdebatte‹ vorangetrieben wurde, firmierte die Weltmarktproblematik unter dem etwas apokryph anmutenden Label der ›Modifikation des Wertgesetzes auf dem Weltmarkt‹. Konzentriert man sich auf die Marxschen Bestimmungen zum idealen Durchschnitt der kapitalistischen Produktionsweise, dann stehen mindestens *drei verschiedene Antworten* auf die Frage des dortigen *räumlichen Bezugssystems* zur Disposition: Es könnte erstens argumentiert werden, dass die drei Bände des *Kapital* als reine Begriffsentwicklung gar kein konkretes räumliches Bezugssystem implizieren. In den basalen Begriffsbestimmungen ist allerdings ein Verweis auf räumliche Dimensionen insofern enthalten, als dass der expansive Charakter des Kapitalismus sich – so kann vermutet werden – auch räumlich ausprägen muss. Das Argument wäre ein ähnliches, wie es bei Luhmann im Theorem des Übergangs zum Regime funktionaler Differenzierung angetroffen werden kann: Funktionsspezifische Kommunikation kennt per se keine territorialen Grenzen, ihre Horizonte und ›Geltungsansprüche‹ verweisen ins Unendliche, das Tertium Non Datur der funktionsspezifischen Kontexturen steht orthogonal zur Territorialität.[190] Dieses possibilistische Argument sagt allerdings noch wenig darüber aus, in welchen konkreten Strukturen sich die solchermaßen auf Globalität geeichten Funktionssysteme manifestieren. Zum zweiten ließe sich mit Blick auf das *Kapital* mutmaßen, dass sich die dortige Analyse auf einen nationalökonomischen Bezugsrahmen bezieht. Wenn Marx im dritten Band des *Kapital* die Durchschnittsprofitrate diskutiert, findet sich

---

190 Dazu heißt es im klassischen Weltgesellschaftsaufsatz: »Die einzelnen Teilsysteme fordern jeweils andere Grenzen nicht nur für sich selbst, sondern auch für ihre Gesellschaft. Man kann nicht mehr einfach unterstellen, daß die Gesellschaftsgrenzen zwischen zugehörigen und nichtzugehörigen Mitmenschen identisch bleiben, wenn man von politischer Aktivität zu wissenschaftlicher Korrespondenz, zu wirtschaftlichen Transaktionen, zur Anknüpfung einer Liebesbeziehung übergeht« (Luhmann 1975a: 60).

beispielsweise der Hinweis: »Wir wollen [...] in diesem Abschnitt darstellen, in welcher Weise eine allgemeine Profitrate innerhalb eines Landes hergestellt wird« (MEW25: 152). Drittens schließlich könnte davon ausgegangen werden, dass bei Marx immer schon der Weltmarkt als das eigentliche Bezugssystems des *Kapital* und des Kapitals anvisiert wird. Auch hierfür lassen sich zahlreiche Belege finden, so etwa der ebenfalls im dritten Band enthaltene Hinweis: »Die Phänomene, die wir in diesem Kapitel untersuchen, setzen zu ihrer vollen Entwicklung das Kreditwesen und die Konkurrenz auf dem Weltmarkt voraus, der überhaupt die Basis und Lebensatmosphäre der kapitalistischen Produktionsweise bildet« (MEW25: 120).

Nun lassen sich in jener oben genannten Debatte zur ›Modifikation des Wertgesetzes auf dem Weltmarkt‹ einmal Positionen finden, die ihrer Erklärungslogik nach dem Gros heutiger Globalisierungstheorien entsprechen, und in denen ›von unten nach oben‹ argumentiert wird: Allein die Konkurrenz innerhalb der Nationalökonomien entspreche bis dato (den 1970er Jahren) dem Begriff des Kapitals. Die Konkurrenz auf dem Weltmarkt hingegen sei durch eine Reihe von Friktionen[191] gekennzeichnet, weshalb erst für den Fortgang empirischer kapitalistischer Entwicklung damit zu rechnen sei, dass selbige Friktionen qua historischer Tendenz des Kapitals schrittweise überwunden werden.[192] Das Kapital transnationali-

---

191 Da es uns nur ums Prinzip geht, müssen die diagnostizierten Friktionen nicht in Länge diskutiert werden, sondern es soll ein Hinweis ausreichen: Marx unterscheidet zwischen der Konkurrenz *innerhalb von Branchen*, deren Resultat die Herausbildung eines *einheitlichen Marktpreises* sei, und der Konkurrenz *zwischen den Branchen*, als deren Resultat eine *Durchschnittsprofitratenbildung* gegeben sei (vgl. MEW25: 151ff.). Während innerhalb der Nationalökonomien beide Konkurrenzformen anzutreffen seien, würden Schutzmechanismen auf dem Weltmarkt eine Konkurrenz zwischen den Branchen abmildern, so dass dort keine kohärente Durchschnittsprofitratenbildung stattfinde.

192 Exemplarisch wurde ein solcher Ansatz bei Neusüss (1972: 101f.) vertreten, die ausführt: »Versuchen wir noch einmal, uns den Begriff des gesellschaftlichen Gesamtkapitals genauer klar zu machen. In der Entwicklung der Kategorien des ›Kapital im allgemeinen‹ stellt Marx die innere Organisation der kapitalistischen Produktionsweise in ihrem idealen *Durchschnitt* dar. Er geht aber gleichzeitig davon aus, daß die Herstellung des idealen Durchschnitts das Ziel ist, auf welches die wirkliche Bewegung der Konkurrenz der Einzelkapitale hintreibt. [...] Inhalt der Abweichung der wirklichen Verhältnisse von ihrem Begriff sind demnach in diesem Zusammenhang die *Schranken, welche sich der vollen Ausbildung der Konkurrenz entgegenstellen.* Diese Schranken bilden die Grundlage des Unterschieds zwischen der Darstellung des Kapitals in seinem idealen Durchschnitt und der wirklichen historischen Bewegung. Die Untersuchung der historischen Formen, welche das Kapital in seiner wirklichen Bewegung annimmt, ist

siert sich. Diametral entgegengesetzt wird bei von Braunmühl (1974) argumentiert, die eine Erklärungslogik in Anschlag bringt, die heute vor allem in weltgesellschaftstheoretischen Ansätzen vertreten wird, und die ›von oben nach unten‹ argumentiert. Gegen die Position einer Transnationalisierung macht von Braunmühl geltend,

»es müsste […] die Akkumulation des Kapitals *auch kategorial* im Weltmarktzusammenhang rekonstruiert werden. Dieser Totalität gegenüber wären historische Zersplitterungen, Eingrenzungen, die politische Zusammenfassung von Kapitalen im bürgerlichen Nationalstaat, nationale Staatsapparate und deren Handeln als das Besondere analytisch zu bestimmen. Der Weltmarkt wäre als die *eine*, dem Kapital eigene Zirkulationssphäre anzunehmen, auf die nationalen Zirkulationssphären als Besonderung zu beziehen und in dieser Beziehung zu bestimmen. Die angemessene analytische Ebene ist also die des Weltmarkts; seine nationalkapitalistische Differenziertheit und nationalstaatliche Organisiertheit ist zu begründen. Statt nach dem Ausmaß der im Akkumulationsprozeß bedingten Diffundierung nationaler Kapitale in weltweit agierende und verschmelzende Kapitale wäre nach den Bedingungen der Besonderung eines seinem Wesen nach international sich bewegenden Kapitals in nationale Kapitale und deren eingegrenzter politischer Organisiertheit im nationalen Staat zu fragen« (ebd.: 36).[193]

Hierbei geht es, und dies ist der Sinn des Exkurses, nicht allein um die Frage des räumlichen Bezugssystems des Kapitals sondern auch um die Frage des *Letztelementes des Kapitalsystems.* Der Streitpunkt bezieht sich zwar nicht auf die Frage von dessen Identifizierung. Als Letztelement fungiert bei Marx bekanntlich jene nur vermeintlich unschuldige und einfache Ware, mit der die Darstellung des ersten Bandes des *Kapital* anhebt, bei der es sich aber immer schon um eine Totalität von *Warenkapital* handelt, wie es das Resultat der Begriffsentwicklung aller drei Bände ist. Die Frage, um die es geht, ist jene nach dem Bezugssystem, das die Substanz und Größe

also gleichzeitig die Untersuchung der Friktionen, welche das Kapital in seinem Hinstreben zur Realisierung seiner Tendenz als historischer Wirklichkeit durch die Friktionen der Konkurrenz erfährt. Diese Friktionen bilden damit gleichzeitig die Schranken der Kapitalentwicklung, die vom Kapital im Prozeß seiner Konstitution zum gesellschaftlichen Gesamtkapital überwunden werden müssen«.

193 Bekanntlich bildet eine solche Annahme das Zentraltheorem der Weltgesellschaftstheorie. Die Leistungsfähigkeit der Theorie der Weltgesellschaft müsse sich, so Stichweh (2000: 13), darin zeigen, »daß es ihr gelingt, Unterschiede im System der Weltgesellschaft *als interne Differenzierungen* dieses Systems zu erweisen«. Beobachtbare Unterschiede und Inhomogenitäten würden nicht notwendig gegen ein Konzept von Weltgesellschaft sprechen, sondern diese seien im Gegenteil »als *strukturelle Effekte der Weltgesellschaft* selbst« zu analysieren.

dieser Waren determiniert. Es geht also um die Frage der gesellschaftlich durchschnittlich notwendigen Arbeit und Arbeitszeit zu ihrer Herstellung. Worauf in er gesamten damaligen Debatte nicht zureichend reflektiert wurde, ist die Problematik, ob sich die *funktionalen Kategorien* der Marxschen Kapitalanalyse *unmittelbar* räumlich (d.h. territorial) verorten lassen, und ob es aus diesem Grund überhaupt zulässig ist, eine Dichotomie zweier äußerlicher Bezugssysteme zu konstruieren: Einmal die jeweiligen Konkurrenzverhältnisse im inneren der Nationalökonomien, das andere mal den Weltmarktzusammenhang als eine ›Entität‹, die jenseits der nationalstaatlichen Binnenkonkurrenz stattfinde.

Der Zweck dieses Exkurses in den ›1970er-Jahre Marxismus‹ besteht also darin, die Adäquanz einer dichotomen Weltsicht in Zweifel zu ziehen (›Weltsystem *oder* Nationalökonomie‹ samt deren äußerlich gedachten Relationierungen), und stattdessen den Blick zu schärfen für die empirisch immerzu gegebene *Verschlingung beider Dimensionen.* In diesem Sinne ist bei Altvater (1987: 88) zu lesen:

»Die Realität des Weltmarktes befindet sich nie außerhalb von Nationen oder Regionen. Vielmehr haben im räumlichen Sinne Region, Nation, und Weltmarkt unterschiedliche ›Reichweiten‹, so daß sich auf einem gegebenen Territorium unterschiedliche ›Logiken‹ durchdringen und spezifische Artikulationsmuster bilden. Man kann auch sagen, daß *auf identischem territorialen Raum unterschiedliche funktionale Räume* (nicht friedlich, sondern widersprüchlich-konfliktiv) koexistieren«.

Wohl nicht ganz zufällig spricht Altvater in gleichem Atemzug von ›funktionalen Räumen‹, deren Differenzierung von- und gegeneinander er unter anderem an den *Ungleichzeitigkeiten und Ungleichartigkeiten der Zirkulation verschiedener Formen des Kapitals* festgemacht wissen möchte. Das von ihm skizzierte ›Setting‹ stellt sich dar als – und damit betreten wir wieder unmittelbar den Einzugsbereich unserer Fragestellung –

»Widerspruch von international gebildeten *Zinssätzen*, die von Tag zu Tag schwanken können, nationaler *Profitrate*, deren Bewegung an die Ausgestaltung struktureller sozialer Beziehungen, an das jeweilige ›Akkumulationsregime‹ also, gebunden ist, und regional produziertem *Produkt*, das durch naturgesetzlich gesteuerte Prozesse der Stoff- und Energietransformation zustande gekommen ist« (ebd.: 95).[194]

---

194 Das letztgenannte Argument, wonach die Produktherstellung im wesentlichen von naturgesetzlich gesteuerten Prozessen der Stoff- und Energietransformation abhänge, verdankt sich in der herangezogenen Arbeit Altvaters einer Auseinandersetzung mit der Thermodynamik. Hier ließen sich natürlich Zweifel anmelden. Uns geht es allerdings

Vermutlich bleibt auch noch Altvaters funktionale Dreiteilung dem heutigen empirischen Arrangement gegenüber unterkomplex. Plausibler als sein Verfahren, die Durchschnittsprofitrate als im wesentlichen nationalökonomisch determinierte Größe anzusetzen, erscheint es uns beispielsweise, von einer *funktional gestifteten Verdopplung* selbiger Kategorie auszugehen. Die Durchschnittsprofitrate binnenmarktorientierter Kapitalien dürfte sich größenmäßig von jener unterscheiden, die bei weltmarktorientierten Kapitalien anzutreffen ist. Gleichwohl, und darauf kommt es uns an, lenkt seine Konzeption die Aufmerksamkeit darauf, dass es notwendig ist, die Binnendifferenzierung der Wirtschaft aus deren eigener Logik heraus zu erklären, anstatt abstrakte Bezugssysteme von Außen an das System herantragen, und dass es dafür Indikatoren gibt: Es sind die unterschiedlichen Zirkulationsformen und -zeiten des Kapitals, die ihrerseits einen Niederschlag finden in der Genese wirtschafts- und finanzspezifischer funktionaler Räume.

Marx selbst kann hier mit zwei einschlägigen Bemerkungen immerhin das Feld aufspannen, aber uns scheint, dass Marx an dieser Stelle mit seinen Diagnosen etwas vorschnell ist. »Ökonomie der Zeit«, so heißt es erstens, »darin löst sich schließlich alle Ökonomie auf« (MEW42: 105). Und zweitens wird verlautbart – dies wurde bereits zitiert – dass der Fluchtpunkt kapitalistischer Wirtschaftsentwicklung in einer »Vernichtung des Raums durch die Zeit« (MEW42: 430) bestünde. Beide Thesen sind unseres Erachtens nur dann zutreffend, wenn die jeweiligen Prognosen als ein Markieren *asymptotischer Extremalpunkte* gedacht werden, nicht aber teleologisch zu sich auch empirisch manifestierenden Selbstläufern erklärt werden.[195] Wie auch immer Marx hier gedacht haben mag: Uns erscheint es als ein ergiebiges Forschungsprogramm, die sowohl hinsichtlich der

---

nur um das Prinzip, und der Ansatz Altvaters, das Artikulationsverhältnis von Weltmarkt und Nationalökonomien nicht entlang eines einfachen Innen/Außen-Schemas zu konzipieren, hat sicherlich nichts von seiner Aktualität verloren. Das von Altvater angebrachte Argument lässt sich zudem differenzierungstheoretisch generalisieren, wozu sich ein Hinweis bei Junge (1993: 43) findet: »Der Typus der funktionalen Differenzierung schließlich läßt sich […] kaum mehr kartographisch sichtbar machen: was man zu sehen bekommt, ist ein wirres Geflecht zwischen einer Vielzahl unterschiedlicher Zentren einerseits und eine deutliche Segmentierung häufig ganz unterschiedlich strukturierter Regionen andererseits«.

195 Es ist in jedem Fall, so unsere Vermutung, damit zu rechnen, dass der Zeitdimension gegenüber der Raumdimension heute ein Primat zukommt, dass sich die Raumdimension aber nicht gänzlich auflöst und an Bedeutung verliert, sondern vielmehr als Indikator zirkulationsseitig gestifteter Differenzen herangezogen werden kann.

Luhmannschen wie der Marxschen Theorie bereits thematisierten *unterschiedlichen Codierungsmöglichkeiten und Konditionierungsmöglichkeiten* der verschiedenen Formen des Kapitals bzw. des Geldmediums zusammenzudenken mit einem soziologisch informierten Raumkonzept wie einem ebensolchen Zeitkonzept. Zwar dürfte es eine in letzter Konsequenz nur empirisch aufzuschließende Frage sein, mit welcherlei ökonomischen Funktionsräumen es die moderne Gesellschaft in ihrer Evolution zu tun hat, wie diese ineinander und in die anderen gesellschaftlichen Sphären verschränkt sind, und wie die sozialen Raumstrukturen zusammenhängen mit den Zeitregimentern jeweiliger Formbildungen im Medium des Geldes. Aber die theoretische Reflexion kann immerhin Mittel dazu bereitstellen, in welcher Weise an eine Empirie heranzutreten wäre, die ihre Logik nicht von selbst entbirgt. Im Folgenden sollen zunächst einige theoretische Überlegungen zur soziologischen Konzeptualisierung der Raumdimension und der Zeitdimension angestellt werden. Im Anschluss wollen wir uns dann noch einmal der Frage unterschiedlicher Raum- und Zeitbezüge ökonomischer und finanzökonomischer Operationen zuwenden, bevor abschließend in tentativer Weise die These entfaltet wird, dass derzeit vom Emergieren einer neuartigen Zentrum/Peripherie-Differenzierung als interner Struktur des Weltwirtschaftssystems auszugehen ist.

Bei Luhmann wurde die *Raumdimension* zuweilen als derivativer Sachverhalt behandelt. Dazu heißt es bei Stichweh (2002: 2): »Ähnlich verhält es sich mit Niklas Luhmanns Imperativ, es sei die Systemtheorie als Grundlage der Gesellschaft so zu formulieren, daß sie in der Bestimmung der Gesellschaftsgrenzen nicht auf Raum und Zeit angewiesen ist«. Bei Stichweh selbst (ebd.) wird bereits festgestellt, dass gegen diesen Imperativ vielleicht nichts einzuwenden sei, aus ihm aber »möglicherweise nicht das [folgt], was Niklas Luhmann aus ihm schließt, nämlich eine ›Verringerung der Bedeutung von Raum für die Kommunikationen der Funktionssysteme‹«. Wir würden noch einen Schritt weiter gehen und anfragen, welchen zwingenden Grund es dafür gibt, innerhalb der Systemtheorie zwar die Zeitdimension zusammen mit der Sozialdimension und der Sachdimension als fundamentale Sinndimension zu betrachten, den Raum hieraus aber zu eskamotieren. Wir folgen einem Hinweis von Löw (2001: 66), die feststellt:

»Es ist unlogisch, Zeit und Raum als grundlegende Faktoren menschlicher Existenz zu begreifen und dann den einen Begriff als soziale Konstruktion aufzufassen, den anderen aber zum Beispiel als Territorialkonzept zu verdinglichen. Damit wird eine *Ungleichgewichtigkeit strukturell gleicher Begriffe* geschaffen. Logisch ist es, der Organisation des Nacheinanders die Organisation des Nebeneinanders entgegenzusetzen«.

Damit ist zunächst nur ein hinreichend abstraktes Raumkonzept anvisiert (›die Organisation des Nebeneinanders‹), aber noch nicht geklärt, wie ›Raum‹ soziologisch konzipiert werden könnte, ohne einem schlichten Territorialismus anheim zu fallen. Wir wollen hierzu einige neuere Beiträge heranziehen. Nassehi (2003: 220) verweist darauf, dass sich bei Luhmann immerhin einige wenige äußerst instruktive Bemerkungen zur Raumdimension auffinden lassen, und zwar dann, wenn der Raum als »Wahrnehmungsschema« oder als »kognitives Schema« begriffen wird anstatt unmittelbar territorial. Anders als in den dazu einschlägigen Pionierarbeiten Kants unterliegt die solchermaßen inaugurierte *Konstruktion des Raumes* Luhmann zufolge aber »keineswegs nur neurophysiologischen Strukturen, sondern vermag selbst eine soziokulturelle Evolution als kommunikatives Schema durchzumachen« (Nassehi 2003: 220).[196] Bei Junge (1993: 7) begegnet uns hieran anschließend eine Ablehnung des traditionellen Raumbegriffs, der einen homogenen, isotropen und metrischen Raum unterstellt. Stattdessen sei ein am Medien-Paradigma orientierter Raumbegriff zu bevorzugen, mit dem sich das empirisch immer deutlicher zu Tage tretende Phänomen einholen lasse, dass »Raum immer nur der Raum eines bestimmten Systems« ist, und als solcher inhomogen, anisotrop und diskontinuierlich strukturiert sei. In die gleiche Stoßrichtung zielen die ebenfalls gegen traditionelle ›Container-Modelle‹ des Raums gerichteten Überlegungen bei Kuhm (2000: 332), der vermerkt: »Man kann zeigen, daß für den Raum wie für alle Welttatbestände gilt, daß er dem Gesellschaftssystem und anderen sozialen Systemen nur nach Maßgabe eigener Informationsverarbeitung zugänglich ist« (Kuhm).[197]

---

196 Bei Löw (2001: 139) wird in diesem Sinne bereits zur Differenz von Durkheim und Kant vermerkt: »Raum als analytische Kategorie leitet Durkheim aus der gesellschaftlichen Struktur ab. Er wendet sich in seinen Ausführungen explizit gegen die Kantsche Vorstellung, Raum sei eine reine Anschauungsform, ein unabhängig von aller Erfahrung zur Verfügung stehender Ordnungsbegriff. Dagegen setzt Durkheim die Bedeutung von Erfahrung für die Entwicklung von Kategorien«.

197 Dies bedeutet wiederum nicht, so Kuhm (ebd.) weiter, »daß die Existenz eines externen Raumes in der Umwelt der Gesellschaft bestritten werden müßte. Es ist sehr gut möglich, daß in der Umwelt der Gesellschaft räumliche Unterschiede mit kausalen Effekten auf die Gesellschaftsevolution vorkommen, die in den Themen der Kommunikation nicht registriert werden. Aber dieser Raum, der als etwas Nichtkonstruiertes der Außenwelt der Gesellschaft zugehört, muß von einem sozialen Raum unterschieden werden,

Beispielhaft ließe sich an die Arbeiten zur Entstehung globaler Metropolen von Sassen (1997) denken, in denen in empirisch gesättigter Weise nachgezeichnet wird, wie die vormals sich territorial abzeichnende Differenz von Zentrum und Peripherie in die vormaligen Zentren selber ›einwandert‹ und auf diese Weise jenes globale Setting, das das 20.Jahrundert wesentlich geprägt hat, durcheinanderwirbelt:

»Wir können«, so Sassen (ebd.: 20f.), »diese Entwicklungen dahingehend verstehen, daß Zentrum und Rand quer zur althergebrachten Scheidelinie zwischen armen und reichen Ländern geographisch neu verteilt auftreten, eine Umstrukturierung, die in der weniger entwickelten Welt ebenso wie in den hochentwickelten Ländern immer deutlicher zu Tage tritt«.

Hier wird zwar eine massive und einschneidende *Rekonfiguration des Raumes* akzentuiert, aber keinesfalls ein Kollabieren der Raumdimension selber bzw. deren Bedeutungsverlust. Gar nicht unähnlich ansetzend spricht Stichweh (2002: 6) von der »Überlagerung physischer Räume durch soziale Räume« und verdeutlicht dies am Beispiel sozialer Netzwerke. Die einzelnen Netzadressen würden zwar vielfach eine Verknüpfung mit Punkten im physischen Raum erlauben, diese Bindung sei aber keine strikte Bindung, »weil die Netzwerkadressen sich im physischen Raum fortbewegen können, ohne daß sich dadurch zwangsläufig das soziale Netzwerk verändert« (ebd.). Wiederum ähnlich angelagert ist das Konzept eines *Raums der Ströme*, das bei Castells (2001: 467) [198] vertreten wird. Unter solchen Strömen werden »zweckgerichtete, repetitive, programmierbare Sequenzen des Austauschs und der Interaktion zwischen physisch unverbundenen Positionen« verstanden, »die soziale Akteure innerhalb der wirtschaftlichen, politischen und symbolischen Strukturen der Gesellschaft einnehmen«. Inwieweit die skizzierten Vorschläge gänzlich auf einen gemeinsamen Nenner hinauslaufen muss hier nicht abschlußhaft beantwortet werden. Wichtiger erscheint allemal das gemeinsame Abgrenzungskriterium, das darin besteht, die Raumdimension von ontologischen Konnotationen zu befreien und damit

---

der in den Ereignissen der Kommunikation durch die Markierung räumlilcher Formen thematisch wird, indem soziale Objekte im Medium Sinn gegeneinander abgegrenzt werden«.

198 Auch Castells macht somit die These stark, dass ›Raum‹ eine Dimension ist, die durch die Evolution des Sozialen Veränderungen unterliegt: »Raum ist der Ausdruck der Gesellschaft. Da unsere Gesellschaften einer Strukturtransformation unterliegen, ist es eine vernünftige Annahme, dass gegenwärtig neue räumliche Formen und Prozesse auftreten« (Castells 2001: 466).

zu einem Verständnis des Raumes zu gelangen, das komplexer gebaut ist als traditionelle Territorialkonzepte. In dieser Hinsicht können alle referierten Positionen als Beiträge verstanden werden, das oben unter Bezug auf Altvater eingeführte Konzept des *Funktionsraumes* zu konkretisieren.

Gehen wir als nächstes über zur *Zeitdimension.* Hier sind wir nicht auf eine Literaturschau angewiesen, weil die Systemtheorie mit dem Konzept der *Systemzeit* bereits eine weit durchgearbeitete Begrifflichkeit zur Verfügung stellt, die für unsere Belange nochmals respezifiziert werden kann. Wir können uns deshalb kurz fassen: Bezogen auf die Ebene der primären Funktionssysteme vermutet Luhmann (1995b: 442), dass alle diese Systeme zwar »gleichmässig in einer gemeinsamen Zeit« altern, also analog, zugleich aber »ihre eigenen Zeitverhältnisse digital und entsprechend unterschiedlich schnell oder langsam« prozessieren. Die Zeit verlaufe zwar für alle Systeme gleich, was einen »operationsunabhängigen Erhalt der strukturellen Kopplungen« ermögliche. Aber was jeweils in einem System als Einzelereignis konstituiert wird und wie weit Systeme auf Zeitpunkte je ihrer Vergangenheit oder Zukunft ausgreifen können, hänge ab von der jeweils systemintern generierten Zeitstruktur. Denn Vergangenheit und Zukunft werden von der Theorie sozialer Systeme nicht als aus Ereignissen bestehenden Mengen begriffen, sondern als *selektive Leistungen eines jeweiligen Systems* (vgl. Baraldi, Corsi, Esposito 1997: 215). Insofern könne man nicht voraussetzen, so Luhmann (1986b: 112) weiter, »daß diese Systemzeit mit der Zeitlichkeit der Prozesse in der ökologischen oder auch in der gesellschaftlichen Umwelt des Systems abgestimmt ist«. Es sind die *systemrelativen Erwartungsstrukturen*, die für eine Pluralität systemeigener Zeitlichkeiten sorgen, nicht, wie Luhmann (1984: 420, Herv.H.P.) klarstellt, »außerhalb der Weltchronometrik, sondern in sie hineingeneralisiert; nicht im Sinne einer anderen Zeit, sondern im Sinne einer *Sonderrelevanz der Zeithorizonte in der Zeit*«. Als Beispiel wird etwa auf die Problematik hingewiesen, das Rechtsverfahren für die Zwecke von Wirtschaft oder Politik regelmäßig viel zu langsam sind und aus diesem Grunde als Mechanismen der Herbeiführung von Entscheidungen wenig brauchbar seien (Luhmann 1995b: 442). Für die moderne Wirtschaft im allgemeinen dürfte – vielleicht in stärkerem Ausmaß als bei anderen Funktionssystemen – gelten, dass sie sich ständig um Zeitgewinn bemüht. Wie alle komplexen Systeme, die auf Basis temporalisierter Elemente operieren, kann auch die Wirtschaft nicht zugleich alle Möglichkeiten der Relationierung von Elementen gleichzeitig aktualisieren, und verfährt deshalb auf dem Weg einer *hochgradig selektiven*

Verknüpfung ihrer temporalisierten Elemente. Grundsätzlich wird dies dadurch möglich – und das unterscheidet die Zeitdimension der Wirtschaft von der ihrer Umwelt –, dass es die Wirtschaft immer schon mit einem vorselektierten Strom von Elementarereignissen zu tun hat, sie operiert allein im Binnenraum der durch die Differenz von Zahlung und Nicht-Zahlung aufgespannten, komplexitätsreduzierten Kontextur.

Es spricht nichts dagegen, sowohl in der Raum- wie in der Zeitdimension, die gewonnenen Einsichten nochmals weiterzuführen mit Bezug auf wirtschaftssysteminterne Differenzierungen. Es kann vermutet werden, dass auch die jeweiligen Selektionsmodi *innerhalb dieses Systems* nicht gleichförmig sind, sondern variieren, je nach dem welche Arten der Codierung des Geldmediums jeweils vorliegen und welche Arten von Organisationssystemen oder anderen Systemen hieran beteiligt sind und nicht zuletzt in welcher Weise auf die Umwelt des Systems Bezug genommen wird. Bei Baecker (1991: 182) findet sich, empirischen Untersuchungen vorgreifend, der hypothetische Hinweis, dass sich, jedenfalls bezogen auf das Kerngeschäft der jeweiligen Marktteilnehmer, »Unternehmen eher langfristig, Banken eher mittelfristig und Börsen eher kurzfristig orientieren und verhalten«. Eine eher räumlich orientierte Anregung hinsichtlich der internen Differenzierung der Wirtschaft finden wir wiederum bei Altvater (1987: 88), bei dem verlautbart wird:

»Die räumliche Beschränkung ist dabei gewissermaßen abhängig von dem Grad der materialisierten oder materialisierbaren Konkretheit der Ware. Die Ware Arbeitskraft ist durch kulturelle, sprachliche, staatsbürgerliche Qualifikationen ›nationalisiert‹. Die Märkte für den ›ordinären Warenpöbel‹ (Marx) hingegen sind international. Während es dabei immer noch gewisse Grenzen durch nationale Spezifitäten gibt, sind diese bei den Märkten für zinstragendes Kapital so lange fast auf den Nullpunkt reduziert, wie es keine nationalstaatlichen Beschränkungen der Konvertibilität gibt«.[199]

199 Eine Perspektive, die im Rahmen marxistischer Anschlussarbeiten regelmäßig unterbelichtet bleibt, und die sowohl die Raumdimension wie die Zeitdimension betrifft und affiziert, ist jene des *Erwartungshorizontes*. Insofern man sich im Kontext der marxistischen Tradition zuvorderst auf strukturelle Gegebenheiten fokussiert hat, blieb diese eher phänomenologische Seite recht unbeachtet, obgleich die Kategorienentwicklung bei Marx mit ihrem Bezug auf den possibilistischen Formgehalt der Geldfunktionen genau solche Aspekte anvisiert hat. Als Kennzeichen der modernen Weltgesellschaft hat Luhmann (1975a: 54f.) darauf verwiesen, »daß das Phänomen eines faktisch vereinheitlichten Welthorizontes neu und in einer Phase irreversibler Konsolidierung begriffen ist«. Was damit bezeichnet wird, ist die Genese einer »faktische Übereinstimmung des Hori-

Diese Annahmen wollen wir zum Anlass nehmen, um einige weitere Vermutungen zur Divergenz innerökonomischer Raum- und Zeitregimes anzustellen, um danach unsere hierauf aufsetzende These des Emergierens einer neuartigen Zentrum/Peripherie-Differenzierung des globalen Wirtschaftssystems zu erläutern. (1.) Die Programmformen von solchen Unternehmen, die Waren und Dienstleistungen produzieren, sind zwar in Zeitdimension und Raumdimension nicht auf Punkt-für-Punkt-Abstimmungen mit ihrer Umwelt angewiesen, es dürfte aber evident sein, dass die mitlaufende Selbstreferenz der Zahlungen und der fremdreferentielle Verweis auf die Umwelt recht eng miteinander gekoppelt sind. Unsere oben angestellte Rekonstruktion der Differenz von Produktmärkten und Finanzmärkten hat ergeben, dass die *Voraussetzungen*, die die hier zur Debatte stehenden *Leistungen* konstituieren, auf die Umwelt des Systems verweisen (also auf energetische, materielle, technische, motivationale oder gesellschaftliche Sachverhalte). Auch wenn man solcherlei Unternehmen von der Warte der Marxschen Position aus als industrielle Kapitalien beobachtet, springt der konstitutive Umweltbezug und damit die relativ hohe Abhängigkeit auch von deren Raum- und Zeitstrukturen unmittelbar ins Auge: Industrielle Kapitalien operieren entlang der Kette G-W…P…W'-G', wobei alle Metamorphosenstadien außer dem Anfangs- und dem Schlussglied mit genuin umweltmäßigen Sachlagen zu tun haben. (2.) Schon ganz anders stellt sich die Situation dar, wenn wir die Zeit- und Raumstrukturen betrachten, die die Geschäftspraxis der Banken bestimmen. Insofern bereits gezeigt wurde, dass die Systemtheorie (u.a.) den *Handel mit Zahlungsversprechen* als die von Banken erbrachte Leistung bestimmt, wird ersichtlich, dass der Umweltbezug die Form einer nur noch losen Kopplung annimmt bzw. dass die dominante Umwelt eine andere ist als bei Waren- und Dienstleistungen produzierenden Unternehmen. Die Umwelt der Banken ist zu großen Teilen eine solche, die bereits eine wirtschaftsspezifisch reduzierte

---

zontes, in dem sich (übereinstimmende oder nichtübereinstimmende) Erwartungen konstituieren«. Anders ausgedrückt: Es geht um die Frage, wie weit ein »weltweiter Möglichkeitshorizont konkretes Erleben und Handeln mitfärbt oder gar bestimmt«. Selbst wer etwa nicht durch das Glück der Geburt im ökonomisch ›richtigen‹ Teil des Erdballs geboren ist, weiß heute vielfach um die dortigen Möglichkeiten (und wen es etwa über den Bosporus oder sonst wie nach Europa treibt, der oder die weiß dies am besten). Ein ganz anderes Beispiel beträfe das höchst reale Gespenst der Standortkonkurrenz, zu dessen Forcierung bereits der Hinweis als ausreichend gelten kann, dass es anderswo immer Jemanden gibt, der die eigene Arbeit billiger und besser zu leisten im Stande wäre als man selbst. Und sei es auch nur der Möglichkeit nach.

Komplexität aufweist. Mit Marx ließe sich ergänzen: Das Geldhandlungskapital als jenes Moment der funktionalen Differenzierung des Kapitals, das darauf spezialisiert ist, die Versorgung industrieller Kapitalien mit Geldkapital sicherzustellen, prozessiert unmittelbar alleinig entlang der Kette G-G'. Der Prozess industriell-kapitalistischer Akkumulation fällt außerhalb ihres Regimes. (3.) Börsen als Formen sekundärer Finanzmärkte schließlich folgen sowohl in der Zeit- wie in der Raumdimension nahezu ausschließlich ihren Eigenwerten. Insofern beim Handeln mit Wertpapieren und mit abgeleiteten Finanzinstrumenten an die Stelle von Investitionsfinanzierungen das Finanzinvestment rückt, stellt nicht nur die außerwirtschaftliche Umwelt ein bloßes Rauschen dar, dem Informationen nur nach Maßgabe eigener Informationsverarbeitungsregeln abgelauscht werden. Auch die schon wirtschaftsspezifisch reduzierte Komplexität der an Wirtschaft teilhabenden Organisationen und der Produktmärkte gerät alleinig unter einem nochmals funktionsspezifizierten Blickwinkel in Betracht.

Nimmt man die vorangegangenen Ausführungen ernst – und damit leiten wir zum letzten Punkt über – dann kann man zu dem Ergebnis kommen, dass es sich beispielsweise Stichweh (2000: 15) mit seiner Vermutung zu einfach macht, wonach durch die heute zu verzeichnende »*Delokalisierung* von Funktionen« die Zentrum/Peripherie-Differenz schnell an Bedeutung verliere. Wir erwarten, jedenfalls mit Blick auf Wirtschaft und Finanzsphäre, eher das Gegenteil. Natürlich ist es zutreffend, dass »mit vorherrschender funktionaler Differenzierung des Gesellschaftssystems eine regionale (also segmentäre) Primärdifferenzierung der sozialen Realität in einer Mehrheit gleicher Regionalgesellschaften unhaltbar« wird (Luhmann 1975a: 60). Auf einem ganz anderen Blatt steht aber die Frage ›sekundärer‹ Differenzierungsmuster etwa regionaler Art oder entlang der Zentrum/Peripherie-Differenz, *die selbst noch als Effekte der funktionalen Primärdifferenzierung sowie der Eigenlogik einzelner Funktionssysteme zu gelten hätten.* Kuhm (2000: 345) spricht davon »daß die Weltgesellschaft auf der Ebene regionaler Strukturbildung mit *neuen* Formen räumlicher Integration experimentiert, die als direkte Folge der Eigendynamik und selbstreferentiellen Schliessung ihrer primären gesellschaftlichen Teilsysteme entstehen«. Der ›späte‹ Luhmann (1995b: 333f.) hat denn auch seine vorherige Position korrigiert und genau im obigen Sinne kein Ende von Zentren und Peripherien postuliert, sondern vermutet, dass »Einteilungen der Weltgesellschaft nach Zentren und Peripherien durch die primordiale Form der funktionalen Differenzierung regiert werden und ihr folgen«, was es sogar als möglich erscheinen lasse, »daß die Differenzierungsform von Zentrum und Peripherie innerhalb von Funktionssystemen zu neuer Blüte kommt«. Idealtypisch könnte man also unterscheiden zwischen solchen subglobalen Differenzierungsformen, die eher als Restbestände vormoderner Gesellschaftsformen zu werten sind, und solchen, die als Effekte des Operierens globaler Funktionssysteme selbst anzusetzen wären.

Wenn wir nicht, wie mehrheitlich im sozialwissenschaftlichen Diskurs verbreitet, als Normalitätskriterium bei der Analyse gegenwärtiger Transformationsprozesse die ›fordistische‹ Nachkriegskonstellation von Ökonomie und Politik implizit zu Grunde legen, sondern weiter in die Geschichte der modernen Gesellschaft zurückblicken, lässt sich vermuten, dass die Funktionslogik der Ökonomie eine Art Affinität zur Etablierung von Zentrum/Peripherie-Differenzierungen besitzt, die sich keinesfalls in der vergleichsweise eindeutigen territorialen Weise manifestieren müssen, wie dies im 20. Jahrhundert en gros der Fall war. Sassen (1999: 3) verweist auf die einschlägigen Arbeiten des Historikers Braudel, dessen Analyse der frühmodernen »supervilles« des europäischen 14. und 15. Jahrhunderts bereits eine »co-existence of several spatialities and temporalities« als dominante Raum- und Zeitstruktur herausgearbeitet hat. Die urbanen Metropolen des Frühkapitalismus waren zwar territorial ›eingebettet‹ in ihr ›Hinterland‹, aber gleichzeitig – in mehr funktionaler Weise – eingebunden in ein Netzwerk mehrerer urbaner Metropolen, das als solches bereits ein ansatzweise *transterritoriales Zentrum* konstituiert hat. Gut möglich, dass – bezogen auf die bisherige Evolution des Kapitalismus – die relative Kohärenz von ökonomischen und politischen Funktionsräumen, die für die Nachkriegszeit prototypisch war, keinen Normalfall darstellt, sondern eher eine historische Ausnahmesituation. Dies erhärtet ironischerweise gerade ein Blick auf jene Forschungstradition, der wir es maßgeblich verdanken, das Konzept des Fordismus zu einer Grundkategorie der zeitdiagnostisch orientierten Sozialwissenschaften gemacht zu haben: Der Regulationstheorie. Längst sind kritische Gegenstimmen aufzufinden, die darauf hinweisen, die dort präferierte analytische Perspektive sei einer Art »fordistischen Nostalgie« verhaftet, an der nicht zuletzt verwundernswert sei, »dass die Krise des Fordismus nun schon länger währe als der Fordismus selbst« (Sablowski, Alnasseri 2001: 131f.).

Der Kapitalismus des 20.Jahrhunderts war zwar ebenso wie der gegenwärtige durch eine globale Expansionstendenz gekennzeichnet. Was das vergangene Arrangement aber vom gegenwärtigen zu trennen scheint, ist –

ohne hier einer Monokausalität das Worten reden zu wollen – der *zentrale Mechanismus* dieser Expansionsdynamik: Damals realisierte sich die ökonomische Globalisierung im wesentlichen durch die globale Expansion eines als überlegen valuierten *betrieblichen Rationalitätsprinzips* (Taylorismus plus Automation), das schließlich vom kapitalistischen Betrieb auf die politisch-integrierten Gesellschaften als ganze und dann auf die westliche Welt übertragen wurde.[200] Heute ist in der Tendenz eine *umgekehrte Konstellation* zu verzeichnen, zu der bei Dörre (2001: 83) festgehalten wird:

»Die makroökonomische Konstellation presst die Unsicherheiten deregulierter (Finanz-)Märkte regelrecht in die Betriebe und Unternehmen hinein. Der strukturelle Triumph der Markt- über die Produktionsökonomie ist das herausragende Merkmal eines Regimes, das Managementprinzipien, Firmenorganisation und Arbeitsbeziehungen an die Bedingungen einer sich transnational organisierenden short-run Ökonomie anpasst«.[201]

Insofern ist es wenig verwunderlich, wenn die regulationstheoretische Suche nach einem neuen dominanten Produktionsparadigma – trotz zwischenzeitig anderslautender Vermutungen (›Toyotismus‹, ›flexible Spezialisierung‹ etc.) – erfolglos geblieben ist.[202] Für den Fordismus war es kennzeichnend, dass die konkreten Produktionsabläufe gegenüber den Unwägbarkeiten des Marktes möglichst abgeschottet wurden, während die Marktdynamik heute mehr und mehr zum »Motor der permanenten Re-

200 Vor allem für die Zeit nach dem zweiten Weltkrieg kann konstatiert werden, dass dieses Produktionsregime mindestens von zwei Seiten aus flankiert wurde: Einmal durch eine Implementierung partizipatorischer und sozialpolitischer Maßnahmen auf jeweils nationalstaatlicher Ebene, die sich aber insofern als globaler Effekt verstehen lässt, als sich diese Vorgänge als Diffusion des amerikanischen *New Deal* interpretieren lassen. Zum zweiten ist an die Institutionalisierung des Systems fester Wechselkurse von Bretton Woods zu denken, das eine Voraussetzung für das Keynesianische Positivsummenspiel darstellte (vgl. Altvater 2004).

201 Ähnlich wird auch bei Piel (2003: 38) vermutet: »Aber nicht nur die systemspezifische Temporalstruktur des Finanzsystems ist durch eine verstärkte Kurzfristorientierung und die zunehmende Verlagerung des relevanten Zeithorizonts in die Zukunft charakterisiert – auch mit Blick auf die Systemzeit der Realwirtschaft wird die Taktfrequenz immer schneller. Den Rhythmus der Weltwirtschaft geben die Börsen vor, die Volatilität und Kurzfristigkeit der Kapitalmärkte unterwirft nicht nur die börsennotierten Unternehmen einer ebensolchen Kurzfristigkeit«.

202 Erst vor wenigen Jahren konnte man sich durchringen, den Kategorienapparat selbst zu flexibilisieren und abzurücken vom vormaligen Apriori, die Köhärenz einer Gesellschaftsformation an einem dominanten Produktionsparadigma festzumachen. Der Post-Fordismus wurde nun positiv ausgeflaggt als *finanzgetriebenes Akkumulationsregime* (vgl. Boyer 2000, Aglietta 2000).

organisation der Binnenstrukturen« (Baukrowitz, Boes, Schmiede 2000: 10) gemacht wird:

»Der Gedanke unveränderlicher Teilprozesse wird tendenziell aufgegeben und durch die Annahme prinzipiell kontingenter Abläufe ersetzt, die nicht mehr allein über Zeit- und Wertvorgaben aufeinander bezogen werden, sondern über die Anschlußfähigkeit von Informationen in gemeinsam genutzten durchgängigen Informationssystemen« (ebd.).

Wenn diese Diagnosen wesentliche Punkte des gegenwärtigen Transformationsprozesses in zutreffender Weise beschreiben, dann enthalten sie zugleich einen Hinweis auf eine mögliche neuartige Präponderanz der Zentrum/Peripherie-Differenzierung der Wirtschaft. Denn im Unterschied zur fordistischen Konstellation ist zu vermuten, dass die Top-Down-Logik der Finanzmärkte der segmentären Differenzierung des Politischen weit indifferenter gegenübersteht, als jeweils lokal zu verankernde Produktionsparadigmen. Kädler (2005: 33) spricht von der Herausbildung einer »*volonté générale der financial community*« als Ausdruck einer spezifisch institutionalisierten öffentlichen Meinung, um die Verdichtung von Entscheidungsmacht zu fassen zu bekommen, die auf den heutigen Finanzmärkten anzutreffen ist. Was darin adressiert wird, ist nichts anderes als die Herausbildung eines transnationalen Zentrums,[203] das Renditemaßstäbe für ›sinnvolle‹ Kapitalverwertung überhaupt generiert.

203 Überlegenswert scheint der Hinweis bei Virilio (1993: 34), der das Konzept von Zentrum und Peripherie durch Anleihen bei der Netzwerktheorie erweitert: »Im Netz wird das Zentrum von einem Knoten abgelöst«. Dass hier von einer ›Ablösung‹ gesprochen wird ist sicherlich nicht zwingend, weil sich beide Perspektiven nicht ausschließen sondern miteinander kombinierbar erscheinen.

Schlussbetrachtung: Geschlossenheit und Offenheit der Theorie

> Welchen möglichen Gewinn verspricht ein Plädoyer für eine mehrstellige und mehrwertige Theorie der Gesellschaft, wenn das Interesse aller anderen darauf zielt, die Dinge auf einfache Weise verständlich gemacht zu bekommen?
>
> *Dirk Baecker*

Nach der Lektüre der Arbeit sollte man ein ungefähres Verständnis davon besitzen, wie einerseits die Kritik der politischen Ökonomie, andererseits die Theorie sozialer Systeme, die moderne Wirtschaft in der Gesellschaft beschreiben. Dass eine ganze Reihe von Fragen zum Verhältnis von Kritik der politischen Ökonomie und Theorie sozialer Systeme unterbelichtet oder offen geblieben sind, war aufgrund der Komplexität und des Umfangs des Feldes nicht anders zu erwarten. Wir nehmen aber durchaus in Anspruch, Pionierleistungen dort erbracht zu haben, wo es darum geht, überhaupt erst einmal Perspektiven zu schaffen, die sinnvolle und instruktive Begegnungsweisen beider Theorien ermöglichen. Dies führt allemal weiter als eine mehrheitlich polemische Bezugnahme beider Theorietraditionen aufeinander, wie sie in den letzten dreißig Jahren in der Sekundärliteratur prototypisch war.

Die in dieser Arbeit vorgenommene vergleichende Betrachtung von Kritik der politischen Ökonomie und Theorie sozialer Systeme sollte aber auch gezeigt haben, dass es sich bei beiden Theoriegebäuden weit weniger um monolithische Blöcke handelt, als im Diskurs zumeist von jenen behauptet wird, die dem Unterfangen von ›Gesellschaftstheorie‹ mit grundsätzlicher Skepsis begegnen. Folgt man manchen dieser Kritikmuster, so gewinnt man den Eindruck, dass unsere beiden Bezugstheorien nichts weiter darstellen als eine ins Unendliche ausgefaltete, empirieferne Emanationslogik, also bloß schlechte Metaphysik im soziologischen Gewand tradieren. Nun könnte man allerdings fragen, ob aus dem *systematischen Charakter eines theoretischen Begriffsgebäudes* notwendig dessen ›Desensibilisierung‹ gegenüber empirischen Faktizitäten folgt, oder ob nicht auch hier das

Kardinalargument der Systemtheorie greift, wonach Offenheit und Geschlossenheit als wechselseitiges Steigerungsverhältnis zu denken wären. Dann ließe sich nämlich umgekehrt annehmen, dass gerade eine exaltierte Theorie ein probates Mittel darstellt, um die Empirie zu erschließen.

Zugegeben: Es dürfte bei jedem anspruchsvollen Theorieangebot die nicht von der Hand zu weisende Gefahr bestehen, sich im Sirenengeheul seiner Eigenkomplexität zu verlieren. Wer jene Eiswüsten der Abstraktion durchwandert hat, wie sie etwa in Luhmanns Soziale Systeme oder in Marxens zweitem Band des Kapital vorliegen, der oder die hat eine Ahnung davon. Adorno (1969: 18) konnte hier noch vergleichsweise eindeutig argumentieren: Er konstatiert einerseits, dass, wer der »dialektischen Disziplin« sich beuge, dies mit einem Mangel an »der qualitativen Mannigfaltigkeit der Erfahrung« zu bezahlen habe. Aber genau diese Selbsterkenntnis führt den Dialektiker Adorno andererseits gerade nicht dazu, den strengen Pfad einer dialektischen Theorie der Gesellschaft zu verlassen und auf weniger vorfestgelegte Methoden umzusatteln. Das Argument hierfür teilt er mit den kritischen Lesarten der Marxschen Theorie, die den Rekurs auf das universalienrealistisch anmutende Begriffsgewitter der Dialektik durch Hinweis auf die Sozialstruktur der modernen Ökonomie begründen: »Hegels Idealismus, der behauptet, daß die Menschen einem machthabenden Begriffe gehorchen«, so kann man bei Reichelt (1970: 80) lesen, ist »dieser verkehrten Welt wesentlich angemessener als jede nominalistische Theorie, die das Allgemeine nur als subjektiv-Begriffliches akzeptieren will. Er ist die Bürgerliche Gesellschaft als Ontologie«. Ist die moderne Gesellschaftsstruktur kein heterogenes Kontinuum, das seine Strukturen erst durch die Klassifikationsschemata des Sozialwissenschaftlers erhält, sondern eine »inverted reality in which self-moving abstractions have the upper hand over human beings« (Arthur 2002: 8), dann braucht es eine Theorie, die genau dem Rechnung trägt. Die Theorie sozialer Systeme teilt mit der kritischen Theorietradition zwar die These der Eigenlogik und Emergenz des Objektbereichs, denkt diese aber in einer Art und Weise, die in mehreren Punkten von der Position der kritischen Theorie abweicht. Wir haben ausführlich diskutiert, dass Luhmann – aus der Perspektive der kritischen Theorie betrachtet – eine Art Generalisierung der These der Emergenz der Ökonomie vornimmt. Mit der Inkorporierung des Autopoiesis-Konzepts in die Soziologie und der damit verbundenen Artikulation einer kategorialen Differenz der Dimensionen von Leben, Bewusstsein und Kommunikation wird die

Verbindungslinie zur handlungstheoretischen Tradition des Fachs gekappt und die Nicht-Identität von Individuen und Gesellschaft in die Grundkategorien eingebaut.

So unterschiedlich die jeweiligen Begründungen für die Emergenz des Sozialen in kritischer Theorie und Systemtheorie auch sind, und so unterschiedliche Prämissen aus ihnen auch jeweils folgen könnten: Dem neueren Positivismus fallen sie unters gleiche Verdikt. Balog (2001) etwa kommt in einer umfassenden Studie zu den Entwicklungstendenzen soziologischer Theoriebildung zu dem Resultat, die dort vorliegenden Konzepte ließen sich einteilen in *theoretische Systeme* einerseits und *offene Bezugsrahmen* andererseits. Den theoretischen Systemen macht Balog den Generalvorwurf einer Vermengung inhaltlicher Fragestellungen mit der Ausarbeitung eines allgemeinen methodologischen Rahmens. Den als offene Bezugsrahmen bezeichneten Ansätzen hingegen hält er zugute, dass sie genau von einer solchen Praxis Abstand nehmen: Sie entkoppeln die Theorie- und Begriffsbildung von jeglichen spezifischen inhaltlichen Fragestellungen und stellen nur noch Heuristik bereit.[204] Es stellt sich aber die Frage, ob die bei Balog aufgemachte Differenz zwischen theoretischen Systemen einerseits und offenen Bezugsrahmen andererseits überhaupt triftig ist. Bevor dies näher erläutert wird, wollen wir weitere prototypische Einwände einmal gegenüber der Marxschen Theorie, das andere mal gegenüber der Luhmannschen Theorie skizzieren.

Gegen die Marxsche Theorie wird beispielsweise vorgebracht, die »Zirkularität einer dialektischen Logik« könne »gerade dem nicht Rechnung tragen, was zu denken wäre: daß allererst im Prozeß entsteht, daß der Anfang gerade nicht sein Resultat schon einschließt« (Holz 1993: 152f.). Der Vorwurf lautet also, etwas allgemeiner gefasst, dass die inhaltliche Festlegung der Theorie auf die Selbstbezüglichkeit des Kapitals, der mit einem spezifischen methodischen Zugriff (einer ›zirkulären dialektischen Logik‹) zu Leibe gerückt wird, die Möglichkeit desavouiere, Prozesse sozialer Evolution zu denken. In die gleiche Kerbe schlägt auch Habermas (1992:

204 »Theorie«, so heißt es dazu bei Balog (2001: 344), »ist aus dieser Sicht ein Instrument, um zu Erklärungen unterschiedlicher Sachverhalte zu gelangen, nicht aber, um inhaltliche Ergebnisse vorwegzunehmen und übergreifende Erklärungen zu entwerfen. Sie wird in dieser Perspektive zu einem mehr oder minder offenen Bezugsrahmen, der bei der Konzeptualisierung und Erklärung unterschiedlicher sozialer Zusammenhänge angewendet werden kann. Das Ziel ist, soziale Phänomene zu analysieren, ohne theoretische Annahmen festzuschreiben oder sich auf eine dogmatische ›Wissenschaftstheorie‹ zu stützen«.

66), nach dessen Interpretation dem geschichtsphilosophisch geläuterten Spätmarxismus zufolge »die Gesellschaft aus der Dynamik der Geschichte heraus[tritt] und [...] unter den diktatorischen Wiederholungszwängen eines sich beschleunigenden und alles durchdringenden Akkumulationsprozesses zu einer Welt verdinglichter sozialer Beziehungen« erstarre. Eine ganz ähnliche Kritik liegt vor, wenn die Luhmannsche Theorie als Spielart eines Vulgärhegelianismus charakterisiert wird, die zwar gesellschaftliche Evolution zu denken erlaube, aber nur als Emanation eines theoretisch vorausgesetzten Prinzips: »Ebenso wie Hegel von der Selbstproduktion des Weltgeistes sprach«, so ist bei Wagner (2000: 218f.) zu lesen,

»konzipierte Luhmann etwas, das er ›die Gesellschaft‹ nannte, als ein sich selbst produzierendes (autopoietisches!) System, das ebenso wie der Weltgeist im Weltmaßstab über die Geschichte Gericht halten soll. Wie sich der Geist zu dem entwickelt, was er an sich ist, indem er die Weltgeschichte zu seinem ›Schauplatze, Eigentum und Felde seiner Verwirklichung‹ hat [...], soll sich ›die Gesellschaft‹ entwickeln: Aufgrund eines im alten Europa keimenden, auf Universalität angelegten Prinzips namens funktionale Differenzierung soll sie über den Okzident hinauswachsen und zu dem werden, was sie an sich ist: zur Weltgesellschaft«.

Auch hier lautet das Motiv der Kritik, dass die Theorie aufgrund bestimmter Vorannahmen über die Struktur ihres Objektbereichs die Möglichkeit verwirkt habe, in unvorbelasteter Weise Prozesse sozialer Evolution zu denken. Das Bild, das in dieser Arbeit von den beiden Referenztheorien gezeichnet wurde, war ein etwas anderes. Und dies ist wenig verwundernswert, wenn man auf Selbsteinschätzungen Luhmanns und Marxens rekurriert. Beim Differenzierungstheoretiker Luhmann (1997: 811) findet sich beispielsweise die explizite Warnung, »den Primat funktionaler Differenzierung als eine durch das Prinzip gesicherte Selbstrealisation zu begreifen«. Und Marx war sich darüber im Klaren, dass seine unendlich empiriegesättigte Theorie den Lesern als »Konstruktion a priori« (MEW23: 27) erscheinen wird, und dies auch noch mit Bezug auf den bereits popularisierten ersten Band des *Kapital*, der dem Leser jene »idealistische Manier der Darstellung« (MEW42: 85), die die *Grundrisse* noch kennzeichnen, längst nicht mehr entbirgt.

Wir wollen im Folgenden zweistufig vorgehen: In einem ersten Zugriff erfolgt ein rückblickender Durchgang durch einige Kernthemen, die in den Kapiteln zwei und drei diskutiert wurden. Es geht dabei uno actu um die Frage nach Offenheit und Geschlossenheit der Ökonomie wie auch ihrer Beschreibung. In einem zweiten Zugriff soll noch einmal das Thema der

Differenzierungstheorie behandelt werden, weil hier wohl nach wie vor ein Themenkomplex vorliegt, mit dem sich insbesondere die kritische Theorietradition schwer tut. Indem einige Einwände und Charakterisierungen zum differenzierungstheoretischen Denken behandelt werden, kommen wir schließlich am Ende noch einmal kurz auf die bereits im dritten Kapitel angesprochene Frage zurück, wie es sich mit der Bedeutung sekundärer Differenzierungsregime verhält. In beiden Fällen geht es um die These, dass theoretische Geschlossenheit im Sinne eines emphatischen gesellschaftstheoretischen Gebäudes gerade nicht dazu führen muss, Hermetik zu befördern, sondern umgekehrt unter den Bedingungen der modernen Gesellschaft erst ein probates Mittel bereitstellt, vertrackte empirische Phänomena aufzuschließen.[205]

1. Offenheit und Geschlossenheit der Ökonomie und ihrer Beschreibung: Ein Rückblick auf Kernaspekte der Arbeit

Auf den ersten Blick scheinen sich bei unserer Argumentation im *zweiten Kapitel* die Einwürfe der Kritiker zu bestätigen: Sowohl bei Marx wie bei Luhmann wird die Genese der modernen Ökonomie beschrieben als Emergieren einer zunächst zirkulationsseitig einsetzenden monetären Selbstreferenz, die sich dann zu einem systemischen Prozess entfaltetet, wenn die Sphäre der Produktion selbst in den Nexus der solchermaßen gestifteten monetären Kontextur gerät. Für den Marx der *Grundrisse* ist dies der Einsatzpunkt, in positiver Weise Anschluss bei den zuvor abgelehnten organizistischen Vorstellungen zu suchen, Luhmann bringt die Konzepte einer Zweitcodierung des Eigentums durch das Geld sowie einer monetären Duplikation von Knappheit ins Spiel. Rezipiert man beide Theorien nur bis zu dieser Stelle – und die Prominenz einmal des Autopoiesis-Konzepts, das andere mal der These einer Kapitallogik deuten darauf hin, dass es sich hierbei um weitverbreitete Lesarten handelt – dann drängt sich in

205 Dass avancierte Theoriegebäude nicht *in jedem Fall* einen geeigneten Ausgangspunkt für gehaltvolle Zeitdiagnosen darstellen, darauf hat zuletzt Ellrich (2000: 73) mit Blick auf die Hegel-Rezeption ab den 1970er Jahren insistiert. Obgleich dort zwar in teils grandioser Weise der kritische Singehalt der Hegelschen Philosophie und Erkenntniskritik erschlossen wurde, ergab »die Überführung dieser Lektüre in Gesellschaftstheorie [...] nicht mehr als eine Kirchentagsrede«.

der Tat der Verdacht auf, dass Marx und Luhmann gleichermaßen einem geschlossenen Immanenzzusammenhang des Ökonomischen das Wort reden. Unsere Rekonstruktion hat aber gezeigt, dass das Argument einer monetären Selbstreferenz als Kernkennzeichen der modernen Ökonomie gleichsam nur die eine Seite der Medaille darstellt. Für den Fall der Kritik der politischen Ökonomie hatten wir unter anderem auf das Argument Deutschmanns (2001: 141) verwiesen, wonach die Formbestimmungen, die den monetären Formen inhärent sind – die abstrakten Imperative der Kapitalverwertung – in der Tat nur einen *Anspruch* auf Wertvergrößerung darstellen, aber keine konkreten Anweisungen enthalten, *wie* dieser Anspruch jeweils eingelöst werden kann. Hier liegt, wenn man so möchte, eine Art Marxsche Unterscheidung von Code-Ebene und Programm-Ebene vor, durch die die grundsätzliche Offenheit kapitalistischer Investitionsprogramme ebenso wie die Offenheit des Theorieprogramms selber in den Fokus rückt. Die Funktion ökonomisch-technischer Strukturbildungen – und zwar gleichgültig welcher konkreten Ausbildung (tayloristisch, post-tayloristisch etc.) – liegt Deutschmann zufolge darin, »den in der Vermögensform des Geldes angelegten *Anspruch auf absoluten Reichtum* in eine durch soziales Handeln zu bearbeitende Form zu übersetzen« (ebd.). Konkrete Verlaufsformen dieser Übersetzungsleistungen, etwa historisch spezifische Managementmethoden oder Organisationsstrukturen, lassen sich deshalb nicht einfach deduktiv aus der Theorie ableiten, weil die monetäre Selbstreferenz nicht in kausaler Weise subsumierend auf Umweltsachverhalte einwirkt.

Eine ähnliche Offenheit durch Geschlossenheit sollte auch mit Blick auf das *Verhältnis von Gebrauchswert und Tauschwert* an den Tag gelegt werden. Baecker (1988: 68) verweist ganz grundsätzlich darauf, »daß die Reflexion auf die Leistung als Leistung zu neuen, vormals unwahrscheinlichen und gesteigerten Ansprüchen an diese führt«, und leuchtet damit eine Dimension aus, die bis dato fast vollständig zwischen den Stühlen etablierter Denkmeinungen hindurchgefallen ist: Eine liberalistisch induzierte Mainstream-Wirtschaftswissenschaft projiziert stets ihre eigenen theoretischen Prämissen in den Objektbereich. Ihr erscheint die monetär ausdifferenzierte Wirtschaft mehrheitlich als unschuldiger Gütertausch, der durch eine rationale Allokation von Ressourcen eine bestmögliche Bedürfnisbefriedigung der Menschen sicherstelle (›Offenheit‹). Demgegenüber steht die links wie rechts gleichermaßen beliebte These einer kapitalistisch induzierten ›Verwüstung des Gebrauchswerts‹ qua Subsumtion unter den Tauschwert (›Geschlossenheit‹). Dass Marx selbst die Position der Mainstream-Wirtschaftwissenschaft für eine ideologische Veranstaltung gehalten hat, ist evident. Aber dass bei ihm die kapitalistische Kopplung von Leistungen (Gebrauchswerte) an Preise/Zahlungen (Tauschwerte) nicht einseitig negativ bewertet wurde, sondern in die Abteilung einer ›historischen Mission‹ des modernen Kapitalismus fiel, ist schon weniger bekannt. Die fast anderthalb Jahrhunderte kapitalistischer Entwicklung, die zwischen Marx und uns mittlerweile stehen, haben, bei aller tagtäglich anzutreffenden und auszuhaltenden »positive(n) Valuierung des Häßlichen, Monströsen, Negativen« (ebd.), doch ein Zweifaches gezeigt: Weder eine Theorieperspektive, die ausgeht von einem als unschuldig gedachten vorkapitalistischen Gebrauchswert, und der die Evolution der modernen Gesellschaft dann nur noch erscheint als asymptotische Annäherung der Gebrauchswertstrukturen an den selbstzweckhaften Vergrößerungsimperativ des Tauschwerts, noch eine Position, die den Tauschwert als bloßes Medium der Bedürfnisbefriedigung begreift, sind dazu in der Lage, jene oben von Baecker akzentuierte Reflexion auf die Leistung *als Leistung* adäquat zu denken.

Die Dimension der Offenheit durch Geschlossenheit beider Theorieunternehmen gerät auch dann ins Visier, wenn wir in Rechnung stellen, dass es sich bei jenem Vorgang, der bei Luhmann unter dem Label der Zweitcodierung des Eigentums unter das Geld firmiert und bei Marx durch Rekurs auf die sogenannte ursprüngliche Akkumulation beschrieben wird, ganz offensichtlich nicht um einen einmal etablierten Gründungsakt der modernen Ökonomie handelt. In diesem Sinn ist bei Brand und Görg (2003: 26f.) zu lesen, dass die kapitalistische Entwicklung »von fortlaufenden Prozessen der *ursprünglichen Akkumulation* gekennzeichnet« ist. Der entsprechende Begriff dürfe nicht als historische Kategorie verwendet werden, sondern bezeichne ein »strukturelles Verhältnis zwischen kapitalistischen und nichtkapitalistischen Produktions- und Lebensweisen, das sich im Laufe der Geschichte – angetrieben durch den Verwertungsprozess des Kapitals – in immer neuen Formen konfiguriert« (ebd.). Für die Systemtheorie findet sich eine ähnliche Forschungsperspektive bei Baecker (2003: 475f.) anvisiert, der einfordert, dass eine Gesellschaftstheorie der Wirtschaft Antworten auf die »im strengen Sinne des Wortes *ökologische* Frage« ermöglichen müsste, »*wie* die Grenzen zwischen Wirtschaft und Gesellschaft (inklusive Politik, Religion, Recht, Wissenschaft, Erziehung, Kunst, Familie und so weiter) gezogen sind«. Anders als die Wirtschaftswissenschaften habe sich die Soziologie für die »Eingrenzung *und* Ausgrenzung von Sachverhalten aus dem wirtschaftlichen Kalkül« (Baecker 2006: 12) zu interessieren. Für die gegenwärtige Phase einer wohl erst ihre Schatten vorauswerfenden Wissensökonomie ist an ganz neuartige Kopplungen von Wirtschaftssystem und Umwelt zu denken. Die Schauplätze sind vielfältig und betreffen unter anderem die Kommodifizierung geistigen Eigentums (vgl. Nuss 2006), die Patentierung der natürlichen Umwelt (vgl. Thaler 2004), die Internationalisierung von Standards der Rechnungslegung (vgl. Hessling 2006) oder Prozesse betrieblicher reflexiver Informatisierung (vgl. Pfeiffer 2004). So paradox es auf den ersten Blick anmuten mag: Gerade ein emphatisches Konzept des Systemcharakters der modernen Ökonomie scheint eine profunde Grundlage abzugeben, um den Sachverhalt auszubuchstabieren, dass ›Wirtschaft‹ in der modernen Gesellschaft längst keinen ontologisch abzusteckenden Bereich materieller Reproduktion mehr bezeichnet, sondern die spezifisch moderne Etablierung eines Regimes von Knappheitskommunikation darstellt, dessen Grenzen historisch variabel sind. Dies impliziert, dass Begrifflichkeiten etwa vom Stile der Habermasschen Unterscheidung von materieller und symbolischer Reproduktion der Gesellschaft mit Skepsis zu begegnen ist.[206] Stattdessen möchte man fast von einem *Mäandern des Ökonomischen* sprechen: Der Strom der Zahlungen und Nichtzahlungen wäscht mal dieses Ufer aus, mal jenes, verläuft mal breiter, mal schmaler.

Im *dritten Kapitel* ist uns die Relation einer Offenheit unserer Bezugstheorien durch Geschlossenheit wiederum in ganz anderen Konstellationen begegnet. Die inhaltliche Grundüberlegung bestand darin, die These einer Entkopplung der internationalen Finanzmärkte nicht entlang der im Diskurs vorherrschenden Differenz von ›Realökonomie‹ und ›Finanzökonomie‹ aufzurollen, sondern als Frage nach Einheit und Differenz von Wirtschaft und Finanzsphäre. Damit sollte nicht nur markiert sein, dass der Begriff der Realökonomie sich zur Analyse der modernen Ökonomie des-

206 Und dies impliziert auch, dass wir uns nicht jener Begründung anschließen können, nach der das »Geheimnis der westlichen Gesellschaften […] in ihrem institutionellen Respekt vor der ökonomischen Natur des Menschen« zu erblicken sei, wie bei Plumpe (2002: 13) in kritischer Weise die Position der neueren angelsächsischen Wirtschaftsgeschichtsschreibung zusammengefasst wird. Als ob die vermeintliche Natur des Menschen nicht selber hochgradig vermittelt ist durch ihre Sozialität, und also ob nicht jene Theoriegebäude dies systematisch desartikulieren müssen, die ihr Fundament im homo oeconomicus haben, jenem – wie es bei Gottl-Otlilienfeld (1923: 7) so schön heißt – »Hampelmann des Erwerbs«.

wegen als problematisch erweist, weil der von Marx und Luhmann beschriebene Prozess der Ausdifferenzierung respektive Verselbständigung der Ökonomie sich empirisch auf Vorgänge bezieht, die bereits für das späte Mittelalter und die beginnende Moderne anzusetzen sind. Hinzu kam der ebenfalls bei unseren beiden Referenztheorien aufzufindende Hinweis, wonach finanzökonomische Strukturzusammenhänge der monetär ausdifferenzierten Ökonomie in inhärenter Weise angehören, weil sie eine Art nicht-intentionaler Steuerungsinstanz darstellen, ohne die ein heterarchischer Operationsmodus des Ökonomischen nicht möglich wäre. Aber mit dieser Korrektur des begrifflichen Settings waren natürlich noch nicht jene Fragen zureichend beantwortet, die im Entkopplungsdiskurs aufgeworfen wurden. Als felderschließende These diente uns deshalb die Verlängerung einer systemtheoretischen Annahme: Wenn es so ist, dass die moderne Ökonomie deswegen in einer Massivität auf ihre natürliche und soziale Umwelt übergreift, die vormodernen Wirtschaftsweisen fremd war, weil sie in einer Selbstreferenz des Monetären fundiert ist, dann wäre für eine sich verdichtende Finanzökonomie mit ähnlichen Effekten zu rechnen: Je mehr Selbstbezüglichkeit und Autonomie finanzökonomische Strukturzusammenhänge gewinnen, desto massiver und unkontrollierbarer dürften Wechselwirkungen zwischen Finanzsphäre und Wirtschaft und Gesellschaft ausfallen.

Weniger eindeutig als diese Programmatik suggeriert stellte sich deren materiale Einlösung dar. Der Grad der begrifflichen Durchdringung der Finanzsphäre bleibt bei Marx und Luhmann aus unterschiedlichen Gründen torsohaft, was wir aber nicht zwangsläufig als Mangel zu interpretieren haben. Im Gegenteil: Der hohe Abstraktionsgrad beider Theorien sichert bis auf Weiteres deren Aktualität, vorausgesetzt es gelingt, die dortigen allgemeinen Begrifflichkeiten und Argumentationsstrukturen in sinnvoller Weise zu respezifizieren. Für den Fall der Systemtheorie konnte einerseits aufgezeigt werden, dass zur Herausarbeitung der Eigenlogik finanzökonomischer Operationen nicht grundsätzlich auf den Systembegriff zurückgegriffen werden muss, weil hierfür ein weit ausgearbeitetes Marktkonzept zur Verfügung steht.[207] Etwas anders haben wir mit Blick auf die Fort-

207 Zur Erinnerung: Finanzökonomische Operationen lassen sich systemtheoretisch betrachten als *Handel mit Zahlungsversprechen*. Im Unterschied zu ›einfachen‹ Zahlungen, deren Fremdreferenz unmittelbar auf Güter und Leistungen verweist (und damit auf die Umwelt des Systems), sind finanzökonomische Operationen sowohl in ihrer Fremdreferenz wie in ihrer Selbstreferenz zunächst einmal rein auf weitere Zahlungen bezogen.

schreibung des Luhmannschen Konzepts der Weltgesellschaft optiert. Bei Luhmann selbst stellt sich der Übergang zu funktionaler Differenzierung zugleich dar als Geburtsstunde einer Weltgesellschaft, denn die funktionsspezifischen Leitunterscheidungen stehen ihren Formbestimmungen nach orthogonal zu territorialen Grenzziehungen. Dies wurde ausdrücklich nicht in Zweifel gezogen, steckt aber lediglich das Feld ab, um die Evolution der modernen Gesellschaft als *Evolution ihrer Binnendifferenzierungen* zu beschreiben. Bei Luhmann stand im Zentrum der Funktionssystemmonografien die Absicht, eine Art *allgemeinen Begriff der modernen Gesellschaft* herauszuarbeiten, um eine Antwort auf die Frage zu finden, was es ist, das die moderne Gesellschaft von allen ihren historischen Vorgängern unterscheidet. Weit weniger intensiv wurden in seinen Arbeiten Fragen diskutiert, die Prozesse der Evolution gesellschaftlicher Teilsysteme sowie deren Relationengefüge betreffen. Genau solche ›Middle-range‹-Phänomene sind es aber, die im Fokus des neueren Globalisierungsdiskurses stehen. Es finden sich bei Luhmann zwar Annahmen, in denen angedeutet wird, dass wir gegenwärtig einen Übergang von einer bankenzentrierten Finanzsphäre hin zu einer marktzentrierten Finanzsphäre erleben, aber diese vereinzelten Bemerkungen sind kaum systematisch rückgebunden an den Kategorienapparat der Systemtheorie. Wir haben an dieser Stelle ein Forschungsprogramm skizziert, das von der These angeleitet ist, wonach gegenwärtig die Genese eines neuartigen Regimes einer wirtschaftlichen Differenzierung nach Zentrum und Peripherie zu beobachten ist, das sich – als sekundärer Differenzierungsmodus – im Rücken funktionaler Differenzierung etabliert. Im Unterschied zur vergleichsweise übersichtlichen Nord/Süd-Konstellation des 20. Jahrhunderts, so die Leitthese, ist für die nähere Zukunft mit der Konsolidierung eines Regimes zu rechnen, das durch trans-

---

Mit dem Zins als Preis des Geldes wird die Selbstreferenz der Zahlungen ihrerseits selbstreferentiell ausgewiesen und damit reflexiv. In diese Konstellation, die uns bei der Marxschen Theorie mit den Kategorien des zinstragenden Kapitals und des fiktiven Kapitals begegnet ist, sind stets zwei Resultate uno actu eingelassen: Zum einen beginnt eine Art ›kurzgeschlossene Selbstreferenz‹ des Ökonomischen zu greifen. Finanzmarkttransaktionen orientieren sich nicht länger an (vermeintlichen) wirtschaftlichen Fundamentaldaten, sondern zunehmend an selbstgenerierten ›Eigenwerten‹, was Prozesse des ›positive feedback‹ ins Spiel bringt. Zum anderen scheint genau dies eine Bedingung dafür zu sein, dass die Finanzmärkte als Spiegel der Produktmärkte und der Wirtschaft insgesamt fungieren können: Auf Finanzmärkten gewinnt die Wirtschaft Abstand zu sich selbst und ist dazu in der Lage – wiederum in hochgradig codierter Weise – auf ihre eigenen Operationen zu reflektieren territoriale (aber nicht a-räumliche) Zentren und Peripherien gekennzeichnet ist.

Im Fall der Kritik der politischen Ökonomie hatten wir es bezüglich der Reichweite und des Ausarbeitungsgrades in den drei Bänden des *Kapital* mit einer doppelten Schwierigkeit zu tun: Einerseits musste der Abstraktionsgrad berücksichtigt werden, das heißt die Tatsache, dass wir im *Kapital* keine empirische Theorie des Kapitalismus vorliegen haben, sondern eine Art allgemeinen Begriff des modernen Kapitalismus. Entsprechend dieser Zugriffsform abstrahieren Marx' Bestimmungen finanzökonomischer Sachverhalte von deren jeweiliger historisch-konkreter institutionellen Ausgestaltung (etwa der Organisation des Bankensystems und der Kopplung mit Politik und Recht). Andererseits können wir nicht einmal mit Sicherheit angeben, welche Themen bei Marx in den Einzugsbereich jenes allgemeinen Begriffs fallen, weil seine zunächst systematisch anhebende Behandlung zunehmend umschlägt in ein bloßes Forschungsprotokoll. Wir sind programmatisch vorgegangen, indem zunächst jene Argumentationsstränge betrachtet wurden, die als vergleichsweise gesichertes Wissen gelten können. Dies betraf beispielsweise den Argumentationsgang zur Schatzbildung im zweiten Band des Kapital, der in der bisherigen Rezeptionsgeschichte nahezu vollständig übergangen wurde. Marx inauguriert dort eine Erklärung der modernen Finanzsphäre, die auskommt ohne Rekurs auf psychologische Tatbestände, und aus diesem Grunde gerade auch aus der Perspektive einer systemtheoretischen Betrachtung von Bedeutung ist.[208]

Der Rekurs auf den Fortgang der Darstellung im dritten Band des *Kapital* sollte vor allem aufzeigen, dass jegliche Interpretationsraster, die die Produktionssphäre als vermeintliche ›Basis‹, die Zirkulationssphäre und das Kreditsystem hingegen als bloßen ›Überbau‹ begreifen, am Sinngehalt der Marxschen monetären Werttheorie vorbeigehen. Zwar wird, um einen

208 Zur Erinnerung: Indem Marx dort vom empirischen Kreditsystem (Banken, Finanzintermediäre, Handelskapital etc.) abstrahiert und die Zirkulation des Kapitals darstellt als reine Zirkulation industrieller Kapitalien, weist er nach, dass in diesem Prozess in stetiger Weise Kapital aus dem Reproduktionsprozess ›herausfällt‹ und somit temporär nicht für weitere Verwertung zur Verfügung steht. Im Unterschied zum Warenkapital und zum produktiven Kapital (Arbeitskräfte und Produktionsmittel) ist das hierbei ›ausgeschwitzte‹ Geldkapital aufgrund seiner Geldeigenschaften allerdings einer andersartigen Konditionierung zugänglich: Es kann beliebig geteilt und verliehen werden, und das Marxsche Argument lautet, dass diese Geldeigenschaften des Kapitals den logisch-genetischen Ausgangspunkt für ein spezifisch modernes Kreditsystem darstellten.

Aspekt herauszugreifen, der Zins von Marx in der Tat genetisch auf den Mehrwert zurückgeführt, diese ›Ableitung‹ unterstellt aber gerade nicht, dass die Bewegung des Zinses als sekundäres Phänomen zu bewerten ist. Im Gegenteil wird auch bei Marx die Finanzsphäre geradezu als Steuerungszentrum der kapitalistischen Wirtschaft begriffen. Der dritte Band holt jene These ein, wonach den Einzelkapitalien im Kreditsystem eine *höherstufige Einheit ihrer selbst* gegenübertritt. Der moderne Kredit und das moderne zinstragende Kapital, so die These von Marx, unterscheiden sich in fundamentaler Weise von jeglichen vormodernen Kreditformen (›Wucher‹). Während letztere in einem äußerlich-kontingenten Verhältnis zum gesellschaftlichen Stoffwechselprozess mit der Natur stehen, was sich empirisch vor allem darin äußert, dass es keinen einheitlichen Zinsfuß gibt, stehen Kredit und industrielles Kapital in der monetär ausdifferenzierten Ökonomie in einem systematischen Verhältnis zueinander. Das zinstragende Kapital bezeichnet eine Qualität, die dem Medium Geld als solchem in der modernen Wirtschaft zukommt, nämlich diejenige, einen Zins von bestimmter Größe abzuwerfen. Diese Qualität ist kategorial zu unterscheiden von vormodernen Gläubiger/Schuldner-Verhältnissen. Die dort nur auf Rollen- bzw. Organisationsebene zu konstatierende Ausdifferenzierung der Einheit der Differenz von Geld und Zins entfaltet sich nun auf Funktionssystemebene. Für Marx wird mit dem zinstragenden Kapital jene Bewegung der Größenausdehnung, die in vormodernen Wirtschaftsweisen an die Intentionalität bestimmter ›Charaktermasken‹ (Schatzbildnder, Handelskapitalisten) gebunden ist, als emergente Form im Objektbereich selbst ›gesetzt‹. Und dieses finanzökonomische Arrangement affiziert, so der Fortgang seines Arguments, den gesellschaftlichen Stoffwechselprozess: Die auf Funktionssystemebene ausdifferenzierten Revenuequellen generieren bereits *als solche* Rentabilitätskriterien für ›sinnvolle‹ Kapitalverwendung überhaupt. Als ›benchmark‹ industriell-kapitalistischer Investitionen gilt nicht das bloße Profitmachen, also ein Kapitalrückfluss, der größer ist als der Kapitalvorschuss, sondern die (erwartete) Differenz zwischen beiden Größen muss mindestens die Höhe der Zinsrate wesentlich übersteigen.

Das Moment finanzökonomischer Verselbständigung thematisiert Marx vor allem im fiktiven Kapital, das eine Grundlage bereitstellt, um jene neuartigen ›Finanzinnovationen‹ begrifflich zu bestimmen, die vor allem in den letzten Jahrzehnten für Furore gesorgt haben. Das fiktive Kapital resultiert aus einer Art *generalisiertem Umkehrschluss*, der aber nicht als Denkoperation anzusetzen ist, sondern im Objektbereich selbst aus dem ›Ineinanderreflektieren‹ ökonomischer Kategorialität hervorgeht. Das fiktive Kapital stellt traditionelle Repräsentationsverhältnisse auf den Kopf, indem es einen *Schatten ohne Körper* darstellt, der aber gleichwohl die faktische ökonomische Autopoiesis massiv affiziert: Aus der Tatsache, dass jede Summe Geld dazu in der Lage ist, einen Zins von bestimmter Größe hervorzubringen, wird der Umkehrschluss gezogen, dass jede regelmäßige Geldeinnahme den Zins einer Stammsumme von Kapital darstellt, auch wenn die Summe Kapital selbst gar nicht existiert (Marx spricht hier von ›kapitalisieren‹). Trotzdem handelt es sich beim fiktiven Kapital nicht bloß um eine illusorische Denkform, sondern um ein *soziales Artefakt.* Indem Zahlungsversprechen, etwa Staatsschuldpapiere, ihrerseits zu auf Märkten handelbaren Waren werden, vermögen sie für ihre Besitzer als Quelle von Einkommen zu fungieren und etablieren so eine ganz neuartige Zirkulation, die sich in ihrer Dynamik von der Zirkulation des Kapitals unterscheidet.

Über die Reichweite des Marxschen Zugriffs konnte ein Doppeltes vermerkt werden: Die Argumentationsstränge, die den qualitativen Formgehalt ökonomischer Kategorien und deren inneren Zusammenhang nachzeichnen, halten wir für nach wie vor relevant und forschungsleitend. Etwas anders sieht es in der quantitativen Dimension aus: Nicht nur sind Probleme der Marxschen Lösungsvorschläge zu verzeichnen, es kann auch grundsätzlich angezweifelt werden, dass sich die konkreten Verlaufsformen finanzökonomischer Operationen einem werttheoretischen Zugriff erschließen, was aber auch nicht als dessen Intention angesehen werden muss. Es spricht nichts dagegen und viel dafür, die Kritik der politischen Ökonomie um eine Beobachtungstheorie (etwa Keynesscher oder systemtheoretischer Bauart) zu erweitern. Wir haben keine weiterführenden Schritte in dieser Richtung unternommen, sondern uns stattdessen in perspektivischer Weise dem Marxschen Konzept des ›Kreditsystems‹ zugewandt, und die auch unter entkopplungstheoretischer Perspektive relevante Frage erläutert, was bei Marx mit der These eines notwendigen Umschlags des Kreditsystems ins Monetarsystem gemeint sein könnte.

Gleichwohl verweist der Hinweis auf die Notwendigkeit einer Beobachtungstheorie im Kontext der Kritik der politischen Ökonomie auf ein weiteres vielversprechendes Forschungsfeld, das sich von unseren *beiden* Bezugstheorien aus geradezu aufdrängen würde, und das aus diesem Grund wenigstens markiert sei: Unter der Bezeichnung einer *performativity of economics* (MacKenzie 2004, 2004a) wird seit Kurzem die Frage verhandelt, in welcher Weise Reflexionstheorien als semantische Artefakte nicht nur *Resultate* der Sozialstrukturen sind, sondern zugleich auf ihren Objektbereich, den sie lediglich zu beschreiben vorgeben, *einwirken*. Luhmanns Unterscheidung von Sozialstruktur und Semantik ist durchaus in der Lage, deren Verhältnis als wechselseitig instruktiv zu begreifen, ein Potential, von dem Luhmann im Zuge seiner Überlegungen zur Genese und Fortentwicklung ökonomischer Reflexionstheorien allerdings keinen systematischen Gebrauch gemacht hat. Es blieb bei tentativen Hinweisen vor allem zur Keynesschen Theorie, die ein handgreifliches Beispiel dafür bietet, wie eine Theorie auf ihr Objekt einwirken kann.[209] Auch mit Blick auf die Marxsche Theorie ist wenig damit gewonnen, nur stetig auf die ›Verkehrtheit‹ der vorherrschenden ökonomischen Reflexionstheorien hinzuweisen, und zu versuchen, dortige kognitive Verzerrungen aus der Sozialstruktur ›abzuleiten‹. »Instead of treating orthodox, neoclassical finance theory as true (or false)«, heisst es dazu bei MacKenzie (2004a: 3), müsse es vor allem darum gehen, dieses Theorieprogramm als »historical project« zu begreifen, »incorporated into efforts to transform its object of study, the financial markets«.

2. Im Schatten funktionaler Differenzierung: Die sekundären Differenzierungsregime der Weltgesellschaft

Das im vorangegangenen Rückblick ausgeblendete *erste Kapitel* hatte im Kontext der vorliegenden Arbeit zunächst nur eine umrandende, kontextualisierende Funktion. Es musste der jeweiligen Beschreibung der modernen Ökonomie vorgelagert nach dem Verhältnis von Wirtschaft und Gesellschaft bei Luhmann und Marx gefragt werden. Das Ergebnis konnte und brauchte nur ein pragmatisches sein: Für die Kritik der politischen Ökonomie konnte gezeigt werden, dass das umfangreiche Programm einer Gesellschaftstheorie, die zentriert ist um die Einheit der Differenz von Politik und Ökonomie und auf dieser Grundlage dann andere Sphären des Sozialen einholt und thematisiert, im Spätwerk nur partiell eingelöst wurde. Eine solche, um das Theorem der ›Verdopplung‹ zentrierte Perspektive, ist

209 Die Wirkungsmächtigkeit der Keynesschen Theorie kann wohl vor allem darin gesehen werden, die *Nachfrageseite* volkswirtschaftlicher Akkumulationsprozesse ins Zentrum zu rücken und damit den Arbeitslohn nicht nur als Kost interpretiert zu haben.

aber in jedem Fall etwas anderes als der schlichte Basis/Überbau-Kausalismus, der in den verschiedenen Spielarten einer Marx-Orthodoxie als vermeintlich gesichertes Wissen tradiert und kanonisiert wurde. Auf der Grundlage unserer Auseinandersetzung kann einer heute anstehenden Aktualisierung der Kritik der politischen Ökonomie guten Gewissens anempfohlen werden, Aussagetypen nach Machart eines ›die Ökonomie und der Rest‹ beiseite zu lassen und auf Differenzierungstheorie umzuschalten.

Dass dies beim Adressatenkreis nicht in jedem Fall auf Gegenliebe stoßen wird, davon wird ausgegangen. Es gibt Einwände gegen das differenzierungstheoretische Denken, die durchaus ernstgenommen werden müssen, die aber – so unsere Auffassung – durch einen *reflexiven Gebrauch* selbigen Kategorienapparats wettgemacht werden können. Eine keinesfalls triviale Kritik an der modernen Differenzierungstheorie findet sich bei Demirovic (2001: 17), der in Luhmanns Theorie »eine besondere Variante normalistischer Ordnungstheorie« zu erblicken meint. Während es bei Normalismus in der Regel, so lautet sein Argument, »um die Frage bestandsbedrohender statistischer Abweichungen von einer Normalverteilung im kleinen Format einzelner politischer oder soziologischer Themen geht«, so komme es Luhmann »auf großformatige Strukturen an, die gar nicht ins Gleichgewicht finden sollen, sondern immer weiter nach vorne evoluieren, und zwar so, daß ein bestimmter Typ von Systemstrukturen erhalten bleibt, der funktionaler Differenzierung«. Auf eine gar nicht mal unsubtile Weise wird hier dem auf Dynamik und Evolution abstellenden Luhmannschen Theorieunternehmen der Vorwurf eines ›Konservatismus‹ gemacht. Es gäbe »kompakte soziale Gruppen, die eine einheitliche, Funktionssysteme übergreifende Lebensform praktizieren, die von der Differenzierung und Komplexität profitieren, an ihr festhalten und sie verteidigen« (ebd.: 18). Dies ist vermutlich so. Auf einem ganz anderen Blatt steht aber doch wohl die Frage, ob sich differenzierungstheoretisches Denken notwendig affirmativ zu den eigenen Kernprämissen verhalten muss. Wir möchten daran erinnern, dass es sich beim Funktionsbegriff um das *Problemschema eines Beobachters* handelt, und nicht um ein normativ aufgeladenes Existenzprädikat. Aus der theoretischen Diagnose einer funktionalen Primärdifferenzierung der modernen Gesellschaft folgt kein Für oder Wider bezüglich politischer Programme der einen oder anderen Machart. Wer dies anders sieht oder praktiziert, betreibt unserer Auffassung nach keinen reflexiven Umgang mit der Differenzierungstheorie.

Ein weiteres Moment kommt noch hinzu: Tyrell (1998: 125) hat in einer umfangreichen Recherche zu den verschiedenen Traditionen differenzierungstheoretischen Denkens darauf hingewiesen, dass vor allem jene im Kontext von Organismusanalogien generierten Theorien »von Beginn an eine mit starken ›Ganzheits-‹ und Zusammenhaltsassoziationen versetze Begleitbegrifflichkeit von ›Konsensus‹ (Comte), von ›Integration‹ oder ›Solidarität‹« mit sich führten. Daneben seien solche Varianten von Differenzierungstheorie dominant und prägend gewesen, die – etwa abgelesen an vulgärdarwinistischen Konstruktionen oder an den Arbeitsteilungstheoremen der frühen klassischen politischen Ökonomie – soziale Differenzierung recht umstandslos als Fortschrittsprozess gedacht haben (ebd.: 131). All dies ist gesichertes Wissen und soll hier nicht in Zweifel gezogen werden. Die Diagnose ist insofern wenig verwundernswert, als die Soziologie als Disziplin nicht zuletzt als *Krisentheorie der beginnenden Moderne* entstanden ist und somit primär die Reflexionstheorie einer gesellschaftlichen »Katastrophe« (Luhmann 1987: 19) darstellte. Aber während schon der Marxsche Rückgriff auf organizistisches Vokabular in den *Grundrissen* verdeutlicht, dass ein solcher Rückgriff nicht zwangsläufig unter ›konservativen‹ Prämissen erfolgen muss, zeigt auch und gerade die *Entwicklung* des Luhmannschen Theoriegebäudes – auf die in dieser Arbeit immer wieder Bezug genommen wurde – dass und wie differenzierungstheoretisches Denken dazu in der Lage ist, auf sich selbst zu reflektieren. Zugegeben: Luhmanns Bezugnahmen auf die Veränderungsansprüche der Kritischen Theorie oder der sogenannten Protestbewegungen waren zumeist polemisch- bis ablehnender Natur (vgl. exemplarisch Luhmann 1991, 1996). Weniger bekannt ist die ›andere Seite‹ dieser Theorie, die in der vorliegenden Arbeit nicht zuletzt aus diesem Grund stark gemacht wurde. Dass etwa in der Bestimmung der Wirtschaft als operativ geschlossenem Funktionssystem ebenso wie in der Bestimmung der Wirtschaftswissenschaften als Reflexionstheorie dieses Systems eine *kritische Pointe* enthalten ist, wird immer noch recht selten zur Kenntnis genommen.

Verdeutlichen lässt sich dies durch das systemtheoretische Konzept gesamtgesellschaftlicher Rationalität. Im *Philosophischen Diskurs der Moderne* macht Habermas (1985: 435) der Systemtheorie den Generalvorwurf, sie habe schon aus theoriebautechnischen Gründen das Konzept einer Selbstrepräsentation der Gesellschaft fallen lassen müssen und damit die Möglichkeit verspielt, eine ›vernünftige‹ Gesellschaft überhaupt nur denken zu können. Bereits Luhmanns *Ökologische Kommunikation* (Luhmann 1986) zeigt, dass in Habermas‹ Vorwurf zwei Aspekte amalgamiert werden, die vermutlich besser getrennt werden sollten: Von der Möglichkeit einer konkreten Repräsentation der Gesellschaft in der Gesellschaft rückt die Systemtheorie in der Tat ab. Anders als bei Habermas (ebd.) wird beispielsweise nicht unterstellt, dass »Öffentlichkeiten [...] sich als höherstufige Intersubjektivitäten begreifen« lassen, und dass »in der höher aggregierten Öffentlichkeit auch ein gesamtgesellschaftliches Bewusstsein« zu verorten sei. Die Denkbarkeit von Vernunft, jedenfalls konzipiert als *gesamtgesellschaftliche Rationalität*, wird damit nicht kategorisch abgelehnt. So schwer es auch sein mag, diesen Rationalitätstypus konkret zu lokalisieren, theoretisch ist er nicht schwierig zu konzipieren:

»Systeme, die über ihre Umwelt verfügen, verfügen über sich selbst. Sie müssen Reflexionsformen entwickeln, die die Differenz von System und Umwelt in die Selbstbeschreibung wiedereinführen – oder sie werden in für sie unkontrollierbarer Weise von sich selbst abhängig. Den Titel der Rationalität muß man für einen solchen Wiedereintritt der Differenz in die Identität reservieren, wenn die hohen Ansprüche gehalten werden sollen, die in der Tradition mit diesem Titel verbunden waren« (Luhmann 1988: 39f.).

Damit ist zugleich gesagt, dass all solchen Reflexionsformen ein verkürztes Verständnis der modernen Gesellschaft eigen ist, die Erfolge in Funktionsrichtung umstandslos für rational halten, eine These, die vor allem in den Wirtschaftswissenschaften gerne tradiert wird.

Eine hiermit zusammenhängende Frage besteht darin, in welcher Weise es einer differenzierungstheoretisch fundierten Theorie der Gesellschaft gelingen kann, auch und vor allem die ›Schattenseiten‹ funktionaler Differenzierung auf ihren Analyseschirm zu bekommen. Seien dies nun die Präponderanzen einzelner Funktionssysteme, Exklusionseffekte oder Klassenstrukturen. Unsere tentativen Überlegungen zur möglichen Bedeutung von Zentrum/Peripherie-Differenzierungen in Kapitel drei haben darauf hingewiesen, dass *sekundäre Differenzierungsregime* zwar analytisch insofern als nachrangig zu bezeichnen sind, als dass zu klären ist, wie sie selbst mit funktionaler Differenzierung als primärer gesellschaftlicher Differenzierungsform im Zusammenhang stehen. Das sagt wenig bis gar nichts über die empirische Bedeutung solcher Strukturmuster aus, die hierin unserer Auffassung nach der Primärdifferenzierung in nichts nachstehen müssen. Ausschließlich eine Interpretation der Luhmannschen Theorie als Emanationslogik bringt es fertig, überall *nur* funktionale Differenzierung zu sehen, und dies wäre dann in der Tat eine unzureichende Überwindung der modernisierungstheoretischen Erblast des klassischen Funktionalismus. Dass Konzepte wie jenes von Inklusion und Exklusion beim späten Luhmann ein Stück weit wie aus der Pistole geschossen in die Theorie eingeführt wurden, markiert unseres Erachtens keinen grundsätzlichen Mangel differenzierungstheoretischen Denkens, sondern zeigt höchstens an, wo weitere Begriffsarbeit zu leisten wäre. Dass hierbei auch Umbaumaßnahmen am überlieferten Kategorienapparat in den Bereich des Möglichen fallen, haben wir durch Bezug auf neuere systemtheoretische Anschlussarbeiten herausgestellt. Vor allem das bei Luhmann als nicht-gradualisierbar gedachte Autopoiesis-Konzept scheint uns nur begrenzt brauchbar zu sein, um teilsystemische Evolutionsprozesse und Vorgänge fortschreitender interner Differenzierungen des Sozialen adäquat zu beschreiben. Ob sich die Vorschläge durchsetzen werden, die anregen, das Autopoiesiskonzept bezüglich der Beschreibung interner Differenzierungsprozesse der Gesellschaft und ihrer Funktionssysteme zurückzunehmen und nach Begrifflichkeiten zu suchen, die ein flexibleres ›Handling‹ polykontexturaler Verschachtelungen des Sozialen ermöglichen, muss bis dato als vollständig offen gelten.

Abkürzungen

MEW: Karl Marx, Friedrich Engels: *Werke* (MEW), Hg. vom Institut für Marxismus-Leninismus beim ZK der SED, Berlin 1956ff.

UZK: Urtext von Zur Kritik der politischen Ökonomie. In: Marx, Karl (1974): *Grundrisse der Kritik der politischen Ökonomie. (Rohentwurf)* 1857–1858, Anhang 1850–1859. Berlin: Dietz Verlag.

Literatur

Adorno, Theodor W. (1969): *Negative Dialektik*. Gesammelte Schriften Band 6. Frankfurt/M.: Suhrkamp.

Adorno, Theodor W. (1972): *Soziologische Schriften 1*. Frankfurt/M.: Suhrkamp.

Adorno, Theodor W. (1997): Über Marx und die Grundbegriffe der soziologischen Theorie (Seminarmitschrift aus dem Sommersemester 1962 von Hans-Georg Backhaus). In: Backhaus, Hans-Georg (Hg.): *Dialektik der Wertform. Untersuchungen zur marxschen Ökonomiekritik*. Freiburg: Ca ira.

Aglietta, Michel (2000): *Ein neues Akkumulationsregime. Die Regulationstheorie auf dem Prüfstand*. Hamburg: VSA.

Alexander, Jeffrey C. (1984): *Theoretical Logic in Sociology. Vol.4: The Modern Reconstruction of Classical Thought: Talcott Parsons*. London, Melbourne, Henley: Routledge & Kegan Paul.

Altvater, Elmar (1987): *Sachzwang Weltmarkt. Verschuldungskrise, blockierte Industrialisierung und ökologische Gefährdung. Der Fall Brasilien*. Hamburg: VSA.

Altvater, Elmar (2004): *Inflationäre Deflation oder die Dominanz der internationalen Finanzmärkte*. URL: http://www.polwiss.fu-berlin.de, people, altvater, Aktuelles und ProklafinanzRepress.pdf (16.04.2006).

Altvater, Elmar (2006): *Das Ende des Kapitalismus wie wir ihn kennen*. Münster: Westfälisches Dampfboot.

Angehrn, Emil; Lohmann, Georg (Hg.) (1986): *Ethik und Marx. Moralkritik und normative Grundlagen der Marxschen Theorie*. Königstein: Hain Verlag bei Athenäum.

Amonn, Alfred (1927): *Objekt und Grundbegriffe der theoretischen Nationalökonomie*. 2. Auflage. Leipzig, Wien: Verlag Franz Deuticke.

Arthur, Christopher J. (1998): The Fluidity of Capital and the Logic of the Concept. In: Arthur, Christopher J.; Reuten, Geert (Hg.): *The Circulation of Capital. Essays on Volume Two of Marx's Capital*. London: Macmillan.

Arthur, Christopher J. (2002): *The New Dialectic and Marx's Capital*. Leiden, Boston, Köln: Brill.

Arthur, Christopher J.; Reuten, Geert (Hg.) (1998): *The Circulation of Capital. Essays on Volume Two of Marx's Capital*. London: Macmillan.

Backhaus, Hans-Georg (1969): Zur Dialektik der Wertform. In: Schmidt, Alfred (Hg.): *Beiträge zur marxistischen Erkenntnistheorie.* Frankfurt/M.: Suhrkamp.

Backhaus, Hans-Georg (1985): Das ›Rätsel‹ des Geldes: ein Scheinproblem der Ökonomie oder aber ein Grundproblem der Sozialwissenschaft? In: *Hefte für Politische Ökonomie*, Nr. 6. Göttingen.

Backhaus, Hans-Georg (1987): Elementare Mängel in der traditionellen Rezeption der Marxschen Form-Analyse. In: *Jahrbuch des IMSF*, Nr. 13, 402–414.

Backhaus, Hans-Georg (1996): Die Irrtümer der nationalökonomischen Marx-Kritik als Grundmängel der nationalökonomischen Theoriebildung. In: Brentel, Helmut (Hg.): *Gegensätze: Elemente kritischer Theorie. Festschrift für Jürgen Ritsert.* Frankfurt/M., New York: Campus.

Backhaus, Hans-Georg (Hg.) (1997): *Dialektik der Wertform. Untersuchungen zur marxschen Ökonomiekritik.* Freiburg: Ca ira.

Backhaus, Hans-Georg (1998): Über die Notwendigkeit einer Ent-Popularisierung des Marxschen ›Kapitals‹. In: Görg, Christoph; Roth, Roland (Hg.): *Kein Staat zu machen. Zur Kritik der Sozialwissenschaften.* Münster: Westfälisches Dampfboot.

Backhaus, Hans-Georg (2002): Der widersprüchliche und monströse Kern der nationalökonomischen Begriffsbildung. In: Fetscher, Iring; Schmidt, Alfred (Hg.): *Emanzipation als Versöhnung.* Frankfurt/M.: Neue Kritik.

Baecker, Dirk (1988): *Information und Risiko in der Marktwirtschaft.* Frankfurt/M.: Suhrkamp.

Baecker, Dirk (1989): Die Weltsicht der Banken. In: Glagow, Manfred; Willke, Helmut; Wiesenthal, Helmut (Hg.): *Gesellschaftliche Steuerungsrationalität und partikulare Handlungsstrategien.* Pfaffenweiler: Centaurus-Verlagsgesellschaft.

Baecker, Dirk (1998): Guter Geist ist trocken – und Systeme sind unzuverlässig. Nachruf auf Niklas Luhmann (8.12.1927 – 6.11.1998). In: *Berliner Zeitung*, Nr. 264 (12.11.1998), 11.

Baecker, Dirk (1991): *Womit handeln Banken? Eine Untersuchung zur Risikoverarbeitung in der Wirtschaft.* Frankfurt/M.: Suhrkamp.

Baecker, Dirk (1999): *Die Form des Unternehmens.* Frankfurt/M.: Suhrkamp.

Baecker, Dirk (1999a): Unbestimmte Kultur. In: Koschorke, Albrecht; Vismann, Cornelia (Hg.): *Widerstände der Systemtheorie. Kulturtheoretische Analysen zum Werk von Niklas Luhmann.* Berlin: Akademie Verlag.

Baecker, Dirk (2001): Kapital als strukturelle Kopplung. In: *Soziale Systeme* 7(2001), 313–327.

Baecker, Dirk (2003): Gerecht gegenüber wem? (Replik auf einen Diskussionsbeitrag von Johannes Berger). In: *Zeitschrift für Soziologie*, Jg. 32, Nr. 6, 474–477.

Baecker, Dirk (2003a): Geldfunktionen und Medienkonkurrenz. In: Baecker, Dirk (Hg.): *Viele Gelder.* Berlin: Kadmos.

Baecker, Dirk (2006): *Wirtschaftssoziologie.* Bielefeld: Transcript (zitiert nach einem Vorabmanuskript).

Bahr, Hans-Dieter (1973): Die Klassenstruktur der Maschinerie. Anmerkungen zur Wertform. In: Vahrenkamp, Richard (Hg.): *Technologie und Kapital.* Frankfurt/M.: Suhrkamp.

Balog, Andreas (2001): *Neue Entwicklungen in der soziologischen Theorie.* Stuttgart: Lucius und Lucius.

Baraldi, Claudio; Corsi, Giancarlo; Esposito, Elena (1997): *GLU. Glossar zu Niklas Luhmanns Theorie sozialer Systeme.* Frankfurt/M.: Suhrkamp.

Barben, Daniel (2001): Die Wirtschaft der modernen Gesellschaft. Luhmanns soziologische Aufklärung als kritische Apologetik. In: Demirovic, Alex (Hg.): *Komplexität und Emanzipation. Kritische Gesellschaftstheorie und die Herausforderungen der Systemtheorie Niklas Luhmanns.* Münster: Westfälisches Dampfboot.

Baudrillard, Jean (1978): *Agonie des Realen.* Berlin: Merve.

Baukrowitz, Andrea; Boes, Andreas; Schmiede, Rudi (2000): *Die Entwicklung der Arbeit aus der Perspektive ihrer Informatisierung.* URL: http://www.rz.uni-frankfurt.de/fb03/K.G/B5 2000 Baukrowitz.pdf (17.01.2007).

Beckenbach, Frank (1987): *Zwischen Gleichgewicht und Krise. Zur Konstitution einer Geldökonomie.* Frankfurt/M.: Haag und Herchen.

Beckert, Jens (1997): *Grenzen des Marktes. Die sozialen Grundlagen wirtschaftlicher Effizienz.* Frankfurt/M., New York: Campus.

Behre, Jürgen (2004): *Volkssouveränität und Demokratie. Zur Kritik staatszentrierter Demokratievorstellungen.* Hamburg: VSA Verlag.

Bellofiore, Riccardo (1989): A Monetary Labour Theory of Value. In: *Review of Radical Political Economics,* Jg. 21, Nr. 1–2, 1–25.

Bellifiore, Riccardo; Taylor, Nicola (Hg.) (2004): *The Constitution of Capital. Essays on Volume I of Marx's Capital.* New York: Palgrave.

Berger, Johannes (1999): *Die Wirtschaft der modernen Gesellschaft. Strukturprobleme und Zukunftsperspektiven.* Frankfurt/M., New York: Campus.

Bischoff, Joachim; Otto, Axel u.a. (1993): *Ausbeutung, Selbstverrätselung, Regulation. Der 3. Band des ›Kapital‹.* Hamburg: VSA-Verlag.

Bohn, Cornelia (2000): Kleidung als Kommunikationsmedium. In: *Soziale Systeme,* Nr. 6, 111–135.

Bommes, Michael (2001): Organisation, Inklusion und Verteilung. Soziale Ungleichheit in der funktional differenzierten Gesellschaft. In: Tacke, Veronika (Hg.): Organisation und gesellschaftliche Differenzierung. Wiesbaden: Westdeutscher Verlag.

Borgmann, Leonid (2005): Die Luhmannsche Systemtheorie und ihre Anwendung auf Finanzsysteme. Diplomarbeit am Fachbereich Wirtschaftswissenschaften der Universität Frankfurt/Main. Unveröffentlicht.

Boyer, Robert (2000): Is a Finance-Led Growth Regime a Viable Alternative to Fordism? In: *Economy and Society,* Jg. 29, Nr. 1, 111–145.

Brand, Ulrich; Görg, Christoph (2003): *Postfordistische Naturverhältnisse. Konflikte um genetische Ressourcen und die Internationalisierung des Staates.* Münster: Westfälisches Dampfboot.

Braverman, Harry (1977): *Die Arbeit im modernen Produktionsprozeß*. Frankfurt/M.: Campus.

Brentel, Helmut (1989): *Soziale Form und ökonomisches Objekt. Studien zum Gegenstands- und Methodenverständnis der Kritik der politischen Ökonomie*. Opladen: Westdeutscher Verlag.

Breuer, Stefan (1987): Adorno, Luhmann: Konvergenzen und Divergenzen von kritischer Theorie und Systemtheorie. In: *Leviathan*, Nr. 15, 91–125.

Breyer, Gerald; Werber, Niels (1992): Die Systemtheorie zwischen Involution und Normativität. Ein Interview mit Niklas Luhmann. In: *Symptome. Zeitschrift für epistemologische Baustellen*, Jg. 10, Nr. Dezember 1992, S. 46–56.

Brodbeck, Karl Heinz (2000): *Die fragwürdigen Grundlagen der Ökonomie. Eine philosophische Kritik der Wirtschaftswissenschaften*. Darmstadt: Wissenschaftliche Buchgesellschaft.

Campbell, Martha (1998): Money in the Circulation of Capital. In: Arthur, Christopher J.; Reuten, Geert (Hg.): *The Circulation of Capital. Essays on Volume Two of Marx's Capital*. London: Macmillan.

Campbell, Martha (2002): The Credit System. In: Campbell, Martha; Reuten, Geert (Hg.): *The Culmination of Capital. Essays on Volume III of Marx's Capital*. New York: Palgrave.

Campbell, Martha; Reuten, Geert (Hg.) (2002): *The Culmination of Capital. Essays on Volume III of Marx's Capital*. New York: Palgrave.

Castells, Manuel (2001): *Der Aufstieg der Netzwerkgesellschaft. Das Informationszeitalter 1*. Opladen: Leske + Budrich.

Clam, Jean (2004): *Kontingenz, Paradox, Nur-Vollzug*. Konstanz: UVK Verlagsgesellschaft.

Cutler, Claire; Haufler, Virginia; Porter, Tony (1999) (Hg.): *Private Authority and International Affairs*. Albany: State of New York Press.

Demirovic, Alex (2001): Komplexität und Emanzipation. In: Demirovic, Alex (Hg.): *Komplexität und Emanzipation. Kritische Gesellschaftstheorie und die Herausforderungen der Systemtheorie Niklas Luhmanns*. Münster: Westfälisches Dampfboot.

Detel, Wolfgang (2000): System und Lebenswelt bei Habermas. In: Müller-Doohm, Stefan (Hg.): *Das Interesse der Vernunft*. Frankfurt/M.: Suhrkamp.

Deutschmann, Christoph (1995): Geld als soziales Konstrukt. Zur Aktualität von Marx und Simmel. In: *Leviathan*, Jg. 23, Heft 3, 376–393.

Deutschmann, Christoph (2001): *Die Verheißung des absoluten Reichtums. Zur religiösen Natur des Kapitalismus*. Frankfurt/M., New York: Campus.

Dodd, Nigel (1994): *The Sociology of Money*. Cambridge: Polity Press.

Dörre, Klaus (2001): Gibt es ein nachfordistisches Produktionsmodell? Managementprinzipien, Firmenorganisation und Arbeitsbeziehungen im flexiblen Kapitalismus. In: Candeias, Mario; Deppe, Frank (Hg.): *Ein neuer Kapitalismus?* Hamburg: VSA.

Durkheim, Emile (1965): *Die Regeln der soziologischen Methode.* Neuwied, Berlin: Luchterhand.

Edelmüller, Wolfgang (2000): Geld und Finanz im modernen Kapitalismus. In: Gerschlager, Caroline; Paul-Horn, Ina (Hg.): *Gestaltung des Geldes.* Marburg: Metropolis.

Eicker-Wolf, Kai; Niechoj, Torsten; Wolf, Dorothee (Hg.) (1999): *Nach der Wertdiskussion?* Marburg.

Elbe, Ingo (o.J.): *Zwischen Marx, Marxismus und Marxismen. Lesarten der Marxschen Theorie.* URL: http:// http://www.oekonomiekritik.de/ElbeLesarten.htm (14.01.06).

Ellrich, Lutz (2000): Entgeistertes Beobachten. Desinformierende Mitteilungen über Luhmanns allzu verständliche Kommunikation mit Hegel. In: Merz-Benz, Peter-Ulrich; Wagner, Gerhard (Hg.): *Die Logik der Systeme. Zur Kritik der systemtheoretischen Soziologie Niklas Luhmanns.* Konstanz: UVK.

Esser, Hartmut (1993): *Soziologie.* Frankfurt/M., New York: Campus.

Esser, Hartmut (1999): *Soziologie. Spezielle Grundlagen. Band 1: Situationslogik und Handeln.* Frankfurt/M., New York: Campus.

Esser, Hartmut (2000): *Soziologie. Spezielle Grundlagen. Band 2: Die Konstruktion der Gesellschaft.* Frankfurt/M., New York: Campus.

Esser, Hartmut (2000a): *Soziologie. Spezielle Grundlagen. Band 3: Soziales Handeln.* Frankfurt/M., New York: Campus.

Farzin, Sina (2006): *Inklusion/Exklusion. Entwicklungen und Probleme einer systemtheoretischen Unterscheidung.* Bielefeld: Transcript.

Feuerbach, Ludwig (1980): *Das Wesen des Christentums.* Stuttgart: Reclam.

Fiehler, Fritz (2004): Die Substitution des Geldes durch den Kredit. In: Kirchhoff, Christine; Meyer, Lars; Pahl, Hanno; Heckel, Judith; Engemann, Christoph (Hg.): *Gesellschaft als Verkehrung. Perspektive einer neuen Marx-Lektüre.* Freiburg: Ca ira.

Foley, Duncan (2005): Marx's Theory of Money in Historical Perspective. In: Moseley, Fred (Hg): *Marx's Theory of Money. Modern Appraisals.* Houndmills, Basingstoke, Hampshire: Palgrave MacMillan.

Fuchs, Peter (1992): *Die Erreichbarkeit der Gesellschaft. Zur Konstruktion und Imagination gesellschaftlicher Einheit.* Frankfurt/M.: Suhrkamp.

Gabler-Wirtschaftslexikon (2000): 16. Auflage. Wiesbaden: Gabler.

Ganßmann, Heiner (1986): Geld – ein symbolisch generalisiertes Medium der Kommunikation? Zur Geldlehre der neueren Soziologie. In: *Prokla,* Jg. 16, Heft 63, 6–22.

Ganßmann, Heiner (1995): Geld, Arbeit und Herrschaft. In: Schelke, Waltraud; Nitsch, Manfred (Hg.): *Rätsel Geld. Annäherungen aus ökonomischer, soziologischer und historischer Sicht.* Marburg: Metropolis.

Ganßmann, Heiner (1996): *Geld und Arbeit.* Frankfurt/M., New York: Campus.

Ganßmann, Heiner (2000): Geld als soziale Tatsache. In: *Ethik und Sozialwissenschaften. Streitforum für Erwägungskultur.*, Jg. 11, Nr. Heft 4/2000, 506–509.

Ganßmann, Heiner (2002): Das Geldspiel. In: Deutschmann, Christoph (Hg.): *Die gesellschaftliche Macht des Geldes.* Leviathan-Sonderheft 21. Wiesbaden: Westdeutscher Verlag.

Ganßmann, Heiner (2004): Bookreview: Geoffrey Ingham, The Nature of Money. In: *Economic Sociology*, Jg. 6, Nr. 1, 29–32.

Ganßmann, Heiner (2006): *Kapital/Arbeit.* Unveröffentlichtes Manuskript.

Gerstenberger, Heide (2006): *Die subjektlose Gewalt. Theorie der Entstehung bürgerlicher Staatsgewalt. Münster:* Westfälisches Dampfboot.

Giddens, Anthony (1990): *The Consequences of Modernity.* Cambridge: Polity Press.

Girschner, Christian (1999): Politische Ökonomie und Weltmarkt. Allgemeine Weltmarktdynamik in der Marxschen Kritik der politischen Ökonomie. Köln: PapyRossa.

Girschner, Christian (2001): Falsche Kategorien oder verkehrte Welt? Eine Kritik des Dienstleistungsbegriffs und der Außenhandelskategorien am Beispiel der Globalisierungsdiskussion. Bremen: Schriftenreihe des Instituts für sozialökonomische Handlungsforschung (SEARI)

Godelier, Maurice (1990): *Natur, Arbeit, Geschichte.* Hamburg: Junius.

Göhler, Gerhard (1980): *Die Reduktion der Dialektik durch Marx. Strukturveränderungen der dialektischen Entwicklung in der Kritik der politischen Ökonomie.* Stuttgart: Klett-Cotta.

Görg, Christoph (1992): *Neue Soziale Bewegungen und Kritische Theorie.* Wiesbaden: Deutscher Universitätsverlag.

Görg, Christoph (2002): Einheit und Verselbständigung. Probleme einer Soziologie der ›Weltgesellschaft‹. In: *Zeitschrift für Internationale Beziehungen*, Jg. 9, Heft 2, 275–304.

Gouldner, Alvin W. (1974): *Die westliche Soziologie in der Krise.* Reinbek: Rowohlt.

Greshoff, Rainer (2001): Kommunikation als subjekthaftes Handlungsgeschehen – behindern ›traditionelle‹ Konzepte eine ›genaue begriffliche Bestimmung des Gegenstandes Gesellschaft‹? In: Giegel, Hans-Joachim; Schimank, Uwe (Hg.): *Beobachter der Moderne. Beiträge zu Niklas Luhmanns ›Die Gesellschaft der Gesellschaft‹.* Frankfurt/M.: Suhrkamp.

Greve, Jens; Heintz, Bettina (2005): Die ›Entdeckung‹ der Weltgesellschaft. Entstehung und Grenzen der Weltgesellschaftstheorie. In: Heintz, Bettina; Münch, Richard; Tyrell, Hartmann (Hg.): *Die Gesellschaft und ihre Reichweite – wie zwingend ist die ›Weltgesellschaft‹.* Sonderband der Zeitschrift für Soziologie (Sommer 2005).

Greshoff, Rainer; Kneer, Georg; Schimank, Uwe (Hg.) (2003): *Die Transintentionalität des Sozialen. Eine vergleichende Betrachtung klassischer und moderner Sozialtheorien.* Wiesbaden: VS-Verlag.

Günther, Gotthard (Hg.) (1979): *Beiträge zur Grundlegung einer operationsfähigen Dialektik*. Band 2. Hamburg: Felix Meiner.

Habermas, Jürgen (1979): Handlung und System. Bemerkungen zu Parsons' Medientheorie. In: Schluchter, Wolfgang (Hg.): *Verhalten, Handeln und System. Talcott Parsons' Beitrag zur Entwicklung der Sozialwissenschaften*. Frankfurt/M.: Suhrkamp.

Habermas, Jürgen (1981): *Theorie des kommunikativen Handelns. Band1. Handlungsrationalität und gesellschaftliche Rationalisierung*. Frankfurt/M.: Suhrkamp.

Habermas, Jürgen (1981a): *Theorie des kommunikativen Handelns. Band 2. Zur Kritik der funktionalistischen Vernunft*. Frankfurt/M.: Suhrkamp.

Habermas, Jürgen (1985): *Der philosophische Diskurs der Moderne*. Frankfurt/M.: Suhrkamp.

Habermas, Jürgen (1986): Entgegnung. In: Honneth, Axel; Joas, Hans (Hg.): *Kommunikatives Handeln. Beiträge zur Jürgen Habermas' ›Theorie des kommunikativen Handelns‹*. Frankfurt/M.: Suhrkamp.

Habermas, Jürgen (1992): *Faktizität und Geltung. Beiträge zur Diskurstheorie des Rechts und des demokratischen Rechtsstaats*. Frankfurt/M.: Suhrkamp.

Hall, Peter A., Soskice, David (2001) (Hg.): *Varieties of Capitalism*. Oxford: Oxford University Press.

Hartmann, Klaus (1970): *Die Marxsche Theorie*. Berlin: De Gruyter.

Hegel, Georg W.F. (1970): *Phänomenologie des Geistes*. Frankfurt/M.: Suhrkamp.

Hegel, Georg Wilhelm Friedrich (1972): *Grundlinien der Philosophie des Rechts oder Naturrecht und Staatswissenschaft im Grundrisse*. Frankfurt/M., Berlin, Wien: Ullstein.

Hein, Eckhard (1998): Karl Marx, ein klassischer Ökonom? Zur Bedeutung von Geld und Zins in der Marxschen Ökonomie und den Implikationen für eine Theorie der Kapitalakkumulation. In: *Prokla*, Jg. 28, Nr. 110, 139–162.

Heine, Michael (2001): Die Entkopplungsthese – eine kritische Würdigung. In: Heise, Arne (Hg.): *Neue Weltwährungsarchitektur*. Marburg: Metropolis.

Heinrich, Michael (2001): *Die Wissenschaft vom Wert*. 2. Auflage. Münster: Westfälisches Dampfboot.

Heinrich, Michael (2001a): Monetäre Werttheorie. Geld und Krise bei Marx. In: *Prokla*, Jg. 31, Nr. 123, 151–176. Zitiert nach URL: http://www.oekonomiekritik. de/306Monetaere-Werttheorie.htm (19.01.2007).

Heinrich, Michael (2003): Geld und Kredit in der Kritik der politischen Ökonomie. In: *Das Argument*, Nr. 251, 397–409.

Heinrich, Michael (2004): *Kritik der politischen Ökonomie. Eine Einführung*. Stuttgart: Schmetterling Verlag.

Heinsohn, Gunnar; Steiger, Otto (2002): *Eigentumstheorie des Wirtschaftens versus Wirtschaftstheorie ohne Eigentum*. Marburg: Metropolis.

Heintz, Bettina (2004): Emergenz und Reduktion. Neue Perspektiven auf das Mikro-Makro-Problem. In: *Kölner Zeitschrift für Soziologie und Sozialpsychologie*, Jg. 56, Nr. 1, 1–31.

Hessling, Alexandra (2006): *Die globale Taxis der Rechnungslegung. Soziologische Studien zur Zahlenproduktion in der Wirtschaft.* Dissertation am Fachbereich Soziologie der Universität Bielefeld.

Hessling, Alexandra; Pahl, Hanno (2006): The Global System of Finance. Scanning Talcott Parsons and Niklas Luhmanns for Theoretical Keystones. In: *The American Journal of Sociology and Economics*, Vol. 65, Nr. 1, 189–218.

Hirsch, Joachim (1990): *Kapitalismus ohne Alternative?* Hamburg: VSA.

Hirsch, Joachim (2004): Globalisierung und Internationalisierung des Staates – eine Herausforderung für die materialistische Staatstheorie. In: Kirchhoff, Christine; Meyer, Lars; Pahl, Hanno; Heckel, Judith; Engemann, Christoph (Hg.): *Gesellschaft als Verkehrung. Perspektiven einer neuen Marx-Lektüre.* Freiburg: Ca ira.

Hörisch, Jochen (1996): *Kopf oder Zahl. Die Poesie des Geldes.* Frankfurt/M.: Suhrkamp.

Holloway, John (1995): Global Capital and the National State. In: Bonefeld, Werner; Holloway, John (Hg.): *Global Capital, National State and the Politics of Money.* Houndsmills, Basingstoke, Hampshire u.a.: Macmillan Press.

Holz, Klaus (1993): *Historisierung der Gesellschaftstheorie. Zur Erkenntniskritik marxistischer und kritischer Theorie.* Pfaffenweiler.

Huber, Hans-Dieter (1991): Interview mit Niklas Luhmann am 13.12.90 in Bielefeld. In: *Texte zur Kunst*, Nr. 4, 212–133.

Hübner, Kurt (1996): Rien ne va plus? Anmerkungen zu Casino-Kapitalismus und Entkoppelung von realer und monetärer Akkumulation. In: *IZ3W*, Nr. 218, 27–31.

Huffschmid, Jörg (2002): Politische Ökonomie der Finanzmärkte. Hamburg: VSA.

Ingham, Geoffrey (1999): Beyond Twin Deficits: Emotions of the Future in the Organizations of Money. In: The American Journal of Economics and Sociology, Vol. 58, Nr. 4. Zitiert nach URL: http://www.findarticles.com/cf_0/m0254/4_58/58496774/print.jhtml (20.03.2004).

Itoh, Makoto; Lapavitsas, Costas (1999): *Political Economy of Money and Finance.* London.

Jakubowski, Franz (1971): *Der ideologische Überbau in der materialistischen Geschichtsauffassung.* Frankfurt/M.: Neue Kritik.

Junge, Kay (1993): *Zur räumlichen Einbettung sozialer Strukturen. Einleitende Überlegungen zu einer Topologie sozialer Systeme.* URL: http://www.sozialarbeit.ch/topologie_systeme.pdf (13.07.04).

Kädler, Jürgen (2005): Finanzmärkte – zur Soziologie einer organisierten Öffentlichkeit. In: *SOFI Mitteilungen*, Nr. 33, 31–37.

Kane, Edward J. (1988): Interaction of Financial and Regulatory Innovation. In: *American Economic Review* 78 (2): 328–334.

Kaube, Jürgen (2000): Wechselwirkungslosigkeit. Anmerkungen zum Verhältnis von Systemtheorie und Wirtschaftswissenschaft. In: de Berg, Henk; Schmidt, Johannes (Hg.): *Rezeption und Reflexion. Zur Resonanz der Systemtheorie Niklas Luhmanns außerhalb der Soziologie.* Frankfurt/M.: Suhrkamp.

Kesselring, Thomas (1992): Rationale Rekonstruktion von Dialektik im Sinne Hegels. In: Angehrn, Emil; Fink-Eitel, Hinrich; Iber, Christian; Lohmann, Georg (Hg.): *Dialektischer Negativismus. Michael Theunissen zum 60.Geburtstag.* Frankfurt/M.: Suhrkamp.

Kirchhoff, Christine; Meyer, Lars; Pahl, Hanno, et al. (Hg.) (2004): *Gesellschaft als Verkehrung. Perspektiven einer neuen Marx-Lektüre.* Freiburg: Ca ira.

Kneer, Georg (2004): Differenzierung bei Luhmann und Bourdieu. Ein Theorienvergleich. In: Nassehi, Armin; Nollmann, Gerd (Hg.): *Bourdieu und Luhmann. Ein Theorienvergleich.*

Kneer, Georg; Nassehi, Armin (1993): *Niklas Luhmanns Theorie sozialer Systeme.* München: Wilhelm Fink Verlag.

Knorr-Cetina, Karin; Preda, Alex (Hg.) (2004): *The Sociology of Financial Markets.* Oxford: Oxford University Press.

Koschorke, Albrecht; Vismann, Cornelia (1999): Einleitung. In: Koschorke, Albrecht; Vismann, Cornelia (Hg.): *Widerstände der Systemtheorie. Kulturtheoretische Analysen zum Werk von Niklas Luhmann.* Berlin: Akademie Verlag.

Krahl, Hans-Jürgen (1970): Bemerkungen zum Verhältnis von Kapital und Hegelscher Wesenslogik. In: Negt, Oskar (Hg.): *Aktualität und Folgen der Philosophie Hegels.* Frankfurt/M.: Suhrkamp.

Krätke, Michael R. (2000): Geld, Kredit und verrückte Formen. In: *MEGA-Studien*, Nr. 2000/1, 64–99.

Krätke, Michael R. (2001): *Geld und Kredit im zweiten Band des Kapitals.* Unveröffentlichtes Manuskript.

Krämer, Sybille (1998): Form als Vollzug. Über Niklas Luhmanns Unterscheidung von Medium und Form. In: *Rechtshistorisches Journal*, 3/98, 2–16.

Krause, Detlef (1999): *Luhmann-Lexikon.* 2. Auflage. Stuttgart: Enke.

Kraut, Wolf-Hagen (1984): *Wirtschaftsstruktur und Semantik. Wissenssoziologische Studien zum wirtschaftlichen Denken in Deutschland zwischen dem 13. und 17. Jahrhundert.* Berlin: Duncker und Humblot.

Kuchler, Barbara (2005): *Das Medium Geld und die Dominanz der Wirtschaft in der Gesellschaft.* Unveröffentlichtes Manuskript.

Kühl, Stefan (2004): *Arbeits- und Industriesoziologie.* Bielefeld: Transcript.

Kuhm, Klaus (2000): Raum als Medium gesellschaftlicher Kommunikation. In: *Soziale Systeme*, Jg. 6, Nr. 2, 321–348.

Kuhm, Klaus (2000a): Exklusion und räumliche Differenzierung. In: *Zeitschrift für Soziologie*, Jg. 29, Nr. 1, 60–77.

Künzler, Jan (1989): *Medien und Gesellschaft. Die Medienkonzepte von Talcott Parsons, Jürgen Habermas und Niklas Luhmann.* Stuttgart: Enke.

Kurz, Robert (1994): *Der Kollaps der Modernisierung. Vom Zusammenbruch des Kasernensozialismus zur Krise der Weltökonomie.* Leipzig: Reclam.

Kurz, Robert (1999): *Schwarzbuch Kapitalismus. Ein Abgesang auf die Marktwirtschaft.* Frankfurt/M.

Kwack, No-Wan (2005): *Zur Fundierung der monetären Krisentheorie und deren Philosophie. Marxsche epistemologische Ambivalenzen der Finanzkrisentheorie – Ein Versuch der Weiterentwicklung.* Dissertation am Fachbereich Philosophie und Gesellschaftswissenschaften an der Freien Universität Berlin. URL.: http://www.diss.fu-berlin.de/2006/232 (19.01.2007).

Läpple, Dieter (1991): *Essay über den Raum.* URL: http://www.tu-harburg.de, stadtplanung, html, ab, ab_106, ag_1, publikationen, laepple und essay.pdf (19.01.2007).

Liebrucks, Bruno (1972): Über den logischen Ort des Geldes. In: Liebrucks, Bruno (Hg.): *Erkenntnis und Dialektik. Zur Einführung in eine Philosophie von der Sprache her.* Den Haag: Martinus Nijhoff.

Liebrucks, Bruno (1974): *Sprache und Bewußtsein.* 6 Bände. Frankfurt/M., Bern.

Lieckweg, Tania (2003): *Das Recht der Weltgesellschaft. Systemtheoretische Perspektiven auf die Globalisierung des Rechts am Beispiel der Lex Mercatoria.* Stuttgart: Lucius & Lucius.

Lohmann, Georg (1991): *Indifferenz und Gesellschaft. Eine kritische Auseinandersetzung mit Marx.* Frankfurt/M.: Suhrkamp.

Löw, Martina (2001): *Raumsoziologie.* Frankfurt/M.: Suhrkamp.

Luhmann, Niklas (1972): Knappheit, Geld und die bürgerliche Gesellschaft. In: *Jahrbuch für Sozialwissenschaft*, Jg. 23, Nr. 2, 186–210.

Luhmann, Niklas (1974): Einführende Bemerkungen zu einer Theorie symbolisch generalisierter Kommunikationsmedien. In: *Zeitschrift für Soziologie*, Nr. 3/1974, 236–255.

Luhmann, Niklas (1975): *Soziologische Aufklärung 2. Aufsätze zur Theorie der Gesellschaft.* Opladen (Westdeutscher Verlag).

Luhmann, Niklas (1975a): Die Weltgesellschaft. In: Luhmann, Niklas: *Soziologische Aufklärung 2. Aufsätze zur Theorie der Gesellschaft.* Opladen (Westdeutscher Verlag).

Luhmann, Niklas (1976): Generalized Media and the Problem of Contingency. In: Loubser, Jan J.; Baum, Rainer C.; Effrat, Andrew; Meyer Lidz, Victor (Hg.): *Explorations in General Theory in Social Sciences. Volume Two.* New York, London: Macmillan Publishing.

Luhmann, Niklas (1977): Differentiation of Society. In: *Canadian Journal of Sociology*, Jg. 3, Nr. 2, 29–52.

Luhmann, Niklas (1980): Talcott Parsons – Zur Zukunft eines Theorieprogramms. In: *Zeitschrift für Soziologie*, Jg. 9, 5–15.

Luhmann, Niklas (1980a): *Gesellschaftsstruktur und Semantik. Band1. Studien zur Wissenssoziologie der Gesellschaft.* Frankfurt/M.: Suhrkamp.

Luhmann, Niklas (1981): *Gesellschaftsstruktur und Semantik. Band 2. Studien zur Wissenssoziologie der modernen Gesellschaft.* Frankfurt/M.: Suhrkamp.

Luhmann, Niklas (1981a): *Soziologische Aufklärung 3. Soziales System, Gesellschaft, Organisation.* Opladen: Westdeutscher Verlag.

Luhmann, Niklas (1982): Autopoiesis, Handlung und kommunikative Verständigung. In: *Zeitschrift für Soziologie*, Jg. 11, 366–379.

Luhmann, Niklas (1982a): *Liebe als Passion. Zur Codierung von Intimität.* Frankfurt/M.: Suhrkamp.

Luhmann, Niklas (1983): Anspruchsinflation im Krankheitssystem. In: Herder-Dorneich, Philipp; Schuller, Alexander (Hg.): *Die Anspruchsspirale.* Stuttgart: Kohlhammer.

Luhmann, Niklas (1984): *Soziale Systeme. Grundriß einer allgemeinen Theorie.* Frankfurt/M.: Suhrkamp.

Luhmann, Niklas (1986): *Ökologische Kommunikation. Kann die moderne Gesellschaft sich auf ökologische Gefährdungen einstellen?* Wiesbaden: Westdeutscher Verlag.

Luhmann, Niklas (Hg.) (1987): *Soziologische Aufklärung 4. Beiträge zur funktionalen Differenzierung der Gesellschaft.* Opladen.

Luhmann, Niklas (1987a): *›Distinctions directrices‹. Über Codierung von Semantiken und Systemen.* In: Luhmann, Niklas (Hg.): *Soziologische Aufklärung 4. Beiträge zur funktionalen Differenzierung der Gesellschaft.* Opladen.

Luhmann, Niklas (1987b): Die Differenzierung von Politik und Wirtschaft und ihre gesellschaftlichen Grundlagen. In: Luhmann, Niklas (Hg.): Soziologische Aufklärung 4. Beiträge zur funktionalen Differenzierung der Gesellschaft. Opladen.

Luhmann, Niklas (1988): *Die Wirtschaft der Gesellschaft.* Frankfurt/M.: Suhrkamp.

Luhmann, Niklas (1990): *Soziologische Aufklärung 5. Konstruktivistische Perspektiven.* Opladen: Westdeutscher Verlag.

Luhmann, Niklas (1990a): *Die Wissenschaft der Gesellschaft.* Frankfurt/M.: Suhrkamp.

Luhmann, Niklas (1991): *Am Ende der kritischen Soziologie.* In: Zeitschrift für Soziologie, Jg. 20, 147–152.

Luhmann, Niklas (1991a): *Das Moderne der modernen Gesellschaft.* In: Zapf, Wolfgang (Hg.): *Die Modernisierung moderner Gesellschaften. Verhandlungen des 25. Deutschen Soziologentages in Frankfurt am Main 1990.* Frankfurt/M., New York.

Luhmann, Niklas (1991b): *Soziologie des Risikos.* Berlin, New York: De Gruyter.

Luhmann, Niklas (1995): *Die Soziologie und der Mensch. Soziologische Aufklärung 6.* Opladen: Westdeutscher Verlag.

Luhmann, Niklas (1995a): *Gesellschaftsstruktur und Semantik. Studien zur Wissenssoziologie der modernen Gesellschaft*, Band 4. Frankfurt/M.: Suhrkamp.

Luhmann, Niklas (1995b): *Das Recht der Gesellschaft.* Frankfurt/M.: Suhrkamp.

Luhmann, Niklas (1996): *Protest. Systemtheorie und soziale Bewegungen.* Frankfurt/M.: Suhrkamp.

Luhmann, Niklas (1997): *Die Gesellschaft der Gesellschaft (2 Bände)*. Frankfurt/M.: Suhrkamp.

Luhmann, Niklas (2000): *Die Religion der Gesellschaft*. Frankfurt/M.: Suhrkamp.

Luhmann, Niklas (2000a): *Die Politik der Gesellschaft*. Frankfurt/M.: Suhrkamp.

Luhmann, Niklas (2000b): *Vertrauen. Ein Mechanismus der Reduktion sozialer Komplexität*. Stuttgart: Lucius und Lucius.

Luhmann, Niklas (2000c): *Organisation und Entscheidung*. Opladen: Westdeutscher Verlag.

Luhmann, Niklas (2002): *Einführung in die Systemtheorie*. Heidelberg: Carl-Auer-Systeme.

MacKenzie, Donald (2004): *Is Economics Performative? Option Theory and the Construction of Derivatives Markets*. Paper presented at the Harvard-MIT Economic Sociology seminar, 16 November 2004.

MacKenzie, Donald (2004a): *The Big, Bad Wolf and the Rational Market: Portfolio Insurance, the 1987 Crash and the Performativity of Economics*. URL: http://www.gloriamundi.org/picsresources/dm2.pdf (17.01.2007).

McGoun, Elton (1997): *Hyperreal Finance*. In: Critical Perspectives on Accounting, Vol. 8, Nr. 1–2, 97–122.

Marx, Karl; Engels, Friedrich (1966): *Marx-Engels Studienausgabe. Band 2. Politische Ökonomie* (herausgegeben von Iring Fetscher). Frankfurt/M.: Fischer Bücherei.

Menger, Carl (1923): *Grundsätze der Volkswirtschaftslehre*. Wien

Menzel, Ulrich (2000): Marx wieder gelesen. Über die Attraktivität von Karl Marx am Ende des 20. Jahrhunderts. In: *MEGA-Studien*, Nr. 2000/1, 3–24.

Meyer, Lars (2005): *Absoluter Wert und allgemeiner Wille. Zur Selbstbegründung dialektischer Gesellschaftstheorie*. Bielefeld: Transcript.

Moulier-Boutang, Yann (2001): Marx in Kalifornien: Der dritte Kapitalismus und die alte politische Ökonomie. In: *Aus Politik und Zeitgeschichte*, Nr. B52–53, 29–37.

Müller, Rudolf Wolfgang (1977): *Geld und Geist: Zur Entstehungsgeschichte von Identitätsbewußtsein und Rationalität seit der Antike*. Frankfurt/M., New York: Campus.

Müller, Wolfgang; Neusüss, Christel (1970): Die Sozialstaatsillusion und der Widerspruch von Lohnarbeit und Kapital. In: *Sozialistische Politik*, Jg. 2, 4–67.

Murray, Patrick (1993): The Necessity of Money: How Hegel Helped Marx Surpass Ricardo's Theory of Value. In: Moseley, Fred (Hg.): *Marx's Method in ›Capital‹: A Reexamination*. Atlantic Highlands: Humanities Press.

Murray, Patrick (1998): Beyond the ›Commerce and Industry‹ Picture of Capital. In: Arthur, Christopher J.; Reuten, Geert (Hg.): *The Circulation of Capital. Essays on Volume Two of Marx's Capital*. London.

Münch, Richard (1992): *Autopoiesis per Definitionem*. In: Protosoziologie, Nr. 3, 42–51.

Nassehi, Armin (1992): Wie wirklich sind Systeme? Zum ontologischen und epistemologischen Status von Luhmanns Theorie selbstreferentieller Systeme. In: Krawietz, Werner; Welker, Michael (Hg.): *Kritik der Theorie sozialer Systeme. Auseinandersetzungen mit Luhmanns Hauptwerk.* Frankfurt/M.: Suhrkamp.

Nassehi, Armin (2003): *Geschlossenheit und Offenheit. Studien zur Theorie der modernen Gesellschaft.* Frankfurt/M.: Suhrkamp.

Nassehi, Armin; Nollmann, Gerd (2004): Einleitung: Wozu ein Theorienvergleich? In: Nassehi, Armin; Nollmann, Gerd (Hg.): *Bourdieu und Luhmann. Ein Theorienvergleich.* Frankfurt/M.: Suhrkamp.

Nassehi, Armin (2004a): *The Two Worlds of Functional Differentiation and Social Stratification.* URL: http://www.lrz-muenchen.de/~ls_nassehi/nassehi/orginequal.pdf (19.01.2007).

Neusüss, Christel (1972): *Imperialismus und Weltmarktbewegung des Kapitals.* Erlangen: Politladen.

Nuss, Sabine (2006): *Copyright & Copyriot. Aneignungskonflikte um geistiges Eigentum im informationellen Kapitalismus.* Münster: Westfälisches Dampfboot.

Oetzel, Klaus-Dieter (1978): *Wertabstraktion und Erfahrung. Über das Problem einer historisch-materialistischen Erkenntniskritik.* Frankfurt/M., New York: Campus.

Pahl, Hanno (2004): Die Realität gesellschaftlicher Einheit. Anmerkungen zum ontologischen und epistemologischen Status gesellschaftlicher Einheit am Beispiel eines Vergleichs der Systembegriffe bei Karl Marx und Jürgen Habermas. In: Kirchhoff, Christine; Meyer, Lars; Pahl, Hanno; Heckel, Judith; Engemann, Christoph (Hg.): *Gesellschaft als Verkehrung. Perspektiven einer neuen Marx-Lektüre.* Freiburg: Ca ira.

Pahl, Hanno (2006): On the Unity and Difference of Finance and the Economy. Investigations for a New Sociology of Money. In: Strulik, Torsten; Willke, Helmut (Hg.): *Towards a Cognitive Mode in Global Finance. The Governance of a Knowledge-Based Financial System.* Frankfurt/M., New York: Campus.

Paschukanis, Eugen (1966): *Allgemeine Rechtslehre und Marxismus.* Frankfurt/M.: Neue Kritik.

Paul, Axel T. (2004): *Die Gesellschaft des Geldes. Entwurf einer monetären Theorie der Moderne.* Wiesbaden: VS Verlag für Sozialwissenschaften.

Paul, Axel T. (2002): Money Makes the World Go Round. Über die Dynamik des Geldes und die Grenzen der Systemtheorie. In: *Berliner Journal für Soziologie*, Nr. 2/2002, 243–262.

Parsons, Talcott; Smelser, Neil J. (1956): *Economy and Society. A Study in the Integration of Economic and Social Theory.* London: Routledge & Kegan Paul Ltd.

Peters, Bernhard (1993): *Die Integration moderner Gesellschaften.* Frankfurt/M.: Suhrkamp.

Peters, Bernhard (2000): Normative Theorie und soziale Empirie. In: Müller-Doohm, Stefan (Hg.): *Das Interesse der Vernunft.* Frankfurt/M.: Suhrkamp.

Pfeiffer, Sabine (2004): *Arbeitsvermögen. Ein Schlüssel zur Analyse (reflexiver) Informatisierung.* Wiesbaden: VS Verlag für Sozialwissenschaften.

Piel, Konstanze (2003): *Ökonomie des Nichtwissens. Aktienhype und Vertrauenskrise im Neuen Markt.* Frankfurt/M., New York: Campus Verlag.

Plumpe, Werner (2002): Rationalität und Risiko: zum historischen Charakter der modernen Wirtschaft. In: Honneth, Axel (Hg.): *Befreiung aus der Mündigkeit. Paradoxien des gegenwärtigen Kapitalismus.* Frankfurt/M., New York: Campus.

Pohrt, Wolfgang (1995): *Theorie des Gebrauchswerts.* Berlin: Edition Tiamat.

Projektgruppe Entwicklung des Marxschen Systems (1973): *Das Kapitel vom Geld. Interpretation der verschiedenen Entwürfe.* Berlin: VSA.

Rakowitz, Nadja (2000): *Einfache Warenproduktion. Ideal und Ideologie.* Freiburg: Ca ira.

Reichelt, Helmut (1970): *Zur logischen Struktur des Kapitalbegriffs bei Karl Marx.* Frankfurt/M.: Europäische Verlagsanstalt.

Reichelt, Helmut (1983): Zur Dialektik von Produktivkräften und Produktionsverhältnissen. Versuch einer Rekonstruktion. In: Reichelt, Helmut; Zech, Reinhold (Hg.): *Karl Marx. Produktivkräfte und Produktionsverhältnisse. Entstehung, Funktion und Wandel eines Theorems der materialistischen Geschichtsauffassung.* Frankfurt/M., Berlin, Wien: Ullstein.

Reichelt, Helmut (1994): Why did Marx conceal his dialectical method? In: Bonefeld, Werner; Holloway, John; Psychopedis, Cosmas (Hg.): *Open Marxism. Volume 3. Emancipating Marx.* London: Pluto Press.

Reichelt, Helmut (1996): *Kritik der politischen Ökonomie als Konstitutionstheorie des Werts.* Diskussionsbeitrag zur Herbsttagung 1996 der Marx-Gesellschaft. Unveröffentlicht.

Reichelt, Helmut (1997): *Werttheorie und Quantifizierbarkeit.* Diskussionsbeitrag zur Herbsttagung 1997 der Marx-Gesellschaft. Unveröffentlicht.

Reichelt, Helmut (1998): Geldmedium und Rechtsform als Konstrukte. In: Görg, Christoph; Roth, Roland (Hg.): *Kein Staat zu machen. Zur Kritik der Sozialwissenschaften. Münster: Westfälisches Dampfboot.*

Reichelt, Helmut (2000): Grenzen der dialektischen Darstellungsform – oder Verabschiedung der Dialektik? In: *MEGA-Studien*, Nr. 1/2000, 100–126.

Reichelt, Helmut (2002): Die Marxsche Kritik ökonomischer Kategorien. Überlegungen zum Problem der Geltung in der dialektischen Darstellungsmethode im ›Kapital‹. In: Fetscher, Iring; Schmidt, Alfred (Hg.): *Emanzipation als Versöhnung.* Frankfurt/M.: Neue Kritik.

Reichelt, Helmut (2003): *Der Begriff gesellschaftlicher Objektivität bei T.W. Adorno und die Marxsche Kritik der politischen Ökonomie.* Referatsmanuskript zum Einleitungsvortrag auf der Bremer Konferenz zum 100. Geburtstag Adornos, gehalten an der Universität Bremen am 24./25. Oktober 2003.

Reichelt, Helmut (2004): Gesellschaftliche Wirklichkeit als Erscheinung. Einige Anmerkungen zur Marxschen Realitätskonzeption. Englische Übersetzung in

Bonefeld, Werner; Psychopedis, Kosmas (Hg.): *Human Dignity. Social Autonomy and the Critique of Capitalism*. Aldershot: Ashgate Publishing.

Reichelt, Helmut (2006): *Zur Kritik sozialwissenschaftlicher Logik – eine neue Marxlektüre*. Unveröffentlichtes Buchmanuskript.

Reusswig, Fritz (1993): *Natur und Geist: Grundlinien einer ökologischen Sittlichkeit*. Frankfurt/M., New York: Campus Verlag.

Reuten, Geert (2002): General introduction. In: Campbell, Martha; Reuten, Geert (Hg.): *The Culmination of Capital. Essays on Volume III of Marx's Capital*. New York: Palgrave.

Riedel, Manfred (1969): *Bürgerliche Gesellschaft und Staat bei Hegel*. Neuwied, Berlin.

Riese, Hajo (1995): Geld – das letzte Rätsel der Nationalökonomie. In: Schelke, Waltraud; Nitsch, Manfred (Hg.): *Rätsel Geld. Annäherungen aus ökonomischer, soziologischer und historischer Sicht*. Marburg: Metropolis.

Riese, Hajo (2000): Geld – die unverstandene Kategorie der Nationalökonomie. In: *Ethik und Sozialwissenschaften. Streitforum für Erwägungskultur*, Jg. 11, Nr. 4, 487–497.

Ritsert, Jürgen (2000): *Gesellschaft. Ein unergründlicher Grundbegriff der Soziologie*. Frankfurt/M., New York: Campus.

Rosdolsky, Roman (1968): Zur Entstehungsgeschichte des Marxschen ›Kapital‹. Der Rohentwurf des Kapital 1857–1858. 2 Bände. Frankfurt/M.: Europäische Verlagsanstalt.

Rosenau, James; Czempiel, Ernst Otto (1992) (Hg): *Governance without Government:* Order *and Change in World Politics*. New York: Cambridge University Press.

Sablowski, Thomas; Alnasseri, Sabah (2001): Auf dem Weg zu einem finanzgetriebenen Akkumulationsregime? In: Candeias, Mario; Deppe, Frank (Hg.): *Ein neuer Kapitalismus?* Hamburg: VSA.

Sandleben, Guenther (2003): *Nationalökonomie & Staat. Zur Kritik der Theorie des Finanzkapitals*. Hamburg: VSA-Verlag.

Sassen, Saskia (1997): *Metropolen des Weltmarkts: die neue Rolle der Global Cities*. Frankfurt/M., New York: Campus.

Sassen, Saskia (1999): *Spatialities and Temporalities of the Global: Elements for a Theorization*. URL: http://www2.ucsc.edu/cgirs/publications/cpapers/sassen.pdf (30.06.2004).

Sassen, Saskia (2001): *Die neue Zentralität*. URL: http://www.heise.de, tp, deutsch, special, sam, 6005 und 1.html (19.01.2007).

Saurwein, Karl-Heintz (1994): Die Gesellschaft in der Wirtschaft – Eine theoretische Standortbestimmung und konstruktivistische Re-Interpretation der Wirtschaftssoziologie bei Parsons und Luhmann. In: Lange, Elmar (Hg.): *Der Wandel der Wirtschaft. Soziologische Perspektiven*. Berlin: Edition Sigma.

Schimank, Uwe (1998): Code – Leistungen – Funktion: Zur Konstitution gesellschaftlicher Teilsysteme. In: *Soziale Systeme*, Nr. 1, 175–183.

Schimank, Uwe (2000): *Theorien gesellschaftlicher Differenzierung.* 2. Auflage. Opladen: Leske und Budrich.

Schimank, Uwe (2000a): *Handeln und Strukturen. Einführung in die akteurtheoretische Soziologie.* Weinheim, München: Juventa.

Schimank, Uwe (2001): Einleitung. In: Giegel, Hans-Joachim; Schimank, Uwe (Hg.): *Beobachter der Moderne. Beiträge zu Niklas Luhmanns ›Die Gesellschaft der Gesellschaft‹.* Frankfurt/M.: Suhrkamp, 7–18.

Schimank, Uwe (2001a): Theorie der modernen Gesellschaft nach Luhmann – eine Bilanz in Stichworten. In: Giegel, Hans-Joachim; Schimank, Uwe (Hg.): *Beobachter der Moderne. Beiträge zu Niklas Luhmanns ›Die Gesellschaft der Gesellschaft‹.* Frankfurt/M.: Suhrkamp, 261–298.

Schimank, Uwe (2002): Organisationen: Akteurskonstellationen – korporative Akteure – Sozialsysteme. In: Allmendinger, Jutta; Hinz, Thomas (Hg.): *Organisationssoziologie. Sonderheft 42 der Kölner Zeitschrift für Soziologie und Sozialpsychologie.* Wiesbaden: Westdeutscher Verlag.

Schimank, Uwe (2002a): Social differentiation. In: Smelser, Neil; Baltes, Paul (Hg.): *International Encyclopedia of the Social and Behavioral Sciences.* Oxford: Pergamon, 3663–3686.

Schimank, Uwe (2005): *Funktionale Differenzierung und gesellschaftsweiter Primat von Teilsystemen – offene Fragen bei Parsons und Luhmann.* Unveröffentlichtes Manuskript.

Schinckus, Christophe (2005): *The Financial Simulacrum. The Consequences of the Symbolic and Technological Virtualization of the Financial Market.* URL:http://www.departments.bucknell.edu; management; apfa; Kilkenny%20Papers; Schinckus.pdf (17.01.2007).

Schmidt, Tobias (1996): *Zur Erschließung der Theorie sozialer Systeme für Untersuchungen des Finanziellen Sektors.* Dissertation Universität Göttingen. URL: http:// web doc.sub.gwdg.de, diss, 1996, schmzuer und inhalt.htm (17.01.2007).

Schmidt, Klaus J. (1997): *G.W.F.Hegel: Wissenschaft der Logik – Die Lehre vom Wesen. Kommentar.* Paderborn, München, Wien, Zürich: UTB.

Schmidt, Reinhard H.; Hackethal, Andreas; Tyrell, Marcel (2001): *The Convergence of Financial Systems in Europe* (Working Paper Series: Finance and Accounting).

Schützeichel, Rainer (2003): *Sinn als Grundbegriff bei Niklas Luhmann.* Frankfurt/M., New York: Campus.

Schwinn, Thomas (1995): Funktionale Differenzierung – wohin? Eine aktualisierte Bestandsaufnahme. In: *Berliner Journal für Soziologie,* Heft 1, 25–39.

Schwinn, Thomas (1995a): Funktion und Gesellschaft. Konstante Probleme trotz Paradigmenwechsel in der Systemtheorie Niklas Luhmanns. In: *Zeitschrift für Soziologie,* Jg. 24, 196–214.

Schwinn, Thomas (2001): *Differenzierung ohne Gesellschaft. Umstellung eines soziologischen Konzepts.* Weilerswist: Velbrück.

Schwinn, Thomas (Hg.) (2004): *Differenzierung und soziale Ungleichheit. Die zwei Soziologien und ihre Verknüpfung.* Frankfurt/M.: Humanities Online.

Schwinn, Thomas (2005): *Lassen sich Handlungs- und Systemtheorie verknüpfen? Max Weber, Talcott Parsons und Niklas Luhmann.* Paper für die Bielefelder Max Weber Konferenz 2005.

Simmel, Georg (1900): *Philosophie des Geldes.* Berlin: Duncker und Humblot.

Smith, Tony (1998): The Capital/Consumer Relation in Lean Production: The Continued Relevance of Volume Two of Capital. In: Arthur, Christopher J.; Reuten, Geert (Hg.): *The Circulation of Capital. Essays on Volume Two of Marx's Capital.* London: Macmillan.

Sohn-Rethel, Alfred (1978): *Warenform und Denkform.* Frankfurt/M.

Spahn, Heinz-Peter (2002): Die Ordnung der Gesellschaft als Zahlungswirtschaft. In: Deutschmann, Christoph (Hg.): *Die gesellschaftliche Macht des Geldes.* Leviathan-Sonderheft 21. Wiesbaden: Westdeutscher Verlag.

Spremann, Klaus; Gantenbein, Pascal (2005): *Kapitalmärkte.* Stuttgart: Lucius und Lucius.

Sraffa, Piero (1973): *Warenproduktion mittels Waren.* Berlin: Akademie-Verlag.

Srubar, Ilja (2005): Sprache und strukturelle Kopplung. Das Problem der Sprache in Luhmanns Theorie. In: *Kölner Zeitschrift für Soziologie und Sozialpsychologie.* 57, Heft 4, 599–623.

Stäheli, Urs (1998): Die Nachträglichkeit der Semantik. Zum Verhältnis von Sozialstruktur und Semantik. In: *Soziale Systeme,* Jg. 4, 315–339.

Stäheli, Urs (2000): *Sinnzusammenbrüche. Eine dekonstruktive Lektüre von Niklas Luhmanns Systemtheorie.* Weilerswist: Velbrück.

Stark, Carsten (1994): *Autopoiesis und Integration. Eine kritische Einführung in die Luhmannsche Systemtheorie.* Hamburg: Verlag Dr. Kovac.

Stichweh, Rudolf (1988): Differenzierung des Wissenschaftssystems. In: Mayntz, Renate; Rosewitz, Bernd; Schimank, Uwe; Stichweh, Rudolf (Hg.): *Differenzierung und Verselbständigung. Zur Entwicklung gesellschaftlicher Teilsysteme.* Frankfurt/M., New York: Campus.

Stichweh, Rudolf (2000): *Die Weltgesellschaft. Soziologische Analysen.* Frankfurt/M.: Suhrkamp.

Stichweh, Rudolf (2000a): Semantik und Sozialstruktur. Zur Logik einer systemtheoretischen Unterscheidung. In: *Soziale Systeme.* 2000/6, 237–250.

Stichweh, Rudolf (2002): *Raum und moderne Gesellschaft. Aspekte der sozialen Kontrolle des Raums.* URL: http://www.uni-bielefeld.de, soz, iw, pdf und stichweh_11.pdf (17.01.2007).

Stock, Manfred (2003): Professionen in reproduktionstheoretischer Perspektive: Professionssoziologische Analysen bei Karl Marx. In: *Zeitschrift für Soziologie,* Jg. 32, Nr. 3,186–205.

Stockhammer, Engelbert (2004): Financialization and the shutdown of accumulation. In: *Cambridge Journal of Economics,* Jg. 28, Nr. 5, 719–741.

Struck, Bernd (2001): Reale Werte – ein unvermeidliches Artefakt von Volkswirtschaftlichen Gesamtrechnungen. In: U.-P.Reich, C.Stahmer, K.Voy (Hg.), *Kate-*

gorien der Volkswirtschaftlichen Gesamtrechnungen, Band 3, Geld und Physis, Marburg 2001: Metropolis.

Strulik, Torsten (2000): Funktionen und Folgen privater Rating-Agenturen im Kontext der Regulierung globaler Finanzmärkte. In: *Soziale Welt*, Nr. 4/2000, 443–462.

Strulik, Torsten (2000a): *Risikomanagement globaler Finanzmärkte. Herausforderungen und Initiativen im Kontext der Bankenregulierung*. Frankfurt/M., New York: Campus.

Tacke, Veronika (Hg.) (2001): *Organisation und gesellschaftliche Differenzierung*. Wiesbaden: Westdeutscher Verlag.

Teubner, Gunther (1987): Hyperzyklus in Recht und Organisation. Zum Verhältnis von Selbstbeobachtung, Selbstkonstitution und Autopoiese. In: Haferkamp, Hans; Schmid, Michael (Hg.): *Sinn, Kommunikation und soziale Differenzierung. Beiträge zu Niklas Luhmanns Theorie sozialer Systeme*. Frankfurt/M.: Suhrkamp.

Teubner, Gunther (Hg.) (1997): *Global Law Without a State*. Aldershot: Dartmouth.

Thaler, Barbara (2004): *Biopiraterie und indigener Widerstand*. Berlin: Peter Lang.

Thomas, Günther (1992): Welt als relative Einheit und als Letzthorizont. Zum azentrischen Weltbegriff in Niklas Luhmanns Soziale Systeme. In: Krawietz, Werner; Welker, Michael (Hg.): *Kritik der Theorie sozialer Systeme. Auseinandersetzungen mit Luhmanns Hauptwerk*. Frankfurt/M.: Suhrkamp.

Türk, Klaus (1995): *Die Organisation der Welt*. Opladen: Westdeutscher Verlag.

Tyrell, Hartmann (1994): Max Webers Soziologie – eine Soziologie ohne ›Gesellschaft‹. In: Wagner, Gerhard; Zipprian, Hans (Hg.): *Max Webers Wissenschaftslehre*. Frankfurt/M.: Suhrkamp.

Tyrell, Hartmann (1998): Zur Diversität der Differenzierungstheorie. Soziologiehistorische Anmerkungen. In: *Soziale Systeme*, Heft 1/1998. 19–149.

Vanberg, Viktor (1975): *Die zwei Soziologien. Individualismus und Kollektivismus in der Sozialtheorie*. Tübingen: J.C.B. Mohr (Paul Siebeck).

Virilio, Paul (1993): *Revolution der Geschwindigkeit*. Berlin: Merve.

Von Braunmühl, Claudia (1973): Weltmarktbewegung des Kapitals, Imperialismus und Staat. In: Braunmühl, Claudia von; Funken, Klaus; Cogoy, Mario; Hirsch, Joachim (Hg.): *Probleme einer materialistischen Staatstheorie*. Frankfurt/M.: Suhrkamp.

Von Braunmühl, Claudia von (1974): Kapitalakkumulation im Weltmarktzusammenhang. Zum methodischen Ansatz einer Analyse des bürgerlichen Nationalstaats. In: *Gesellschaft*, Nr. 1, 30–51.

Wagner, Gerhard (2000): Der Kampf der Kontexturen im Superorganismus Gesellschaft. In: Merz-Benz, Peter-Ulrich; Wagner, Gerhard (Hg.): *Die Logik der Systeme. Zur Kritik der systemtheoretischen Soziologie Niklas Luhmanns*. Konstanz: UVK (Universitätsverlag Konstanz).

Wagner, Thomas (2005): *Funktionale Differenzierung und ein Primat der Ökonomie – hat die systemtheoretische Gesellschaftstheorie ausgedient?* URL: http:, www.sozialarbeit.ch, dokumente und oekonomischer_primat.pdf (17.01.2007).

Weber, Max (1988): *Gesammelte Aufsätze zur Religionssoziologie 1*. Tübingen: Mohr (Siebeck).

Wenzel, Harald (2001): *Die Abenteuer der Kommunikation. Echtzeitmassenmedien und der Handlungsraum der Hochmoderne*. Weilerswist: Velbrück.

Willke, Helmut (1993): *Systemtheorie*. Stuttgart, Jena: Gustav Fische

Willke, Helmut (1998): *Laterale Weltsysteme*. Manuskript. Universität Bielefeld.

Willke, Helmut (2000): Die Gesellschaft der Systemtheorie. In: *Ethik und Sozialwissenschaften. Streitforum für Erwägungskultur*, Jg. 11, 195–208.

Willke, Helmut (2001): *Atopia. Studien zur atopischen Gesellschaft*. Frankfurt/M.: Suhrkamp.

Willke, Helmut (2003): *Die innere Form symbolischer Systeme. Einführende Bemerkungen zu einer Soziologie symbolischer Formen*. Unveröffentlichtes Arbeitspapier.

Willke, Helmut (2003a): *Heterotopia. Studien zur Krisis der Ordnung moderner Gesellschaften*. Frankfurt/M.: Suhrkamp.

Willke, Helmut (2005): *Symbolische Systeme. Grundriss einer soziologischen Theorie*. Weilerswist: Velbrück.

Willke, Helmut (2006): The Autonomy of the Financial System: Symbolic Coupling and Resilience. In: Strulik, Torsten; Willke, Helmut (Hg.): *Towards a Cognitive Mode in Global Finance. The Governance of a Knowledge-Based Financial System*. Frankfurt/M., New York: Campus.

Windolf, Paul (2005): Was ist Finanzmarktkapitalismus? In: Windolf, Paul (Hg.): *Finanzmarktkapitalismus. Analysen zum Wandel von Produktionsregimen*. Wiesbaden (VS Verlag für Sozialwissenschaften).

Winkler, Hartmut (2004): *Diskursökonomie. Versuch über die innere Ökonomie der Medien*. Frankfurt/M.: Suhrkamp.

Zerb, Peter (1976): Eintrag zu ›Kaufmannskapital‹. In: Fetscher, Iring (Hg.): *Grundbegriffe des Marxismus. Eine lexikalische Einführung*. Hamburg: Hoffmann und Campe.

Zinn, Karl Georg (1997): *Jenseits der Marktmythen*. Hamburg: VSA.